2013

CHINA COUNTY STATISTICAL YEARBOOK

中国县域统计年鉴

国家统计局农村社会经济调查司 编

中国统计出版社
China Statistics Press

图书在版编目 (CIP) 数据

中国县域统计年鉴. 2013 / 国家统计局农村社会经济调查司编. -- 北京 : 中国统计出版社, 2013. 12

ISBN 978-7-5037-7028-9

Ⅰ. ①中… Ⅱ. ①国… Ⅲ. ①县级经济－经济统计－中国－2013－年鉴 Ⅳ. ① F127-54

中国版本图书馆 CIP 数据核字（2013）第 288189 号

中国县域统计年鉴—2013

作　　者 / 国家统计局农村社会经济调查司
责任编辑 / 许立舫
出版发行 / 中国统计出版社
通信地址 / 北京市丰台区西三环南路甲 6 号　邮政编码 /100073
电　　话 / 邮购（010）63376909　书店（010）68783171
网　　址 /http://csp.stats.gov.cn
印　　刷 / 河北天普润印刷厂
经　　销 / 新华书店
开　　本 /880×1230 毫米　1/16
字　　数 /1048 千字
印　　张 /33. 5
版　　别 /2013 年 12 月第 1 版
版　　次 /2013 年 12 月第 1 次印刷
定　　价 /330. 00 元

如有印装差错，由本社发行部调换。

《中国县域统计年鉴—2013》
编辑委员会

编 者 说 明

一、《中国县（市）社会经济统计年鉴》从2013年开始更名为《中国县域统计年鉴》。《中国县域统计年鉴-2013》收录了2012年全国2000多个县（市）及20000多个镇的基本情况、综合经济、农业、工业、基本建设、教育、卫生、社会保障等方面的资料。

二、本年鉴的资料范围包括全国除香港特别行政区、澳门特别行政区和台湾省以外的县（市）和上报资料完整的市辖区及镇，行政区划截止到2012年12月31日。

三、全书主要内容包括四个部分：一是县（市）社会经济主要指标；二是分区域县（市）社会经济基本情况，包括山区、丘陵、平原、民族地区、陆地边境县、牧区、半牧区、九大农区、棉花生产大县、扶贫工作重点县等(分区域名单为统计时使用，不做其他用途)；三是按主要经济指标分组县(市)资料，包括按地方财政一般预算收入、农民人均纯收入分组；四是镇的综合情况。篇末另附主要指标解释。

四、本年鉴所列指标的计量单位均采用公制。

五、本年鉴的资料来自2012年县（市）社会经济统计年报及2012年乡镇统计年报。

六、本书空栏有如下情况：

（1）该项数据较小，不够规定单位。

（2）该项指标在当年没有统计任务，没有统计数据。

（3）该项指标未掌握确切数据。

七、咨询服务电话：010-68782895。

编 者

2013年10月

目录

一、县（市）社会经济主要指标

北京市…………3
天津市…………4
河北省…………4
山西省…………32
内蒙古自治区…………51
辽宁省…………68
吉林省…………77
黑龙江省…………85
上海市…………98
江苏省…………99
浙江省…………112
安徽省…………124
福建省…………136
江西省…………148
山东省…………164
河南省…………183
湖北省…………205
湖南省…………218
广东省…………236
广西壮族自治区…………251
海南省…………267
重庆市…………271
四川省…………276
贵州省…………304
云南省…………320
西藏自治区…………344
陕西省…………358
甘肃省…………376
青海省…………391
宁夏回族自治区…………399
新疆维吾尔自治区…………401

二、分区域县（市）社会经济基本情况

丘陵县（市）社会经济基本情况…… 423
山区县（市）社会经济基本情况…… 424
平原县（市）社会经济基本情况…… 425
民族县（市）社会经济基本情况…… 426
陆地边境县（市）社会经济基本情况…… 427
牧区、半牧区县（市）社会经济基本情况…… 428
九大农区县（市）社会经济基本情况…… 429
沿海开放县（市）社会经济基本情况…… 438
棉花生产大县（市）社会经济基本情况…… 439
长江三角洲经济区县（市）社会经济基本情况…… 440
环渤海经济区县（市）社会经济基本情况…… 441
南部沿海经济区县（市）社会经济基本情况…… 442
国家扶贫开发工作重点县（市）社会经济基本情况…… 443

三、按主要经济指标分组县（市）资料

按地方财政一般预算收入分组的社会经济基本情况…… 447
地方财政一般预算收入达 5 亿元的县（市）分布…… 448
按农民人均纯收入分组的社会经济基本情况…… 456
农民人均纯收入达 1 万元的县（市）分布…… 457

四、镇综合情况

(一) 全部镇
镇基本情况…… 463
镇土地和用电情况…… 464
镇人口与就业情况…… 465
镇农业生产情况…… 466
镇企业情况…… 467
镇固定资产投资与社区建设情况…… 468
镇农业技术情况…… 469
镇教育情况…… 470
镇文化、体育情况…… 471
镇卫生及社会保障情况…… 472
镇区情况…… 473
(二) 平原镇
平原镇基本情况…… 474
平原镇土地和用电情况…… 475
平原镇人口与就业情况…… 476
平原镇农业生产情况…… 477
平原镇企业情况…… 478
平原镇固定资产投资与社区建设情况…… 479
平原镇农业技术情况…… 480
平原镇教育情况…… 481
平原镇文化、体育情况…… 482

平原镇卫生及社会保障情况…… 483
平原镇镇区情况…… 484
（三）丘陵镇
丘陵镇基本情况…… 485
丘陵镇土地和用电情况…… 486
丘陵镇人口与就业情况…… 487
丘陵镇农业生产情况…… 488
丘陵镇企业情况…… 489
丘陵镇固定资产投资与社区建设情况…… 490
丘陵镇农业技术情况…… 491
丘陵镇教育情况…… 492
丘陵镇文化、体育情况…… 493
丘陵镇卫生及社会保障情况…… 494
丘陵镇镇区情况…… 495
（四）山区镇
山区镇基本情况…… 496
山区镇土地和用电情况…… 497
山区镇人口与就业情况…… 498
山区镇农业生产情况…… 499
山区镇企业情况…… 500
山区镇固定资产投资与社区建设情况…… 501
山区镇农业技术情况…… 502
山区镇教育情况…… 503
山区镇文化、体育情况…… 504
山区镇卫生及社会保障情况…… 505
山区镇镇区情况…… 506
（五）城关镇
城关镇基本情况…… 507
城关镇土地和用电情况…… 508
城关镇人口与就业情况…… 509
城关镇农业生产情况…… 510
城关镇企业情况…… 511
城关镇固定资产投资与社区建设情况…… 512
城关镇农业技术情况…… 513
城关镇教育情况…… 514
城关镇文化、体育情况…… 515
城关镇卫生及社会保障情况…… 516
城关镇镇区情况…… 517

附录：主要指标解释

主要指标解释…… 521

1

县（市）社会经济主要指标

2012年县(市)社会经济主要指标

北京市

指　　标	单位	大兴区	怀柔区	平谷区	密云县	延庆县
一、基本情况						
行政区域土地面积	平方公里	1036	2123	950	2229	1994
乡(镇)个数	个	14	14	16	18	15
村民委员会个数	个	527	284	273	334	376
年末总户数	户	252653	133623	168116	204969	137615
其中:乡村户数	户	191807	91473	109832	125783	93047
年末总人口	万人	147	38	42	47	32
乡村人口	万人	63	23	31	32	21
年末单位从业人员数	人	448482	91665	103247	104083	64558
乡村从业人员数	人	394224	125429	177864	182257	122048
其中:农林牧渔业	人	87546	38907	56954	73097	48525
农业机械总动力	万千瓦特	37	15	27	24	20
固定电话用户	户	278843	163050	132770	142187	78036
二、综合经济						
第一产业增加值	万元	204661	74431	167316	183863	105007
第二产业增加值	万元	1514159	1057275	716182	816155	218351
地方财政一般预算收入	万元	455108	234591	210124	221785	89398
地方财政一般预算支出	万元	1013590	755521	708763	769054	597221
居民储蓄存款余额	万元	8963848	2030037	1842194	2090818	1238394
年末金融机构各项贷款余额	万元	9254171	953507	1202152	1065220	431820
三、农业、工业及投资						
粮食产量	吨	229489	57430	68856	97686	125866
棉花产量	吨	63		113		
油料产量	吨	6676	728	466	3365	157
肉类总产量	吨	60352	26567	42135	56252	28179
规模以上工业企业个数	个	480	155	117	132	44
规模以上工业总产值(现价)	万元	5708719	4404012	2168076	2620273	677005
固定资产投资(不含农户)	万元	1911847	821707	740218	990979	484627
四、教育、卫生和社会保障						
普通中学在校学生数	人	27462	12205	13986	17212	11873
小学在校学生数	人	42418	15483	15542	19705	11927
医院、卫生院床位数	床	4772	1336	1718	1147	805
各种社会福利收养性单位数	个	30	21	26	27	34
各种社会福利收养性单位床位数	床	5085	2590	2893	3311	4230

2012年县(市)社会经济主要指标

天津市、河北省

指　　标	单位	宝坻区	宁河县	静海县	蓟　县	井陉县
一、基本情况						
行政区域土地面积	平方公里	1450	1031	1415	1590	1381
乡(镇)个数	个	21	14	18	26	17
村民委员会个数	个	765	282	383	949	318
年末总户数	户	218232	133319	228398	263956	108575
其中:乡村户数	户	179377	84943	155615	200723	83152
年末总人口	万人	68	39	64	84	33
乡村人口	万人	58	29	48	52	29
年末单位从业人员数	人	143635	76870	119068	95564	27108
乡村从业人员数	人	290129	167942	248235	334915	148408
其中:农林牧渔业	人	144188	64724	85871	143317	62269
农业机械总动力	万千瓦特	89	56	71	75	46
固定电话用户	户	223775	135081	171667	145818	39212
二、综合经济						
第一产业增加值	万元	280123	261548	191024	265025	110061
第二产业增加值	万元	2125050	1705900	2735543	804202	656131
地方财政一般预算收入	万元	330943	201300	336021	202804	48889
地方财政一般预算支出	万元	540545	319066	491751	339403	104130
居民储蓄存款余额	万元	2112210	1333908	2496450	2512797	817042
年末金融机构各项贷款余额	万元	1206842	655471	1769571	1661262	384027
三、农业、工业及投资						
粮食产量	吨	486184	104780	179630	359055	
棉花产量	吨	10651	16958	14045	172	121
油料产量	吨	377		1135	2734	6140
肉类总产量	吨	80714	103194	64000	79989	25648
规模以上工业企业个数	个	373	235	511	144	57
规模以上工业总产值(现价)	万元	4963955	5322105	11629895	1204908	1909036
固定资产投资(不含农户)	万元	3545412	543964	2895500	3270551	1607518
四、教育、卫生和社会保障						
普通中学在校学生数	人	36151	19165	35669	43764	17392
小学在校学生数	人	34032	24996	47748	46899	20906
医院、卫生院床位数	床	1964	1237	1455	1629	1052
各种社会福利收养性单位数	个	18	4	18	24	6
各种社会福利收养性单位床位数	床	510	316	517	919	1180

2012年县(市)社会经济主要指标

河北省

指　　标	单位	正定县	栾城县	行唐县	灵寿县	高邑县
一、基本情况						
行政区域土地面积	平方公里	468	320	1025	1066	222
乡(镇)个数	个	8	7	15	15	5
村民委员会个数	个	154	173	330	279	107
年末总户数	户	126414	88997	143116	102290	52958
其中:乡村户数	户	99823	73981	106749	72223	44212
年末总人口	万人	48	33	46	34	19
乡村人口	万人	39	30	38	28	17
年末单位从业人员数	人	30295	23837	14253	15050	9678
乡村从业人员数	人	223520	166803	186938	137399	97067
其中:农林牧渔业	人	69517	44079	81035	81357	47070
农业机械总动力	万千瓦特	145	62	136	56	44
固定电话用户	户	70125	42556	28000	19204	20968
二、综合经济						
第一产业增加值	万元	285489	294840	214719	140819	104272
第二产业增加值	万元	1024405	884090	594150	452941	370698
地方财政一般预算收入	万元	81036	57985	19789	20025	20456
地方财政一般预算支出	万元	159227	114520	120061	111733	73260
居民储蓄存款余额	万元	1765025	756934	699885	621350	399471
年末金融机构各项贷款余额	万元	1465645	458521	269156	263203	214111
三、农业、工业及投资						
粮食产量	吨					
棉花产量	吨	239	18	430	163	108
油料产量	吨	19850	595	22535	5180	4676
肉类总产量	吨	80338	57595	38402	30712	13139
规模以上工业企业个数	个	112	147	67	62	58
规模以上工业总产值(现价)	万元	4043803	2846957	1539661	1347394	1079231
固定资产投资(不含农户)	万元	1504949	1221569	956414	661124	428990
四、教育、卫生和社会保障						
普通中学在校学生数	人	52924	12877	21147	16944	9177
小学在校学生数	人	33350	20968	42796	29833	14306
医院、卫生院床位数	床	1613	1739	1124	823	478
各种社会福利收养性单位数	个	15	2	6	6	2
各种社会福利收养性单位床位数	床	1810	650	602	1085	230

2012年县(市)社会经济主要指标

河北省

指　　标	单位	深泽县	赞皇县	无极县	平山县	元氏县
一、基本情况						
行政区域土地面积	平方公里	296	1210	524	2648	675
乡(镇)个数	个	6	11	11	23	15
村民委员会个数	个	125	212	213	717	208
年末总户数	户	85967	87398	143655	159552	99055
其中:乡村户数	户	61727	60655	116850	116110	98424
年末总人口	万人	26	27	52	49	43
乡村人口	万人	23	22	45	43	39
年末单位从业人员数	人	6980	15408	15118	19111	18672
乡村从业人员数	人	128112	126268	248724	235682	242122
其中:农林牧渔业	人	49424	48866	116344	152831	160740
农业机械总动力	万千瓦特	64	47	97	98	63
固定电话用户	户	23576	12501	56084	26134	34629
二、综合经济						
第一产业增加值	万元	136692	134560	232952	180502	215048
第二产业增加值	万元	474255	495808	761123	1421604	824366
地方财政一般预算收入	万元	24421	19257	29429	95602	37811
地方财政一般预算支出	万元	79297	102247	102845	212192	124806
居民储蓄存款余额	万元	643797	379686	956281	963966	697945
年末金融机构各项贷款余额	万元	179854	235288	249866	441486	372368
三、农业、工业及投资						
粮食产量	吨					
棉花产量	吨	533	68	242	618	608
油料产量	吨	6514	15984	16627	9133	7622
肉类总产量	吨	22911	26713	54066	21708	44189
规模以上工业企业个数	个	63	60	98	44	68
规模以上工业总产值(现价)	万元	1478680	1564543	2583276	5565184	2346870
固定资产投资(不含农户)	万元	447820	852522	758628	1253611	1219273
四、教育、卫生和社会保障						
普通中学在校学生数	人	10306	7273	11304	21048	24084
小学在校学生数	人	12249	27309	35205	32283	38466
医院、卫生院床位数	床	680	788	968	1273	1213
各种社会福利收养性单位数	个	7	5	6	13	3
各种社会福利收养性单位床位数	床	436	850	868	2093	678

2012年县(市)社会经济主要指标

河北省

指　　标	单位	赵　县	辛集市	藁城市	晋州市	新乐市
一、基本情况						
行政区域土地面积	平方公里	674	951	836	619	524
乡(镇)个数	个	11	15	14	10	11
村民委员会个数	个	281	344	239	224	160
年末总户数	户	152414	209726	217538	154608	134677
其中:乡村户数	户	125657	153364	188256	124026	105119
年末总人口	万人	60	63	81	55	50
乡村人口	万人	50	55	73	48	42
年末单位从业人员数	人	14823	29566	35947	19022	18349
乡村从业人员数	人	288713	301538	393153	259869	224214
其中:农林牧渔业	人	102260	97736	80870	91235	51621
农业机械总动力	万千瓦特	258	198	225	137	233
固定电话用户	户	24832	83326	83669	60593	40303
二、综合经济						
第一产业增加值	万元	323912	448819	628469	267291	258943
第二产业增加值	万元	1109242	2199553	3178946	1092930	886723
地方财政一般预算收入	万元	30009	84901	145523	55344	40088
地方财政一般预算支出	万元	140668	180846	244332	146054	116061
居民储蓄存款余额	万元	744525	1993059	1492950	1305811	798884
年末金融机构各项贷款余额	万元	427802	740265	834503	558213	359065
三、农业、工业及投资						
粮食产量	吨					
棉花产量	吨	53	7317	405	50	158
油料产量	吨	3891	36493	9438	9655	36835
肉类总产量	吨	47791	84758	85452	47359	56303
规模以上工业企业个数	个	112	264	375	207	132
规模以上工业总产值(现价)	万元	4573914	7211452	14038083	4004454	3150819
固定资产投资(不含农户)	万元	896820	1690483	2182417	1501439	1307589
四、教育、卫生和社会保障						
普通中学在校学生数	人	35207	34035	31271	20456	27248
小学在校学生数	人	39466	39514	46643	31671	40327
医院、卫生院床位数	床	1585	1599	1903	972	1692
各种社会福利收养性单位数	个	4	12	13	7	5
各种社会福利收养性单位床位数	床	860	1303	2532	1052	1440

2012 年县(市)社会经济主要指标

河北省

指　　标	单位	鹿泉市	丰南区	丰润区	曹妃甸区	滦　县
一、基本情况						
行政区域土地面积	平方公里	603	1312	1290	1199	1027
乡(镇)个数	个	12	15	23	3	12
村民委员会个数	个	208	466	566	13	504
年末总户数	户	117019	150606	270497	65880	161474
其中:乡村户数	户	94450	128408	220605	49032	149896
年末总人口	万人	40	53	92	20	56
乡村人口	万人	35	46	72	15	50
年末单位从业人员数	人	35386	76634	78025	76325	47367
乡村从业人员数	人	169732	257480	431272	86441	283978
其中:农林牧渔业	人	70071	100617	224984	41571	129528
农业机械总动力	万千瓦特	63	85	129	49	91
固定电话用户	户	57466	102300	164447	62586	158023
二、综合经济						
第一产业增加值	万元	209756	384804	526982	215168	374683
第二产业增加值	万元	1717572	3894618	3978663	2430728	2186110
地方财政一般预算收入	万元	109058	230304	158951	245945	122767
地方财政一般预算支出	万元	179053	385110	294085	521054	207990
居民储蓄存款余额	万元	1288824	2317103	3220661	954016	1303199
年末金融机构各项贷款余额	万元	1047934	1766635	2109667	5971499	893187
三、农业、工业及投资						
粮食产量	吨					
棉花产量	吨	224	9987	1464	647	279
油料产量	吨	3901	20281	37907	762	57440
肉类总产量	吨	28349	47832	90032	24937	57035
规模以上工业企业个数	个	217	147	134	63	62
规模以上工业总产值(现价)	万元	5761780	14978526	12737667	7085914	5370909
固定资产投资(不含农户)	万元	2086598	2153315	1330179	6169398	1864849
四、教育、卫生和社会保障						
普通中学在校学生数	人	18512	15636	36149	8152	27612
小学在校学生数	人	27255	36381	56664	11515	37643
医院、卫生院床位数	床	1256	1525	3448	745	1680
各种社会福利收养性单位数	个	5	12	10	2	10
各种社会福利收养性单位床位数	床	1860	1184	1394	290	2112

2012年县(市)社会经济主要指标

河北省

指　　标	单位	滦南县	乐亭县	迁西县	玉田县	遵化市
一、基本情况						
行政区域土地面积	平方公里	1482	1417	1439	1165	1509
乡(镇)个数	个	16	14	17	20	25
村民委员会个数	个	589	530	417	420	622
年末总户数	户	168307	160006	112399	201076	229945
其中:乡村户数	户	154143	141195	100620	162339	196142
年末总人口	万人	57	49	39	68	74
乡村人口	万人	53	43	34	57	67
年末单位从业人员数	人	31338	26809	44789	35098	38265
乡村从业人员数	人	287795	262405	186629	331491	330319
其中:农林牧渔业	人	177935	114851	80850	87160	105237
农业机械总动力	万千瓦特	132	112	37	118	140
固定电话用户	户	50010	59556	72300	126288	140000
二、综合经济						
第一产业增加值	万元	754496	713622	220496	574663	383944
第二产业增加值	万元	1143063	1037805	2492109	1483130	2782179
地方财政一般预算收入	万元	89880	81295	103690	83742	144156
地方财政一般预算支出	万元	201926	227126	211791	206447	270309
居民储蓄存款余额	万元	1170374	1376807	1484172	1786709	2506184
年末金融机构各项贷款余额	万元	602761	1059801	916415	1042365	1275964
三、农业、工业及投资						
粮食产量	吨					
棉花产量	吨	946	1051	288	2288	86
油料产量	吨	53438	10322	6205	3246	45256
肉类总产量	吨	120560	37912	22802	110156	78426
规模以上工业企业个数	个	54	36	130	148	122
规模以上工业总产值(现价)	万元	2080591	2367454	6153127	3981646	6230747
固定资产投资(不含农户)	万元	1430675	913946	1350215	1689899	1793928
四、教育、卫生和社会保障						
普通中学在校学生数	人	29576	22676	20769	28261	27480
小学在校学生数	人	36472	27488	31361	46321	59969
医院、卫生院床位数	床	1822	1370	1470	2461	2300
各种社会福利收养性单位数	个	5	3	7	6	7
各种社会福利收养性单位床位数	床	1984	2970	1188	1440	1748

2012 年县(市)社会经济主要指标

河北省

指　　标	单位	迁安市	青龙满族自治县	昌黎县	抚宁县	卢龙县
一、基本情况						
行政区域土地面积	平方公里	1208	3510	1212	1619	961
乡(镇)个数	个	17	25	16	11	12
村民委员会个数	个	458	396	418	556	548
年末总户数	户	237450	178200	224984	185513	151852
其中:乡村户数	户	154365	139599	169904	132348	122321
年末总人口	万人	74	56	56	50	42
乡村人口	万人	53	50	46	41	38
年末单位从业人员数	人	83384	15582	22562	37987	16609
乡村从业人员数	人	292862	281521	268011	222734	224074
其中:农林牧渔业	人	63440	159409	166147	150457	151629
农业机械总动力	万千瓦特	205	30	90	71	98
固定电话用户	户	134616	55651	92373	84657	64999
二、综合经济						
第一产业增加值	万元	381716	218925	636621	424287	254457
第二产业增加值	万元	5972803	559830	691922	558864	326252
地方财政一般预算收入	万元	390400	73481	69157	54034	34413
地方财政一般预算支出	万元	532668	226186	181483	151429	157005
居民储蓄存款余额	万元	3747301	781601	1411718	1337435	839701
年末金融机构各项贷款余额	万元	3469210	500141	580604	690533	314832
三、农业、工业及投资						
粮食产量	吨					
棉花产量	吨	116		246	608	1664
油料产量	吨	35464	2097	27283	12097	13696
肉类总产量	吨	84770	68155	75872	107897	64371
规模以上工业企业个数	个	152	51	39	51	32
规模以上工业总产值(现价)	万元	15896323	937844	1975113	1815132	919481
固定资产投资(不含农户)	万元	3758336	741166	807692	683301	478008
四、教育、卫生和社会保障						
普通中学在校学生数	人	35618	10915	23914	20549	21784
小学在校学生数	人	49369	35482	32449	28450	25333
医院、卫生院床位数	床	3294	1546	2123	1340	1101
各种社会福利收养性单位数	个	15	2	4	1	2
各种社会福利收养性单位床位数	床	3650	499	440	953	700

2012年县(市)社会经济主要指标

河北省

指　　标	单位	邯郸县	临漳县	成安县	大名县	涉　县
一、基本情况						
行政区域土地面积	平方公里	440	744	482	1053	1509
乡(镇)个数	个	10	14	9	20	17
村民委员会个数	个	224	425	234	651	308
年末总户数	户	85614	172862	115087	218550	148828
其中:乡村户数	户	77799	142350	85411	158508	117496
年末总人口	万人	39	71	44	90	41
乡村人口	万人	32	61	35	69	36
年末单位从业人员数	人	15189	16061	12725	21283	37839
乡村从业人员数	人	157544	377002	194006	358623	190302
其中:农林牧渔业	人	71557	261271	69141	282738	61483
农业机械总动力	万千瓦特	66	110	77	99	56
固定电话用户	户	61776	32146	20151	69986	136122
二、综合经济						
第一产业增加值	万元	127693	273139	240724	309703	96311
第二产业增加值	万元	953379	378052	634481	485333	1691396
地方财政一般预算收入	万元	63070	18604	31578	20140	128759
地方财政一般预算支出	万元	150923	135902	125448	180870	190340
居民储蓄存款余额	万元	589820	446404	292311	658862	720891
年末金融机构各项贷款余额	万元	414858	234326	150895	396190	645379
三、农业、工业及投资						
粮食产量	吨					
棉花产量	吨	2641	3105	23626	2763	31
油料产量	吨	1911	5522	4575	81529	666
肉类总产量	吨	33532	54083	33740	73939	23038
规模以上工业企业个数	个	37	42	49	58	38
规模以上工业总产值(现价)	万元	2344048	605086	2094988	1741562	5517287
固定资产投资(不含农户)	万元	1461288	895799	962329	1054501	1802881
四、教育、卫生和社会保障						
普通中学在校学生数	人	17231	22994	18644	33713	20652
小学在校学生数	人	42183	70324	51993	106543	31677
医院、卫生院床位数	床	1261	973	840	2032	1543
各种社会福利收养性单位数	个	3	4	9	20	6
各种社会福利收养性单位床位数	床	258	949	963	568	500

2012年县(市)社会经济主要指标

河北省

指　　标	单位	磁　县	肥乡县	永年县	邱　县	鸡泽县
一、基本情况						
行政区域土地面积	平方公里	1015	503	898	449	336
乡(镇)个数	个	19	9	20	7	7
村民委员会个数	个	358	265	429	218	169
年末总户数	户	203164	90112	259664	66455	72107
其中:乡村户数	户	142407	81668	201775	50844	60906
年末总人口	万人	65	38	105	25	30
乡村人口	万人	56	34	82	20	29
年末单位从业人员数	人	29869	12098	31457	10488	8435
乡村从业人员数	人	285166	186067	436785	106792	124635
其中:农林牧渔业	人	77661	66906	145554	60240	30306
农业机械总动力	万千瓦特	182	72	158	43	34
固定电话用户	户	60156	20644	68200	13278	36382
二、综合经济						
第一产业增加值	万元	202956	207674	763606	150868	173147
第二产业增加值	万元	1143815	321530	1076700	264180	382008
地方财政一般预算收入	万元	160833	24086	106427	12675	13893
地方财政一般预算支出	万元	276289	110454	244043	82616	84171
居民储蓄存款余额	万元	735856	298066	1227989	246572	267528
年末金融机构各项贷款余额	万元	529550	202641	754702	142299	176244
三、农业、工业及投资						
粮食产量	吨					
棉花产量	吨	3960	17759	4097	34007	8137
油料产量	吨	5096	3246	4747	2475	1006
肉类总产量	吨	37929	36232	72856	22809	26584
规模以上工业企业个数	个	62	39	108	39	58
规模以上工业总产值(现价)	万元	1767490	856324	3299190	882215	1589951
固定资产投资(不含农户)	万元	1478646	655833	1551812	428364	758617
四、教育、卫生和社会保障						
普通中学在校学生数	人	26127	16128	56014	10485	12212
小学在校学生数	人	60990	43697	98911	30556	40249
医院、卫生院床位数	床	1720	1020	2184	640	618
各种社会福利收养性单位数	个	70	8	8	3	7
各种社会福利收养性单位床位数	床	1876	1190	457	1000	256

2012年县(市)社会经济主要指标

河北省

指　　标	单位	广平县	馆陶县	魏　县	曲周县	武安市
一、基本情况						
行政区域土地面积	平方公里	320	456	864	677	1806
乡(镇)个数	个	7	8	21	10	22
村民委员会个数	个	169	277	541	338	502
年末总户数	户	69564	83389	225749	116815	235611
其中:乡村户数	户	54611	68091	189545	95589	229168
年末总人口	万人	29	35	98	47	80
乡村人口	万人	25	28	86	42	69
年末单位从业人员数	人	14261	16038	19408	15689	47734
乡村从业人员数	人	136157	148131	362576	220054	368587
其中:农林牧渔业	人	71664	79669	266227	74555	129658
农业机械总动力	万千瓦特	39	76	119	93	207
固定电话用户	户	10512	24350	116385	21213	135005
二、综合经济						
第一产业增加值	万元	125089	219969	236007	254979	182449
第二产业增加值	万元	387849	407301	402605	519523	3883623
地方财政一般预算收入	万元	17383	22732	39455	22077	313608
地方财政一般预算支出	万元	88460	108083	181406	114591	482737
居民储蓄存款余额	万元	255793	247753	572964	438961	2658089
年末金融机构各项贷款余额	万元	182814	213611	305447	255300	1822041
三、农业、工业及投资						
粮食产量	吨					
棉花产量	吨	6059	6770	2557	13811	3415
油料产量	吨	4420	16248	4611	3262	2588
肉类总产量	吨	15625	53532	62932	48218	68998
规模以上工业企业个数	个	36	42	50	51	90
规模以上工业总产值(现价)	万元	1414723	1336801	1144261	1525015	12419689
固定资产投资(不含农户)	万元	711345	756847	1128922	830267	2129451
四、教育、卫生和社会保障						
普通中学在校学生数	人	10353	16401	33657	25277	46803
小学在校学生数	人	28891	48482	64710	64080	74815
医院、卫生院床位数	床	735	1157	2075	936	2465
各种社会福利收养性单位数	个	8	4	7	11	23
各种社会福利收养性单位床位数	床	1023	1020	3081	740	1390

2012年县(市)社会经济主要指标

河北省

指　　标	单位	邢台县	临城县	内丘县	柏乡县	隆尧县
一、基本情况						
行政区域土地面积	平方公里	1848	797	788	268	749
乡(镇)个数	个	16	8	9	6	12
村民委员会个数	个	519	220	309	121	276
年末总户数	户	123177	79130	86426	67411	155561
其中:乡村户数	户	97199	46806	61968	44208	115720
年末总人口	万人	34	21	28	20	53
乡村人口	万人	32	18	24	18	49
年末单位从业人员数	人	23930	7140	18809	7737	17555
乡村从业人员数	人	165229	86437	119969	86695	224357
其中:农林牧渔业	人	52847	62295	64014	45596	82837
农业机械总动力	万千瓦特	31	25	26	31	91
固定电话用户	户	40519	25838	47500	17332	64836
二、综合经济						
第一产业增加值	万元	100398	78194	82925	69460	207493
第二产业增加值	万元	936520	393856	534588	121764	365628
地方财政一般预算收入	万元	53952	22093	32473	9003	28957
地方财政一般预算支出	万元	127201	86694	85638	60260	106749
居民储蓄存款余额	万元	854949	469614	623743	235780	648188
年末金融机构各项贷款余额	万元	491410	139601	187160	151509	377227
三、农业、工业及投资						
粮食产量	吨					
棉花产量	吨	1204	309	891	367	5767
油料产量	吨	13378	6555	14338	4728	13664
肉类总产量	吨	15619	17192	24567	14721	35716
规模以上工业企业个数	个	33	55	20	27	56
规模以上工业总产值(现价)	万元	3126003	1204533	1915439	211572	1525600
固定资产投资(不含农户)	万元	604730	369397	685496	186631	518705
四、教育、卫生和社会保障						
普通中学在校学生数	人	13813	13314	17279	8197	13267
小学在校学生数	人	20481	19771	23082	17026	40508
医院、卫生院床位数	床	1552	668	971	392	1149
各种社会福利收养性单位数	个	21	4	12	31	113
各种社会福利收养性单位床位数	床	1641	495	925	866	1882

2012年县(市)社会经济主要指标

河北省

指　　标	单位	任　县	南和县	宁晋县	巨鹿县	新河县
一、基本情况						
行政区域土地面积	平方公里	431	405	1032	631	366
乡(镇)个数	个	8	8	14	10	6
村民委员会个数	个	134	218	346	255	169
年末总户数	户	111695	108513	236357	127960	59490
其中:乡村户数	户	73995	81444	167147	107058	44485
年末总人口	万人	36	36	76	41	17
乡村人口	万人	31	34	67	38	16
年末单位从业人员数	人	13214	11417	40714	12734	6503
乡村从业人员数	人	152217	163700	338812	195125	71437
其中:农林牧渔业	人	58513	78924	169134	117252	41942
农业机械总动力	万千瓦特	56	54	107	64	33
固定电话用户	户	31500	28851	110415	69188	29430
二、综合经济						
第一产业增加值	万元	97830	132543	279734	117817	52820
第二产业增加值	万元	128804	113289	868006	203519	100760
地方财政一般预算收入	万元	20008	21872	57437	19923	8108
地方财政一般预算支出	万元	94486	91458	164081	108155	65725
居民储蓄存款余额	万元	353416	416295	1144836	555970	325107
年末金融机构各项贷款余额	万元	189090	216415	852028	290139	147923
三、农业、工业及投资						
粮食产量	吨					
棉花产量	吨	1656	2030	5616	15148	6902
油料产量	吨	1373	2473	6726	11200	3537
肉类总产量	吨	10676	19501	36296	13988	6098
规模以上工业企业个数	个	32	23	141	42	28
规模以上工业总产值(现价)	万元	245851	345104	3068400	616228	212600
固定资产投资(不含农户)	万元	321126	355512	1391909	516231	204477
四、教育、卫生和社会保障						
普通中学在校学生数	人	14369	14446	22430	23904	5210
小学在校学生数	人	32068	31910	45331	27504	10549
医院、卫生院床位数	床	814	588	1276	1176	567
各种社会福利收养性单位数	个	18	108	72	189	2
各种社会福利收养性单位床位数	床	700	2069	1586	2259	516

2012年县(市)社会经济主要指标

河北省

指　　标	单位	广宗县	平乡县	威县	清河县	临西县
一、基本情况						
行政区域土地面积	平方公里	504	406	994	500	542
乡(镇)个数	个	8	7	16	6	9
村民委员会个数	个	213	246	522	305	299
年末总户数	户	97993	90387	182164	114013	101618
其中:乡村户数	户	73248	65994	142454	83765	74831
年末总人口	万人	32	34	61	41	38
乡村人口	万人	29	29	55	35	29
年末单位从业人员数	人	6816	12047	14469	19391	11429
乡村从业人员数	人	143329	138487	280476	154636	145761
其中:农林牧渔业	人	64169	45972	159293	34701	65844
农业机械总动力	万千瓦特	29	35	77	54	57
固定电话用户	户	10820	29218	20806	46639	28899
二、综合经济						
第一产业增加值	万元	128637	93351	222756	85652	114419
第二产业增加值	万元	127502	150002	146169	615108	204630
地方财政一般预算收入	万元	6432	19430	19590	36062	18898
地方财政一般预算支出	万元	71916	100621	121240	122558	98054
居民储蓄存款余额	万元	221453	498006	562800	836682	376966
年末金融机构各项贷款余额	万元	101661	161489	242900	541015	180125
三、农业、工业及投资						
粮食产量	吨					
棉花产量	吨	24580	4550	65910	13722	11099
油料产量	吨	16596	14295	5838	3298	1369
肉类总产量	吨	17143	11936	25999	5732	17101
规模以上工业企业个数	个	36	47	52	100	43
规模以上工业总产值(现价)	万元	275257	352907	374300	1007700	375487
固定资产投资(不含农户)	万元	353021	378671	377607	833183	408528
四、教育、卫生和社会保障						
普通中学在校学生数	人	8349	14089	23251	13931	14780
小学在校学生数	人	29035	35813	49301	31850	37452
医院、卫生院床位数	床	633	971	1950	1150	1055
各种社会福利收养性单位数	个	23	80	16	26	10
各种社会福利收养性单位床位数	床	635	1691	1031	662	1250

2012年县(市)社会经济主要指标

河北省

指　　标	单位	南宫市	沙河市	满城县	清苑县	涞水县
一、基本情况						
行政区域土地面积	平方公里	861	859	630	867	1658
乡(镇)个数	个	11	8	11	18	15
村民委员会个数	个	440	242	183	266	284
年末总户数	户	128128	119123	122326	174710	148544
其中:乡村户数	户	109329	87952	87445	150901	90765
年末总人口	万人	48	42	40	67	35
乡村人口	万人	44	36	34	60	32
年末单位从业人员数	人	20648	28366	25893	33931	18181
乡村从业人员数	人	205803	159375	184232	344156	181568
其中:农林牧渔业	人	102162	69104	111505	199861	118886
农业机械总动力	万千瓦特	87	56	51	83	28
固定电话用户	户	51098	128807	49962	59497	46340
二、综合经济						
第一产业增加值	万元	147395	60605	170809	267632	103146
第二产业增加值	万元	384409	1372191	432519	509810	108112
地方财政一般预算收入	万元	23276	89003	25755	27265	25063
地方财政一般预算支出	万元	122763	178361	103353	142874	151373
居民储蓄存款余额	万元	804873	1314597	884760	935728	594468
年末金融机构各项贷款余额	万元	427803	1317268	407108	384703	398632
三、农业、工业及投资						
粮食产量	吨					
棉花产量	吨	40253	324	484	2264	58
油料产量	吨	15292	4918	2771	20417	10381
肉类总产量	吨	22529	15601	22966	25788	22252
规模以上工业企业个数	个	70	84	91	79	30
规模以上工业总产值(现价)	万元	1134843	3132823	1377673	2179050	184675
固定资产投资(不含农户)	万元	689217	1360375	389105	734162	596057
四、教育、卫生和社会保障						
普通中学在校学生数	人	20862	30807	10253	14121	16820
小学在校学生数	人	31857	42215	34107	47051	19498
医院、卫生院床位数	床	884	1115	1396	876	722
各种社会福利收养性单位数	个	15	19	2	5	1
各种社会福利收养性单位床位数	床	925	1999	168	772	520

2012年县(市)社会经济主要指标

河北省

指　　标	单位	阜平县	徐水县	定兴县	唐　县	高阳县
一、基本情况						
行政区域土地面积	平方公里	2495	723	714	1417	495
乡(镇)个数	个	13	14	16	20	9
村民委员会个数	个	209	304	274	345	170
年末总户数	户	84010	192370	167902	181344	105014
其中:乡村户数	户	55215	146071	132487	133135	75170
年末总人口	万人	22	60	59	59	34
乡村人口	万人	19	54	54	52	30
年末单位从业人员数	人	10354	35939	36792	58601	23060
乡村从业人员数	人	86950	297106	322972	264586	173649
其中:农林牧渔业	人	60404	163130	164173	162166	72370
农业机械总动力	万千瓦特	29	88	58	53	21
固定电话用户	户	25011	75203	59601	53378	55468
二、综合经济						
第一产业增加值	万元	66681	252184	259955	154579	89146
第二产业增加值	万元	64089	759658	368579	273846	673875
地方财政一般预算收入	万元	16238	66367	25698	18706	39594
地方财政一般预算支出	万元	83458	158143	123052	130031	102065
居民储蓄存款余额	万元	444544	1143538	780120	973985	808933
年末金融机构各项贷款余额	万元	195421	484229	294340	400848	411300
三、农业、工业及投资						
粮食产量	吨					
棉花产量	吨		91	485	1047	7456
油料产量	吨	1214	5608	17769	4149	7554
肉类总产量	吨	7306	57549	66359	31067	6124
规模以上工业企业个数	个	19	64	50	42	83
规模以上工业总产值(现价)	万元	83112	2219511	951141	436158	2025888
固定资产投资(不含农户)	万元	322527	853571	693075	439974	535485
四、教育、卫生和社会保障						
普通中学在校学生数	人	12369	27812	25601	26326	12867
小学在校学生数	人	18756	37920	36631	48071	29070
医院、卫生院床位数	床	465	1267	880	1556	896
各种社会福利收养性单位数	个	1	1	1	1	2
各种社会福利收养性单位床位数	床	500	426	388	382	580

2012年县(市)社会经济主要指标

河北省

指　　标	单位	容城县	涞源县	望都县	安新县	易　县
一、基本情况						
行政区域土地面积	平方公里	314	2448	370	724	2534
乡(镇)个数	个	8	17	8	12	27
村民委员会个数	个	127	285	142	207	469
年末总户数	户	84048	100659	79834	142421	192370
其中:乡村户数	户	53399	71799	59058	116375	141718
年末总人口	万人	27	28	27	45	57
乡村人口	万人	22	24	23	42	51
年末单位从业人员数	人	14423	13090	15192	14546	36154
乡村从业人员数	人	128195	125198	127787	246305	260582
其中:农林牧渔业	人	46773	85301	87853	134469	160749
农业机械总动力	万千瓦特	51	19	37	50	29
固定电话用户	户	32045	26524	33741	57322	65358
二、综合经济						
第一产业增加值	万元	98041	37766	155129	92037	218046
第二产业增加值	万元	310742	366559	197938	433852	331747
地方财政一般预算收入	万元	25784	69343	20504	22587	30167
地方财政一般预算支出	万元	73565	183292	75365	101607	163969
居民储蓄存款余额	万元	572906	502731	530443	720011	869217
年末金融机构各项贷款余额	万元	215832	313176	198572	381535	368771
三、农业、工业及投资						
粮食产量	吨					
棉花产量	吨	212		330	7317	595
油料产量	吨	5491	340	6895	659	14028
肉类总产量	吨	28744	6891	17718	8846	61852
规模以上工业企业个数	个	58	44	21	71	49
规模以上工业总产值(现价)	万元	747392	832171	329162	1944511	1243222
固定资产投资(不含农户)	万元	353853	429157	343091	492568	734200
四、教育、卫生和社会保障						
普通中学在校学生数	人	9156	11625	10552	13400	27379
小学在校学生数	人	18392	22930	17330	31429	46536
医院、卫生院床位数	床	921	727	723	717	1630
各种社会福利收养性单位数	个	1	1	2		2
各种社会福利收养性单位床位数	床	750	120	312		218

2012年县(市)社会经济主要指标

河北省

指　　标	单位	曲阳县	蠡县	顺平县	博野县	雄　县
一、基本情况						
行政区域土地面积	平方公里	1084	652	708	331	524
乡(镇)个数	个	18	13	10	7	9
村民委员会个数	个	367	232	237	133	223
年末总户数	户	186238	145726	103728	79327	120366
其中:乡村户数	户	134311	115000	75573	50662	84042
年末总人口	万人	62	54	32	27	38
乡村人口	万人	54	48	28	19	32
年末单位从业人员数	人	29079	18304	12430	8868	12680
乡村从业人员数	人	263172	268224	156824	148771	196691
其中:农林牧渔业	人	163407	149498	107832	61614	94506
农业机械总动力	万千瓦特	53	61	42	37	32
固定电话用户	户	57691	61223	29280	25368	58079
二、综合经济						
第一产业增加值	万元	102104	137211	139687	111581	101615
第二产业增加值	万元	229679	441633	183120	157444	496982
地方财政一般预算收入	万元	22696	24028	15666	12880	30021
地方财政一般预算支出	万元	130089	127300	83290	65197	83557
居民储蓄存款余额	万元	730081	997174	463802	380154	662092
年末金融机构各项贷款余额	万元	217160	153653	234287	129131	362423
三、农业、工业及投资						
粮食产量	吨					
棉花产量	吨	378	4229	91	1855	512
油料产量	吨	7316	15553	4790	11638	5021
肉类总产量	吨	23636	7968	12155	13173	12173
规模以上工业企业个数	个	44	97	41	28	116
规模以上工业总产值(现价)	万元	281597	1512777	500154	467360	1622017
固定资产投资(不含农户)	万元	162150	305203	536072	270033	483207
四、教育、卫生和社会保障						
普通中学在校学生数	人	18509	18121	10627	8619	11945
小学在校学生数	人	64748	40314	23595	16467	34381
医院、卫生院床位数	床	1718	765	912	619	780
各种社会福利收养性单位数	个	1	9	3	4	8
各种社会福利收养性单位床位数	床	723	900	600	586	915

2012年县(市)社会经济主要指标

河北省

指　　标	单位	涿州市	定州市	安国市	高碑店市	宣化县
一、基本情况						
行政区域土地面积	平方公里	742	1274	486	618	2057
乡(镇)个数	个	11	22	10	9	13
村民委员会个数	个	404	485	198	409	305
年末总户数	户	240994	338888	144358	162215	115142
其中:乡村户数	户	115652	270129	88667	98608	94844
年末总人口	万人	65	122	41	57	29
乡村人口	万人	44	107	34	42	27
年末单位从业人员数	人	118289	76492	15477	39315	15156
乡村从业人员数	人	249560	636096	208257	235142	151107
其中:农林牧渔业	人	148806	196310	100391	135336	89611
农业机械总动力	万千瓦特	51	211	66	39	18
固定电话用户	户	123815	626650	63350	82479	116684
二、综合经济						
第一产业增加值	万元	198966	659814	207096	143681	198413
第二产业增加值	万元	793359	1217262	450296	722651	275189
地方财政一般预算收入	万元	154407	133480	30200	61521	31701
地方财政一般预算支出	万元	198929	300513	102089	139412	109750
居民储蓄存款余额	万元	1996317	2062764	904472	1821998	612382
年末金融机构各项贷款余额	万元	1111054	863198	322247	1388828	530643
三、农业、工业及投资						
粮食产量	吨					
棉花产量	吨		1114	719	631	
油料产量	吨	13374	68213	20369	31875	2604
肉类总产量	吨	39123	102007	23150	35439	54580
规模以上工业企业个数	个	78	119	71	40	34
规模以上工业总产值(现价)	万元	2190852	3372497	1612353	1496820	580913
固定资产投资(不含农户)	万元	1523373	1494706	878777	668984	657898
四、教育、卫生和社会保障						
普通中学在校学生数	人	22633	60940	16431	20162	9198
小学在校学生数	人	36350	103564	28360	33224	16384
医院、卫生院床位数	床	2275	2115	832	1300	958
各种社会福利收养性单位数	个	1	2	1	3	4
各种社会福利收养性单位床位数	床	310	200	315	366	850

2012年县(市)社会经济主要指标

河北省

指　　　标	单位	张北县	康保县	沽源县	尚义县	蔚　县
一、基本情况						
行政区域土地面积	平方公里	3863	3365	3388	2601	3198
乡(镇)个数	个	18	15	14	14	22
村民委员会个数	个	366	326	233	172	547
年末总户数	户	147912	111977	94310	76565	174275
其中:乡村户数	户	99616	85950	75492	56922	160048
年末总人口	万人	37	28	22	19	50
乡村人口	万人	27	25	20	16	46
年末单位从业人员数	人	16726	13243	8996	11732	35376
乡村从业人员数	人	179762	133400	132845	90410	194412
其中:农林牧渔业	人	107036	90355	105858	58775	139302
农业机械总动力	万千瓦特	37	31	47	9	33
固定电话用户	户	23371	10276	12500	13000	40207
二、综合经济						
第一产业增加值	万元	186908	170293	133501	85233	139505
第二产业增加值	万元	314969	100079	94282	119417	395497
地方财政一般预算收入	万元	48968	12524	17354	9800	46482
地方财政一般预算支出	万元	178307	108233	108353	94715	170225
居民储蓄存款余额	万元	409705	184842	184665	181070	981794
年末金融机构各项贷款余额	万元	871200	110065	127668	113858	514148
三、农业、工业及投资						
粮食产量	吨					
棉花产量	吨					
油料产量	吨	10692	8795	5260	4997	2763
肉类总产量	吨	19484	28362	9584	12162	33979
规模以上工业企业个数	个	30	13	8	10	12
规模以上工业总产值(现价)	万元	429331	93400	75619	167609	575952
固定资产投资(不含农户)	万元	1193094	469585	439605	377685	564844
四、教育、卫生和社会保障						
普通中学在校学生数	人	21715	7573	7372	6959	18099
小学在校学生数	人	20011	11480	10066	9595	40760
医院、卫生院床位数	床	1396	405	542	593	917
各种社会福利收养性单位数	个	18	5	4	5	6
各种社会福利收养性单位床位数	床	1311	806	660	740	325

2012年县(市)社会经济主要指标

河北省

指　　标	单位	阳原县	怀安县	万全县	怀来县	涿鹿县
一、基本情况						
行政区域土地面积	平方公里	1849	1706	1162	1801	2802
乡(镇)个数	个	14	11	11	17	17
村民委员会个数	个	301	273	171	279	373
年末总户数	户	108474	98341	86124	137470	146206
其中:乡村户数	户	86354	74484	69172	99827	103714
年末总人口	万人	28	25	23	36	35
乡村人口	万人	24	22	19	28	29
年末单位从业人员数	人	13788	13783	12840	21717	22127
乡村从业人员数	人	118178	128060	102434	167394	159351
其中:农林牧渔业	人	71236	75337	66280	103237	116474
农业机械总动力	万千瓦特	12	11	12	26	22
固定电话用户	户	28000	12000	19870	43000	49700
二、综合经济						
第一产业增加值	万元	101829	106504	111891	154075	233926
第二产业增加值	万元	116798	177487	185958	348755	196078
地方财政一般预算收入	万元	22342	25168	27200	91974	33521
地方财政一般预算支出	万元	106548	99416	96423	158742	147922
居民储蓄存款余额	万元	421183	400719	377428	881347	602357
年末金融机构各项贷款余额	万元	311807	259359	406500	644817	360733
三、农业、工业及投资						
粮食产量	吨					
棉花产量	吨					
油料产量	吨	6457	3926	1663	1381	2047
肉类总产量	吨	25081	21775	20300	31077	42023
规模以上工业企业个数	个	11	29	31	27	29
规模以上工业总产值(现价)	万元	90604	352227	348115	431790	300052
固定资产投资(不含农户)	万元	285025	640501	568796	713568	748106
四、教育、卫生和社会保障						
普通中学在校学生数	人	9110	7099	7938	17431	15627
小学在校学生数	人	22256	14127	14909	22458	21308
医院、卫生院床位数	床	626	478	751	1214	947
各种社会福利收养性单位数	个	4	4	5	7	9
各种社会福利收养性单位床位数	床	1050	760	664	898	1526

2012年县(市)社会经济主要指标

河北省

指　　标	单位	赤城县	崇礼县	承德县	兴隆县	平泉县
一、基本情况						
行政区域土地面积	平方公里	5287	2324	3648	3123	3294
乡(镇)个数	个	18	10	23	20	19
村民委员会个数	个	440	211	378	290	260
年末总户数	户	124885	51373	144554	117003	163789
其中:乡村户数	户	99473	38449	113154	83154	120214
年末总人口	万人	30	13	42	33	48
乡村人口	万人	27	10	38	29	41
年末单位从业人员数	人	14505	11278	18747	17651	25903
乡村从业人员数	人	116632	60693	212781	153594	215881
其中:农林牧渔业	人	80272	40473	129659	100091	112852
农业机械总动力	万千瓦特	24	9	29	27	46
固定电话用户	户	20818	8300	30929	31830	35739
二、综合经济						
第一产业增加值	万元	175958	71916	213508	160693	340266
第二产业增加值	万元	319639	191003	547994	432720	547821
地方财政一般预算收入	万元	52838	30386	64370	37822	71540
地方财政一般预算支出	万元	146422	86065	175473	168258	215254
居民储蓄存款余额	万元	484579	204765	736654	687783	908388
年末金融机构各项贷款余额	万元	342520	146363	533169	397911	628711
三、农业、工业及投资						
粮食产量	吨					
棉花产量	吨					
油料产量	吨	1940	701	321	421	398
肉类总产量	吨	27957	6185	98281	19806	22284
规模以上工业企业个数	个	33	21	59	64	62
规模以上工业总产值(现价)	万元	570071	341205	1339439	1321258	1287075
固定资产投资(不含农户)	万元	521115	465459	1047650	923418	1132535
四、教育、卫生和社会保障						
普通中学在校学生数	人	9739	3759	15563	11035	24056
小学在校学生数	人	17936	7220	24235	22980	32276
医院、卫生院床位数	床	768	340	1505	1329	1411
各种社会福利收养性单位数	个	4	2	2	10	5
各种社会福利收养性单位床位数	床	1200	781	1390	763	2220

2012年县(市)社会经济主要指标

河北省

指　　标	单位	滦平县	隆化县	丰宁满族自治县	宽城满族自治县	围场满族蒙古族自治县
一、基本情况						
行政区域土地面积	平方公里	2993	5473	8765	1936	9220
乡(镇)个数	个	20	25	26	18	37
村民委员会个数	个	200	362	309	205	312
年末总户数	户	114738	148305	148766	78267	183260
其中:乡村户数	户	83124	110945	108911	64650	129648
年末总人口	万人	32	44	40	25	54
乡村人口	万人	27	38	34	22	47
年末单位从业人员数	人	14746	17965	24675	14703	20858
乡村从业人员数	人	150072	226402	181210	107484	239326
其中:农林牧渔业	人	68776	142777	112337	52321	178912
农业机械总动力	万千瓦特	40	50	51	19	66
固定电话用户	户	28900	35482	25466	27258	41000
二、综合经济						
第一产业增加值	万元	200114	240643	192122	150158	318544
第二产业增加值	万元	702082	499942	347781	1429676	232727
地方财政一般预算收入	万元	57647	49410	40216	65721	28421
地方财政一般预算支出	万元	174949	193728	208199	175820	204142
居民储蓄存款余额	万元	583010	628682	594132	803291	600526
年末金融机构各项贷款余额	万元	502319	522439	474294	786972	562282
三、农业、工业及投资						
粮食产量	吨					
棉花产量	吨					
油料产量	吨	187	6601	1799	480	1866
肉类总产量	吨	94545	61325	47172	21360	54291
规模以上工业企业个数	个	39	51	35	38	24
规模以上工业总产值(现价)	万元	1749711	888739	653901	4167993	258658
固定资产投资(不含农户)	万元	1064491	844715	1032315	1097563	670000
四、教育、卫生和社会保障						
普通中学在校学生数	人	14960	17441	20769	8773	24730
小学在校学生数	人	21324	31097	23942	18475	37994
医院、卫生院床位数	床	1010	1096	1372	1198	1571
各种社会福利收养性单位数	个	16	16	5	4	19
各种社会福利收养性单位床位数	床	3680	2800	2095	1162	1790

2012年县(市)社会经济主要指标

河北省

指　　标	单位	沧　县	青　县	东光县	海兴县	盐山县
一、基本情况						
行政区域土地面积	平方公里	1520	968	711	919	795
乡(镇)个数	个	19	10	9	7	12
村民委员会个数	个	515	345	447	197	450
年末总户数	户	185781	135479	119645	83493	145277
其中:乡村户数	户	177491	96458	94309	55771	102892
年末总人口	万人	70	42	37	24	47
乡村人口	万人	67	34	33	19	40
年末单位从业人员数	人	25488	20478	18069	13133	19971
乡村从业人员数	人	378234	202773	161525	103123	215598
其中:农林牧渔业	人	81787	58448	67190	63394	95711
农业机械总动力	万千瓦特	144	89	54	37	55
固定电话用户	户	183698	75020	48796	21940	67260
二、综合经济						
第一产业增加值	万元	269362	418493	236205	62654	137978
第二产业增加值	万元	926669	600093	444602	134970	735934
地方财政一般预算收入	万元	61799	45771	39448	21715	39813
地方财政一般预算支出	万元	147233	132325	124634	83075	137079
居民储蓄存款余额	万元	1007741	948492	829558	282722	526158
年末金融机构各项贷款余额	万元	489640	438573	267147	156976	487926
三、农业、工业及投资						
粮食产量	吨					
棉花产量	吨	3774	2533	24191	3915	2351
油料产量	吨	1666	1300	2002	2024	1299
肉类总产量	吨	42814	23123	18977	9767	45158
规模以上工业企业个数	个	148	97	85	21	105
规模以上工业总产值(现价)	万元	2658100	2207300	887350	141991	3786000
固定资产投资(不含农户)	万元	1348264	1043197	735105	272667	1044594
四、教育、卫生和社会保障						
普通中学在校学生数	人	28083	19271	10585	7501	13369
小学在校学生数	人	47783	28622	24132	16997	35471
医院、卫生院床位数	床	1286	975	1089	494	1115
各种社会福利收养性单位数	个	19	2	9	7	3
各种社会福利收养性单位床位数	床	375	248	461	116	227

2012年县(市)社会经济主要指标

河北省

指　　标	单位	肃宁县	南皮县	吴桥县	献县	孟村回族自治县
一、基本情况						
行政区域土地面积	平方公里	516	790	583	1173	387
乡(镇)个数	个	9	9	10	18	6
村民委员会个数	个	253	312	473	500	126
年末总户数	户	118016	116894	116784	181606	73328
其中:乡村户数	户	85150	88503	69591	137458	44364
年末总人口	万人	35	39	29	62	22
乡村人口	万人	31	32	24	54	18
年末单位从业人员数	人	15464	14459	13773	17620	12077
乡村从业人员数	人	196632	179790	146853	275112	90037
其中:农林牧渔业	人	61936	101493	60024	106006	36377
农业机械总动力	万千瓦特	67	91	58	82	31
固定电话用户	户	47931	39308	59331	74892	43018
二、综合经济						
第一产业增加值	万元	225169	185067	257338	282878	71402
第二产业增加值	万元	490954	290738	103594	735873	454998
地方财政一般预算收入	万元	74154	35889	22921	38547	25970
地方财政一般预算支出	万元	132033	121868	93948	144338	85434
居民储蓄存款余额	万元	848615	576549	561581	922701	342484
年末金融机构各项贷款余额	万元	259420	287151	194905	373907	204231
三、农业、工业及投资						
粮食产量	吨					
棉花产量	吨	1099	14714	14437	18260	627
油料产量	吨	8527	2820	1153	27197	1724
肉类总产量	吨	27410	16801	30255	53676	35182
规模以上工业企业个数	个	71	68	22	147	114
规模以上工业总产值(现价)	万元	1381775	551348	297863	3206822	1210500
固定资产投资(不含农户)	万元	1059638	762931	566780	1125283	593807
四、教育、卫生和社会保障						
普通中学在校学生数	人	11502	14361	10966	26334	8868
小学在校学生数	人	24715	27816	17160	50325	17640
医院、卫生院床位数	床	920	1228	988	1438	459
各种社会福利收养性单位数	个	1	2	4	3	6
各种社会福利收养性单位床位数	床	620	300	217	974	140

2012年县(市)社会经济主要指标

河北省

指　　标	单位	泊头市	任丘市	黄骅市	河间市	固安县
一、基本情况						
行政区域土地面积	平方公里	1007	1012	1545	1333	697
乡(镇)个数	个	12	15	10	20	9
村民委员会个数	个	657	413	327	615	419
年末总户数	户	199388	325638	126928	235067	136625
其中:乡村户数	户	151490	158592	100574	186838	89047
年末总人口	万人	61	85	47	83	45
乡村人口	万人	50	60	38	71	36
年末单位从业人员数	人	28578	94236	33272	27648	19840
乡村从业人员数	人	269114	293276	182863	409137	181957
其中:农林牧渔业	人	69998	61697	36314	93751	142216
农业机械总动力	万千瓦特	130	101	111	133	108
固定电话用户	户	80439	217057	119138	101284	71861
二、综合经济						
第一产业增加值	万元	201682	185065	257919	229196	283941
第二产业增加值	万元	837772	3801552	1010481	984231	382820
地方财政一般预算收入	万元	56500	196335	94534	77294	120654
地方财政一般预算支出	万元	151634	249505	220858	199191	207652
居民储蓄存款余额	万元	1387069	2932914	1354722	1823264	1000034
年末金融机构各项贷款余额	万元	509994	923149	1282277	394186	686100
三、农业、工业及投资						
粮食产量	吨					
棉花产量	吨	3094	9788	4160	17671	493
油料产量	吨	377	5662	3348	37935	9381
肉类总产量	吨	28987	42908	47418	31363	43274
规模以上工业企业个数	个	214	223	90	184	52
规模以上工业总产值(现价)	万元	2366308	8735559	2579172	2510494	850885
固定资产投资(不含农户)	万元	1120552	1247993	1452861	1138652	936369
四、教育、卫生和社会保障						
普通中学在校学生数	人	22424	30353	23285	24181	15515
小学在校学生数	人	45403	66929	35193	62234	26544
医院、卫生院床位数	床	984	3189	2561	1569	687
各种社会福利收养性单位数	个	2	4	11	5	8
各种社会福利收养性单位床位数	床	502	607	762	860	808

2012年县(市)社会经济主要指标

河北省

指　　标	单位	永清县	香河县	大城县	文安县	大厂回族自治县
一、基本情况						
行政区域土地面积	平方公里	774	458	910	1038	176
乡(镇)个数	个	10	9	10	13	5
村民委员会个数	个	386	300	394	383	105
年末总户数	户	106948	112283	173370	144046	52278
其中:乡村户数	户	82778	78715	111243	112634	30645
年末总人口	万人	40	33	50	51	12
乡村人口	万人	33	28	42	43	10
年末单位从业人员数	人	18401	24438	21732	19903	15410
乡村从业人员数	人	179849	137016	208990	221285	44206
其中:农林牧渔业	人	114410	54878	110572	79652	16805
农业机械总动力	万千瓦特	108	48	75	77	28
固定电话用户	户	55417	88798	91161	103586	31565
二、综合经济						
第一产业增加值	万元	314998	202028	153797	140851	111366
第二产业增加值	万元	289151	674003	590349	973637	386704
地方财政一般预算收入	万元	51130	145000	39387	60247	56279
地方财政一般预算支出	万元	147538	200978	135444	168552	102989
居民储蓄存款余额	万元	607557	1537799	1174717	1308659	499171
年末金融机构各项贷款余额	万元	456895	1385383	512042	833966	723280
三、农业、工业及投资						
粮食产量	吨					
棉花产量	吨	4625	60	6383	15002	24
油料产量	吨	9888	159	1644	1005	37
肉类总产量	吨	70777	18968	38567	19433	31190
规模以上工业企业个数	个	58	149	89	101	45
规模以上工业总产值(现价)	万元	649232	2689700	1039242	3188290	1263454
固定资产投资(不含农户)	万元	809004	1012878	920096	1493406	709145
四、教育、卫生和社会保障						
普通中学在校学生数	人	20205	15063	23008	20146	5814
小学在校学生数	人	25832	20536	43438	50859	6401
医院、卫生院床位数	床	664	1387	1190	1327	401
各种社会福利收养性单位数	个	9	3	4	4	1
各种社会福利收养性单位床位数	床	689	499	750	940	200

2012年县(市)社会经济主要指标

河北省

指　　标	单位	霸州市	三河市	枣强县	武邑县	武强县
一、基本情况						
行政区域土地面积	平方公里	801	634	905	832	443
乡(镇)个数	个	12	10	11	9	6
村民委员会个数	个	375	395	553	545	238
年末总户数	户	174133	160783	123721	103035	67280
其中:乡村户数	户	121655	89189	106489	74879	52560
年末总人口	万人	63	58	40	33	22
乡村人口	万人	50	35	34	30	20
年末单位从业人员数	人	36461	76058	17410	21727	13023
乡村从业人员数	人	260784	169614	171083	148828	100899
其中:农林牧渔业	人	72670	62192	90165	73583	58597
农业机械总动力	万千瓦特	110	88	38	49	53
固定电话用户	户	132529	156523	71842	39433	29491
二、综合经济						
第一产业增加值	万元	186674	353217	182043	215934	105994
第二产业增加值	万元	2181434	2508343	411275	348818	231945
地方财政一般预算收入	万元	167891	432480	25883	23538	13938
地方财政一般预算支出	万元	255493	505252	120252	100708	81827
居民储蓄存款余额	万元	2045981	2731629	1182285	630048	425515
年末金融机构各项贷款余额	万元	2348127	5156722	482987	314635	215446
三、农业、工业及投资						
粮食产量	吨					
棉花产量	吨	9928	145	26232	13271	4110
油料产量	吨	5737	417	7569	10356	4111
肉类总产量	吨	22312	80060	21533	36823	16528
规模以上工业企业个数	个	177	191	108	48	66
规模以上工业总产值(现价)	万元	9044515	6972897	913196	931062	617382
固定资产投资(不含农户)	万元	1629585	2836515	555891	360222	152171
四、教育、卫生和社会保障						
普通中学在校学生数	人	32078	32405	16915	26773	9051
小学在校学生数	人	57025	43331	31037	25647	14774
医院、卫生院床位数	床	1834	3801	703	701	502
各种社会福利收养性单位数	个	9	4	4	3	3
各种社会福利收养性单位床位数	床	1480	560	1005	1194	560

2012年县(市)社会经济主要指标

河北省

指　　标	单位	饶阳县	安平县	故城县	景　县	阜城县
一、基本情况						
行政区域土地面积	平方公里	572	496	941	1188	695
乡(镇)个数	个	7	8	13	16	10
村民委员会个数	个	197	230	538	848	610
年末总户数	户	83877	99318	157990	161664	122757
其中:乡村户数	户	72073	82275	110548	119370	101059
年末总人口	万人	29	33	52	54	35
乡村人口	万人	26	28	43	46	34
年末单位从业人员数	人	13449	19202	26150	19496	12401
乡村从业人员数	人	153223	147715	212384	225579	175745
其中:农林牧渔业	人	54448	44621	109940	101447	75878
农业机械总动力	万千瓦特	79	48	143	109	71
固定电话用户	户	37378	68393	72513	76117	42712
二、综合经济						
第一产业增加值	万元	153305	128863	262046	228980	137774
第二产业增加值	万元	178037	480072	309434	703229	299560
地方财政一般预算收入	万元	12489	30009	27492	32372	13581
地方财政一般预算支出	万元	83389	103821	126000	133328	88516
居民储蓄存款余额	万元	523274	880423	844733	1291090	685773
年末金融机构各项贷款余额	万元	215596	617731	403173	578664	224754
三、农业、工业及投资						
粮食产量	吨					
棉花产量	吨	2718	2060	28183	23006	8554
油料产量	吨	13521	8135	10211	11118	1095
肉类总产量	吨	26403	68230	49616	35840	16709
规模以上工业企业个数	个	62	123	79	88	69
规模以上工业总产值(现价)	万元	465103	899449	749492	1732164	661045
固定资产投资(不含农户)	万元	276260	390490	664503	917145	270526
四、教育、卫生和社会保障						
普通中学在校学生数	人	7787	9398	23740	22812	15760
小学在校学生数	人	13735	22504	42723	41766	30005
医院、卫生院床位数	床	1046	1019	1470	1285	649
各种社会福利收养性单位数	个	3	3	3	8	4
各种社会福利收养性单位床位数	床	719	840	360	1305	1586

2012年县(市)社会经济主要指标

河北省、山西省

指　　标	单位	冀州市	深州市	清徐县	阳曲县	娄烦县
一、基本情况						
行政区域土地面积	平方公里	877	1245	609	2059	1276
乡(镇)个数	个	10	17	9	10	8
村民委员会个数	个	382	465	188	124	142
年末总户数	户	122563	185289	117116	62855	48058
其中:乡村户数	户	93288	160199	92067	45669	31645
年末总人口	万人	35	57	32	15	13
乡村人口	万人	30	53	25	12	11
年末单位从业人员数	人	20278	27689	20034	8517	5682
乡村从业人员数	人	148949	286050	116427	58812	49432
其中:农林牧渔业	人	69566	112169	68120	30702	34284
农业机械总动力	万千瓦特	73	216	35	18	10
固定电话用户	户	73991	65877	53939	19648	18688
二、综合经济						
第一产业增加值	万元	137162	310569	136007	43138	12887
第二产业增加值	万元	437424	609080	738933	193066	73897
地方财政一般预算收入	万元	33777	28515	100162	34502	53264
地方财政一般预算支出	万元	134347	136650	202112	93314	110958
居民储蓄存款余额	万元	1039387	944620	982196	308384	232772
年末金融机构各项贷款余额	万元	488830	513706	691465	155686	69312
三、农业、工业及投资						
粮食产量	吨			121487	66067	14876
棉花产量	吨	25837	10293	109		
油料产量	吨	8879	32623	57	670	1225
肉类总产量	吨	13762	59264	21839	6468	2687
规模以上工业企业个数	个	76	86	79	22	16
规模以上工业总产值(现价)	万元	1087111	1349982	2047454	773616	293886
固定资产投资(不含农户)	万元	605351	774781	851799	254501	87705
四、教育、卫生和社会保障						
普通中学在校学生数	人	23865	18891	23447	7895	6862
小学在校学生数	人	22837	31070	22814	8159	8735
医院、卫生院床位数	床	965	1186	648	990	347
各种社会福利收养性单位数	个	2	4	5	10	5
各种社会福利收养性单位床位数	床	1450	1033	633	1269	1125

2012 年县(市)社会经济主要指标

山西省

指　　标	单位	古交市	阳高县	天镇县	广灵县	灵丘县
一、基本情况						
行政区域土地面积	平方公里	1584	1678	1635	1284	2730
乡(镇)个数	个	14	13	11	9	12
村民委员会个数	个	146	259	221	180	254
年末总户数	户	79339	124661	64851	77374	104037
其中:乡村户数	户	37235	83257	58179	56816	76248
年末总人口	万人	22	29	22	18	25
乡村人口	万人	11	25	18	15	21
年末单位从业人员数	人	16401	8798	6394	8200	11951
乡村从业人员数	人	36289	93546	69303	56175	92929
其中:农林牧渔业	人	17699	63927	51482	41035	57670
农业机械总动力	万千瓦特	20	24	17	13	21
固定电话用户	户	43821	39029	25064	15976	49560
二、综合经济						
第一产业增加值	万元	17501	93970	51625	46346	30000
第二产业增加值	万元	161425	44059	46166	61395	189598
地方财政一般预算收入	万元	76413	8662	5508	6197	21471
地方财政一般预算支出	万元	139004	110923	109888	95867	98681
居民储蓄存款余额	万元	1055182	361139	325130	279790	489996
年末金融机构各项贷款余额	万元	461854	191526	129045	137706	147299
三、农业、工业及投资						
粮食产量	吨	11365	255895	160621	141519	76661
棉花产量	吨					
油料产量	吨	905	1574	1429	1859	1589
肉类总产量	吨	3921	42405	17681	10121	9067
规模以上工业企业个数	个	32	6	8	10	26
规模以上工业总产值(现价)	万元	367442	137573	68803	140038	322160
固定资产投资(不含农户)	万元	543044	392935	315521	304648	492732
四、教育、卫生和社会保障						
普通中学在校学生数	人	15083	11593	13745	14103	11434
小学在校学生数	人	20460	19604	13471	16216	19130
医院、卫生院床位数	床	1344	750	477	589	855
各种社会福利收养性单位数	个	1	12	16	12	14
各种社会福利收养性单位床位数	床	504	500	150	172	654

2012年县(市)社会经济主要指标

山西省

指　　标	单位	浑源县	左云县	大同县	平定县	盂　县
一、基本情况						
行政区域土地面积	平方公里	1966	1314	1478	1361	2523
乡(镇)个数	个	18	9	10	10	14
村民委员会个数	个	315	228	177	318	453
年末总户数	户	134148	66537	77846	141914	131664
其中:乡村户数	户	104121	44533	63494	107405	103957
年末总人口	万人	36	15	19	32	30
乡村人口	万人	30	11	15	26	25
年末单位从业人员数	人	12950	18399	10845	20292	30165
乡村从业人员数	人	134238	45037	57700	126948	115172
其中:农林牧渔业	人	71839	28391	35236	52231	72191
农业机械总动力	万千瓦特	18	12	20	55	56
固定电话用户	户	31430	18680	9128	64683	47337
二、综合经济						
第一产业增加值	万元	91329	23221	62533	33225	34937
第二产业增加值	万元	126347	159313	48588	401320	955270
地方财政一般预算收入	万元	24722	34484	13873	54905	92834
地方财政一般预算支出	万元	123590	85236	84272	146332	164351
居民储蓄存款余额	万元	433426	242041	267003	905696	1331162
年末金融机构各项贷款余额	万元	238619	175126	121127	592555	759183
三、农业、工业及投资						
粮食产量	吨	155160	35344	82662	122019	134317
棉花产量	吨					
油料产量	吨	2304	3389	245	76	260
肉类总产量	吨	20034	4245	10453	7964	4403
规模以上工业企业个数	个	9	4	14	54	39
规模以上工业总产值(现价)	万元	235016	228915	109227	879538	1872123
固定资产投资(不含农户)	万元	467577	984107	496950	891025	900045
四、教育、卫生和社会保障						
普通中学在校学生数	人	17044	11581	13708	20839	13443
小学在校学生数	人	22829	17246	15173	23054	18403
医院、卫生院床位数	床	817	361	298	712	1152
各种社会福利收养性单位数	个	10	8	11	17	11
各种社会福利收养性单位床位数	床	560	222	450	212	1079

2012年县(市)社会经济主要指标

山西省

指　　标	单位	长治县	襄垣县	屯留县	平顺县	黎城县
一、基本情况						
行政区域土地面积	平方公里	483	1160	1142	1550	1101
乡(镇)个数	个	13	12	14	12	9
村民委员会个数	个	254	323	294	262	250
年末总户数	户	118792	84154	89709	57620	66951
其中:乡村户数	户	88379	59895	70805	47235	47545
年末总人口	万人	34	26	27	16	17
乡村人口	万人	30	19	23	14	14
年末单位从业人员数	人	23237	72240	24053	8703	8355
乡村从业人员数	人	156726	83128	107304	67608	67825
其中:农林牧渔业	人	72568	46729	60683	39737	37640
农业机械总动力	万千瓦特	19	20	27	12	13
固定电话用户	户	42942	37722	31300	15899	23457
二、综合经济						
第一产业增加值	万元	56515	58376	60825	27621	29717
第二产业增加值	万元	1344877	1835129	904662	101942	157102
地方财政一般预算收入	万元	200308	171121	54565	7204	15955
地方财政一般预算支出	万元	246414	185605	107714	81788	71543
居民储蓄存款余额	万元	702213	1105020	383104	190876	325006
年末金融机构各项贷款余额	万元	408570	1399455	217793	149828	142872
三、农业、工业及投资						
粮食产量	吨	145140	176001	269374	55630	84757
棉花产量	吨					27
油料产量	吨	209	375	153	74	285
肉类总产量	吨	17054	5203	8244	3485	6259
规模以上工业企业个数	个	48	52	27	13	15
规模以上工业总产值(现价)	万元	1918340	3532798	2009043	243174	779458
固定资产投资(不含农户)	万元	834196	1050479	764527	205132	299137
四、教育、卫生和社会保障						
普通中学在校学生数	人	21112	8456	16261	13689	10154
小学在校学生数	人	22411	17185	17831	8664	13321
医院、卫生院床位数	床	593	1077	637	410	561
各种社会福利收养性单位数	个	6	15	6	12	16
各种社会福利收养性单位床位数	床	330	1069	1360	685	1216

2012 年县(市)社会经济主要指标

山西省

指　　标	单位	壶关县	长子县	武乡县	沁　县	沁源县
一、基本情况						
行政区域土地面积	平方公里	990	1029	1610	1297	2550
乡(镇)个数	个	13	12	14	13	14
村民委员会个数	个	390	399	377	306	254
年末总户数	户	114508	121066	76078	65540	60624
其中:乡村户数	户	89182	89988	60690	43472	47267
年末总人口	万人	30	36	21	18	16
乡村人口	万人	27	32	18	14	14
年末单位从业人员数	人	16645	24849	14433	6603	23251
乡村从业人员数	人	141239	160366	76980	56237	55841
其中:农林牧渔业	人	76777	109283	51239	37075	28551
农业机械总动力	万千瓦特	13	23	17	10	9
固定电话用户	户	30898	39627	23808	23167	25428
二、综合经济						
第一产业增加值	万元	38844	98418	29606	37968	23558
第二产业增加值	万元	229085	670231	464225	22957	860273
地方财政一般预算收入	万元	20273	87506	50410	6132	117604
地方财政一般预算支出	万元	117757	157461	101838	85802	157624
居民储蓄存款余额	万元	399837	571056	330648	237720	288870
年末金融机构各项贷款余额	万元	228154	450773	390877	131720	254604
三、农业、工业及投资						
粮食产量	吨	118678	251645	131052	172132	76162
棉花产量	吨					
油料产量	吨	55	81	608	15	741
肉类总产量	吨	8809	12407	4144	1906	2031
规模以上工业企业个数	个	17	18	17	3	15
规模以上工业总产值(现价)	万元	909058	1214055	762708	62428	1622391
固定资产投资(不含农户)	万元	291940	660785	396007	292548	583277
四、教育、卫生和社会保障						
普通中学在校学生数	人	17784	19878	9673	14063	12891
小学在校学生数	人	17453	19144	13932	12748	10382
医院、卫生院床位数	床	589	822	326	441	578
各种社会福利收养性单位数	个	16	22	11	13	15
各种社会福利收养性单位床位数	床	1345	1095	821	1038	1088

2012年县(市)社会经济主要指标

山西省

指　　标	单位	潞城市	沁水县	阳城县	陵川县	泽州县
一、基本情况						
行政区域土地面积	平方公里	630	2658	1917	1751	2023
乡(镇)个数	个	9	14	18	12	17
村民委员会个数	个	191	251	467	378	632
年末总户数	户	78686	82285	172705	89169	183140
其中:乡村户数	户	55690	61682	124837	72044	150069
年末总人口	万人	23	21	38	26	50
乡村人口	万人	18	17	31	23	45
年末单位从业人员数	人	27359	26587	34996	12711	30565
乡村从业人员数	人	84686	88900	165108	115960	218565
其中:农林牧渔业	人	46075	53820	84956	63387	118603
农业机械总动力	万千瓦特	24	34	42	31	73
固定电话用户	户	39933	42406	66749	45286	75337
二、综合经济						
第一产业增加值	万元	37609	47789	80452	41115	113791
第二产业增加值	万元	734798	1247113	1021122	108043	1547666
地方财政一般预算收入	万元	35635	90532	88005	15167	124862
地方财政一般预算支出	万元	73966	140540	173032	110452	202164
居民储蓄存款余额	万元	498126	472906	936303	400186	876451
年末金融机构各项贷款余额	万元	340176	343071	639708	263376	625291
三、农业、工业及投资						
粮食产量	吨	128314	136866	185841	128022	269949
棉花产量	吨	26	228	32		38
油料产量	吨	297	1471	773	1004	2816
肉类总产量	吨	7208	7406	18068	8795	40781
规模以上工业企业个数	个	45	29	45	15	64
规模以上工业总产值(现价)	万元	2052064	860097	1571316	149213	2522104
固定资产投资(不含农户)	万元	810581	968038	908764	228419	1270980
四、教育、卫生和社会保障						
普通中学在校学生数	人	12941	14112	31929	15926	27381
小学在校学生数	人	16538	11966	23162	17056	27867
医院、卫生院床位数	床	618	632	1532	575	1381
各种社会福利收养性单位数	个	12	9	14	10	11
各种社会福利收养性单位床位数	床	598	598	1156	450	550

2012年县(市)社会经济主要指标

山西省

指　　标	单位	高平市	山阴县	应县	右玉县	怀仁县
一、基本情况						
行政区域土地面积	平方公里	946	1651	1708	1967	1287
乡(镇)个数	个	16	13	12	10	10
村民委员会个数	个	445	257	298	321	162
年末总户数	户	157422	104552	125542	48942	125035
其中:乡村户数	户	122554	55488	93595	27151	72668
年末总人口	万人	48	24	31	11	29
乡村人口	万人	40	16	27	9	19
年末单位从业人员数	人	41506	25594	13287	10712	42222
乡村从业人员数	人	206976	60248	113510	41624	86572
其中:农林牧渔业	人	110014	40137	80555	26537	45709
农业机械总动力	万千瓦特	54	42	43	21	47
固定电话用户	户	79324	38499	31333	12627	50033
二、综合经济						
第一产业增加值	万元	122637	120885	108218	36213	74332
第二产业增加值	万元	1713361	871223	190741	224114	1047881
地方财政一般预算收入	万元	119094	106135	14771	35239	85357
地方财政一般预算支出	万元	206771	182480	140057	103690	163815
居民储蓄存款余额	万元	1468808	941111	396449	261289	974306
年末金融机构各项贷款余额	万元	974898	577140	213316	110311	316326
三、农业、工业及投资						
粮食产量	吨	249192	262810	268234	33322	167968
棉花产量	吨					
油料产量	吨	32	3678	3605	9449	546
肉类总产量	吨	55101	12653	10961	10094	13870
规模以上工业企业个数	个	49	53	37	16	72
规模以上工业总产值(现价)	万元	2150548	1822589	588877	473691	2405576
固定资产投资(不含农户)	万元	1047032	950941	359007	587567	869061
四、教育、卫生和社会保障						
普通中学在校学生数	人	35696	16319	24314	5536	55602
小学在校学生数	人	30758	18091	24515	7257	49656
医院、卫生院床位数	床	1067	625	1005	342	889
各种社会福利收养性单位数	个	10	12	6	11	9
各种社会福利收养性单位床位数	床	665	313	342	810	670

2012年县(市)社会经济主要指标

山西省

指　　标	单位	榆社县	左权县	和顺县	昔阳县	寿阳县
一、基本情况						
行政区域土地面积	平方公里	1700	2020	2250	1946	2110
乡(镇)个数	个	9	10	10	12	15
村民委员会个数	个	272	203	294	335	206
年末总户数	户	56891	68058	55688	103457	85977
其中:乡村户数	户	43892	49491	39991	81011	65918
年末总人口	万人	14	16	14	24	21
乡村人口	万人	12	14	11	20	17
年末单位从业人员数	人	12343	17433	17181	20527	34820
乡村从业人员数	人	53188	62269	55441	98622	84831
其中:农林牧渔业	人	31847	37324	36591	61005	61489
农业机械总动力	万千瓦特	13	17	16	24	33
固定电话用户	户	17325	30396	24332	48015	40619
二、综合经济						
第一产业增加值	万元	30382	27861	28948	35653	96232
第二产业增加值	万元	119484	178395	262183	311360	763715
地方财政一般预算收入	万元	14239	43488	53152	41656	98523
地方财政一般预算支出	万元	71590	95908	100886	96855	146190
居民储蓄存款余额	万元	212241	481306	423909	638957	660356
年末金融机构各项贷款余额	万元	173202	372966	139167	208459	370676
三、农业、工业及投资						
粮食产量	吨	61547	53401	63607	180868	332763
棉花产量	吨					
油料产量	吨	533	523	710	142	25
肉类总产量	吨	3448	3560	3344	8821	6489
规模以上工业企业个数	个	6	21	15	12	34
规模以上工业总产值(现价)	万元	398816	399080	394712	561836	1125097
固定资产投资(不含农户)	万元	75049	579462	450006	596043	789016
四、教育、卫生和社会保障						
普通中学在校学生数	人	5589	7703	5551	11702	12412
小学在校学生数	人	10159	11778	8551	13448	11787
医院、卫生院床位数	床	262	422	496	782	837
各种社会福利收养性单位数	个	6	11	10	6	8
各种社会福利收养性单位床位数	床	203	841	305	195	536

2012年县(市)社会经济主要指标

山西省

指　　标	单位	太谷县	祁县	平遥县	灵石县	介休市
一、基本情况						
行政区域土地面积	平方公里	1050	854	1260	1202	744
乡(镇)个数	个	9	9	14	12	10
村民委员会个数	个	198	156	273	291	231
年末总户数	户	118046	113409	204847	105236	166746
其中:乡村户数	户	90849	85279	164105	74593	107923
年末总人口	万人	29	27	52	26	41
乡村人口	万人	22	21	43	18	29
年末单位从业人员数	人	18582	17297	19298	25172	58712
乡村从业人员数	人	106969	102863	196667	88292	140778
其中:农林牧渔业	人	61577	56039	95252	40512	51911
农业机械总动力	万千瓦特	49	39	28	38	31
固定电话用户	户	58426	51235	80532	49179	95294
二、综合经济						
第一产业增加值	万元	129068	120788	129808	34532	48241
第二产业增加值	万元	183449	164442	397963	1231562	1006293
地方财政一般预算收入	万元	34246	23083	54453	138283	122919
地方财政一般预算支出	万元	110534	102789	159473	170526	178832
居民储蓄存款余额	万元	880737	671993	851925	1251358	1512566
年末金融机构各项贷款余额	万元	276647	352652	354380	520439	1343511
三、农业、工业及投资						
粮食产量	吨	216165	232107	264865	56458	145586
棉花产量	吨	82	129	22		1
油料产量	吨	54	1100	3335	183	49
肉类总产量	吨	52517	20913	23254	12003	16862
规模以上工业企业个数	个	50	28	37	119	70
规模以上工业总产值(现价)	万元	499463	460919	1074763	2736179	3818886
固定资产投资(不含农户)	万元	350212	330370	510457	1016290	758290
四、教育、卫生和社会保障						
普通中学在校学生数	人	30380	14909	26510	8947	21453
小学在校学生数	人	20608	19814	38652	21922	32845
医院、卫生院床位数	床	1860	596	1396	1038	1520
各种社会福利收养性单位数	个	10	7	10	7	11
各种社会福利收养性单位床位数	床	256	252	262	1049	498

2012年县(市)社会经济主要指标

山西省

指　　标	单位	临猗县	万荣县	闻喜县	稷山县	新绛县
一、基本情况						
行政区域土地面积	平方公里	1339	1082	1167	686	593
乡(镇)个数	个	16	14	13	7	9
村民委员会个数	个	375	281	343	200	220
年末总户数	户	142595	113652	128572	90229	94296
其中:乡村户数	户	128575	101161	89695	83450	69195
年末总人口	万人	58	44	41	35	33
乡村人口	万人	50	41	34	32	28
年末单位从业人员数	人	28301	14023	17606	12582	13376
乡村从业人员数	人	248745	178358	171178	161403	150717
其中:农林牧渔业	人	173034	122367	79246	85395	99874
农业机械总动力	万千瓦特	95	85	38	51	32
固定电话用户	户	89665	60880	75428	36558	21136
二、综合经济						
第一产业增加值	万元	394377	152908	87378	105454	146335
第二产业增加值	万元	343423	196609	515681	289539	325799
地方财政一般预算收入	万元	18606	9408	21925	14879	18176
地方财政一般预算支出	万元	161516	126647	130722	111942	118015
居民储蓄存款余额	万元	658135	277041	734772	420318	448873
年末金融机构各项贷款余额	万元	535885	318478	400210	224494	284854
三、农业、工业及投资						
粮食产量	吨	336726	178421	292673	256308	243955
棉花产量	吨	18386	871	573	298	898
油料产量	吨	4327	3307	1896	1299	922
肉类总产量	吨	11948	12827	15464	12508	15214
规模以上工业企业个数	个	38	22	31	24	29
规模以上工业总产值(现价)	万元	735614	354418	1703200	726642	1246631
固定资产投资(不含农户)	万元	603271	432610	732119	433753	470067
四、教育、卫生和社会保障						
普通中学在校学生数	人	40273	15147	30835	23162	29818
小学在校学生数	人	30995	26327	30142	24734	27741
医院、卫生院床位数	床	2380	1690	1806	2136	1275
各种社会福利收养性单位数	个	6	10	1	6	4
各种社会福利收养性单位床位数	床	360	885	45	220	120

2012年县(市)社会经济主要指标

山西省

指　　标	单位	绛　县	垣曲县	夏　县	平陆县	芮城县
一、基本情况						
行政区域土地面积	平方公里	994	1620	1351	1174	1179
乡(镇)个数	个	10	11	11	10	10
村民委员会个数	个	205	189	257	228	173
年末总户数	户	84925	77158	108033	84751	132400
其中:乡村户数	户	62802	46702	82698	67751	107780
年末总人口	万人	29	23	37	25	40
乡村人口	万人	23	16	32	21	35
年末单位从业人员数	人	16516	23339	12042	13033	19500
乡村从业人员数	人	140887	77922	184886	114886	191730
其中:农林牧渔业	人	86623	42843	132382	85060	125075
农业机械总动力	万千瓦特	28	28	36	51	55
固定电话用户	户	34500	39842	31000	30079	33500
二、综合经济						
第一产业增加值	万元	76077	36049	157603	78283	202868
第二产业增加值	万元	257420	179724	93492	111582	229420
地方财政一般预算收入	万元	7410	12136	8105	10634	17558
地方财政一般预算支出	万元	103521	102610	118782	109732	144550
居民储蓄存款余额	万元	372763	434775	355491	390731	367253
年末金融机构各项贷款余额	万元	160208	243358	218612	151942	309393
三、农业、工业及投资						
粮食产量	吨	167935	92613	273281	113134	342024
棉花产量	吨	130	409	3638	306	3011
油料产量	吨	410	589	898	1549	2993
肉类总产量	吨	9022	7224	7450	9962	18455
规模以上工业企业个数	个	29	11	21	17	23
规模以上工业总产值(现价)	万元	776903	389154	150822	273440	450900
固定资产投资(不含农户)	万元	533000	301446	342394	340802	402926
四、教育、卫生和社会保障						
普通中学在校学生数	人	15176	16152	18089	14870	10544
小学在校学生数	人	20270	18023	27058	14352	21575
医院、卫生院床位数	床	1189	1408	1014	891	1270
各种社会福利收养性单位数	个	5	5	2	7	7
各种社会福利收养性单位床位数	床	215	56	82	130	210

2012年县(市)社会经济主要指标

山西省

指　　标	单位	永济市	河津市	定襄县	五台县	代　县
一、基本情况						
行政区域土地面积	平方公里	1221	593	865	2865	1729
乡(镇)个数	个	10	9	9	19	11
村民委员会个数	个	265	148	155	573	377
年末总户数	户	139948	132205	100158	113769	78482
其中:乡村户数	户	91628	73801	76034	105769	67113
年末总人口	万人	44	40	22	32	22
乡村人口	万人	35	30	18	27	17
年末单位从业人员数	人	29569	44241	10036	17992	9356
乡村从业人员数	人	201426	135186	91319	103561	81135
其中:农林牧渔业	人	128941	61373	47969	55852	58696
农业机械总动力	万千瓦特	60	42	12	14	18
固定电话用户	户	78285	56700	49563	46100	34785
二、综合经济						
第一产业增加值	万元	187656	74061	35602	46200	27447
第二产业增加值	万元	718112	1222736	243833	100900	360953
地方财政一般预算收入	万元	28190	62632	17711	22901	39270
地方财政一般预算支出	万元	136747	140073	94898	140122	111206
居民储蓄存款余额	万元	658025	1059843	509000	719274	808534
年末金融机构各项贷款余额	万元	593204	810289	286044	526342	289193
三、农业、工业及投资						
粮食产量	吨	471496	186057	172833	125592	86802
棉花产量	吨	7898	136	112		
油料产量	吨	1007	1184	2250	528	917
肉类总产量	吨	15767	7451	4268	8618	3475
规模以上工业企业个数	个	50	78	43	13	79
规模以上工业总产值(现价)	万元	2050583	3382138	504788	239781	549351
固定资产投资(不含农户)	万元	632651	976512	224997	260229	210464
四、教育、卫生和社会保障						
普通中学在校学生数	人	15813	33554	11614	18440	13422
小学在校学生数	人	26573	33218	16522	27484	19043
医院、卫生院床位数	床	1875	1890	536	627	550
各种社会福利收养性单位数	个	14	14	6	9	8
各种社会福利收养性单位床位数	床	710	1049	221	220	222

2012年县(市)社会经济主要指标

山西省

指　　标	单位	繁峙县	宁武县	静乐县	神池县	五寨县
一、基本情况						
行政区域土地面积	平方公里	2367	1967	2058	1472	1391
乡(镇)个数	个	13	14	14	10	12
村民委员会个数	个	402	464	381	241	250
年末总户数	户	110533	63135	41786	40861	53397
其中:乡村户数	户	88336	54345	39275	27844	30373
年末总人口	万人	28	16	16	11	12
乡村人口	万人	25	11	14	9	9
年末单位从业人员数	人	14102	20667	12881	6814	6333
乡村从业人员数	人	84437	45653	58148	28810	38354
其中:农林牧渔业	人	56508	27644	31980	23491	28750
农业机械总动力	万千瓦特	19	8	9	18	15
固定电话用户	户	31700	17650	16281	59700	5100
二、综合经济						
第一产业增加值	万元	34063	12398	24045	47741	35699
第二产业增加值	万元	415981	269208	111206	19827	32393
地方财政一般预算收入	万元	28553	50097	17575	16241	17809
地方财政一般预算支出	万元	120655	110948	93614	82536	82697
居民储蓄存款余额	万元	575155	588856	195151	209000	305885
年末金融机构各项贷款余额	万元	243400	356509	69317	95242	149976
三、农业、工业及投资						
粮食产量	吨	78781	22165	39327	138115	181805
棉花产量	吨					
油料产量	吨	1696	2526	5116	11925	377
肉类总产量	吨	13549	3622	3277	6398	1603
规模以上工业企业个数	个	51	15	7	3	8
规模以上工业总产值(现价)	万元	939943	611324	140382	28934	65864
固定资产投资(不含农户)	万元	469201	407988	381891	194966	158850
四、教育、卫生和社会保障						
普通中学在校学生数	人	17322	5191	8844	4579	5806
小学在校学生数	人	25234	11252	9618	6764	7021
医院、卫生院床位数	床	900	368	497	605	392
各种社会福利收养性单位数	个	5		3	2	
各种社会福利收养性单位床位数	床	206		32	255	

2012年县(市)社会经济主要指标

山西省

指　　　标	单位	岢岚县	河曲县	保德县	偏关县	原平市
一、基本情况						
行政区域土地面积	平方公里	1984	1317	998	1685	2571
乡(镇)个数	个	12	13	13	10	18
村民委员会个数	个	202	340	341	248	520
年末总户数	户	27639	68009	66392	46661	194954
其中:乡村户数	户	22030	44471	47965	32830	134867
年末总人口	万人	9	15	16	10	49
乡村人口	万人	7	12	15	10	35
年末单位从业人员数	人	5169	12947	16278	9188	39326
乡村从业人员数	人	32589	45258	64911	39683	153952
其中:农林牧渔业	人	22584	29762	36373	24865	80451
农业机械总动力	万千瓦特	12	9	15	14	42
固定电话用户	户	9007	24375	16783	15203	64947
二、综合经济						
第一产业增加值	万元	26965	29556	32036	40801	115265
第二产业增加值	万元	39484	410419	561080	84562	553297
地方财政一般预算收入	万元	11743	54691	60736	16773	87988
地方财政一般预算支出	万元	86029	109122	118480	80294	190502
居民储蓄存款余额	万元	188203	541841	411835	259000	1289385
年末金融机构各项贷款余额	万元	61375	313715	207217	83280	813774
三、农业、工业及投资						
粮食产量	吨	46642	60837	46682	50080	361579
棉花产量	吨		1			
油料产量	吨	8525	5807	677	5365	1207
肉类总产量	吨	4984	2028	4627	12606	24280
规模以上工业企业个数	个	13	12	16	7	33
规模以上工业总产值(现价)	万元	120239	729238	847542	198342	1453136
固定资产投资(不含农户)	万元	244871	600468	589214	130073	1146229
四、教育、卫生和社会保障						
普通中学在校学生数	人	4999	9647	9396	7924	25706
小学在校学生数	人	5709	11465	12189	8071	31901
医院、卫生院床位数	床	451	475	678	305	986
各种社会福利收养性单位数	个	10	5	2	3	8
各种社会福利收养性单位床位数	床	240	40	80	116	187

2012年县(市)社会经济主要指标

山西省

指　　标	单位	曲沃县	翼城县	襄汾县	洪洞县	古县
一、基本情况						
行政区域土地面积	平方公里	437	1149	1028	1494	1191
乡(镇)个数	个	7	10	13	16	7
村民委员会个数	个	158	211	348	463	111
年末总户数	户	63713	102655	157625	244487	35496
其中:乡村户数	户	48678	72909	126098	187763	24340
年末总人口	万人	23	31	49	75	9
乡村人口	万人	19	27	44	66	7
年末单位从业人员数	人	10690	16215	16584	43773	8523
乡村从业人员数	人	107006	114563	226478	339050	23518
其中:农林牧渔业	人	62068	57222	127997	164334	14762
农业机械总动力	万千瓦特	35	34	54	105	11
固定电话用户	户	35697	49240	52060	80942	11030
二、综合经济						
第一产业增加值	万元	111214	72795	121155	105377	21606
第二产业增加值	万元	674937	495658	849902	1193583	528719
地方财政一般预算收入	万元	25319	54725	70001	94635	56282
地方财政一般预算支出	万元	98930	131524	173611	256094	86745
居民储蓄存款余额	万元	417979	636564	850700	1099721	201890
年末金融机构各项贷款余额	万元	176704	402561	330493	756585	88546
三、农业、工业及投资						
粮食产量	吨	188575	206783	442881	409424	59031
棉花产量	吨	1746	76	1183	31	
油料产量	吨	3040	850	2978	1128	376
肉类总产量	吨	10270	20781	14621	22000	1609
规模以上工业企业个数	个	26	28	36	56	33
规模以上工业总产值(现价)	万元	2300991	1963667	2367078	3217750	1009040
固定资产投资(不含农户)	万元	423866	406024	618613	1014008	280236
四、教育、卫生和社会保障						
普通中学在校学生数	人	13134	20685	28301	44862	4856
小学在校学生数	人	12267	20530	29512	55352	6972
医院、卫生院床位数	床	895	1095	984	1398	273
各种社会福利收养性单位数	个	5	4	4	8	6
各种社会福利收养性单位床位数	床	194	98	206	485	116

2012年县(市)社会经济主要指标

山西省

指　　标	单位	安泽县	浮山县	吉县	乡宁县	大宁县
一、基本情况						
行政区域土地面积	平方公里	1959	938	1780	2025	963
乡(镇)个数	个	7	9	8	10	6
村民委员会个数	个	103	185	79	182	84
年末总户数	户	33322	46732	37925	76777	24162
其中:乡村户数	户	20256	32845	30577	57542	16851
年末总人口	万人	8	13	11	24	7
乡村人口	万人	7	11	10	21	6
年末单位从业人员数	人	8672	8959	7689	21591	5437
乡村从业人员数	人	23598	39895	36138	87245	24876
其中:农林牧渔业	人	16065	22846	25113	60976	17430
农业机械总动力	万千瓦特	14	17	8	29	5
固定电话用户	户	13935	8957	8215	18883	4529
二、综合经济						
第一产业增加值	万元	35584	35692	45858	24220	13329
第二产业增加值	万元	417805	280988	99646	617061	5109
地方财政一般预算收入	万元	48562	19809	10528	155529	2802
地方财政一般预算支出	万元	79450	67392	71267	195794	60135
居民储蓄存款余额	万元	153209	198200	128421	593532	67139
年末金融机构各项贷款余额	万元	109613	194028	68436	505600	33703
三、农业、工业及投资						
粮食产量	吨	108717	101961	49872	85166	38023
棉花产量	吨		48			136
油料产量	、吨	593	1159	2120	1904	428
肉类总产量	吨	1439	2888	2415	5218	631
规模以上工业企业个数	个	10	27	3	26	1
规模以上工业总产值(现价)	万元	808755	537391	118272	994885	3443
固定资产投资(不含农户)	万元	308203	224646	166116	382002	59694
四、教育、卫生和社会保障						
普通中学在校学生数	人	4827	5977	5856	14527	2522
小学在校学生数	人	5650	7160	9061	19779	3875
医院、卫生院床位数	床	295	289	320	744	218
各种社会福利收养性单位数	个	9	6	2	1	3
各种社会福利收养性单位床位数	床	106	142	90	80	51

2012年县(市)社会经济主要指标

山西省

指　　标	单位	隰　县	永和县	蒲　县	汾西县	侯马市
一、基本情况						
行政区域土地面积	平方公里	1413	1213	1509	875	221
乡(镇)个数	个	8	7	9	8	5
村民委员会个数	个	97	79	93	120	76
年末总户数	户	39666	23839	35026	52128	82727
其中:乡村户数	户	29348	12543	24588	37759	31192
年末总人口	万人	11	7	11	15	24
乡村人口	万人	9	5	9	13	11
年末单位从业人员数	人	8057	3931	11993	8160	31295
乡村从业人员数	人	36868	17521	42576	60226	55102
其中:农林牧渔业	人	27413	13549	24941	40654	23102
农业机械总动力	万千瓦特	10	3	5	10	18
固定电话用户	户	10006	3715	11360	10185	67817
二、综合经济						
第一产业增加值	万元	24848	22803	14493	22190	30248
第二产业增加值	万元	19417	5534	325910	66114	420454
地方财政一般预算收入	万元	6435	2350	75965	11517	39414
地方财政一般预算支出	万元	76736	52304	114077	67730	105755
居民储蓄存款余额	万元	150915	57485	243104	135607	965348
年末金融机构各项贷款余额	万元	105748	33403	213745	13982	505901
三、农业、工业及投资						
粮食产量	吨	84417	52687	65144	60201	83344
棉花产量	吨		189		11	564
油料产量	吨	465	3691	503	314	818
肉类总产量	吨	2266	2191	2528	6877	3236
规模以上工业企业个数	个			19	9	27
规模以上工业总产值(现价)	万元			631685	169229	1252773
固定资产投资(不含农户)	万元	114923	65183	250022	150885	404073
四、教育、卫生和社会保障						
普通中学在校学生数	人	5772	2729	4630	8514	11952
小学在校学生数	人	9686	3831	8909	10918	15175
医院、卫生院床位数	床	299	220	381	348	1402
各种社会福利收养性单位数	个	2	4	4	4	5
各种社会福利收养性单位床位数	床	59	180	200	84	601

2012年县(市)社会经济主要指标

山西省

指　　标	单位	霍州市	离石区	文水县	交城县	兴　县
一、基本情况						
行政区域土地面积	平方公里	764	1324	1064	1827	3166
乡(镇)个数	个	12	12	12	10	17
村民委员会个数	个	199	193	199	148	376
年末总户数	户	122269	112573	170118	87667	111726
其中:乡村户数	户	60529	56942	130170	63646	79104
年末总人口	万人	30	29	45	23	32
乡村人口	万人	20	17	39	19	26
年末单位从业人员数	人	49221	54796	15550	24325	19688
乡村从业人员数	人	91750	72073	197054	90277	115863
其中:农林牧渔业	人	52773	29188	103669	32608	68548
农业机械总动力	万千瓦特	20	23	35	21	14
固定电话用户	户	51241	53988	3200	6600	13579
二、综合经济						
第一产业增加值	万元	33586	18324	96663	27102	38040
第二产业增加值	万元	644704	485725	339859	607345	598890
地方财政一般预算收入	万元	72108	111466	21852	55609	73274
地方财政一般预算支出	万元	131659	166748	140439	116492	174211
居民储蓄存款余额	万元	810021	1716902	679976	580821	309216
年末金融机构各项贷款余额	万元	656860	2726493	408115	410049	180996
三、农业、工业及投资						
粮食产量	吨	71770	26793	259986	47609	96697
棉花产量	吨	18		6	4	
油料产量	吨	210	711	1368	231	13654
肉类总产量	吨	8910	2823	20912	7547	4617
规模以上工业企业个数	个	21	21	30	89	12
规模以上工业总产值(现价)	万元	1471523	997039	1284773	1857955	1159165
固定资产投资(不含农户)	万元	891003	503499	143453	303591	363545
四、教育、卫生和社会保障						
普通中学在校学生数	人	18049	36216	35031	18991	16487
小学在校学生数	人	23853	37297	43313	20709	28044
医院、卫生院床位数	床	1258	1666	793	665	630
各种社会福利收养性单位数	个	10	4	4	1	2
各种社会福利收养性单位床位数	床	785	184	250	72	50

2012 年县(市)社会经济主要指标

山西省

指　　标	单位	临　县	柳林县	石楼县	岚　县	方山县
一、基本情况						
行政区域土地面积	平方公里	2977	1287	1743	1509	1434
乡(镇)个数	个	23	15	9	12	7
村民委员会个数	个	631	257	134	167	169
年末总户数	户	238519	124741	41670	68181	61994
其中:乡村户数	户	202053	95376	26462	46535	44346
年末总人口	万人	65	34	12	19	15
乡村人口	万人	59	28	10	16	13
年末单位从业人员数	人	22106	58483	5984	9603	13200
乡村从业人员数	人	232891	109654	36422	68259	53736
其中:农林牧渔业	人	150701	47422	27041	45454	36259
农业机械总动力	万千瓦特	15	23	5	9	11
固定电话用户	户	52382	99630	8224	21877	16000
二、综合经济						
第一产业增加值	万元	88071	20996	23068	26671	13358
第二产业增加值	万元	192000	2469157	17808	77185	189022
地方财政一般预算收入	万元	59321	253529	6623	73675	30398
地方财政一般预算支出	万元	223150	315326	86901	136317	88290
居民储蓄存款余额	万元	393240	696038	126189	254970	152385
年末金融机构各项贷款余额	万元	442326	638944	114143	71102	91423
三、农业、工业及投资						
粮食产量	吨	125988	44115	44640	76509	38421
棉花产量	吨	219	94			
油料产量	吨	9481	1121	2319	1343	1191
肉类总产量	吨	8946	3257	3534	2106	1636
规模以上工业企业个数	个	12	46	3	14	10
规模以上工业总产值(现价)	万元	314580	4069814	33498	151330	455009
固定资产投资(不含农户)	万元	306224	929911	71613	605347	121314
四、教育、卫生和社会保障						
普通中学在校学生数	人	28264	26787	7673	9412	9580
小学在校学生数	人	35175	31305	10376	13315	15850
医院、卫生院床位数	床	1086	815	292	466	476
各种社会福利收养性单位数	个	1	17	2	7	3
各种社会福利收养性单位床位数	床	101	470	80	132	150

2012年县(市)社会经济主要指标

山西省、内蒙古自治区

指　　标	单位	中阳县	交口县	孝义市	汾阳市	土默特左旗
一、基本情况						
行政区域土地面积	平方公里	1441	1258	946	1175	2779
乡(镇)个数	个	7	7	17	14	9
村民委员会个数	个	93	93	379	289	321
年末总户数	户	54637	46114	183401	162276	121236
其中:乡村户数	户	33996	29917	112675	113937	76988
年末总人口	万人	16	12	49	42	36
乡村人口	万人	11	10	32	33	30
年末单位从业人员数	人	22130	10752	65759	36894	17843
乡村从业人员数	人	44023	43068	143779	160194	158331
其中:农林牧渔业	人	18945	29928	55900	81232	93453
农业机械总动力	万千瓦特	12	14	45	49	61
固定电话用户	户	30834	14285	91123	74496	24100
二、综合经济						
第一产业增加值	万元	11173	15246	124774	84482	376107
第二产业增加值	万元	524669	326902	2605904	676346	971331
地方财政一般预算收入	万元	65577	56528	248180	73458	96208
地方财政一般预算支出	万元	114244	104009	320045	159285	228657
居民储蓄存款余额	万元	468293	453280	2319688	1041511	423262
年末金融机构各项贷款余额	万元	433722	105248	1312792	425119	241860
三、农业、工业及投资						
粮食产量	吨	21577	30611	136391	238062	450088
棉花产量	吨	2			4	
油料产量	吨	346	731	483	1814	22622
肉类总产量	吨	2699	2500	29292	20684	28350
规模以上工业企业个数	个	39	39	217	49	37
规模以上工业总产值(现价)	万元	1261176	1039204	4957117	1425802	1033777
固定资产投资(不含农户)	万元	282511	243020	2212497	457550	671552
四、教育、卫生和社会保障						
普通中学在校学生数	人	11270	7338	41691	31038	12054
小学在校学生数	人	12277	12156	40482	39055	15161
医院、卫生院床位数	床	436	378	2092	1210	489
各种社会福利收养性单位数	个	2	2	12	8	21
各种社会福利收养性单位床位数	床	180	42	340	636	1850

2012年县(市)社会经济主要指标

内蒙古自治区

指标	单位	托克托县	和林格尔县	清水河县	武川县	土默特右旗
一、基本情况						
行政区域土地面积	平方公里	1313	3401	2859	4885	2368
乡(镇)个数	个	5	8	8	9	9
村民委员会个数	个	120	145	103	93	288
年末总户数	户	79989	75977	53766	65374	106700
其中:乡村户数	户	41387	39490	24556	34820	62950
年末总人口	万人	21	20	14	17	37
乡村人口	万人	15	15	9	13	16
年末单位从业人员数	人	21273	21629	8902	9567	20428
乡村从业人员数	人	86603	82322	48166	72707	118817
其中:农林牧渔业	人	53924	64357	32236	57172	80514
农业机械总动力	万千瓦特	42	37	16	30	49
固定电话用户	户	36000	26000	8979	23612	10920
二、综合经济						
第一产业增加值	万元	200875	221062	64972	82820	359570
第二产业增加值	万元	1797554	1041041	282985	353820	1627792
地方财政一般预算收入	万元	101441	100613	26419	31895	151929
地方财政一般预算支出	万元	168249	201948	110893	124102	232927
居民储蓄存款余额	万元	324810	275228	196912	214739	533927
年末金融机构各项贷款余额	万元	684724	224049	109804	225403	528313
三、农业、工业及投资						
粮食产量	吨	241218	161775	72205	171404	700659
棉花产量	吨					
油料产量	吨	5878	1942	12378	16613	19418
肉类总产量	吨	14589	25038	10963	6709	69621
规模以上工业企业个数	个	31	41	14	23	45
规模以上工业总产值(现价)	万元	2605266	2076975	344400	311939	2522742
固定资产投资(不含农户)	万元	571792	897508	253000	450300	2469638
四、教育、卫生和社会保障						
普通中学在校学生数	人	11294	9437	6656	7066	9852
小学在校学生数	人	12613	8093	5815	6888	13140
医院、卫生院床位数	床	479	242	262	282	548
各种社会福利收养性单位数	个	6		7	9	10
各种社会福利收养性单位床位数	床	390		350	448	719

2012年县(市)社会经济主要指标

内蒙古自治区

指　　标	单位	固阳县	达尔罕茂明安联合旗	阿鲁科尔沁旗	巴林左旗	巴林右旗
一、基本情况						
行政区域土地面积	平方公里	5025	17410	14555	6459	9837
乡(镇)个数	个	6	12	14	11	8
村民委员会个数	个	104	77	245	165	162
年末总户数	户	59970	36867	129160	139852	80559
其中:乡村户数	户	40922	19963	82918	88219	38249
年末总人口	万人	21	12	30	36	19
乡村人口	万人	12	6	26	30	13
年末单位从业人员数	人	10323	5766	19857	22718	18910
乡村从业人员数	人	73383	33169	154583	142713	51113
其中:农林牧渔业	人	55496	21034	117201	91549	42509
农业机械总动力	万千瓦特	34	28	52	40	31
固定电话用户	户	5858	5500	25376	25419	16000
二、综合经济						
第一产业增加值	万元	124510	134746	156708	187696	96775
第二产业增加值	万元	731678	1210677	458298	521904	346453
地方财政一般预算收入	万元	99972	118119	24603	35911	27273
地方财政一般预算支出	万元	144849	206645	232078	223366	190823
居民储蓄存款余额	万元	199406	168170	224782	344203	198183
年末金融机构各项贷款余额	万元	241293	134183	200274	210091	199321
三、农业、工业及投资						
粮食产量	吨	106895	89199	501000	400000	152000
棉花产量	吨					
油料产量	吨	23063	5817	2322	2614	6284
肉类总产量	吨	34653	20162	25781	24625	36660
规模以上工业企业个数	个	39	44	32	54	23
规模以上工业总产值(现价)	万元	1099186	1996060	1189303	1459976	880355
固定资产投资(不含农户)	万元	1196384	1840508	633842	1100245	680919
四、教育、卫生和社会保障						
普通中学在校学生数	人	5565	2654	15490	19942	9802
小学在校学生数	人	5405	4051	17980	21072	11003
医院、卫生院床位数	床	369	388	1222	1018	539
各种社会福利收养性单位数	个	7	4	9	13	8
各种社会福利收养性单位床位数	床	715	415	463	529	483

2012 年县(市)社会经济主要指标

内蒙古自治区

指　　标	单位	林西县	克什克腾旗	翁牛特旗	喀喇沁旗	宁城县
一、基本情况						
行政区域土地面积	平方公里	3933	20673	11882	3050	4305
乡(镇)个数	个	9	13	14	8	13
村民委员会个数	个	103	125	226	161	305
年末总户数	户	101009	101511	179647	133213	214686
其中:乡村户数	户	57207	73206	127430	86492	144355
年末总人口	万人	24	25	49	35	61
乡村人口	万人	16	20	43	31	53
年末单位从业人员数	人	20826	13341	24192	17260	25995
乡村从业人员数	人	96437	89022	213714	152833	272051
其中:农林牧渔业	人	72512	79843	149868	101215	171595
农业机械总动力	万千瓦特	27	35	67	31	47
固定电话用户	户	14085	21346	38780	27000	55000
二、综合经济						
第一产业增加值	万元	106507	153037	348802	109936	295473
第二产业增加值	万元	271675	845950	540866	357701	647180
地方财政一般预算收入	万元	24224	78612	29228	35556	45404
地方财政一般预算支出	万元	188699	212243	294561	188666	281800
居民储蓄存款余额	万元	288692	267566	393895	415178	859720
年末金融机构各项贷款余额	万元	249874	358996	311530	315315	574635
三、农业、工业及投资						
粮食产量	吨	230035	170500	715000	300500	737500
棉花产量	吨					
油料产量	吨	12432	12571	36450	1177	1181
肉类总产量	吨	21703	16978	49309	25426	92061
规模以上工业企业个数	个	28	33	54	19	68
规模以上工业总产值(现价)	万元	733361	1640408	1547191	692073	1470831
固定资产投资(不含农户)	万元	568814	1230745	980800	712924	1061342
四、教育、卫生和社会保障						
普通中学在校学生数	人	13453	11468	21783	17074	27631
小学在校学生数	人	15564	11921	25295	18587	31651
医院、卫生院床位数	床	1075	1257	977	792	2623
各种社会福利收养性单位数	个	10	12	16	1	27
各种社会福利收养性单位床位数	床	860	453	792	950	260

2012 年县(市)社会经济主要指标

内蒙古自治区

指　　标	单位	敖汉旗	科尔沁左翼中旗	科尔沁左翼后旗	开鲁县	库伦旗
一、基本情况						
行政区域土地面积	平方公里	8294	9569	11481	4488	4714
乡(镇)个数	个	16	15	12	10	6
村民委员会个数	个	228	488	262	217	187
年末总户数	户	216268	181575	140731	136062	61737
其中:乡村户数	户	192404	106626	93300	93922	37985
年末总人口	万人	60	54	40	40	18
乡村人口	万人	53	46	35	20	14
年末单位从业人员数	人	21877	27314	24335	22330	11180
乡村从业人员数	人	307533	233893	139171	170747	76362
其中:农林牧渔业	人	222211	192975	117939	134030	71103
农业机械总动力	万千瓦特	69	121	90	97	30
固定电话用户	户	142300	20620	32822	47120	34786
二、综合经济						
第一产业增加值	万元	347945	356153	278810	446145	162463
第二产业增加值	万元	666638	619420	701313	942374	319046
地方财政一般预算收入	万元	36826	23661	5375	61057	20768
地方财政一般预算支出	万元	314643	270536	227101	199253	121428
居民储蓄存款余额	万元	561113	167385	190050	281526	108814
年末金融机构各项贷款余额	万元	295284	239326	263716	339375	74910
三、农业、工业及投资						
粮食产量	吨	784000	1625000	910000	940000	500500
棉花产量	吨					
油料产量	吨	9391	29828	15945	27157	1863
肉类总产量	吨	79835	68528	41408	105217	35807
规模以上工业企业个数	个	64	60	60	75	29
规模以上工业总产值(现价)	万元	703670	1793632	1853897	2967623	627898
固定资产投资(不含农户)	万元	864041	932187	865327	777780	517918
四、教育、卫生和社会保障						
普通中学在校学生数	人	33011	14398	15183	21165	6580
小学在校学生数	人	34168	28169	23547	27172	11340
医院、卫生院床位数	床	1471	695	652	836	428
各种社会福利收养性单位数	个	18	13	15	14	11
各种社会福利收养性单位床位数	床	940	544	276	340	170

2012年县(市)社会经济主要指标

内蒙古自治区

指　　标	单位	奈曼旗	扎鲁特旗	霍林郭勒市	东胜区	达拉特旗
一、基本情况						
行政区域土地面积	平方公里	8120	17193	585	2526	8241
乡(镇)个数	个	12	11		3	8
村民委员会个数	个	355	206	7	31	130
年末总户数	户	149484	126652	28975	89707	152190
其中:乡村户数	户	100721	72769	3202	14719	50624
年末总人口	万人	45	31	8	26	36
乡村人口	万人	39	24	1	4	14
年末单位从业人员数	人	20226	23948	30849	65961	21933
乡村从业人员数	人	233497	120891	6942	17052	93895
其中:农林牧渔业	人	185039	95107	4774	6692	68348
农业机械总动力	万千瓦特	77	55	2	11	80
固定电话用户	户	28090	23888	6756	85915	21880
二、综合经济						
第一产业增加值	万元	256111	278164	26776	14668	287351
第二产业增加值	万元	746822	1007538	2216777	3366826	2873902
地方财政一般预算收入	万元	39593	72850	184630	1025217	212231
地方财政一般预算支出	万元	224000	226456	246602	810425	420975
居民储蓄存款余额	万元	276432	231396	306427	4932576	782707
年末金融机构各项贷款余额	万元	260254	269071	876713	14028906	1509812
三、农业、工业及投资						
粮食产量	吨	560000	510000	11184	3800	565000
棉花产量	吨					
油料产量	吨	13391	16801	1525	6	18904
肉类总产量	吨	70246	69741	5675	2296	36054
规模以上工业企业个数	个	46	77	57	63	46
规模以上工业总产值(现价)	万元	2036136	2308370	5183378	4497064	5515885
固定资产投资(不含农户)	万元	911500	1456006	1506215	6026112	1902895
四、教育、卫生和社会保障						
普通中学在校学生数	人	22646	13248	6323	29917	15620
小学在校学生数	人	27111	18265	7271	31867	18984
医院、卫生院床位数	床	775	833	768	3072	1270
各种社会福利收养性单位数	个	15	6	1	10	9
各种社会福利收养性单位床位数	床	166	260	174	681	393

2012年县(市)社会经济主要指标

内蒙古自治区

指　　标	单位	准格尔旗	鄂托克前旗	鄂托克旗	杭锦旗	乌审旗
一、基本情况						
行政区域土地面积	平方公里	7551	12221	20367	18814	11674
乡(镇)个数	个	9	4	6	6	6
村民委员会个数	个	159	68	76	76	59
年末总户数	户	133631	27708	39976	62643	41097
其中:乡村户数	户	36469	12216	11444	23848	18106
年末总人口	万人	31	8	10	14	11
乡村人口	万人	10	4	4	7	5
年末单位从业人员数	人	40893	5323	26632	11155	9320
乡村从业人员数	人	79624	23167	25657	57921	39565
其中:农林牧渔业	人	41131	19429	22434	51122	32355
农业机械总动力	万千瓦特	28	24	17	43	49
固定电话用户	户	75891	8817	17038	9267	8456
二、综合经济						
第一产业增加值	万元	88105	102700	67390	154001	115716
第二产业增加值	万元	6401510	527164	3029803	261103	2409886
地方财政一般预算收入	万元	913269	115508	223888	76421	157471
地方财政一般预算支出	万元	694534	216766	269202	253702	231557
居民储蓄存款余额	万元	1927529	159356	489231	242345	277512
年末金融机构各项贷款余额	万元	2700196	251571	915265	387205	792800
三、农业、工业及投资						
粮食产量	吨	85000	113000	107200	369000	120400
棉花产量	吨	2				
油料产量	吨	3032	2649	6165	46048	1415
肉类总产量	吨	12520	18103	14282	18205	39182
规模以上工业企业个数	个	114	17	50	18	12
规模以上工业总产值(现价)	万元	11510712	892066	5118019	105955	4795123
固定资产投资(不含农户)	万元	4881024	1967876	2601030	1243841	3003623
四、教育、卫生和社会保障						
普通中学在校学生数	人	16594	3263	5489	5265	4614
小学在校学生数	人	21962	4338	8604	5519	6660
医院、卫生院床位数	床	1590	335	922	395	445
各种社会福利收养性单位数	个	8	3	6	3	3
各种社会福利收养性单位床位数	床	1426	30	626	510	390

2012年县(市)社会经济主要指标

内蒙古自治区

指　　　标	单位	伊金霍洛旗	海拉尔区	阿荣旗	莫力达瓦达斡尔族自治旗	鄂伦春自治旗
一、基本情况						
行政区域土地面积	平方公里	5487	1440	12063	10356	54658
乡(镇)个数	个	6	2	11	13	10
村民委员会个数	个	138	17	148	220	81
年末总户数	户	72066	84528	118056	115924	103772
其中:乡村户数	户	28320	6155	69478	83353	18953
年末总人口	万人	17	28	33	33	27
乡村人口	万人	7	2	23	28	6
年末单位从业人员数	人	40600	48148	23341	21083	18140
乡村从业人员数	人	49489	9319	111674	114804	37754
其中:农林牧渔业	人	39130	6355	98539	103297	36676
农业机械总动力	万千瓦特	28	11	68	72	52
固定电话用户	户	12900	117446	23496	22869	14112
二、综合经济						
第一产业增加值	万元	71442	79135	431983	424992	206768
第二产业增加值	万元	3988164	1192389	567340	223456	67552
地方财政一般预算收入	万元	809617	88830	40349	21768	14656
地方财政一般预算支出	万元	740234	181976	181184	204298	191354
居民储蓄存款余额	万元	1486766	1561791	234300	215226	398268
年末金融机构各项贷款余额	万元	1595130	2390861	215800	189251	107649
三、农业、工业及投资						
粮食产量	吨	87000	65094	1500500	1552500	501000
棉花产量	吨					
油料产量	吨	78	7168	14955	8749	359
肉类总产量	吨	9460	6100	43064	31154	7700
规模以上工业企业个数	个	51	55	30	18	7
规模以上工业总产值(现价)	万元	7401810	1370636	1002510	389568	42797
固定资产投资(不含农户)	万元	3405905	1628389	916970	360362	165287
四、教育、卫生和社会保障						
普通中学在校学生数	人	6225	19979	10084	10490	10043
小学在校学生数	人	9536	13714	15097	16250	9539
医院、卫生院床位数	床	640	2780	726	870	759
各种社会福利收养性单位数	个	5	6	4	12	4
各种社会福利收养性单位床位数	床	305	960	570	995	105

2012年县(市)社会经济主要指标

内蒙古自治区

指　　标	单位	鄂温克族自治旗	陈巴尔虎旗	新巴尔虎左旗	新巴尔虎右旗	满洲里市
一、基本情况						
行政区域土地面积	平方公里	19111	18634	22000	24839	732
乡(镇)个数	个	10	7	7	7	
村民委员会个数	个	44	29	54	51	
年末总户数	户	57331	23859	18839	14513	71729
其中:乡村户数	户	8914	4537	5822	5559	
年末总人口	万人	14	6	4	4	17
乡村人口	万人	3	1	2	2	
年末单位从业人员数	人	31138	15022	5100	7760	30841
乡村从业人员数	人	18205	6892	11752	10645	
其中:农林牧渔业	人	14907	6697	10298	8994	
农业机械总动力	万千瓦特	19	20	18	5	2
固定电话用户	户	50943	10890	5772	5640	44485
二、综合经济						
第一产业增加值	万元	73254	89211	64843	42096	33592
第二产业增加值	万元	642311	535069	165660	530079	488334
地方财政一般预算收入	万元	60709	38813	14259	60785	116771
地方财政一般预算支出	万元	153260	100978	83388	122468	335433
居民储蓄存款余额	万元	347335	104145	46051	63144	1017184
年末金融机构各项贷款余额	万元	883051	93608	39284	39638	666222
三、农业、工业及投资						
粮食产量	吨	30255	103866	44086	3350	960
棉花产量	吨					
油料产量	吨	5484	50991	23190		
肉类总产量	吨	18075	18284	21996	15152	2689
规模以上工业企业个数	个	13	16	9	15	83
规模以上工业总产值(现价)	万元	1040300	952726	73217	838027	1120590
固定资产投资(不含农户)	万元	500089	410786	329721	243684	1101585
四、教育、卫生和社会保障						
普通中学在校学生数	人	4582	1399	704	770	11552
小学在校学生数	人	5327	2367	1791	1628	8856
医院、卫生院床位数	床	852	222	141	181	760
各种社会福利收养性单位数	个	3	1	2	1	4
各种社会福利收养性单位床位数	床	110	120	80	98	450

2012年县(市)社会经济主要指标

内蒙古自治区

指　　标	单位	牙克石市	扎兰屯市	额尔古纳市	根河市	临河区
一、基本情况						
行政区域土地面积	平方公里	27590	16800	28958	20012	2354
乡(镇)个数	个	9	12	4	5	9
村民委员会个数	个	5	126	4		151
年末总户数	户	146585	160202	32204	55421	189055
其中:乡村户数	户	1315	103972	554		62502
年末总人口	万人	35	42	8	16	56
乡村人口	万人		29			25
年末单位从业人员数	人	32180	34433	16234	12720	71844
乡村从业人员数	人	3027	267711	1184		139978
其中:农林牧渔业	人	2609	132500	1072		115032
农业机械总动力	万千瓦特	34	61	21	3	83
固定电话用户	户	48000	32107	18190	17354	103000
二、综合经济						
第一产业增加值	万元	341761	385217	132777	97180	394757
第二产业增加值	万元	915060	770214	105141	98634	1245184
地方财政一般预算收入	万元	66115	35054	19726	6603	132121
地方财政一般预算支出	万元	212376	248220	110153	119029	319966
居民储蓄存款余额	万元	886831	545786	212526	393166	1665663
年末金融机构各项贷款余额	万元	365223	355300	96440	103473	2893000
三、农业、工业及投资						
粮食产量	吨	520500	1028000	301000	5455	520270
棉花产量	吨					
油料产量	吨	88550	33072	138900	1569	139090
肉类总产量	吨	23370	50604	6988	2900	60627
规模以上工业企业个数	个	61	62	11	13	81
规模以上工业总产值(现价)	万元	1997962	1745163	206089	163947	2444593
固定资产投资(不含农户)	万元	160111	1268920	204518	150805	1695101
四、教育、卫生和社会保障						
普通中学在校学生数	人	14987	13522	3538	4536	35275
小学在校学生数	人	9489	17208	3762	3464	25610
医院、卫生院床位数	床	3019	1705	471	553	4118
各种社会福利收养性单位数	个	12	26	2	5	7
各种社会福利收养性单位床位数	床	910	4069	120	184	1700

2012年县(市)社会经济主要指标

内蒙古自治区

指　　标	单位	五原县	磴口县	乌拉特前旗	乌拉特中旗	乌拉特后旗
一、基本情况						
行政区域土地面积	平方公里	2493	4167	7476	23096	24925
乡(镇)个数	个	9	5	11	10	5
村民委员会个数	个	117	46	93	84	50
年末总户数	户	109147	43915	129498	60775	25674
其中:乡村户数	户	49139	15793	59556	24845	7817
年末总人口	万人	30	12	34	15	7
乡村人口	万人	20	5	21	9	3
年末单位从业人员数	人	10457	11627	20322	9805	14540
乡村从业人员数	人	115897	33756	106528	49240	19800
其中:农林牧渔业	人	105351	32348	90284	45555	12098
农业机械总动力	万千瓦特	94	30	85	31	8
固定电话用户	户	40410	12307	23600	14200	5798
二、综合经济						
第一产业增加值	万元	264061	84469	287285	149855	32662
第二产业增加值	万元	467936	342768	640132	795380	544029
地方财政一般预算收入	万元	32414	15987	76671	69415	55862
地方财政一般预算支出	万元	181413	98500	220312	208001	125079
居民储蓄存款余额	万元	371943	196029	535254	235995	103201
年末金融机构各项贷款余额	万元	355909	162764	673320	199662	101290
三、农业、工业及投资						
粮食产量	吨	368500	116300	385220	176550	29300
棉花产量	吨					
油料产量	吨	141380	45035	107205	66420	5595
肉类总产量	吨	32814	9072	26964	15573	6306
规模以上工业企业个数	个	40	15	36	40	31
规模以上工业总产值(现价)	万元	603736	377203	797535	1339844	1039632
固定资产投资(不含农户)	万元	950588	280099	1030135	1250876	856789
四、教育、卫生和社会保障						
普通中学在校学生数	人	14888	4483	15080	3655	2008
小学在校学生数	人	13043	4407	13969	4566	2831
医院、卫生院床位数	床	1038	447	1263	402	264
各种社会福利收养性单位数	个	8	3	9	3	1
各种社会福利收养性单位床位数	床	1313	329	808	168	136

2012年县(市)社会经济主要指标

内蒙古自治区

指　　标	单位	杭锦后旗	集宁区	卓资县	化德县	商都县
一、基本情况						
行政区域土地面积	平方公里	1752	418	3119	2527	4304
乡(镇)个数	个	9	2	8	6	10
村民委员会个数	个	107	36	110	93	213
年末总户数	户	113169	115256	94737	75365	67038
其中:乡村户数	户	50321	13558	29845	26325	44311
年末总人口	万人	33	32	22	18	34
乡村人口	万人	20	4	9	7	12
年末单位从业人员数	人	16345	61659	7970	6717	9160
乡村从业人员数	人	109217	33352	60189	38334	81214
其中:农林牧渔业	人	87661	20343	37767	34654	72358
农业机械总动力	万千瓦特	84	2	10	13	24
固定电话用户	户	53100	81817	10125	7948	13280
二、综合经济						
第一产业增加值	万元	298860	43000	82200	69100	126000
第二产业增加值	万元	752862	795092	296935	236191	240401
地方财政一般预算收入	万元	41711	120164	22765	14609	12138
地方财政一般预算支出	万元	205696	332856	142584	128578	174849
居民储蓄存款余额	万元	403501	1527900	224700	176200	250100
年末金融机构各项贷款余额	万元	452879	1486700	157600	62300	150900
三、农业、工业及投资						
粮食产量	吨	359010	10087	58170	49257	78271
棉花产量	吨					
油料产量	吨	41435	949	2486	1106	6207
肉类总产量	吨	38338	3607	20576	21599	23871
规模以上工业企业个数	个	37	39	31	31	31
规模以上工业总产值(现价)	万元	1348967	1055378	592958	540178	668994
固定资产投资(不含农户)	万元	913276	1936346	370196	381618	301621
四、教育、卫生和社会保障						
普通中学在校学生数	人	12885	34532	7277	5720	8945
小学在校学生数	人	10769	22728	6145	5856	10130
医院、卫生院床位数	床	978	2381	257	331	482
各种社会福利收养性单位数	个	6	9	9	11	11
各种社会福利收养性单位床位数	床	1241	970	325	443	850

2012年县(市)社会经济主要指标

内蒙古自治区

指　　标	单位	兴和县	凉城县	察哈尔右翼前旗	察哈尔右翼中旗	察哈尔右翼后旗
一、基本情况						
行政区域土地面积	平方公里	3519	3451	2734	4200	2441
乡(镇)个数	个	9	8	8	11	8
村民委员会个数	个	161	132	120	176	87
年末总户数	户	129356	102965	105717	94658	86010
其中:乡村户数	户	55883	52411	41892	40693	33738
年末总人口	万人	33	25	23	23	22
乡村人口	万人	28	20	18	20	18
年末单位从业人员数	人	10022	11486	7164	6622	9829
乡村从业人员数	人	122561	110409	86058	90837	54125
其中:农林牧渔业	人	92601	82601	66195	76902	40855
农业机械总动力	万千瓦特	17	24	21	23	16
固定电话用户	户	9400	9620	9746	16783	8075
二、综合经济						
第一产业增加值	万元	98700	158941	127800	115000	99000
第二产业增加值	万元	269886	404534	467306	159498	445553
地方财政一般预算收入	万元	25626	32778	25667	9373	21472
地方财政一般预算支出	万元	215710	143383	173806	136947	150387
居民储蓄存款余额	万元	322200	271300	235200	158500	199300
年末金融机构各项贷款余额	万元	285200	163000	148600	207500	109700
三、农业、工业及投资						
粮食产量	吨	85749	225005	70629	64302	78762
棉花产量	吨					
油料产量	吨	3567	2355	1201	6209	1351
肉类总产量	吨	24202	21633	19016	12826	22334
规模以上工业企业个数	个	19	12	68	25	52
规模以上工业总产值(现价)	万元	685665	545762	1607492	330876	1195198
固定资产投资(不含农户)	万元	532925	160345	600335	288609	500796
四、教育、卫生和社会保障						
普通中学在校学生数	人	5715	8896	6988	6466	4995
小学在校学生数	人	9180	7404	6581	4858	7208
医院、卫生院床位数	床	424	394	307	318	343
各种社会福利收养性单位数	个	8	18	8	15	7
各种社会福利收养性单位床位数	床	758	2650		1582	971

2012 年县(市)社会经济主要指标

内蒙古自治区

指　　标	单位	四子王旗	丰镇市	乌兰浩特市	阿尔山市	科尔沁右翼前旗
一、基本情况						
行政区域土地面积	平方公里	24016	2704	2728	7409	17428
乡(镇)个数	个	13	7	4	4	11
村民委员会个数	个	120	91	68	21	229
年末总户数	户	83672	144812	120536	21549	117443
其中:乡村户数	户	38975	54870	23189	3395	91088
年末总人口	万人	21	34	32	5	34
乡村人口	万人	17	23	8	1	31
年末单位从业人员数	人	6973	15055	43239	6727	19200
乡村从业人员数	人	91107	81466	46505	3989	120100
其中:农林牧渔业	人	87522	40810	37541	3041	110010
农业机械总动力	万千瓦特	34	20	22	6	93
固定电话用户	户	8016	14200	49856	4624	24556
二、综合经济						
第一产业增加值	万元	135000	152000	100052	25490	321397
第二产业增加值	万元	185808	792084	625600	34021	245369
地方财政一般预算收入	万元	13332	38892	54243	7825	22071
地方财政一般预算支出	万元	191788	181267	210225	112967	236500
居民储蓄存款余额	万元	213600	418600	874669	95125	42500
年末金融机构各项贷款余额	万元	154700	375400	870853	100607	12398
三、农业、工业及投资						
粮食产量	吨	98474	66299	225007	55016	1004974
棉花产量	吨					
油料产量	吨	17069	1350	2486	5114	6969
肉类总产量	吨	21891	17944	12349	1684	50925
规模以上工业企业个数	个	37	43	59	1	33
规模以上工业总产值(现价)	万元	444767	1949343	1158474	3457	527402
固定资产投资(不含农户)	万元	204776	465987	918608	337628	887966
四、教育、卫生和社会保障						
普通中学在校学生数	人	10223	8680	25344	995	10525
小学在校学生数	人	7634	11358	19562	1499	14055
医院、卫生院床位数	床	549	478	2291	255	1145
各种社会福利收养性单位数	个	8	10	1	1	18
各种社会福利收养性单位床位数	床	460	1020	148	4	351

2012 年县(市)社会经济主要指标

内蒙古自治区

指　　标	单位	科尔沁右翼中旗	扎赉特旗	突泉县	二连浩特市	锡林浩特市
一、基本情况						
行政区域土地面积	平方公里	15613	11187	4800	4013	14780
乡(镇)个数	个	12	13	9	1	4
村民委员会个数	个	173	192	188	4	22
年末总户数	户	79766	144161	113789	9564	66344
其中:乡村户数	户	50490	82581	67891	494	2274
年末总人口	万人	26	40	31	3	18
乡村人口	万人	19	32	24		1
年末单位从业人员数	人	17895	20619	13664	7873	57520
乡村从业人员数	人	107466	167502	148419	1127	5948
其中:农林牧渔业	人	95981	152869	122521	1092	5045
农业机械总动力	万千瓦特	55	150	49		12
固定电话用户	户	9116	17279	25190	13510	51353
二、综合经济						
第一产业增加值	万元	163072	329457	206339	4598	102019
第二产业增加值	万元	173077	179756	247636	251219	1263113
地方财政一般预算收入	万元	17050	11447	6537	36210	160114
地方财政一般预算支出	万元	193056	240324	191698	119714	238173
居民储蓄存款余额	万元	136859	228970	210559	306967	958380
年末金融机构各项贷款余额	万元	152031	203757	193608	438363	2014136
三、农业、工业及投资						
粮食产量	吨	515003	1065000	540000	871	33040
棉花产量	吨					
油料产量	吨	21217	5120	1792		886
肉类总产量	吨	28179	72499	22346	971	18980
规模以上工业企业个数	个	21	25	28	29	77
规模以上工业总产值(现价)	万元	242454	388503	382744	436179	1886280
固定资产投资(不含农户)	万元	770242	581036	639895	390398	1213150
四、教育、卫生和社会保障						
普通中学在校学生数	人	7015	11370	11784	3492	20514
小学在校学生数	人	15350	18468	14427	5577	16947
医院、卫生院床位数	床	1092	932	726	315	1027
各种社会福利收养性单位数	个	3	11	10	1	6
各种社会福利收养性单位床位数	床	80	530	412	120	260

2012年县(市)社会经济主要指标

内蒙古自治区

指　　标	单位	阿巴嘎旗	苏尼特左旗	苏尼特右旗	东乌珠穆沁旗	西乌珠穆沁旗
一、基本情况						
行政区域土地面积	平方公里	27474	34251	22455	45575	22459
乡(镇)个数	个	7	7	7	10	7
村民委员会个数	个	71	49	63	66	93
年末总户数	户	16758	11202	27425	26099	29315
其中:乡村户数	户	5023	5408	9366	7926	11146
年末总人口	万人	5	3	7	8	8
乡村人口	万人	2	2	3	4	4
年末单位从业人员数	人	3754	3694	8276	12296	8035
乡村从业人员数	人	12293	13606	18257	36721	22814
其中:农林牧渔业	人	11064	11025	15898	24943	19614
农业机械总动力	万千瓦特	5	5	6	20	10
固定电话用户	户	4531	2935	5000	7200	1985
二、综合经济						
第一产业增加值	万元	60018	44022	40872	157735	110169
第二产业增加值	万元	360587	242602	303824	925600	798900
地方财政一般预算收入	万元	22052	18037	17936	100163	130249
地方财政一般预算支出	万元	68709	72588	126853	180558	140583
居民储蓄存款余额	万元	89259	67214	162447	221976	164990
年末金融机构各项贷款余额	万元	74565	48076	134250	142871	468509
三、农业、工业及投资						
粮食产量	吨			442	67452	83
棉花产量	吨					
油料产量	吨				7530	
肉类总产量	吨	33617	19276	19276	36552	55252
规模以上工业企业个数	个	27	14	33	46	28
规模以上工业总产值(现价)	万元	546040	325012	536672	1229970	1229971
固定资产投资(不含农户)	万元	404635	272544	392137	783343	914632
四、教育、卫生和社会保障						
普通中学在校学生数	人	768	1208	2281	3847	2850
小学在校学生数	人	2072	1904	4173	6320	4539
医院、卫生院床位数	床	203	119	161	326	240
各种社会福利收养性单位数	个	1	1	3	2	3
各种社会福利收养性单位床位数	床	100	50	70	100	298

2012年县(市)社会经济主要指标

内蒙古自治区

指　　标	单位	太仆寺旗	镶黄旗	正镶白旗	正蓝旗	多伦县
一、基本情况						
行政区域土地面积	平方公里	3426	5137	6253	10206	3864
乡(镇)个数	个	6	4	5	7	5
村民委员会个数	个	174	60	76	102	64
年末总户数	户	87350	12236	29914	33802	44706
其中:乡村户数	户	32958	5545	16252	18116	19425
年末总人口	万人	21	3	7	8	11
乡村人口	万人	17	2	5	5	7
年末单位从业人员数	人	6801	3581	4151	8361	6138
乡村从业人员数	人	75913	13476	27028	32791	39683
其中:农林牧渔业	人	57627	12161	26478	21269	31853
农业机械总动力	万千瓦特	21	4	10	14	19
固定电话用户	户	15024	1914	3300	7394	5415
二、综合经济						
第一产业增加值	万元	99135	28534	40024	55578	73063
第二产业增加值	万元	153000	303749	112344	358473	492370
地方财政一般预算收入	万元	7789	23156	5849	37673	32302
地方财政一般预算支出	万元	118719	64931	78034	100543	96514
居民储蓄存款余额	万元	220212	54400	72863	146347	163518
年末金融机构各项贷款余额	万元	90718	40141	88869	546371	187270
三、农业、工业及投资						
粮食产量	吨	135782	2140	7740	37743	41207
棉花产量	吨					
油料产量	吨	5330	8	704	972	363
肉类总产量	吨	10862	6176	8614	19381	17557
规模以上工业企业个数	个	24	24	16	9	24
规模以上工业总产值(现价)	万元	165103	532587	106379	681221	894980
固定资产投资(不含农户)	万元	280144	128276	141465	429775	478585
四、教育、卫生和社会保障						
普通中学在校学生数	人	5847	1089	1080	1250	4809
小学在校学生数	人	5796	1559	2501	3143	5708
医院、卫生院床位数	床	254	146	161	221	264
各种社会福利收养性单位数	个	11	1	3	5	4
各种社会福利收养性单位床位数	床	466	30	227	270	171

2012 年县(市)社会经济主要指标

内蒙古自治区、辽宁省

指　　标	单位	阿拉善左旗	阿拉善右旗	额济纳旗	辽中县	康平县
一、基本情况						
行政区域土地面积	平方公里	80412	73443	114606	1470	2175
乡(镇)个数	个	15	7	8	15	13
村民委员会个数	个	139	40	19	184	163
年末总户数	户	59117	10131	7659	164507	118579
其中:乡村户数	户	15256	3347		133405	84493
年末总人口	万人	14	3	2	47	35
乡村人口	万人	5	1		39	28
年末单位从业人员数	人	39557	4461	4375	14354	14417
乡村从业人员数	人	35503	4773	4171	215426	121228
其中:农林牧渔业	人	30861	3892	3999	124489	75640
农业机械总动力	万千瓦特	22	2		38	34
固定电话用户	户	30095	3819	5236	135000	66710
二、综合经济						
第一产业增加值	万元	71900	21000	14800	711960	337470
第二产业增加值	万元	3103141	269400	281850	2007779	985176
地方财政一般预算收入	万元	238747	14612	43228	245074	140017
地方财政一般预算支出	万元	359671	78923	86156	326124	241721
居民储蓄存款余额	万元	819829	93824	102647	950279	441917
年末金融机构各项贷款余额	万元	2490581	39377	113542	467499	378349
三、农业、工业及投资						
粮食产量	吨	161728	15299	1983		
棉花产量	吨	205	453	892		
油料产量	吨	21106	1843		10984	101435
肉类总产量	吨	11332	2663	1562	200029	136883
规模以上工业企业个数	个	83	18	9	424	483
规模以上工业总产值(现价)	万元	4035765	446039	419550	11033806	5176810
固定资产投资(不含农户)	万元	1956130	143154	246496	3438500	1817090
四、教育、卫生和社会保障						
普通中学在校学生数	人	9574	1201	855	11885	9598
小学在校学生数	人	10465	1101	1168	24210	16875
医院、卫生院床位数	床	833	102	173	1587	959
各种社会福利收养性单位数	个	3	1	1	15	9
各种社会福利收养性单位床位数	床	454	104	40	1750	1348

2012年县(市)社会经济主要指标

辽宁省

指标	单位	法库县	新民市	长海县	瓦房店市	普兰店市
一、基本情况						
行政区域土地面积	平方公里	2281	3297	119	3794	2896
乡(镇)个数	个	19	24	5	21	8
村民委员会个数	个	233	335	23	287	133
年末总户数	户	138103	245234	26153	355070	325696
其中:乡村户数	户	115405	177821	13848	236483	188586
年末总人口	万人	45	69	7	100	93
乡村人口	万人	39	58	4	73	58
年末单位从业人员数	人	24097	24097	8319	61248	62056
乡村从业人员数	人	228853	265865	22277	366554	281220
其中:农林牧渔业	人	146158	176314	14317	183628	149526
农业机械总动力	万千瓦特	50	95	5	119	86
固定电话用户	户	73000	152500	23000	460000	225008
二、综合经济						
第一产业增加值	万元	433000	745555	504796	940154	967893
第二产业增加值	万元	1683832	2347441	78169	6262866	4324593
地方财政一般预算收入	万元	240104	254000	42009	641174	419964
地方财政一般预算支出	万元	345950	371284	67794	762440	486885
居民储蓄存款余额	万元	577093	1086437	307442	3515824	2538136
年末金融机构各项贷款余额	万元	502049	618367	161856	3256375	2391080
三、农业、工业及投资						
粮食产量	吨					
棉花产量	吨	11			17	
油料产量	吨	29399	15193		3396	8520
肉类总产量	吨	172160	164947	946	235569	258744
规模以上工业企业个数	个	322	374	6	791	405
规模以上工业总产值(现价)	万元	10654772	10913353	87056	17325717	11416060
固定资产投资(不含农户)	万元	2487416	3437841	339640	6202060	4729438
四、教育、卫生和社会保障						
普通中学在校学生数	人	18846	20351	3722	34354	34443
小学在校学生数	人	23513	36668	4040	35814	35150
医院、卫生院床位数	床	393	1760	252	5103	3300
各种社会福利收养性单位数	个	7	10	4	27	31
各种社会福利收养性单位床位数	床	1330	2000	454	3400	3380

2012年县(市)社会经济主要指标

辽宁省

指　　标	单位	庄河市	台安县	岫岩满族自治县	海城市	抚顺县
一、基本情况						
行政区域土地面积	平方公里	4086	1394	4502	2570	1754
乡(镇)个数	个	21	10	21	21	8
村民委员会个数	个	223	154	196	364	95
年末总户数	户	285264	134830	152489	353135	41419
其中:乡村户数	户	215402	98783	117881	256737	37861
年末总人口	万人	91	38	52	109	12
乡村人口	万人	71	33	43	86	11
年末单位从业人员数	人	45320	34351	31187	72172	9346
乡村从业人员数	人	370836	202169	219960	408440	78284
其中:农林牧渔业	人	149117	123313	125384	183554	50218
农业机械总动力	万千瓦特	73	38	33	63	11
固定电话用户	户	230928	85403	114704	291783	46800
二、综合经济						
第一产业增加值	万元	1149566	420134	290088	439108	155449
第二产业增加值	万元	4473355	1307884	1167596	3922349	432545
地方财政一般预算收入	万元	482357	100098	105226	360018	83266
地方财政一般预算支出	万元	581231	126473	231717	494536	137058
居民储蓄存款余额	万元	2579513	565756	1092529	3605000	242654
年末金融机构各项贷款余额	万元	2101324	523999	683815	1579305	198418
三、农业、工业及投资						
粮食产量	吨					
棉花产量	吨					
油料产量	吨	3028	8490	5569	1046	1265
肉类总产量	吨	214339	391039	114458	128831	29398
规模以上工业企业个数	个	519	175	154	564	102
规模以上工业总产值(现价)	万元	15242000	3596622	3431796	11011965	2600008
固定资产投资(不含农户)	万元	2642503	909292	738010	5103524	303074
四、教育、卫生和社会保障						
普通中学在校学生数	人	33923	11768	13921	50213	2528
小学在校学生数	人	33647	20469	29939	72133	4359
医院、卫生院床位数	床	2745	1300	1368	3283	429
各种社会福利收养性单位数	个	29	15	27	86	8
各种社会福利收养性单位床位数	床	5513	1500	2369	4978	460

2012 年县(市)社会经济主要指标

辽宁省

指　　标	单位	新宾满族自治县	清原满族自治县	本溪满族自治县	桓仁满族自治县	宽甸满族自治县
一、基本情况						
行政区域土地面积	平方公里	4287	3921	3343	3547	6115
乡(镇)个数	个	15	14	10	12	22
村民委员会个数	个	181	188	98	104	179
年末总户数	户	100883	121136	100976	105818	141391
其中:乡村户数	户	72245	80314	55746	58134	97344
年末总人口	万人	30	34	29	30	43
乡村人口	万人	25	26	19	21	34
年末单位从业人员数	人	13530	26956	14260	20971	22421
乡村从业人员数	人	138912	150069	99267	117653	186994
其中:农林牧渔业	人	91612	98981	44872	64299	118049
农业机械总动力	万千瓦特	27	19	20	18	50
固定电话用户	户	70199	74588	78211	56414	136178
二、综合经济						
第一产业增加值	万元	236640	237120	203372	242608	273631
第二产业增加值	万元	528952	770807	979102	776824	1024170
地方财政一般预算收入	万元	102029	134689	185001	140012	177966
地方财政一般预算支出	万元	214183	241180	280875	251807	314274
居民储蓄存款余额	万元	598837	607064	741034	310966	934983
年末金融机构各项贷款余额	万元	271136	363215	389368	357474	452379
三、农业、工业及投资						
粮食产量	吨					
棉花产量	吨					
油料产量	吨	69	121	364	184	777
肉类总产量	吨	42990	55328	41603	29858	56865
规模以上工业企业个数	个	162	162	92	67	155
规模以上工业总产值(现价)	万元	2080261	3174553	2054624	943840	1907514
固定资产投资(不含农户)	万元	850698	1059235	1200786	856494	1362275
四、教育、卫生和社会保障						
普通中学在校学生数	人	8057	7612	12924	7442	18430
小学在校学生数	人	15433	14186	13849	12714	24244
医院、卫生院床位数	床	767	1046	1162	960	1881
各种社会福利收养性单位数	个	16	14	9	7	15
各种社会福利收养性单位床位数	床	1167	887	550	1370	1512

2012年县(市)社会经济主要指标

辽宁省

指　　标	单位	东港市	凤城市	黑山县	义县	凌海市
一、基本情况						
行政区域土地面积	平方公里	2399	5515	2487	2476	2585
乡(镇)个数	个	15	18	21	18	18
村民委员会个数	个	206	201	278	239	257
年末总户数	户	199083	200795	218208	166881	172652
其中:乡村户数	户	153769	124300	153668	105815	140697
年末总人口	万人	61	58	62	43	53
乡村人口	万人	49	42	49	37	45
年末单位从业人员数	人	44122	34144	43201	12478	31526
乡村从业人员数	人	265819	233062	276649	182697	244357
其中:农林牧渔业	人	137101	136013	178392	110792	145208
农业机械总动力	万千瓦特	58	68	74	43	69
固定电话用户	户	173027	150000	209015	85686	98600
二、综合经济						
第一产业增加值	万元	691485	289492	488232	209133	498460
第二产业增加值	万元	2275791	2425371	518582	653662	1462651
地方财政一般预算收入	万元	300006	277588	120000	116889	215050
地方财政一般预算支出	万元	411512	407872	260817	222419	329222
居民储蓄存款余额	万元	1959955	1460291	954842	595813	970007
年末金融机构各项贷款余额	万元	1321178	830034	549964	403636	862875
三、农业、工业及投资						
粮食产量	吨					
棉花产量	吨				3	
油料产量	吨	7714	2836	53208	33531	10111
肉类总产量	吨	94707	135434	270424	113172	158956
规模以上工业企业个数	个	257	203	192	126	183
规模以上工业总产值(现价)	万元	4701628	2605330	3012958	2514532	6623191
固定资产投资(不含农户)	万元	1474342	1379634	792417	811902	931317
四、教育、卫生和社会保障						
普通中学在校学生数	人	19684	25184	19242	15740	23123
小学在校学生数	人	33129	30176	30594	20555	32752
医院、卫生院床位数	床	2423	1938	1793	1089	1210
各种社会福利收养性单位数	个	21	19	23	18	21
各种社会福利收养性单位床位数	床	1703	1727	1260	1947	1820

2012年县(市)社会经济主要指标

辽宁省

指　　标	单位	北镇市	盖州市	大石桥市	阜新蒙古族自治县	彰武县
一、基本情况						
行政区域土地面积	平方公里	1694	2946	1598	6218	3623
乡(镇)个数	个	17	19	13	35	24
村民委员会个数	个	223	283	253	382	184
年末总户数	户	156730	251018	268045	229670	142822
其中:乡村户数	户	131541	193752	176706	200134	104098
年末总人口	万人	52	72	72	72	41
乡村人口	万人	44	62	56	69	35
年末单位从业人员数	人	13989	22011	46799	27064	16674
乡村从业人员数	人	220319	333262	294700	394429	202653
其中:农林牧渔业	人	164160	181968	114762	224493	135989
农业机械总动力	万千瓦特	69	38	45	144	67
固定电话用户	户	110258		207007	181400	105376
二、综合经济						
第一产业增加值	万元	459735	352928	421677	650078	543623
第二产业增加值	万元	485158	1061060	3149336	497692	274159
地方财政一般预算收入	万元	121000	210617	401981	105731	83159
地方财政一般预算支出	万元	238043	304289	387672	310735	212592
居民储蓄存款余额	万元	972045	1155898	1894741	797326	509582
年末金融机构各项贷款余额	万元	697649	739906	1584115	821673	625434
三、农业、工业及投资						
粮食产量	吨					
棉花产量	吨		5			
油料产量	吨	12353	244	102	367962	236588
肉类总产量	吨	151137	78474	105577	356152	176178
规模以上工业企业个数	个	113	232	311	106	87
规模以上工业总产值(现价)	万元	2409071	2875775	7430709	1094275	900344
固定资产投资(不含农户)	万元	842646	1634032	1610776	790511	877615
四、教育、卫生和社会保障						
普通中学在校学生数	人	22693	21921	31381	21869	15874
小学在校学生数	人	27234	39464	39345	38939	22937
医院、卫生院床位数	床	1391	1709	3293		1093
各种社会福利收养性单位数	个	18	25	6	34	19
各种社会福利收养性单位床位数	床	1330	2482	1300	1368	1083

2012年县(市)社会经济主要指标

辽宁省

指　　标	单位	辽阳县	灯塔市	大洼县	盘山县	铁岭县
一、基本情况						
行政区域土地面积	平方公里	2485	1170	1628	2036	2249
乡(镇)个数	个	15	11	15	13	14
村民委员会个数	个	199	194	146	139	216
年末总户数	户	173019	167546	151435	98194	135453
其中:乡村户数	户	140917	119431	104797	94374	117663
年末总人口	万人	57	45	40	30	39
乡村人口	万人	43	37	32	28	37
年末单位从业人员数	人	20434	16489	179853	63830	21810
乡村从业人员数	人	208063	202271	187869	162473	186449
其中:农林牧渔业	人	117745	125204	113086	101637	107306
农业机械总动力	万千瓦特	29	28	30	34	38
固定电话用户	户	140902	189036	101400	75846	44000
二、综合经济						
第一产业增加值	万元	229784	258909	606642	441749	340915
第二产业增加值	万元	1747752	1498654	1795253	860369	1899969
地方财政一般预算收入	万元	177177	253103	356980	207483	205559
地方财政一般预算支出	万元	262586	256718	489924	315909	211545
居民储蓄存款余额	万元	1091097	1191326	811559	700811	962669
年末金融机构各项贷款余额	万元	854124	794592	1003344	407460	895914
三、农业、工业及投资						
粮食产量	吨					
棉花产量	吨					
油料产量	吨	1227	1284		356	259
肉类总产量	吨	56774	80365	130768	69511	200553
规模以上工业企业个数	个	236	200	165	153	380
规模以上工业总产值(现价)	万元	5128308	6093561	6436002	2996219	8564437
固定资产投资(不含农户)	万元	1136051	1162339	5190280	1707939	2382130
四、教育、卫生和社会保障						
普通中学在校学生数	人	15274	15640	22591	24598	11898
小学在校学生数	人	24922	23385	23898		15631
医院、卫生院床位数	床	1680	831	1349	412	663
各种社会福利收养性单位数	个	13	17	14	13	5
各种社会福利收养性单位床位数	床	1120	1190	858	1680	810

2012 年县(市)社会经济主要指标

辽宁省

指　　标	单位	西丰县	昌图县	调兵山市	开原市	朝阳县
一、基本情况						
行政区域土地面积	平方公里	2685	4317	262	2838	3762
乡(镇)个数	个	18	33	3	18	27
村民委员会个数	个	174	425	34	273	298
年末总户数	户	120988	346530	92477	199154	171141
其中:乡村户数	户	82259	245998	21978	129952	163880
年末总人口	万人	34	103	24	53	57
乡村人口	万人	28	80	7	43	57
年末单位从业人员数	人	15110	38034	61205	23751	34872
乡村从业人员数	人	124268	382930	34065	222787	331324
其中:农林牧渔业	人	86410	233103	17800	120658	201270
农业机械总动力	万千瓦特	42	91	7	53	35
固定电话用户	户	57202	158347	27628	127002	88500
二、综合经济						
第一产业增加值	万元	235146	760968	73293	447244	360086
第二产业增加值	万元	267526	1143268	1088367	2274534	607714
地方财政一般预算收入	万元	67418	100277	149566	353168	120820
地方财政一般预算支出	万元	162319	389900	154563	468327	254404
居民储蓄存款余额	万元	415272	956756	967815	968245	270754
年末金融机构各项贷款余额	万元	377637	859719	840176	792312	270824
三、农业、工业及投资						
粮食产量	吨					
棉花产量	吨					192
油料产量	吨	115	197033	8	3657	5250
肉类总产量	吨	132451	532625	34393	309087	135614
规模以上工业企业个数	个	46	326	91	421	76
规模以上工业总产值(现价)	万元	467334	5078577	2748759	10522734	1572621
固定资产投资(不含农户)	万元	347440	1150823	907851	2407054	797538
四、教育、卫生和社会保障						
普通中学在校学生数	人	11434	25164	5556	14856	24363
小学在校学生数	人	14653	51414	9960	28148	37271
医院、卫生院床位数	床	1037	2986	983	1282	1050
各种社会福利收养性单位数	个	20	19	3	6	29
各种社会福利收养性单位床位数	床	850	2000	240	2500	2350

2012年县(市)社会经济主要指标

辽宁省

指　　标	单位	建平县	喀喇沁左翼蒙古族自治县	北票市	凌源市	绥中县
一、基本情况						
行政区域土地面积	平方公里	4868	2238	4469	3278	2763
乡(镇)个数	个	24	21	27	22	25
村民委员会个数	个	260	190	252	245	280
年末总户数	户	198282	138254	218520	210614	222093
其中:乡村户数	户	142358	112964	130220	151353	166827
年末总人口	万人	58	42	58	66	64
乡村人口	万人	48	38	39	53	55
年末单位从业人员数	人	23953	26058	32293	52077	22763
乡村从业人员数	人	259960	216752	214253	282203	285278
其中:农林牧渔业	人	153358	105511	113701	156824	161208
农业机械总动力	万千瓦特	59	23	39	24	71
固定电话用户	户	140010	81000	112000	140185	119231
二、综合经济						
第一产业增加值	万元	350021	329119	433220	397853	373729
第二产业增加值	万元	1064087	523853	1202428	813570	600642
地方财政一般预算收入	万元	226003	76318	200100	130144	154107
地方财政一般预算支出	万元	370702	219758	376364	288485	325800
居民储蓄存款余额	万元	1244302	642739	989634	1281321	1260494
年末金融机构各项贷款余额	万元	647520	444627	637826	937663	876417
三、农业、工业及投资						
粮食产量	吨					
棉花产量	吨		50	219		
油料产量	吨	4889	5146	2748	100	11981
肉类总产量	吨	87588	91688	149283	125543	243564
规模以上工业企业个数	个	133	127	168	86	77
规模以上工业总产值(现价)	万元	1469453	1823812	2482334	2163929	1758133
固定资产投资(不含农户)	万元	1288326	813784	1411111	792652	852748
四、教育、卫生和社会保障						
普通中学在校学生数	人	29436	13413	26864	36705	30186
小学在校学生数	人	33019	23731	27517	47098	38868
医院、卫生院床位数	床	1867	1120	2871	3416	1145
各种社会福利收养性单位数	个	15	6	75	25	21
各种社会福利收养性单位床位数	床	1395	812	3000	524	1695

2012年县(市)社会经济主要指标

辽宁省、吉林省

指　　标	单位	建昌县	兴城市	农安县	九台市	榆树市
一、基本情况						
行政区域土地面积	平方公里	3195	2116	5415	3375	4712
乡(镇)个数	个	28	20	22	14	24
村民委员会个数	个	276	239	377	310	388
年末总户数	户	185514	195000	347815	245690	432414
其中:乡村户数	户	150521	131378	273527	186121	308961
年末总人口	万人	63	55	110	70	131
乡村人口	万人	55	41	102	66	113
年末单位从业人员数	人	19319	27846	36352	42381	36260
乡村从业人员数	人	283842	203399	526211	335772	547047
其中:农林牧渔业	人	142378	118938	345673	222195	315272
农业机械总动力	万千瓦特	35	20	156	79	117
固定电话用户	户	97900	113748	120224	188144	114365
二、综合经济						
第一产业增加值	万元	152625	183782	887927	375945	962246
第二产业增加值	万元	260978	599936	935885	1712315	873814
地方财政一般预算收入	万元	57088	117541	123768	151235	100206
地方财政一般预算支出	万元	209399	250300	367430	381888	405150
居民储蓄存款余额	万元	647254	1192908	1296227	1304575	1091232
年末金融机构各项贷款余额	万元	498717	759393	957376	1189125	1098357
三、农业、工业及投资						
粮食产量	吨			3120651	902500	3205389
棉花产量	吨	47				
油料产量	吨	183	31288	22809	50	
肉类总产量	吨	62345	93111	349571	191068	241474
规模以上工业企业个数	个	36	83	48	43	60
规模以上工业总产值(现价)	万元	347737	1341228	1341296	849455	1280497
固定资产投资(不含农户)	万元	545044	1018185	1657208	1680827	1588256
四、教育、卫生和社会保障						
普通中学在校学生数	人	28681	16880	50061	31722	55857
小学在校学生数	人	39489	33110	54707	40370	75633
医院、卫生院床位数	床	1476	1455	2822	3007	1761
各种社会福利收养性单位数	个	16	5	30	18	46
各种社会福利收养性单位床位数	床	1512	870	5460	3700	4420

2012年县(市)社会经济主要指标

吉林省

指　　标	单位	德惠市	永吉县	蛟河市	桦甸市	舒兰市
一、基本情况						
行政区域土地面积	平方公里	3435	2625	6364	6625	4557
乡(镇)个数	个	16	9	10	9	15
村民委员会个数	个	308	140	256	156	210
年末总户数	户	257812	135490	146440	168354	243762
其中:乡村户数	户	202799	87215	82721	59537	116360
年末总人口	万人	83	39	45	45	66
乡村人口	万人	81	31	28	22	45
年末单位从业人员数	人	38137	14277	24769	36984	32006
乡村从业人员数	人	369965	160128	161530	120440	208891
其中:农林牧渔业	人	217622	93428	92169	87238	148324
农业机械总动力	万千瓦特	99	39	49	48	87
固定电话用户	户	131564	48030	143452	74459	86053
二、综合经济						
第一产业增加值	万元	654241	225851	343377	411931	521761
第二产业增加值	万元	1352892	501642	993940	1596640	573899
地方财政一般预算收入	万元	117731	66015	63384	128331	55058
地方财政一般预算支出	万元	342647	190230	204559	288974	256273
居民储蓄存款余额	万元	1339522	515138	518745	726318	732221
年末金融机构各项贷款余额	万元	836566	485525	394645	418122	455593
三、农业、工业及投资						
粮食产量	吨	1252087	509000	552000	601000	870000
棉花产量	吨					
油料产量	吨	3355	320	1236	3012	132
肉类总产量	吨	332022	33976	80634	44896	123540
规模以上工业企业个数	个	114	62	132	170	113
规模以上工业总产值(现价)	万元	2898731	1252265	2033829	2930405	1518729
固定资产投资(不含农户)	万元	1688590	758576	1104611	1206848	1075222
四、教育、卫生和社会保障						
普通中学在校学生数	人	43505	9142	20711	28899	24478
小学在校学生数	人	60711	19191	22484	34048	34984
医院、卫生院床位数	床	1234	989	1425	2598	2039
各种社会福利收养性单位数	个	18	12	26	28	19
各种社会福利收养性单位床位数	床	3080	1882	489	2190	1281

2012 年县(市)社会经济主要指标

吉林省

指　　标	单位	磐石市	梨树县	伊通满族自治县	公主岭市	双辽市
一、基本情况						
行政区域土地面积	平方公里	3867	3273	2524	4028	3121
乡(镇)个数	个	14	21	15	20	12
村民委员会个数	个	268	295	187	404	190
年末总户数	户	182100	269037	161202	372763	156737
其中:乡村户数	户	85175	162637	105921	192945	76137
年末总人口	万人	54	79	47	108	41
乡村人口	万人	33	56	38	71	27
年末单位从业人员数	人	31777	30707	22154	37941	22250
乡村从业人员数	人	179130	246956	178681	352135	146668
其中:农林牧渔业	人	80572	207711	112571	255948	111869
农业机械总动力	万千瓦特	42	48	34	95	58
固定电话用户	户	117006	81500	44196	235628	48620
二、综合经济						
第一产业增加值	万元	451245	926615	397169	974432	377263
第二产业增加值	万元	1391648	1121283	383182	1299261	964713
地方财政一般预算收入	万元	109117	64305	45520	146916	47326
地方财政一般预算支出	万元	261304	284273	200720	415926	201957
居民储蓄存款余额	万元	640549	715706	519779	1243058	357522
年末金融机构各项贷款余额	万元	759212	622831	437481	833552	522494
三、农业、工业及投资						
粮食产量	吨	634000	2126587	1002500	3120130	1105461
棉花产量	吨					
油料产量	吨	491	17950		1025	49661
肉类总产量	吨	108670	258351	58380	183569	124080
规模以上工业企业个数	个	139	66	36	124	72
规模以上工业总产值(现价)	万元	3112792	3192491	1145965	3546740	2577023
固定资产投资(不含农户)	万元	1206828	533362	379239	1305715	676331
四、教育、卫生和社会保障						
普通中学在校学生数	人	25998	23318	20472	42219	15417
小学在校学生数	人	27757	41039	27771	61687	25104
医院、卫生院床位数	床	1932	1542	1467	2982	1271
各种社会福利收养性单位数	个	17	23	20	34	16
各种社会福利收养性单位床位数	床	2304	1766	1265	3260	1365

2012年县(市)社会经济主要指标

吉林省

指　　标	单位	东丰县	东辽县	通化县	辉南县	柳河县
一、基本情况						
行政区域土地面积	平方公里	2522	2184	3726	2272	3346
乡(镇)个数	个	14	13	15	11	15
村民委员会个数	个	229	234	160	142	219
年末总户数	户	134932	124615	88514	127103	127776
其中:乡村户数	户	92057	79613	50899	61123	68752
年末总人口	万人	40	35	24	35	37
乡村人口	万人	30	27	16	22	26
年末单位从业人员数	人	15641	13972	21885	21182	22264
乡村从业人员数	人	178894	123865	88587	126096	134880
其中:农林牧渔业	人	110490	79101	62141	96228	97874
农业机械总动力	万千瓦特	56	54	19	37	33
固定电话用户	户	69481	27059	52147	45504	56575
二、综合经济						
第一产业增加值	万元	288832	204168	85011	175000	181303
第二产业增加值	万元	752671	754732	620601	344100	387859
地方财政一般预算收入	万元	40233	40109	87201	65981	75824
地方财政一般预算支出	万元	180000	180168	210188	211555	246099
居民储蓄存款余额	万元	568275	415131	493952	588561	529592
年末金融机构各项贷款余额	万元	538836	358795	542930	329311	434281
三、农业、工业及投资						
粮食产量	吨	752500	500000	140500	517000	520483
棉花产量	吨					
油料产量	吨			1176	127	167
肉类总产量	吨	59318	28221	12073	33645	41002
规模以上工业企业个数	个	81	71	79	66	84
规模以上工业总产值(现价)	万元	1963797	1613823	1042148	670658	1129998
固定资产投资(不含农户)	万元	887593	842215	1170840	1067911	642317
四、教育、卫生和社会保障						
普通中学在校学生数	人	17650	13677	6979	16105	15754
小学在校学生数	人	20980	17558	13679	19605	17401
医院、卫生院床位数	床	2212	1024	1496	1392	1498
各种社会福利收养性单位数	个	25	13	17	32	25
各种社会福利收养性单位床位数	床	1860	1760	1000	2148	1567

2012年县(市)社会经济主要指标

吉林省

指　　标	单位	梅河口市	集安市	江源区	抚松县	靖宇县
一、基本情况						
行政区域土地面积	平方公里	2174	3342	1348	6530	3094
乡(镇)个数	个	19	11	6	14	8
村民委员会个数	个	303	126	60	130	111
年末总户数	户	223169	84420	110844	117296	66433
其中:乡村户数	户	102801	50648	19364	32038	22461
年末总人口	万人	62	22	24	29	15
乡村人口	万人	37	16	6	10	7
年末单位从业人员数	人	45176	19635	31942	30194	13979
乡村从业人员数	人	175606	80913	30378	53549	35062
其中:农林牧渔业	人	116028	60934	16485	39433	23170
农业机械总动力	万千瓦特	37	16	8	9	10
固定电话用户	户	92520	45632	37798	47013	22352
二、综合经济						
第一产业增加值	万元	249000	85000	62466	209546	61291
第二产业增加值	万元	1209622	339055	900768	787561	339818
地方财政一般预算收入	万元	156292	73687	70731	102158	37234
地方财政一般预算支出	万元	352243	210811	225531	273804	140206
居民储蓄存款余额	万元	1203746	502792	499258	666719	216203
年末金融机构各项贷款余额	万元	797453	268948	309427	540022	347916
三、农业、工业及投资						
粮食产量	吨	532500	62000	25000	74000	50586
棉花产量	吨					
油料产量	吨	90	408	746	528	1409
肉类总产量	吨	49745	5624	6415	4486	6100
规模以上工业企业个数	个	124	51	95	85	49
规模以上工业总产值(现价)	万元	3693238	495225	2812221	2578859	1104168
固定资产投资(不含农户)	万元	1490173	1040744	767165	1170808	486558
四、教育、卫生和社会保障						
普通中学在校学生数	人	33737	10827	6622	14968	5002
小学在校学生数	人	41018	13370	7218	17336	7471
医院、卫生院床位数	床	2132	840	1392	1991	545
各种社会福利收养性单位数	个	43	14	12	14	10
各种社会福利收养性单位床位数	床	2489	801	835	930	400

2012年县(市)社会经济主要指标

吉林省

指　　标	单位	长白朝鲜族自治县	临江市	前郭尔罗斯蒙古族自治县	长岭县	乾安县
一、基本情况						
行政区域土地面积	平方公里	2498	3008	6979	5728	3617
乡(镇)个数	个	8	7	22	22	10
村民委员会个数	个	77	70	233	232	164
年末总户数	户	36566	74047	199192	195063	120754
其中:乡村户数	户	10634	20755	119241	126251	55470
年末总人口	万人	9	17	59	64	31
乡村人口	万人	3	6	44	53	21
年末单位从业人员数	人	11524	18919	46842	28696	16466
乡村从业人员数	人	17625	42589	199185	239842	117722
其中:农林牧渔业	人	13515	30939	140222	189425	101572
农业机械总动力	万千瓦特	3	8	150	113	83
固定电话用户	户	25232	28000	235500	83596	32951
二、综合经济						
第一产业增加值	万元	52595	70264	745026	662687	211000
第二产业增加值	万元	152874	440872	2466139	1010107	1172654
地方财政一般预算收入	万元	29419	54335	113396	34996	73028
地方财政一般预算支出	万元	136650	181758	279791	221583	188322
居民储蓄存款余额	万元	231982	386654	1020799	394183	320317
年末金融机构各项贷款余额	万元	113567	254978	1130542	380291	321453
三、农业、工业及投资						
粮食产量	吨	20131	43000	2077500	1785032	719500
棉花产量	吨					
油料产量	吨	72	1018	54900	182180	14431
肉类总产量	吨	2373	4848	118774	81682	23888
规模以上工业企业个数	个	32	64	121	87	92
规模以上工业总产值(现价)	万元	316545	1550198	4221726	2563667	3001982
固定资产投资(不含农户)	万元	404989	552628	1354124	1012923	713834
四、教育、卫生和社会保障						
普通中学在校学生数	人	4718	7098	21103	23875	10825
小学在校学生数	人	3511	6930	34083	35901	14004
医院、卫生院床位数	床	307	1004	2400	1206	1200
各种社会福利收养性单位数	个	8	14	23	23	13
各种社会福利收养性单位床位数	床	315	297	980	590	915

2012年县(市)社会经济主要指标

吉林省

指　　标	单位	扶余县	镇赉县	通榆县	洮南市	大安市
一、基本情况						
行政区域土地面积	平方公里	4654	4717	8496	5031	4879
乡(镇)个数	个	17	11	16	18	18
村民委员会个数	个	383	141	172	221	223
年末总户数	户	225896	125662	148031	174696	156182
其中:乡村户数	户	165301	56285	75827	89209	77240
年末总人口	万人	77	29	37	43	41
乡村人口	万人	65	18	24	29	28
年末单位从业人员数	人	19346	25534	24859	31626	26037
乡村从业人员数	人	287932	103584	131903	140027	126449
其中:农林牧渔业	人	210213	84638	115423	122297	96184
农业机械总动力	万千瓦特	125	83	99	81	58
固定电话用户	户	70779	33273	32910	30432	62800
二、综合经济						
第一产业增加值	万元	765000	249829	208451	258786	176891
第二产业增加值	万元	1275866	529653	383547	462145	675698
地方财政一般预算收入	万元	36024	48068	46270	41234	77295
地方财政一般预算支出	万元	190912	232473	232864	243601	275776
居民储蓄存款余额	万元	514077	337699	263922	371326	521529
年末金融机构各项贷款余额	万元	440621	642780	320020	408327	509831
三、农业、工业及投资						
粮食产量	吨	2100500	832500	475000	752500	700000
棉花产量	吨			8194	120	74
油料产量	吨	122594	22411	93856	86070	18977
肉类总产量	吨	121845	29123	12159	24692	36177
规模以上工业企业个数	个	110	54	36	67	56
规模以上工业总产值(现价)	万元	3363499	688735	529699	1055981	1051763
固定资产投资(不含农户)	万元	622281	555568	701989	906037	779598
四、教育、卫生和社会保障						
普通中学在校学生数	人	19466	14297	15437	15473	14486
小学在校学生数	人	38802	18977	21361	22644	18138
医院、卫生院床位数	床	973	786	1071	1878	1500
各种社会福利收养性单位数	个	19	11	17	20	19
各种社会福利收养性单位床位数	床	1540	1464	727	1104	1114

2012年县(市)社会经济主要指标

吉林省

指　　标	单位	延吉市	图们市	敦化市	珲春市	龙井市
一、基本情况						
行政区域土地面积	平方公里	1748	1142	11957	5161	2208
乡(镇)个数	个	4	4	16	9	7
村民委员会个数	个	54	50	303	121	65
年末总户数	户	187991	46436	169679	69959	64554
其中:乡村户数	户	23987	7453	65661	27223	20478
年末总人口	万人	52	12	46	22	17
乡村人口	万人	7	2	21	8	7
年末单位从业人员数	人	80778	12039	53602	33371	12430
乡村从业人员数	人	37032	14090	119770	46974	36877
其中:农林牧渔业	人	20876	8713	86962	27184	
农业机械总动力	万千瓦特	14	6	61	19	14
固定电话用户	户	235819	27072	106431	81004	45316
二、综合经济						
第一产业增加值	万元	52293	16694	279131	52200	44332
第二产业增加值	万元	1484956	232061	756690	898209	166336
地方财政一般预算收入	万元	201770	25579	105607	107899	27329
地方财政一般预算支出	万元	362705	117960	343035	258819	171479
居民储蓄存款余额	万元	3012988	372936	1165548	734779	443782
年末金融机构各项贷款余额	万元	1867683	140630	779925	577873	227050
三、农业、工业及投资						
粮食产量	吨	84000	38500	470000	102500	132500
棉花产量	吨					
油料产量	吨	621	354	2236	86	16
肉类总产量	吨	4524	2082	21286	5539	6218
规模以上工业企业个数	个	63	37	109	100	38
规模以上工业总产值(现价)	万元	2309928	578101	1898042	2206033	411476
固定资产投资(不含农户)	万元	1648126	180685	1074248	1011848	323384
四、教育、卫生和社会保障						
普通中学在校学生数	人	24341	1489	17157	11479	3494
小学在校学生数	人	26897	2847	21759	10094	4404
医院、卫生院床位数	床	3556	456	2247	508	535
各种社会福利收养性单位数	个	68	3	11	15	19
各种社会福利收养性单位床位数	床	3921	208	1000	555	567

2012年县(市)社会经济主要指标

吉林省、黑龙江省

指　　标	单位	和龙市	汪清县	安图县	呼兰区	阿城区
一、基本情况						
行政区域土地面积	平方公里	5069	8997	7444	2197	2452
乡(镇)个数	个	8	9	9	11	10
村民委员会个数	个	76	200	181	168	108
年末总户数	户	71221	97000	75012	224187	225212
其中:乡村户数	户	26251	34711	26476	132862	84202
年末总人口	万人	19	24	21	62	58
乡村人口	万人	8	11	9	48	29
年末单位从业人员数	人	20992	25850	27070	45197	61365
乡村从业人员数	人	42792	60861	46914	239135	121208
其中:农林牧渔业	人	29237	48409	33192	132814	42799
农业机械总动力	万千瓦特	13	36	19	49	44
固定电话用户	户	28614	45000	40425	73000	96200
二、综合经济						
第一产业增加值	万元	56589	105185	71015	505002	294406
第二产业增加值	万元	333624	289899	230274	1157583	816900
地方财政一般预算收入	万元	35845	48339	37504	61333	53101
地方财政一般预算支出	万元	168241	216934	160563	229471	113179
居民储蓄存款余额	万元	372700	524417	508363	1048102	1033878
年末金融机构各项贷款余额	万元	283600	227356	329575	800197	659252
三、农业、工业及投资						
粮食产量	吨	105000	180000	101000		
棉花产量	吨					
油料产量	吨	212	1107	1791		113
肉类总产量	吨	5309	6224	5928	130042	51162
规模以上工业企业个数	个	31	50	29	49	55
规模以上工业总产值(现价)	万元	832731	687942	357190	909598	982936
固定资产投资(不含农户)	万元	397693	543589	472494	947732	2516105
四、教育、卫生和社会保障						
普通中学在校学生数	人	4705	4769	6250	14982	22101
小学在校学生数	人	5409	8594	8090	28603	25994
医院、卫生院床位数	床	795	960	883	1412	1450
各种社会福利收养性单位数	个	12	5	12	4	5
各种社会福利收养性单位床位数	床	590	580	535	590	1220

2012年县(市)社会经济主要指标

黑龙江省

指　　标	单位	依兰县	方正县	宾县	巴彦县	木兰县
一、基本情况						
行政区域土地面积	平方公里	4616	2969	3845	3137	3600
乡(镇)个数	个	9	8	17	18	8
村民委员会个数	个	132	67	143	116	86
年末总户数	户	139052	99222	223355	237616	101799
其中:乡村户数	户	62231	31597	116966	157224	59116
年末总人口	万人	41	23	63	71	27
乡村人口	万人	23	13	45	59	22
年末单位从业人员数	人	33269	22838	29657	29873	17604
乡村从业人员数	人	138255	71207	244310	295725	118581
其中:农林牧渔业	人	88567	55124	143520	171426	87348
农业机械总动力	万千瓦特	62	60	66	66	61
固定电话用户	户	63552	32000	56000	98960	22000
二、综合经济						
第一产业增加值	万元	354850	155574	386417	629857	189209
第二产业增加值	万元	353960	146707	881961	231842	113672
地方财政一般预算收入	万元	64419	29198	76983	38245	30593
地方财政一般预算支出	万元	202748	122942	250119	232856	147164
居民储蓄存款余额	万元	400523	488840	572055	560757	214608
年末金融机构各项贷款余额	万元	622161	274619	574903	397968	242273
三、农业、工业及投资						
粮食产量	吨					
棉花产量	吨					
油料产量	吨	152	1530	1206		361
肉类总产量	吨	35642	14096	97603	117167	27003
规模以上工业企业个数	个	32	34	51	23	16
规模以上工业总产值(现价)	万元	450775	212988	1506530	436017	142288
固定资产投资(不含农户)	万元	894857	430816	1242890	900266	336191
四、教育、卫生和社会保障						
普通中学在校学生数	人	12412	8140	20193	29147	11852
小学在校学生数	人	25442	13222	28492	39517	13706
医院、卫生院床位数	床	799	882	1289	1086	750
各种社会福利收养性单位数	个	2	3	24	11	4
各种社会福利收养性单位床位数	床	358	620	1941	1270	725

2012 年县（市）社会经济主要指标

黑龙江省

指　　标	单位	通河县	延寿县	双城市	尚志市	五常市
一、基本情况						
行政区域土地面积	平方公里	5676	3149	3112	8891	7512
乡(镇)个数	个	8	9	24	17	24
村民委员会个数	个	82	106	246	163	260
年末总户数	户	106569	108415	281347	218968	352043
其中:乡村户数	户	36758	45824	164635	88192	181235
年末总人口	万人	26	27	82	62	101
乡村人口	万人	13	18	64	34	71
年末单位从业人员数	人	21000	32183	25606	35258	44011
乡村从业人员数	人	67438	89967	313526	159680	339820
其中:农林牧渔业	人	44061	69977	160060	104881	257680
农业机械总动力	万千瓦特	79	36	80	60	114
固定电话用户	户	36166	44681	96177	82450	134800
二、综合经济						
第一产业增加值	万元	171484	141630	1095297	441740	803007
第二产业增加值	万元	119788	135127	1021036	837486	813221
地方财政一般预算收入	万元	28995	31291	100369	55968	68998
地方财政一般预算支出	万元	153989	146887	287938	211378	298476
居民储蓄存款余额	万元	295929	262736	864906	905169	989926
年末金融机构各项贷款余额	万元	367338	243447	711284	688166	541654
三、农业、工业及投资						
粮食产量	吨					
棉花产量	吨					
油料产量	吨		108	9073	5924	
肉类总产量	吨	31140	26994	91768	41930	80682
规模以上工业企业个数	个	19	25	45	104	101
规模以上工业总产值(现价)	万元	188932	191409	1361047	1341287	1552695
固定资产投资(不含农户)	万元	473853	309495	1564663	1270666	1000865
四、教育、卫生和社会保障						
普通中学在校学生数	人	18927	7541	29911	29566	22380
小学在校学生数	人	24573	15198	44625	29926	45379
医院、卫生院床位数	床	823	622	1460	2050	1858
各种社会福利收养性单位数	个	4	7	9	21	41
各种社会福利收养性单位床位数	床	640	844	1578	410	2472

2012年县(市)社会经济主要指标

黑龙江省

指标	单位	龙江县	依安县	泰来县	甘南县	富裕县
一、基本情况						
行政区域土地面积	平方公里	5887	3678	3922	4792	4060
乡(镇)个数	个	14	15	10	10	10
村民委员会个数	个	158	148	83	95	90
年末总户数	户	204171	162499	112602	118014	111145
其中:乡村户数	户	113303	125656	63723	78082	55007
年末总人口	万人	60	49	32	33	29
乡村人口	万人	44	39	23	27	19
年末单位从业人员数	人	18164	13022	12179	10397	14251
乡村从业人员数	人	235866	214618	123398	158149	100256
其中:农林牧渔业	人	185044	175450	89941	130552	66546
农业机械总动力	万千瓦特	138	58	71	62	45
固定电话用户	户	42050	18865	44168	28648	47908
二、综合经济						
第一产业增加值	万元	397567	279212	167991	189420	229876
第二产业增加值	万元	227339	140251	109647	50616	195273
地方财政一般预算收入	万元	29925	19869	17200	18799	31621
地方财政一般预算支出	万元	222083	74939	137696	173447	189253
居民储蓄存款余额	万元	342863	326617	201709	335614	302059
年末金融机构各项贷款余额	万元	354413	467113	204975	289096	257028
三、农业、工业及投资						
粮食产量	吨					
棉花产量	吨					
油料产量	吨	1521	2490	26238	7660	339
肉类总产量	吨	81825	71459	31761	49363	23753
规模以上工业企业个数	个	11	12	13	11	17
规模以上工业总产值(现价)	万元	396240	398290	181121	185480	310092
固定资产投资(不含农户)	万元	323569	114547	407943	255765	351110
四、教育、卫生和社会保障						
普通中学在校学生数	人	22269	11281	13574	8018	10912
小学在校学生数	人	32610	19162	12853	19019	14474
医院、卫生院床位数	床	1608	746	670	710	1472
各种社会福利收养性单位数	个	8	16	8	10	4
各种社会福利收养性单位床位数	床	1550	2451	1155	933	290

2012年县(市)社会经济主要指标

黑龙江省

指　　标	单位	克山县	克东县	拜泉县	讷河市	鸡东县
一、基本情况						
行政区域土地面积	平方公里	3320	2083	3599	6648	3243
乡(镇)个数	个	15	7	16	15	11
村民委员会个数	个	122	98	186	171	123
年末总户数	户	165107	106733	193271	202429	103699
其中:乡村户数	户	115707	56768	114334	152311	57885
年末总人口	万人	47	30	58	73	28
乡村人口	万人	40	20	48	49	21
年末单位从业人员数	人	13926	10522	12018	20628	16801
乡村从业人员数	人	196387	116422	257057	256172	120937
其中:农林牧渔业	人	109478	74709	212607	167371	77236
农业机械总动力	万千瓦特	59	44	44	93	44
固定电话用户	户	54670	15102	43273	61040	58154
二、综合经济						
第一产业增加值	万元	214141	117918	310982	371690	245020
第二产业增加值	万元	145241	111520	187483	339597	492460
地方财政一般预算收入	万元	11282	14381	16453	26951	35366
地方财政一般预算支出	万元	170967	142254	78253	270188	71176
居民储蓄存款余额	万元	419850	219406	336104	548316	443591
年末金融机构各项贷款余额	万元	241952	209952	259717	920470	277025
三、农业、工业及投资						
粮食产量	吨					
棉花产量	吨					
油料产量	吨	2443	1465	359	4039	356
肉类总产量	吨	33555	7496	69678	79582	26240
规模以上工业企业个数	个	11	13	17	30	26
规模以上工业总产值(现价)	万元	306721	341038	301814	503747	443800
固定资产投资(不含农户)	万元	293200	336211	231264	394310	290050
四、教育、卫生和社会保障						
普通中学在校学生数	人	15572	11188	14785	24381	20420
小学在校学生数	人	18914	15334	19330	31426	13123
医院、卫生院床位数	床	909	500	739	803	872
各种社会福利收养性单位数	个	6	2	6	15	10
各种社会福利收养性单位床位数	床	191	310	2404	1860	539

2012年县(市)社会经济主要指标

黑龙江省

指 标	单位	虎林市	密山市	萝北县	绥滨县	集贤县
一、基本情况						
行政区域土地面积	平方公里	9334	7731	2167	3344	2258
乡(镇)个数	个	11	16	8	9	8
村民委员会个数	个	85	154	63	109	153
年末总户数	户	67929	131869	33014	50600	102541
其中:乡村户数	户	28520	62768	14600	30498	53028
年末总人口	万人	16	34	9	13	29
乡村人口	万人	9	21	5	11	20
年末单位从业人员数	人	22635	18098	8701	7999	27138
乡村从业人员数	人	48631	109141	29906	55920	107518
其中:农林牧渔业	人	42402	78042	23367	46156	73658
农业机械总动力	万千瓦特	64	62	24	40	46
固定电话用户	户	46000	58834	9780	13146	44253
二、综合经济						
第一产业增加值	万元	305547	298683	88676	111646	285382
第二产业增加值	万元	115830	332133	87585	21042	602739
地方财政一般预算收入	万元	29492	34279	35375	11173	38500
地方财政一般预算支出	万元	180077	195577	115971	45114	147286
居民储蓄存款余额	万元	806964	892799	462251	213127	474956
年末金融机构各项贷款余额	万元	917762	453560	829757	281336	436475
三、农业、工业及投资						
粮食产量	吨					
棉花产量	吨					
油料产量	吨	287	2688		384	2565
肉类总产量	吨	10369	39861	18106	12625	68185
规模以上工业企业个数	个	10	18	13	6	46
规模以上工业总产值(现价)	万元	443902	412213	120725	37284	1783036
固定资产投资(不含农户)	万元	281652	388318	217399	127610	826129
四、教育、卫生和社会保障						
普通中学在校学生数	人	10289	20515	4667	4960	9768
小学在校学生数	人	7766	19753	5675	9433	18741
医院、卫生院床位数	床	1029	1030	344	348	1043
各种社会福利收养性单位数	个	2	17	1	2	14
各种社会福利收养性单位床位数	床	694	1400	100	260	416

2012年县(市)社会经济主要指标

黑龙江省

指　　标	单位	友谊县	宝清县	饶河县	肇州县	肇源县
一、基本情况						
行政区域土地面积	平方公里	1647	10001	6765	2445	4120
乡(镇)个数	个		10	9	12	16
村民委员会个数	个		145	79	104	135
年末总户数	户	12396	116144	31221	160865	180919
其中:乡村户数	户		59833	14069	80008	104825
年末总人口	万人	3	31	8	47	48
乡村人口	万人		20	4	31	38
年末单位从业人员数	人	7646	20456	7897	29242	16779
乡村从业人员数	人		107864	28655	182208	197537
其中:农林牧渔业	人		67398	21995	128811	120214
农业机械总动力	万千瓦特		67	28	60	44
固定电话用户	户	16337	62331	18802	57970	53460
二、综合经济						
第一产业增加值	万元	8856	442610	102856	353433	393484
第二产业增加值	万元	44300	630890	17712	1035409	709958
地方财政一般预算收入	万元	14802	51158	11559	71968	62305
地方财政一般预算支出	万元	65907	133211	106949	118553	109958
居民储蓄存款余额	万元	355049	550515	217495	390926	437651
年末金融机构各项贷款余额	万元	396030	749926	133072	262542	265800
三、农业、工业及投资						
粮食产量	吨					
棉花产量	吨					
油料产量	吨		2630	1402	4653	23296
肉类总产量	吨	1864	81458	3959	75664	98809
规模以上工业企业个数	个	12	41	6	39	26
规模以上工业总产值(现价)	万元	324656	1226003	31434	1652694	1158246
固定资产投资(不含农户)	万元	138576	971574	361900	720187	920135
四、教育、卫生和社会保障						
普通中学在校学生数	人	2645	16248	3847	22260	22049
小学在校学生数	人	3578	14102	7303	19264	21619
医院、卫生院床位数	床	1159	989	244	883	927
各种社会福利收养性单位数	个	9	3	1	8	8
各种社会福利收养性单位床位数	床	620	370	110	930	750

2012年县(市)社会经济主要指标

黑龙江省

指　　标	单位	林甸县	杜尔伯特蒙古族自治县	嘉荫县	铁力市	桦南县
一、基本情况						
行政区域土地面积	平方公里	3493	6054	6739	6730	4415
乡(镇)个数	个	8	11	9	7	10
村民委员会个数	个	83	79	73	76	192
年末总户数	户	99069	100317	24806	158112	153960
其中:乡村户数	户	50546	50932	13973	25139	106445
年末总人口	万人	27	25	6	38	45
乡村人口	万人	19	17	5	9	32
年末单位从业人员数	人	12648	11723	32638	39270	31749
乡村从业人员数	人	108695	98746	25813	47813	169768
其中:农林牧渔业	人	79656	74084	18919	31752	128445
农业机械总动力	万千瓦特	79	68	16	36	29
固定电话用户	户	20996	53831	26917	70890	39000
二、综合经济						
第一产业增加值	万元	171040	232855	134108	306195	361916
第二产业增加值	万元	282198	576178	32064	169943	261841
地方财政一般预算收入	万元	35710	42100	8886	17120	30334
地方财政一般预算支出	万元	70780	96295	87429	150967	203059
居民储蓄存款余额	万元	297813	289058	145682	716128	416460
年末金融机构各项贷款余额	万元	228778	303843	108335	326989	225159
三、农业、工业及投资						
粮食产量	吨					
棉花产量	吨					
油料产量	吨		2913		128	154
肉类总产量	吨	53525	26179	5836	58391	74891
规模以上工业企业个数	个	10	20	4	28	39
规模以上工业总产值(现价)	万元	392229	992222	22604	340853	711194
固定资产投资(不含农户)	万元	472386	645380	179797	578040	680000
四、教育、卫生和社会保障						
普通中学在校学生数	人	10525	12695	3175	16612	24117
小学在校学生数	人	15109	14917	4767	17461	32964
医院、卫生院床位数	床	512	419	272	1335	1121
各种社会福利收养性单位数	个	5	4	2	21	22
各种社会福利收养性单位床位数	床	523	340	47	1318	798

2012年县(市)社会经济主要指标

黑龙江省

指标	单位	桦川县	汤原县	抚远县	同江市	富锦市
一、基本情况						
行政区域土地面积	平方公里	2268	3420	6263	6300	8227
乡(镇)个数	个	9	10	9	10	11
村民委员会个数	个	105	137	69	85	266
年末总户数	户	63821	103721	27280	52657	147293
其中:乡村户数	户	44438	42192	13568	20961	72175
年末总人口	万人	23	27	13	11	39
乡村人口	万人	17	16	9	7	25
年末单位从业人员数	人	10119	15443	6706	8249	21005
乡村从业人员数	人	76578	85543	48852	38891	159233
其中:农林牧渔业	人	63532	59235	44488	36381	139292
农业机械总动力	万千瓦特	30	39	38	42	96
固定电话用户	户	31734	24778	13725	19725	68300
二、综合经济						
第一产业增加值	万元	101834	299984	176267	185252	520273
第二产业增加值	万元	79347	210205	29484	81358	391098
地方财政一般预算收入	万元	16629	16466	18899	21856	47989
地方财政一般预算支出	万元	149733	147362	145238	170879	262391
居民储蓄存款余额	万元	174355	269223	170305	182614	466010
年末金融机构各项贷款余额	万元	420002	679736	384646	319149	614140
三、农业、工业及投资						
粮食产量	吨					
棉花产量	吨					
油料产量	吨	200	95		26	4216
肉类总产量	吨	41903	66853	12929	10503	88991
规模以上工业企业个数	个	38	32	6	21	63
规模以上工业总产值(现价)	万元	630489	522404	49094	226593	729202
固定资产投资(不含农户)	万元	297730	397647	153024	456963	668096
四、教育、卫生和社会保障						
普通中学在校学生数	人	12414	11678	6251	5593	21318
小学在校学生数	人	13409	17253	11246	11178	36756
医院、卫生院床位数	床	420	810	79	445	877
各种社会福利收养性单位数	个	10	15	1	4	6
各种社会福利收养性单位床位数	床	335	856	9	703	1496

2012年县(市)社会经济主要指标

黑龙江省

指　　标	单位	勃利县	东宁县	林口县	绥芬河市	海林市
一、基本情况						
行政区域土地面积	平方公里	2305	7139	6688	422	8711
乡(镇)个数	个	10	6	11	2	8
村民委员会个数	个	133	102	176	11	112
年末总户数	户	108194	83150	134218	26571	159594
其中:乡村户数	户	60887	31309	62646	2905	35896
年末总人口	万人	32	21	37	7	40
乡村人口	万人	21	11	24	1	13
年末单位从业人员数	人	19454	20181	19137	11346	35566
乡村从业人员数	人	87314	61348	147206	5609	78347
其中:农林牧渔业	人	70813	35012	96604	1316	36322
农业机械总动力	万千瓦特	30	31	40	4	30
固定电话用户	户	68410	34678	54788	31796	99583
二、综合经济						
第一产业增加值	万元	138787	329438	321986	6341	311253
第二产业增加值	万元	325072	395861	246467	159890	780817
地方财政一般预算收入	万元	28698	75007	47317	90168	72277
地方财政一般预算支出	万元	157148	197981	167311	196592	201709
居民储蓄存款余额	万元	446044	708006	437426	781272	723311
年末金融机构各项贷款余额	万元	381761	411316	228291	554277	417397
三、农业、工业及投资						
粮食产量	吨					
棉花产量	吨					
油料产量	吨	1009	12764	19121	337	3627
肉类总产量	吨	29458	8899	20495	2611	16672
规模以上工业企业个数	个	31	28	44	24	88
规模以上工业总产值(现价)	万元	777480	254451	513465	302374	1528559
固定资产投资(不含农户)	万元	298051	670687	360241	853294	1281480
四、教育、卫生和社会保障						
普通中学在校学生数	人	6662	9561	11539	6405	10307
小学在校学生数	人	13091	12142	15520	7290	11732
医院、卫生院床位数	床	620	610	1053	625	1375
各种社会福利收养性单位数	个	3	2	8	1	4
各种社会福利收养性单位床位数	床	445	513	1230	52	507

2012年县(市)社会经济主要指标

黑龙江省

指　　标	单位	宁安市	穆棱市	嫩江县	逊克县	孙吴县
一、基本情况						
行政区域土地面积	平方公里	7891	6212	15109	17344	4319
乡(镇)个数	个	12	8	14	9	11
村民委员会个数	个	240	127	147	78	94
年末总户数	户	163005	112897	196970	33960	41594
其中:乡村户数	户	85293	36530	70832	18456	21458
年末总人口	万人	44	29	50	8	11
乡村人口	万人	30	13	24	6	6
年末单位从业人员数	人	30491	25873	20816	6123	7371
乡村从业人员数	人	179381	92732	99729	35442	30670
其中:农林牧渔业	人	108858	54889	81616	32552	24468
农业机械总动力	万千瓦特	61	24	73	40	34
固定电话用户	户	69529	71502	51133	17561	14950
二、综合经济						
第一产业增加值	万元	456140	260690	503480	105265	42777
第二产业增加值	万元	573747	848412	229963	25386	12633
地方财政一般预算收入	万元	62828	75577	64035	12300	6110
地方财政一般预算支出	万元	217913	209971	235283	102140	38288
居民储蓄存款余额	万元	679477	447818	542076	180923	156280
年末金融机构各项贷款余额	万元	408318	272865	782948	120256	108230
三、农业、工业及投资						
粮食产量	吨					
棉花产量	吨					
油料产量	吨	1109	32468		66	1941
肉类总产量	吨	74339	30467	51184	5747	5581
规模以上工业企业个数	个	84	86	21	6	4
规模以上工业总产值(现价)	万元	1103753	1869971	295291	52427	59872
固定资产投资(不含农户)	万元	1150851	1040372	801204	93683	66018
四、教育、卫生和社会保障						
普通中学在校学生数	人	20997	10811	14531	4326	5502
小学在校学生数	人	22033	15074	25465	6015	7677
医院、卫生院床位数	床	1040	778	817	229	264
各种社会福利收养性单位数	个	16	6	4		
各种社会福利收养性单位床位数	床	1539	603	950		

2012年县(市)社会经济主要指标

黑龙江省

指　　标	单位	北安市	五大连池市	望奎县	兰西县	青冈县
一、基本情况						
行政区域土地面积	平方公里	7194	9874	2314	2499	2684
乡(镇)个数	个	9	11	15	15	15
村民委员会个数	个	62	108	109	105	165
年末总户数	户	156914	150512	161182	145409	162495
其中:乡村户数	户	35834	57784	90540	91817	108769
年末总人口	万人	39	36	47	50	50
乡村人口	万人	13	17	36	40	37
年末单位从业人员数	人	25739	27065	20451	16366	17215
乡村从业人员数	人	78895	87422	179320	183625	170676
其中:农林牧渔业	人	56897	64856	140150	124997	126576
农业机械总动力	万千瓦特	38	33	30	43	46
固定电话用户	户	45109	30267	48805	46600	38363
二、综合经济						
第一产业增加值	万元	184433	263592	318450	228891	211876
第二产业增加值	万元	139939	51779	156589	81894	147730
地方财政一般预算收入	万元	40080	14279	29609	13859	10026
地方财政一般预算支出	万元	239706	187773	93397	197230	187690
居民储蓄存款余额	万元	774437	510730	342763	321693	296926
年末金融机构各项贷款余额	万元	546451	242415	171368	291450	231469
三、农业、工业及投资						
粮食产量	吨					
棉花产量	吨					
油料产量	吨	451	5	253		781
肉类总产量	吨	6918	14994	131063	48953	65186
规模以上工业企业个数	个	14	8	18	19	11
规模以上工业总产值(现价)	万元	247434	65190	404536	221924	341706
固定资产投资(不含农户)	万元	440814	290347	576339	285741	291284
四、教育、卫生和社会保障						
普通中学在校学生数	人	14598	11047	15213	23554	21614
小学在校学生数	人	20616	15619	21674	22179	18613
医院、卫生院床位数	床	2153	1457	1185	741	1186
各种社会福利收养性单位数	个	3	3	4	1	4
各种社会福利收养性单位床位数	床	265	478	724	1944	861

2012年县(市)社会经济主要指标

黑龙江省

指　　标	单位	庆安县	明水县	绥棱县	安达市	肇东市
一、基本情况						
行政区域土地面积	平方公里	5469	2308	4238	3586	3905
乡(镇)个数	个	14	12	11	14	21
村民委员会个数	个	93	99	76	117	186
年末总户数	户	127096	123095	125048	184009	368166
其中:乡村户数	户	75733	48034	52249	72463	152700
年末总人口	万人	41	37	33	49	94
乡村人口	万人	30	20	19	26	61
年末单位从业人员数	人	17530	20750	37425	24632	45127
乡村从业人员数	人	164123	192360	84134	152728	322778
其中:农林牧渔业	人	126375	131296	57349	111245	237135
农业机械总动力	万千瓦特	44	22	41	40	48
固定电话用户	户	125678	35832	30761	47601	130972
二、综合经济						
第一产业增加值	万元	267890	174927	309323	607279	924381
第二产业增加值	万元	168761	165547	133251	1672403	1927378
地方财政一般预算收入	万元	23125	15588	13596	147730	165005
地方财政一般预算支出	万元	184737	170263	149672	327189	415176
居民储蓄存款余额	万元	390298	223531	362756	653488	896518
年末金融机构各项贷款余额	万元	270560	145035	166651	315936	726328
三、农业、工业及投资						
粮食产量	吨					
棉花产量	吨					
油料产量	吨		539		66	77
肉类总产量	吨	35387	27274	25049	77440	227831
规模以上工业企业个数	个	19	8	18	49	52
规模以上工业总产值(现价)	万元	280375	417475	148203	1508032	1782742
固定资产投资(不含农户)	万元	370748	167798	168216	1300545	1358972
四、教育、卫生和社会保障						
普通中学在校学生数	人	19360	13325	20191	18540	41866
小学在校学生数	人	24678	18561	17881	23388	38556
医院、卫生院床位数	床	796	674	744	1380	1798
各种社会福利收养性单位数	个	5	15	4	29	32
各种社会福利收养性单位床位数	床	528	800	528	1310	2231

2012年县(市)社会经济主要指标

黑龙江省、上海市

指　　标	单位	海伦市	呼玛县	塔河县	漠河县	奉贤区
一、基本情况						
行政区域土地面积	平方公里	4667	14335	14059	18428	720
乡(镇)个数	个	23	8	3	3	8
村民委员会个数	个	243	54	11	7	177
年末总户数	户	265795	21574	28010	33104	202184
其中:乡村户数	户	164438	8804	3020	2152	118343
年末总人口	万人	84	5	10	9	53
乡村人口	万人	65	2	1	1	28
年末单位从业人员数	人	31609	8363	15271	20739	87814
乡村从业人员数	人	367634	12523	4611	2986	190884
其中:农林牧渔业	人	270133	8260	3807	1655	38205
农业机械总动力	万千瓦特	42	16	2	2	9
固定电话用户	户	131980	5700	31960	17062	255910
二、综合经济						
第一产业增加值	万元	581417	91836	117799	137071	181177
第二产业增加值	万元	233295	38497	41369	115574	4045295
地方财政一般预算收入	万元	25288	8496	10296	30095	584139
地方财政一般预算支出	万元	265052	84214	45301	86928	1194855
居民储蓄存款余额	万元	565121	119598	222879	226684	5273623
年末金融机构各项贷款余额	万元	537638	47372	39889	120978	7157142
三、农业、工业及投资						
粮食产量	吨					108943
棉花产量	吨					220
油料产量	吨	131	124			2870
肉类总产量	吨	112592	2208	2839	3513	59771
规模以上工业企业个数	个	26	4	6	10	1087
规模以上工业总产值(现价)	万元	510104	63891	53469	172572	15949558
固定资产投资(不含农户)	万元	235320	121304	68075	237345	3008586
四、教育、卫生和社会保障						
普通中学在校学生数	人	43773	2651	2142	4291	31128
小学在校学生数	人	39447	3217	3382	1146	50529
医院、卫生院床位数	床	1246	252	450	380	4835
各种社会福利收养性单位数	个	5	3	1	1	30
各种社会福利收养性单位床位数	床	1454	90	50	117	4585

2012年县(市)社会经济主要指标

上海市、江苏省

指　　标	单位	崇明县	浦口区	江宁区	六合区	溧水县
一、基本情况						
行政区域土地面积	平方公里	1411	910	1563	1471	1064
乡(镇)个数	个	18	1		2	8
村民委员会个数	个	270	33	71	61	91
年末总户数	户	300721	195796	328751	289796	144456
其中:乡村户数	户	248805	74900	156400	146800	105700
年末总人口	万人	69	60	95	89	42
乡村人口	万人	57	24	48	51	32
年末单位从业人员数	人	32700	99851	230745	149063	57154
乡村从业人员数	人	368222	127800	300600	300200	181400
其中:农林牧渔业	人	139564	20900	63600	66300	40800
农业机械总动力	万千瓦特	24	24	49	54	30
固定电话用户	户	220186				106803
二、综合经济						
第一产业增加值	万元	222093	305700	433800	438300	293300
第二产业增加值	万元	1255031	2770400	5410200	5345300	2221100
地方财政一般预算收入	万元	566430	634125	1358088	496609	291998
地方财政一般预算支出	万元	1125635	633280	1247924	586773	349708
居民储蓄存款余额	万元	3891723	2137300	4483600	3422100	1112000
年末金融机构各项贷款余额	万元	3134611	2989000	6610400	4194500	1608400
三、农业、工业及投资						
粮食产量	吨	301378	111421	249094	343978	244611
棉花产量	吨	486	320	1507	732	864
油料产量	吨	5922	11680	21119	31251	21119
肉类总产量	吨	29865	30707	15642	38080	19157
规模以上工业企业个数	个	146	305	640	426	351
规模以上工业总产值(现价)	万元	3810789	11396107	21390171	24070235	6216661
固定资产投资(不含农户)	万元	1318542	6350560	7811980	6077149	3501127
四、教育、卫生和社会保障						
普通中学在校学生数	人	20668	17920	35826	29712	16387
小学在校学生数	人	19141	28691	51627	39351	18825
医院、卫生院床位数	床	3039	1513	3296	2191	1230
各种社会福利收养性单位数	个	43	19	30	26	10
各种社会福利收养性单位床位数	床	6410	2490	4448	3953	2442

2012 年县(市)社会经济主要指标

江苏省

指　　标	单位	高淳县	锡山区	江阴市	宜兴市	铜山区
一、基本情况						
行政区域土地面积	平方公里	790	399	987	1997	1909
乡(镇)个数	个	8	4	11	14	20
村民委员会个数	个	134	76	244	216	319
年末总户数	户	150317	125804	365911	379518	380586
其中:乡村户数	户	111600	80500	206400	215500	299900
年末总人口	万人	43	42	121	108	134
乡村人口	万人	36	29	63	64	108
年末单位从业人员数	人	70451	86080	176982	124776	60987
乡村从业人员数	人	226300	163400	392800	356800	550500
其中:农林牧渔业	人	60000	19800	58400	101500	235300
农业机械总动力	万千瓦特	51	11	25	52	99
固定电话用户	户	98141		502334	374993	161416
二、综合经济						
第一产业增加值	万元	302900	181200	476900	476800	507000
第二产业增加值	万元	1933100	2975300	14439100	5812200	3602700
地方财政一般预算收入	万元	220018	500222	1671918	783811	500800
地方财政一般预算支出	万元	317323	451447	1540005	825222	637865
居民储蓄存款余额	万元	1005800		7924871	6486394	
年末金融机构各项贷款余额	万元	1567900		18116495	11155718	
三、农业、工业及投资						
粮食产量	吨	187016	82207	203459	487207	842175
棉花产量	吨	690				7377
油料产量	吨	19723	293	2014	6278	6908
肉类总产量	吨	16733	5568	49316	39766	124739
规模以上工业企业个数	个	253	676	1436	891	470
规模以上工业总产值(现价)	万元	6114850	10260305	59152276	26948048	23482307
固定资产投资(不含农户)	万元	3020085	4549440	8342829	4805602	4266923
四、教育、卫生和社会保障						
普通中学在校学生数	人	16054	20842	56911	45164	43542
小学在校学生数	人	18357	32122	88877	61720	73102
医院、卫生院床位数	床	1632	1808	6616	3852	2677
各种社会福利收养性单位数	个	11	14	26	28	78
各种社会福利收养性单位床位数	床	3484	2340	7834	7212	5920

2012 年县(市)社会经济主要指标

江苏省

指　　标	单位	丰　县	沛　县	睢宁县	新沂市	邳州市
一、基本情况						
行政区域土地面积	平方公里	1446	1349	1767	1571	2088
乡(镇)个数	个	14	15	16	16	24
村民委员会个数	个	360	262	268	253	451
年末总户数	户	310440	373963	334585	318185	451042
其中:乡村户数	户	244200	236300	261500	223100	354000
年末总人口	万人	117	129	137	107	180
乡村人口	万人	95	91	105	83	134
年末单位从业人员数	人	43475	45656	47136	57996	64777
乡村从业人员数	人	519800	485800	585100	427700	669000
其中:农林牧渔业	人	265700	172100	245200	191200	230000
农业机械总动力	万千瓦特	77	92	103	77	116
固定电话用户	户	100803	146045	155666	132020	154129
二、综合经济						
第一产业增加值	万元	463900	679100	571800	479100	793200
第二产业增加值	万元	1038200	2038100	1323400	1494400	2236400
地方财政一般预算收入	万元	249166	389620	255645	328492	421211
地方财政一般预算支出	万元	472552	618053	486170	528311	682153
居民储蓄存款余额	万元	1292601	1918117	1525560	1240984	1677574
年末金融机构各项贷款余额	万元	966398	1087704	1172305	1571333	1889226
三、农业、工业及投资						
粮食产量	吨	528855	611684	916192	656944	827654
棉花产量	吨	15396	3893	1496		7366
油料产量	吨	4683	2025	16573	58272	16346
肉类总产量	吨	151370	194927	155749	149216	204273
规模以上工业企业个数	个	261	473	258	452	542
规模以上工业总产值(现价)	万元	3288290	10012412	5598623	8784119	15028625
固定资产投资(不含农户)	万元	1273340	2923210	1532206	2706367	3938766
四、教育、卫生和社会保障						
普通中学在校学生数	人	58006	52467	74189	38487	79428
小学在校学生数	人	68118	77006	78548	74390	141799
医院、卫生院床位数	床	3283	3786	2732	2339	3873
各种社会福利收养性单位数	个	29	31	31	27	34
各种社会福利收养性单位床位数	床	4601	5015	5130	4973	5912

2012年县(市)社会经济主要指标

江苏省

指　　　标	单位	武进区	溧阳市	金坛市	吴中区	吴江区
一、基本情况						
行政区域土地面积	平方公里	1246	1535	976	2043	1238
乡(镇)个数	个	14	10	7	7	8
村民委员会个数	个	246	175	156	84	242
年末总户数	户	363327	264905	209440	186269	256241
其中:乡村户数	户	243500	201000	141700	89000	163000
年末总人口	万人	103	79	55	61	81
乡村人口	万人	76	61	36	31	53
年末单位从业人员数	人	121423	65174	61283	78775	116584
乡村从业人员数	人	439100	319900	203300	187000	317100
其中:农林牧渔业	人	89800	83700	54100	48700	42100
农业机械总动力	万千瓦特	54	53	41	17	40
固定电话用户	户	773253	235000	200600		362171
二、综合经济						
第一产业增加值	万元	460700	390200	276400	208599	342700
第二产业增加值	万元	9218900	3065800	1978000	4251549	7501400
地方财政一般预算收入	万元	1170475	404988	231104	854051	1193202
地方财政一般预算支出	万元	1119153	458353	317181	687561	1088494
居民储蓄存款余额	万元	7164191	3325363	2295867		6349442
年末金融机构各项贷款余额	万元	11297790	4366450	2868982		15050925
三、农业、工业及投资						
粮食产量	吨	174442	545243	282617	20865	171720
棉花产量	吨		470	23		
油料产量	吨	1784	25847	8609	877	5301
肉类总产量	吨	53887	24481	45735	8701	17817
规模以上工业企业个数	个	1731	349	368	922	1590
规模以上工业总产值(现价)	万元	35590244	13556800	5713673	11870617	29863062
固定资产投资(不含农户)	万元	8027714	3732437	2199295	3599909	6266964
四、教育、卫生和社会保障						
普通中学在校学生数	人	55018	31971	21585	20983	34334
小学在校学生数	人	84991	37429	24731	37391	50430
医院、卫生院床位数	床	4649	2404	1862	3522	4521
各种社会福利收养性单位数	个	42	21	32	23	29
各种社会福利收养性单位床位数	床	7326	4449	2910	3504	5390

2012年县(市)社会经济主要指标

江苏省

指　　标	单位	常熟市	张家港市	昆山市	太仓市	通州区
一、基本情况						
行政区域土地面积	平方公里	1276	990	932	823	1166
乡(镇)个数	个	9	8	10	6	19
村民委员会个数	个	215	148	156	88	207
年末总户数	户	331867	336570	248528	146292	476411
其中:乡村户数	户	181800	192100	103700	70200	373900
年末总人口	万人	107	91	74	47	126
乡村人口	万人	59	58	36	25	98
年末单位从业人员数	人	125086	148523	197472	122189	76996
乡村从业人员数	人	397400	316100	212100	161600	536600
其中:农林牧渔业	人	39100	34200	18800	32400	122500
农业机械总动力	万千瓦特	36	33	18	19	44
固定电话用户	户	427553	367859	527229	205801	378962
二、综合经济						
第一产业增加值	万元	370200	275300	244600	336090	487452
第二产业增加值	万元	9969500	11755100	16312500	5203600	3743024
地方财政一般预算收入	万元	1281504	1496131	2202750	901516	525194
地方财政一般预算支出	万元	1282681	1429162	1951473	861596	669804
居民储蓄存款余额	万元	9071807	7467598	7871314	3771664	5320833
年末金融机构各项贷款余额	万元	15097397	14907525	16013914	8634100	4446513
三、农业、工业及投资						
粮食产量	吨	322235	280511	124223	214783	525945
棉花产量	吨	812	53	43	384	8460
油料产量	吨	8012	4041	1756	5544	94311
肉类总产量	吨	21438	12993	6289	59278	71617
规模以上工业企业个数	个	1453	1242	1863	1178	732
规模以上工业总产值(现价)	万元	33692100	47005617	76868173	18318822	14555849
固定资产投资(不含农户)	万元	6021202	6910683	7676225	4599342	3779884
四、教育、卫生和社会保障						
普通中学在校学生数	人	41172	36140	33440	19155	44668
小学在校学生数	人	67606	58908	63670	30234	48928
医院、卫生院床位数	床	6205	6013	4762	3035	3982
各种社会福利收养性单位数	个	27	37	13	17	46
各种社会福利收养性单位床位数	床	8217	7567	5021	4317	7548

2012 年县(市)社会经济主要指标

江苏省

指　　　标	单位	海安县	如东县	启东市	如皋市	海门市
一、基本情况						
行政区域土地面积	平方公里	1108	1733	1208	1492	939
乡(镇)个数	个	10	14	12	20	9
村民委员会个数	个	207	213	264	166	233
年末总户数	户	344720	374564	458196	454837	383018
其中:乡村户数	户	249800	306500	390200	356000	300900
年末总人口	万人	94	105	112	143	100
乡村人口	万人	71	86	91	120	79
年末单位从业人员数	人	76021	69855	72541	65074	68821
乡村从业人员数	人	381600	474800	518700	607000	496700
其中:农林牧渔业	人	76800	89000	138500	148000	125200
农业机械总动力	万千瓦特	60	81	50	75	34
固定电话用户	户	330910	304291	365231	371430	344077
二、综合经济						
第一产业增加值	万元	476897	565628	614819	527722	464998
第二产业增加值	万元	2463012	2430255	3060885	3184929	3775976
地方财政一般预算收入	万元	375279	321681	522149	536012	516092
地方财政一般预算支出	万元	552958	544423	595882	710821	559553
居民储蓄存款余额	万元	4266525	3487182	4817066	4360984	4818357
年末金融机构各项贷款余额	万元	4543332	2478169	4027257	3545302	4213989
三、农业、工业及投资						
粮食产量	吨	632927	918911	263854	740174	184305
棉花产量	吨	229	16743	16534	181	13063
油料产量	吨	14800	46895	94993	36829	92830
肉类总产量	吨	96635	95052	58776	122880	42445
规模以上工业企业个数	个	820	651	514	784	584
规模以上工业总产值(现价)	万元	12575007	12436845	11568960	13608849	14250255
固定资产投资(不含农户)	万元	3226554	3107935	3595336	3298620	3708633
四、教育、卫生和社会保障						
普通中学在校学生数	人	32263	34519	35531	53179	39987
小学在校学生数	人	35576	31579	38157	62308	44411
医院、卫生院床位数	床	3791	2832	3301	4586	3173
各种社会福利收养性单位数	个	29	35	43	31	87
各种社会福利收养性单位床位数	床	5765	4895	4565	5868	6331

2012年县(市)社会经济主要指标

江苏省

指　　标	单位	赣榆县	东海县	灌云县	灌南县	淮安区
一、基本情况						
行政区域土地面积	平方公里	1514	2037	1840	1025	1452
乡(镇)个数	个	18	21	19	14	26
村民委员会个数	个	450	346	302	225	275
年末总户数	户	342456	289845	263249	206859	336050
其中:乡村户数	户	237200	231300	194700	152400	216800
年末总人口	万人	116	118	102	79	119
乡村人口	万人	89	93	81	61	89
年末单位从业人员数	人	40194	39801	33224	35709	47503
乡村从业人员数	人	425900	451600	375200	320500	458200
其中:农林牧渔业	人	190200	206800	194000	168800	230200
农业机械总动力	万千瓦特	100	120	111	91	78
固定电话用户	户	209409	187230	134014	109642	184548
二、综合经济						
第一产业增加值	万元	504600	510200	503400	393900	480800
第二产业增加值	万元	1660700	1273700	1022300	1052800	1189600
地方财政一般预算收入	万元	292104	274607	258598	255941	234640
地方财政一般预算支出	万元	536889	480020	410191	418773	452198
居民储蓄存款余额	万元	1213896	1218301	871626	620623	
年末金融机构各项贷款余额	万元	1406863	1334096	977861	692602	
三、农业、工业及投资						
粮食产量	吨	564656	1143265	804907	629042	923714
棉花产量	吨	488	84	303	39	
油料产量	吨	68672	45918	868	2193	6487
肉类总产量	吨	74786	79426	57688	49940	51032
规模以上工业企业个数	个	373	344	218	162	263
规模以上工业总产值(现价)	万元	8160529	4816227	3921080	4129760	3822843
固定资产投资(不含农户)	万元	2023134	1893483	1644649	1630370	1472793
四、教育、卫生和社会保障						
普通中学在校学生数	人	66089	58667	55448	38712	47503
小学在校学生数	人	80061	86741	64857	55620	55793
医院、卫生院床位数	床	2668	2465	2332	2355	2859
各种社会福利收养性单位数	个	21	28	21	15	27
各种社会福利收养性单位床位数	床	2637	3743	2813	1541	3979

2012年县(市)社会经济主要指标

江苏省

指　　标	单位	淮阴区	涟水县	洪泽县	盱眙县	金湖县
一、基本情况						
行政区域土地面积	平方公里	1264	1676	1394	2497	1394
乡(镇)个数	个	21	19	11	19	11
村民委员会个数	个	248	364	88	236	98
年末总户数	户	272913	286865	123178	215189	128583
其中:乡村户数	户	182400	223000	79800	150500	81200
年末总人口	万人	91	111	39	78	36
乡村人口	万人	74	96	29	56	26
年末单位从业人员数	人	38556	48207	37297	31967	28953
乡村从业人员数	人	368900	504400	175500	318900	134400
其中:农林牧渔业	人	141200	217800	65200	119400	54100
农业机械总动力	万千瓦特	57	83	64	95	64
固定电话用户	户	135457	136638	62520	103866	66124
二、综合经济						
第一产业增加值	万元	537800	450100	251700	404900	229400
第二产业增加值	万元	1281900	936600	668900	965000	584200
地方财政一般预算收入	万元	286251	216161	171008	231523	153541
地方财政一般预算支出	万元	424745	436561	284305	402616	253333
居民储蓄存款余额	万元		1044678	486983	899553	766948
年末金融机构各项贷款余额	万元		1071676	786527	1347980	1036396
三、农业、工业及投资						
粮食产量	吨	630644	908387	420551	971997	506668
棉花产量	吨		374		140	
油料产量	吨	19510	35122	2661	26731	8345
肉类总产量	吨	73971	69014	22716	72860	14194
规模以上工业企业个数	个	336	268	259	337	198
规模以上工业总产值(现价)	万元	7299317	4330650	3672818	4856535	3035965
固定资产投资(不含农户)	万元	1501269	1393053	923370	1733345	853654
四、教育、卫生和社会保障						
普通中学在校学生数	人	36117	51574	14975	35866	13089
小学在校学生数	人	54154	75218	18777	43901	14562
医院、卫生院床位数	床	4319	3094	1154	2544	863
各种社会福利收养性单位数	个	23	32	13	28	11
各种社会福利收养性单位床位数	床	2833	2758	1161	2800	784

2012年县(市)社会经济主要指标

江苏省

指　　标	单位	盐都区	响水县	滨海县	阜宁县	射阳县
一、基本情况						
行政区域土地面积	平方公里	1047	1461	1915	1439	2855
乡(镇)个数	个	8	8	12	14	13
村民委员会个数	个	160	100	261	247	150
年末总户数	户	248295	175644	343204	377154	322576
其中:乡村户数	户	176600	118000	253200	218100	216500
年末总人口	万人	72	62	120	111	97
乡村人口	万人	55	46	94	79	74
年末单位从业人员数	人	43341	33378	39591	52103	57486
乡村从业人员数	人	279900	212300	449600	372000	349100
其中:农林牧渔业	人	95500	93100	178100	159000	132100
农业机械总动力	万千瓦特	49	63	77	68	78
固定电话用户	户		84991	168649	153649	170679
二、综合经济						
第一产业增加值	万元	370588	355840	497010	463404	695917
第二产业增加值	万元	1818000	898500	1178900	1316100	1293800
地方财政一般预算收入	万元	330866	197301	249441	254766	208036
地方财政一般预算支出	万元	359672	358616	480926	465544	438319
居民储蓄存款余额	万元		577564	971375	1357041	1321664
年末金融机构各项贷款余额	万元		813966	1099427	1388188	1535072
三、农业、工业及投资						
粮食产量	吨	617537	531656	911558	922548	1079258
棉花产量	吨	2228	5895	1314	109	24010
油料产量	吨	15657	25305	42071	19746	35296
肉类总产量	吨	67647	47263	107725	179014	87476
规模以上工业企业个数	个	330	141	197	247	299
规模以上工业总产值(现价)	万元	6361200	4382300	4265500	4369000	4651400
固定资产投资(不含农户)	万元	1751389	1419922	1873151	1630038	1683130
四、教育、卫生和社会保障						
普通中学在校学生数	人	27049	21478	37032	36769	34998
小学在校学生数	人	30914	38328	60481	49748	45303
医院、卫生院床位数	床	2456	1576	2428	2610	2555
各种社会福利收养性单位数	个	20	15	22	20	23
各种社会福利收养性单位床位数	床	3970	2657	2943	4602	3018

2012年县(市)社会经济主要指标

江苏省

指　　标	单位	建湖县	东台市	大丰市	邗江区	江都区
一、基本情况						
行政区域土地面积	平方公里	1160	3221	3059	553	1330
乡(镇)个数	个	12	14	12	10	13
村民委员会个数	个	199	368	208	114	263
年末总户数	户	309900	399453	279805	178721	365222
其中:乡村户数	户	192400	326800	209100	111200	288600
年末总人口	万人	80	114	73	56	107
乡村人口	万人	58	91	54	38	84
年末单位从业人员数	人	55859	70007	65485	73378	65229
乡村从业人员数	人	302400	488100	313400	204000	401200
其中:农林牧渔业	人	95500	207700	105200	24500	78600
农业机械总动力	万千瓦特	45	80	72	21	62
固定电话用户	户	129897	253198	184759	281191	300892
二、综合经济						
第一产业增加值	万元	421300	783298	633400	167700	462500
第二产业增加值	万元	1543500	2318900	1738200	2141200	3413500
地方财政一般预算收入	万元	329366	436725	400066	444596	345433
地方财政一般预算支出	万元	532899	627508	554150	361043	406553
居民储蓄存款余额	万元	1618917	3242038	1980996		4140083
年末金融机构各项贷款余额	万元	1718331	2311738	2034787		3412118
三、农业、工业及投资						
粮食产量	吨	691855	911333	776434	178662	651579
棉花产量	吨	2160	10453	42687	657	455
油料产量	吨	16051	71771	71070	2980	20995
肉类总产量	吨	60824	141162	126210	16270	42843
规模以上工业企业个数	个	337	556	414	397	610
规模以上工业总产值(现价)	万元	5296900	7484500	5641700	9188070	17612392
固定资产投资(不含农户)	万元	1777482	2784149	2165584	3035949	4036392
四、教育、卫生和社会保障						
普通中学在校学生数	人	28489	40169	27797	22693	42508
小学在校学生数	人	38691	37361	28496	33029	48569
医院、卫生院床位数	床	2301	3967	2360	1781	3648
各种社会福利收养性单位数	个	19	34	21	23	18
各种社会福利收养性单位床位数	床	4344	6132	2855	2689	5435

2012年县(市)社会经济主要指标

江苏省

指　　标	单位	宝应县	仪征市	高邮市	丹徒区	丹阳市
一、基本情况						
行政区域土地面积	平方公里	1462	857	1922	611	1047
乡(镇)个数	个	14	9	20	6	13
村民委员会个数	个	224	137	179	83	154
年末总户数	户	286625	190666	262220	103093	282797
其中:乡村户数	户	207600	119800	192100	87500	196900
年末总人口	万人	90	56	82	29	81
乡村人口	万人	71	39	66	27	60
年末单位从业人员数	人	67649	59625	55983	43285	88472
乡村从业人员数	人	417000	228200	358500	158900	361000
其中:农林牧渔业	人	106200	35000	89600	37300	82600
农业机械总动力	万千瓦特	46	32	64	19	41
固定电话用户	户	177870	156702	184283		286718
二、综合经济						
第一产业增加值	万元	554300	193000	559600	155200	447913
第二产业增加值	万元	1518500	2128600	1560500	1423700	4477600
地方财政一般预算收入	万元	207118	246578	217246	180355	500876
地方财政一般预算支出	万元	370411	264386	369829	177118	543083
居民储蓄存款余额	万元	1718810	1942330	2034064		3723500
年末金融机构各项贷款余额	万元	1634133	1835797	1677902		5881108
三、农业、工业及投资						
粮食产量	吨	911261	337056	860371	196951	504804
棉花产量	吨		127	3456	23	10
油料产量	吨	14532	9830	22769	9039	11072
肉类总产量	吨	48704	24100	48291	24886	24507
规模以上工业企业个数	个	322	301	470	302	807
规模以上工业总产值(现价)	万元	6076012	10498639	7268432	7097477	19317855
固定资产投资(不含农户)	万元	1976892	2474524	2342916	1731498	2805264
四、教育、卫生和社会保障						
普通中学在校学生数	人	36638	22488	34601	10570	35894
小学在校学生数	人	41967	24442	31622	12017	45756
医院、卫生院床位数	床	1700	1713	1903	705	2511
各种社会福利收养性单位数	个	18	14	25	80	43
各种社会福利收养性单位床位数	床	3761	2861	4037	2127	4747

2012年县(市)社会经济主要指标

江苏省

指　　标	单位	扬中市	句容市	兴化市	靖江市	泰兴市
一、基本情况						
行政区域土地面积	平方公里	331	1387	2395	656	1170
乡(镇)个数	个	4	9	34	8	15
村民委员会个数	个	58	160	614	188	297
年末总户数	户	107731	224453	531539	216651	395999
其中:乡村户数	户	76100	152800	376600	144700	311300
年末总人口	万人	28	59	157	67	120
乡村人口	万人	23	45	116	49	105
年末单位从业人员数	人	46012	69243	57718	69784	75553
乡村从业人员数	人	128400	250900	609400	267800	563900
其中:农林牧渔业	人	22700	84800	200800	56600	103800
农业机械总动力	万千瓦特	13	51	110	25	55
固定电话用户	户	131752	169646	249936	191115	263581
二、综合经济						
第一产业增加值	万元	115000	317100	815400	188800	428000
第二产业增加值	万元	2026900	1778900	2225000	3358800	2911500
地方财政一般预算收入	万元	225741	250158	294622	440139	326121
地方财政一般预算支出	万元	253612	358564	586835	477737	505795
居民储蓄存款余额	万元	1985973	1761669	2754756	3146481	2945372
年末金融机构各项贷款余额	万元	2390287	2160984	2642562	4088648	2721908
三、农业、工业及投资						
粮食产量	吨	107825	347652	1393109	335342	694268
棉花产量	吨		1838	13598		
油料产量	吨	1502	33007	34594	4038	39226
肉类总产量	吨	9585	14976	57155	29989	82909
规模以上工业企业个数	个	352	498	588	430	527
规模以上工业总产值(现价)	万元	8775320	8964786	9570773	17266307	14297113
固定资产投资(不含农户)	万元	1470328	1743864	1893020	2833805	2610963
四、教育、卫生和社会保障						
普通中学在校学生数	人	10375	19715	46185	25929	54057
小学在校学生数	人	13745	22801	54103	32374	54847
医院、卫生院床位数	床	820	1465	3896	3079	3196
各种社会福利收养性单位数	个	36	18	165	20	21
各种社会福利收养性单位床位数	床	1935	3619	8645	2604	3451

2012年县(市)社会经济主要指标

江苏省

指　　标	单位	姜堰市	宿豫区	沭阳县	泗阳县	泗洪县
一、基本情况						
行政区域土地面积	平方公里	928	1254	2298	1418	2731
乡(镇)个数	个	15	14	34	16	23
村民委员会个数	个	262	114	343	155	213
年末总户数	户	274673	186932	486585	267812	284334
其中:乡村户数	户	212700	118200	381000	199500	193000
年末总人口	万人	79	72	187	104	106
乡村人口	万人	61	49	157	83	77
年末单位从业人员数	人	55638	33852	65315	39402	46384
乡村从业人员数	人	344600	259700	837700	395800	386900
其中:农林牧渔业	人	60800	78300	294200	155800	229100
农业机械总动力	万千瓦特	40	58	179	80	122
固定电话用户	户	173241		229922	188839	154549
二、综合经济						
第一产业增加值	万元	316800	281200	717600	462068	491700
第二产业增加值	万元	2108000	1376800	2204900	1379700	1111400
地方财政一般预算收入	万元	235406	176340	487877	217642	197594
地方财政一般预算支出	万元	349522	306816	782009	419990	444240
居民储蓄存款余额	万元	2542255		1839553	1117529	1092583
年末金融机构各项贷款余额	万元	3057948		2238420	1573183	1594089
三、农业、工业及投资						
粮食产量	吨	547777	446897	1318441	605858	1027936
棉花产量	吨	1850	63	25	27	2227
油料产量	吨	27412	2720	14095	11751	16498
肉类总产量	吨	57836	109416	104626	53235	75010
规模以上工业企业个数	个	456	258	760	501	459
规模以上工业总产值(现价)	万元	8004066	3445223	6838247	3778796	3456775
固定资产投资(不含农户)	万元	2156160	1380716	2581605	1844637	1606482
四、教育、卫生和社会保障						
普通中学在校学生数	人	35335	32720	102997	50535	54727
小学在校学生数	人	34989	29769	109985	70189	77976
医院、卫生院床位数	床	2590	1827	4844	2928	3227
各种社会福利收养性单位数	个	26	18	48	24	41
各种社会福利收养性单位床位数	床	2894	2623	4759	3685	5596

2012年县(市)社会经济主要指标

浙江省

指　　标	单位	萧山区	余杭区	桐庐县	淳安县	建德市
一、基本情况						
行政区域土地面积	平方公里	1163	1222	1780	4427	2364
乡(镇)个数	个	17	6	10	23	13
村民委员会个数	个	411	188	183	425	232
年末总户数	户	375600	245400	147800	147600	170000
其中:乡村户数	户	350600	175600	106100	120300	125100
年末总人口	万人	124	89	40	46	51
乡村人口	万人	115	68	32	37	40
年末单位从业人员数	人	592141	236566	49746	38777	48052
乡村从业人员数	人	673700	413600	208200	242100	233000
其中:农林牧渔业	人	117100	76300	56600	112800	97100
农业机械总动力	万千瓦特	79	52	26	29	30
固定电话用户	户	648085	330990	125518	98738	116636
二、综合经济						
第一产业增加值	万元	567823	471892	197441	270778	258136
第二产业增加值	万元	9827681	4151641	1528754	681005	1373300
地方财政一般预算收入	万元	1226789	1046537	195063	112098	160046
地方财政一般预算支出	万元	1083520	937755	274813	270033	252535
居民储蓄存款余额	万元	10094101	6262489	1387042	974568	1482534
年末金融机构各项贷款余额	万元	24821090	11320127	2245553	1580974	2124851
三、农业、工业及投资						
粮食产量	吨					
棉花产量	吨	405	125	2	193	150
油料产量	吨	13277	7497	13954	14034	10435
肉类总产量	吨	102824	42584	19731	19558	28626
规模以上工业企业个数	个	1780	1095	351	124	369
规模以上工业总产值(现价)	万元	50178051	13734067	4130873	2081552	4046260
固定资产投资(不含农户)	万元	6169275	5121242	1412038	969471	961590
四、教育、卫生和社会保障						
普通中学在校学生数	人	67500	42100	17800	19900	23800
小学在校学生数	人	106200	77300	22500	17900	21400
医院、卫生院床位数	床	5745	2354	1213	1094	1721
各种社会福利收养性单位数	个	36	32	13	24	24
各种社会福利收养性单位床位数	床	6740	4064	2154	2420	2831

2012年县(市)社会经济主要指标

浙江省

指　　标	单位	富阳市	临安市	鄞州区	象山县	宁海县
一、基本情况						
行政区域土地面积	平方公里	1808	3124	1346	1382	1843
乡(镇)个数	个	21	13	18	15	14
村民委员会个数	个	282	287	428	490	363
年末总户数	户	220800	188500	335500	188300	228000
其中:乡村户数	户	167800	157400	325900	131600	176900
年末总人口	万人	66	53	83	54	62
乡村人口	万人	53	46	83	40	51
年末单位从业人员数	人	128223	95183	252796	313822	70739
乡村从业人员数	人	335700	282200	491000	252400	323600
其中:农林牧渔业	人	104500	75500	63800	96000	88500
农业机械总动力	万千瓦特	46	47	40	81	30
固定电话用户	户	185946	168646	472500	206100	154200
二、综合经济						
第一产业增加值	万元	359913	336497	384298	537669	364069
第二产业增加值	万元	3223002	2184269	6805554	1583874	1948447
地方财政一般预算收入	万元	420063	236616	1362224	272793	298439
地方财政一般预算支出	万元	479593	362896	1375506	458059	417143
居民储蓄存款余额	万元	2907916	1799811	6855970	1419111	1609323
年末金融机构各项贷款余额	万元	6741614	3153111	13422573	4749044	4732394
三、农业、工业及投资						
粮食产量	吨					
棉花产量	吨		1	50	41	1407
油料产量	吨	19817	7299	3332	3098	3006
肉类总产量	吨	52734	34710	25241	23636	24165
规模以上工业企业个数	个	671	550	1618	403	455
规模以上工业总产值(现价)	万元	11754018	6182718	19810388	4351251	5163711
固定资产投资(不含农户)	万元	2343812	1379851	4203661	1375848	1437003
四、教育、卫生和社会保障						
普通中学在校学生数	人	35100	22400	45081	22404	27955
小学在校学生数	人	43700	28400	80627	34214	46412
医院、卫生院床位数	床	1530	1837	3304	1504	1576
各种社会福利收养性单位数	个	29	23	63	55	16
各种社会福利收养性单位床位数	床	3338	3481	6556	3316	3208

2012年县(市)社会经济主要指标

浙江省

指　　标	单位	余姚市	慈溪市	奉化市	洞头县	永嘉县
一、基本情况						
行政区域土地面积	平方公里	1501	1361	1268	100	2674
乡(镇)个数	个	15	15	6	2	10
村民委员会个数	个	265	297	356	84	906
年末总户数	户	310100	425200	182400	41041	292009
其中:乡村户数	户	256300	457000	146300	27700	230000
年末总人口	万人	84	104	48	13	96
乡村人口	万人	71	120	39	8	77
年末单位从业人员数	人	152279	159237	58439	7846	106309
乡村从业人员数	人	433200	778800	268000	54300	486200
其中:农林牧渔业	人	85200	102600	69300	15700	124500
农业机械总动力	万千瓦特	63	47	50	16	20
固定电话用户	户	389700	509000	206000	27246	198728
二、综合经济						
第一产业增加值	万元	434637	465351	276749	38102	98425
第二产业增加值	万元	4223347	5600405	1303059	186776	1594945
地方财政一般预算收入	万元	616855	813852	243728	33926	184454
地方财政一般预算支出	万元	678191	866031	389930	131756	347358
居民储蓄存款余额	万元	5072632	7527775	1989054	168219	2393367
年末金融机构各项贷款余额	万元	10620800	14420557	4063530	353827	3377071
三、农业、工业及投资						
粮食产量	吨					
棉花产量	吨	1740	3868			16
油料产量	吨	8462	17199	841	195	5230
肉类总产量	吨	50506	35507	25217	529	21749
规模以上工业企业个数	个	1111	1150	437	19	335
规模以上工业总产值(现价)	万元	11275024	16089841	3536980	498151	3818421
固定资产投资(不含农户)	万元	3615419	4432783	1281439	474046	1763513
四、教育、卫生和社会保障						
普通中学在校学生数	人	42431	53551	22012	4183	45772
小学在校学生数	人	67648	90003	32884	5610	64367
医院、卫生院床位数	床	2508	2483	2106	172	1309
各种社会福利收养性单位数	个	24	15	16	6	29
各种社会福利收养性单位床位数	床	3570	3702	1895	430	2780

2012年县(市)社会经济主要指标

浙江省

指　　标	单位	平阳县	苍南县	文成县	泰顺县	瑞安市
一、基本情况						
行政区域土地面积	平方公里	1051	1272	1293	1762	1271
乡(镇)个数	个	10	12	10	10	5
村民委员会个数	个	603	776	384	295	908
年末总户数	户	240167	334755	129164	115807	319613
其中:乡村户数	户	188000	266200	77600	86400	301400
年末总人口	万人	87	130	39	36	122
乡村人口	万人	68	101	25	30	115
年末单位从业人员数	人	79865	96147	17934	54144	106500
乡村从业人员数	人	418200	622400	155100	177500	661500
其中:农林牧渔业	人	122900	168300	63000	72800	156000
农业机械总动力	万千瓦特	29	47	8	6	43
固定电话用户	户	175716	279813	53975	42451	408348
二、综合经济						
第一产业增加值	万元	134083	260866	58411	55750	188009
第二产业增加值	万元	1285873	1540191	186859	194353	2763596
地方财政一般预算收入	万元	171174	193273	49267	49193	406484
地方财政一般预算支出	万元	275092	380704	213884	202590	466178
居民储蓄存款余额	万元	1982186	2501396	1058584	524015	5472136
年末金融机构各项贷款余额	万元	2687903	4993672	760270	678054	9276726
三、农业、工业及投资						
粮食产量	吨					
棉花产量	吨				2	
油料产量	吨	2884	1024	1055	1769	3839
肉类总产量	吨	13144	18017	8725	7014	20169
规模以上工业企业个数	个	275	322	33	19	888
规模以上工业总产值(现价)	万元	2299199	2404071	230426	199195	7038873
固定资产投资(不含农户)	万元	1814082	2204748	383768	372838	3164109
四、教育、卫生和社会保障						
普通中学在校学生数	人	38402	63824	9695	15679	56228
小学在校学生数	人	54831	86041	14994	19180	102119
医院、卫生院床位数	床	1665	2300	519	528	3215
各种社会福利收养性单位数	个	34	27	16	17	137
各种社会福利收养性单位床位数	床	3701	2568	1432	1050	14801

2012年县(市)社会经济主要指标

浙江省

指　　标	单位	乐清市	嘉善县	海盐县	海宁市	平湖市
一、基本情况						
行政区域土地面积	平方公里	1174	507	508	668	537
乡(镇)个数	个	9	6	5	8	6
村民委员会个数	个	911	104	85	161	106
年末总户数	户	369821	124943	121280	184215	146880
其中:乡村户数	户	349900	104700	102700	137500	92700
年末总人口	万人	127	39	38	67	49
乡村人口	万人	124	35	35	53	35
年末单位从业人员数	人	218267	108979	63918	125373	130828
乡村从业人员数	人	711800	214900	219200	315800	217500
其中:农林牧渔业	人	150700	44600	45000	57400	35300
农业机械总动力	万千瓦特	28	25	16	27	25
固定电话用户	户	400325	180938	157781	301096	206848
二、综合经济						
第一产业增加值	万元	196886	236795	210114	252980	178672
第二产业增加值	万元	3489699	1989909	1770746	3396264	2623718
地方财政一般预算收入	万元	457238	273084	223273	442890	380180
地方财政一般预算支出	万元	464758	279908	234559	433163	374403
居民储蓄存款余额	万元	5043816	2278705	1973426	4278027	2725591
年末金融机构各项贷款余额	万元	9797217	3539059	4149132	6820401	4508941
三、农业、工业及投资						
粮食产量	吨					
棉花产量	吨	88		942	355	472
油料产量	吨	3450	1726	8540	12894	12365
肉类总产量	吨	19653	58428	53766	52596	31502
规模以上工业企业个数	个	913	601	405	1020	571
规模以上工业总产值(现价)	万元	10612459	7492142	5684583	11563226	10169404
固定资产投资(不含农户)	万元	3620007	2102828	1993859	3036723	2289107
四、教育、卫生和社会保障						
普通中学在校学生数	人	61471	20303	19769	31826	24639
小学在校学生数	人	100607	26014	23048	44207	28289
医院、卫生院床位数	床	2861	1515	1225	2866	1689
各种社会福利收养性单位数	个	26	11	9	20	12
各种社会福利收养性单位床位数	床	1839	2588	1963	2954	2913

2012年县(市)社会经济主要指标

浙江省

指　　标	单位	桐乡市	德清县	长兴县	安吉县	绍兴县
一、基本情况						
行政区域土地面积	平方公里	727	938	1431	1886	1177
乡(镇)个数	个	9	11	13	13	15
村民委员会个数	个	176	151	221	169	292
年末总户数	户	184706	135492	219925	153611	253157
其中:乡村户数	户	143200	100200	176600	116800	284000
年末总人口	万人	68	43	63	46	73
乡村人口	万人	57	35	53	39	85
年末单位从业人员数	人	109497	98478	80228	53868	329598
乡村从业人员数	人	348100	213700	313100	242300	523800
其中:农林牧渔业	人	58700	39200	61600	55700	63000
农业机械总动力	万千瓦特	32	35	36	36	37
固定电话用户	户	261279	162677	180624	167500	418190
二、综合经济						
第一产业增加值	万元	318862	213002	304807	253434	356485
第二产业增加值	万元	2772659	1752979	1995704	1190191	5893289
地方财政一般预算收入	万元	417644	271938	355087	210821	704424
地方财政一般预算支出	万元	412294	297910	388625	292238	626082
居民储蓄存款余额	万元	4018713	1935660	1817795	1440498	5895929
年末金融机构各项贷款余额	万元	5487800	3089222	3630568	3013746	11290271
三、农业、工业及投资						
粮食产量	吨					
棉花产量	吨	688	163	9	7	127
油料产量	吨	8825	2219	17333	6878	6543
肉类总产量	吨	56752	58809	17685	9775	39939
规模以上工业企业个数	个	854	605	580	352	1196
规模以上工业总产值(现价)	万元	11329638	7873964	8170848	3796509	33104587
固定资产投资(不含农户)	万元	2552250	1737521	2488125	1108268	4281112
四、教育、卫生和社会保障						
普通中学在校学生数	人	36232	23419	33254	24835	46676
小学在校学生数	人	51101	25356	37116	25733	60880
医院、卫生院床位数	床	2861	1793	2399	1499	3347
各种社会福利收养性单位数	个	17	18	20	16	30
各种社会福利收养性单位床位数	床	3550	2459	3226	2012	4850

2012年县(市)社会经济主要指标

浙江省

指　　标	单位	新昌县	诸暨市	上虞市	嵊州市	武义县
一、基本情况						
行政区域土地面积	平方公里	1213	2311	1403	1790	1568
乡(镇)个数	个	13	24	18	17	15
村民委员会个数	个	415	468	342	463	544
年末总户数	户	168735	404491	294114	264678	133965
其中:乡村户数	户	126300	354800	234400	227900	111400
年末总人口	万人	44	107	78	74	34
乡村人口	万人	32	96	65	63	29
年末单位从业人员数	人	58186	315700	215846	55761	20917
乡村从业人员数	人	213200	598900	378500	399800	191600
其中:农林牧渔业	人	73800	114500	118500	104600	48000
农业机械总动力	万千瓦特	17	85	57	38	20
固定电话用户	户	143315	434101	304673	249212	93498
二、综合经济						
第一产业增加值	万元	197146	466940	392446	352886	144443
第二产业增加值	万元	1485941	4599358	3214694	1859096	915504
地方财政一般预算收入	万元	200008	526188	391888	197498	124297
地方财政一般预算支出	万元	248890	556945	399217	268498	204610
居民储蓄存款余额	万元	1428037	4789547	3793616	2329153	1257026
年末金融机构各项贷款余额	万元	2071985	8681870	6828365	3001973	2450604
三、农业、工业及投资						
粮食产量	吨					
棉花产量	吨	182	18	2050	114	17
油料产量	吨	10199	12166	15356	8007	4615
肉类总产量	吨	6574	51814	40751	33375	28646
规模以上工业企业个数	个	210	844	552	367	437
规模以上工业总产值(现价)	万元	4644111	19323472	13240163	3957492	4083448
固定资产投资(不含农户)	万元	962610	4110993	2965372	1391712	810572
四、教育、卫生和社会保障						
普通中学在校学生数	人	20555	81086	39503	33183	14119
小学在校学生数	人	27303	75331	46036	39076	27208
医院、卫生院床位数	床	1881	3935	2468	2106	1053
各种社会福利收养性单位数	个	18	39	26	68	14
各种社会福利收养性单位床位数	床	1763	5670	4313	5723	1918

2012年县(市)社会经济主要指标

浙江省

指　　标	单位	浦江县	磐安县	兰溪市	义乌市	东阳市
一、基本情况						
行政区域土地面积	平方公里	918	1195	1312	1105	1747
乡(镇)个数	个	12	19	10	6	12
村民委员会个数	个	409	363	646	715	346
年末总户数	户	146871	80930	227467	328611	310933
其中:乡村户数	户	168400	60100	180600	459400	282600
年末总人口	万人	39	21	67	75	83
乡村人口	万人	43	18	54	121	73
年末单位从业人员数	人	26405	33646	61991	114791	380036
乡村从业人员数	人	253200	116400	335900	783100	527400
其中:农林牧渔业	人	68800	71400	140200	90500	153200
农业机械总动力	万千瓦特	14	24	31	29	48
固定电话用户	户	121079	36915	141215	477448	234609
二、综合经济						
第一产业增加值	万元	91011	95989	222826	214114	179820
第二产业增加值	万元	996061	316583	1326360	3332977	1865011
地方财政一般预算收入	万元	115353	45345	161533	574188	301057
地方财政一般预算支出	万元	167966	140826	267404	545403	392421
居民储蓄存款余额	万元	1508710	487369	1484347	10531390	3167673
年末金融机构各项贷款余额	万元	2221135	660776	2419866	15143102	4462322
三、农业、工业及投资						
粮食产量	吨					
棉花产量	吨	118		8669	31	147
油料产量	吨	5040	813	18036	3316	4435
肉类总产量	吨	16590	5032	44671	43440	14452
规模以上工业企业个数	个	272	114	376	662	359
规模以上工业总产值(现价)	万元	2897754	593413	6029961	6896597	3763354
固定资产投资(不含农户)	万元	652471	347088	1062804	2935885	1548984
四、教育、卫生和社会保障						
普通中学在校学生数	人	19410	9654	30660	46970	41082
小学在校学生数	人	35726	12779	33981	84223	66714
医院、卫生院床位数	床	1808	578	1359	3145	3072
各种社会福利收养性单位数	个	6	10	21	14	26
各种社会福利收养性单位床位数	床	1680	1111	2710	4606	5870

2012年县(市)社会经济主要指标

浙江省

指　　标	单位	永康市	衢江区	常山县	开化县	龙游县
一、基本情况						
行政区域土地面积	平方公里	1048	1748	1097	2231	1143
乡(镇)个数	个	11	18	11	18	13
村民委员会个数	个	711	271	342	255	262
年末总户数	户	224318	136400	104700	115100	155600
其中:乡村户数	户	233900	111600	78900	86500	116400
年末总人口	万人	58	40	34	36	40
乡村人口	万人	63	35	27	30	33
年末单位从业人员数	人	50556	15407	16678	12768	33248
乡村从业人员数	人	364900	219700	172500	194700	207600
其中:农林牧渔业	人	72300	125700	64200	90500	100900
农业机械总动力	万千瓦特	34	32	17	17	34
固定电话用户	户	210672		56800	56100	97500
二、综合经济						
第一产业增加值	万元	87597	187206	75651	114899	130416
第二产业增加值	万元	2452908	538219	525132	407596	955163
地方财政一般预算收入	万元	301229	52909	57160	45735	80506
地方财政一般预算支出	万元	323717	151164	173567	194013	204601
居民储蓄存款余额	万元	3675799		568957	623813	928465
年末金融机构各项贷款余额	万元	7149263		825123	734421	1487992
三、农业、工业及投资						
粮食产量	吨					
棉花产量	吨	1	28	78	57	2435
油料产量	吨	992	10532	6822	11031	16962
肉类总产量	吨	9396	87574	15272	10011	83543
规模以上工业企业个数	个	489	123	100	81	189
规模以上工业总产值(现价)	万元	7296072	1045434	872899	912513	2366474
固定资产投资(不含农户)	万元	1391081	690336	813272	540307	1057561
四、教育、卫生和社会保障						
普通中学在校学生数	人	29498	15758	12723	13945	18413
小学在校学生数	人	61596	20800	18300	18800	21400
医院、卫生院床位数	床	2020	697	708	873	1209
各种社会福利收养性单位数	个	17	20	21	17	10
各种社会福利收养性单位床位数	床	2110	1816	3079	1871	1598

2012年县(市)社会经济主要指标

浙江省

指　　标	单位	江山市	岱山县	嵊泗县	玉环县	三门县
一、基本情况						
行政区域土地面积	平方公里	2019	324	97	378	1072
乡(镇)个数	个	18	7	7	8	14
村民委员会个数	个	295	85	38	276	511
年末总户数	户	197300	80000	30400	139200	131800
其中:乡村户数	户	143100	60300	17200	194900	104200
年末总人口	万人	60	19	8	43	44
乡村人口	万人	48	14	5	61	35
年末单位从业人员数	人	28559	21500	11500	110263	35888
乡村从业人员数	人	303800	85000	27100	431900	219900
其中:农林牧渔业	人	93900	30600	12900	43000	64700
农业机械总动力	万千瓦特	39	57	47	31	32
固定电话用户	户	105200	81115	32580	202870	84458
二、综合经济						
第一产业增加值	万元	198772	235238	160774	253094	210039
第二产业增加值	万元	1221021	933546	102758	2249488	548143
地方财政一般预算收入	万元	111408	97712	48629	251128	106818
地方财政一般预算支出	万元	243000	251024	142702	296662	206448
居民储蓄存款余额	万元	1371286	704856	290794	2034624	811128
年末金融机构各项贷款余额	万元	2377556	1112776	384615	3419335	1959922
三、农业、工业及投资						
粮食产量	吨					
棉花产量	吨	1081			260	215
油料产量	吨	15335	1178		1049	2814
肉类总产量	吨	74741	3047	795	10064	8696
规模以上工业企业个数	个	284	57	12	632	144
规模以上工业总产值(现价)	万元	2987451	2786758	60599	6192812	1572617
固定资产投资(不含农户)	万元	1074381	765213	332867	914223	1326271
四、教育、卫生和社会保障						
普通中学在校学生数	人	28346	5500	2500	18100	16250
小学在校学生数	人	36700	7300	2800	47400	27600
医院、卫生院床位数	床	1383	478	326	1102	769
各种社会福利收养性单位数	个	25	13	6	24	38
各种社会福利收养性单位床位数	床	3275	928	349	2291	2168

2012年县(市)社会经济主要指标

浙江省

指　　标	单位	天台县	仙居县	温岭市	临海市	青田县
一、基本情况						
行政区域土地面积	平方公里	1426	1992	836	2171	2493
乡(镇)个数	个	12	17	11	14	30
村民委员会个数	个	597	723	830	993	414
年末总户数	户	193500	147600	420500	383400	163496
其中:乡村户数	户	144700	130000	373800	279000	98300
年末总人口	万人	59	50	121	118	52
乡村人口	万人	46	42	112	90	29
年末单位从业人员数	人	52822	47917	109165	160058	26580
乡村从业人员数	人	294900	260500	662200	579600	169900
其中:农林牧渔业	人	85800	72400	157100	167800	68200
农业机械总动力	万千瓦特	16	20	121	61	7
固定电话用户	户	108728	83597	343060	227364	83238
二、综合经济						
第一产业增加值	万元	116873	131128	535290	359878	67805
第二产业增加值	万元	644333	554171	3244831	1974469	925492
地方财政一般预算收入	万元	110722	79028	388678	286066	105442
地方财政一般预算支出	万元	221533	184085	486941	417067	244214
居民储蓄存款余额	万元	1129866	1112016	5366521	2859216	2894204
年末金融机构各项贷款余额	万元	1817973	1550897	7022442	4019882	1714317
三、农业、工业及投资						
粮食产量	吨					
棉花产量	吨	43	15	181	138	6
油料产量	吨	2986	7731	943	3245	1396
肉类总产量	吨	20192	13503	39517	21887	11227
规模以上工业企业个数	个	127	107	867	433	156
规模以上工业总产值(现价)	万元	1597018	979570	6598850	5523197	2983939
固定资产投资(不含农户)	万元	888285	964641	2359129	1733894	661161
四、教育、卫生和社会保障						
普通中学在校学生数	人	30500	25800	52400	56954	19068
小学在校学生数	人	36600	40000	98700	85900	29546
医院、卫生院床位数	床	1338	1032	4135	3449	636
各种社会福利收养性单位数	个	36	22	82	60	12
各种社会福利收养性单位床位数	床	2520	2616	7250	6513	1674

2012年县(市)社会经济主要指标

浙江省

指标	单位	缙云县	遂昌县	松阳县	云和县	庆元县
一、基本情况						
行政区域土地面积	平方公里	1494	2539	1406	984	1898
乡(镇)个数	个	15	18	16	6	17
村民委员会个数	个	253	203	401	168	345
年末总户数	户	188094	83477	87305	36816	81693
其中:乡村户数	户	150400	66600	69100	28900	38600
年末总人口	万人	46	23	24	11	21
乡村人口	万人	39	19	20	10	12
年末单位从业人员数	人	20100	19600	10852	13200	9600
乡村从业人员数	人	233900	118600	129400	59000	71500
其中:农林牧渔业	人	97700	68700	83500	24500	42700
农业机械总动力	万千瓦特	17	10	14	7	10
固定电话用户	户	82618	41233	36215	21921	24778
二、综合经济						
第一产业增加值	万元	86714	93428	114639	39647	65808
第二产业增加值	万元	926747	352260	303150	237087	199867
地方财政一般预算收入	万元	74401	46747	33046	28696	21511
地方财政一般预算支出	万元	177253	152610	148274	104122	130442
居民储蓄存款余额	万元	993125	471079	445464	295778	286034
年末金融机构各项贷款余额	万元	1366284	749346	623395	370543	452390
三、农业、工业及投资						
粮食产量	吨					
棉花产量	吨	18		9		
油料产量	吨	3364	3835	3069	341	218
肉类总产量	吨	15213	10795	14061	3769	4130
规模以上工业企业个数	个	253	56	129	37	54
规模以上工业总产值(现价)	万元	3460903	1423087	1336294	595477	442067
固定资产投资(不含农户)	万元	740592	323721	335524	270526	280334
四、教育、卫生和社会保障						
普通中学在校学生数	人	22380	9176	10107	4920	8077
小学在校学生数	人	28710	12615	13340	7584	10893
医院、卫生院床位数	床	1464	577	577	348	462
各种社会福利收养性单位数	个	10	7	6	2	8
各种社会福利收养性单位床位数	床	1775	930	834	482	685

2012年县(市)社会经济主要指标

浙江省、安徽省

指 标	单位	景宁畲族自治县	龙泉市	长丰县	肥东县	肥西县
一、基本情况						
行政区域土地面积	平方公里	1949	3059	1841	2206	2082
乡(镇)个数	个	20	16	14	18	14
村民委员会个数	个	254	444	177	241	230
年末总户数	户	57134	92539	249156	350323	295821
其中:乡村户数	户	29900	59500	174188	253599	224568
年末总人口	万人	17	29	77	109	91
乡村人口	万人	10	21	67	95	82
年末单位从业人员数	人	10916	20100	47958	38706	64576
乡村从业人员数	人	59900	129600	385202	593249	510720
其中:农林牧渔业	人	32700	68500	164578	232484	195602
农业机械总动力	万千瓦特	9	21	74	61	63
固定电话用户	户	19914	43406	110206	126000	130176
二、综合经济						
第一产业增加值	万元	58454	114876	511411	540701	505942
第二产业增加值	万元	130442	405948	1580457	2296576	2715940
地方财政一般预算收入	万元	40850	46409	176931	196668	242873
地方财政一般预算支出	万元	174292	151276	336370	402248	417966
居民储蓄存款余额	万元	229148	592632	687213	1249207	1231439
年末金融机构各项贷款余额	万元	352491	825840	698670	1309140	1199407
三、农业、工业及投资						
粮食产量	吨			561634	646197	536078
棉花产量	吨			5732	5605	7692
油料产量	吨	524	1868	40883	120173	70284
肉类总产量	吨	5633	11426	128673	114837	141340
规模以上工业企业个数	个	37	166	344	309	334
规模以上工业总产值(现价)	万元	155225	1340862	4766853	5956940	8953874
固定资产投资(不含农户)	万元	260926	530520	2584058	3165823	2718315
四、教育、卫生和社会保障						
普通中学在校学生数	人	5423	11960	34321	81313	37601
小学在校学生数	人	8806	17848	36279	56534	40362
医院、卫生院床位数	床	339	785	1705	2240	2334
各种社会福利收养性单位数	个	6	10	26	27	34
各种社会福利收养性单位床位数	床	400	970	5461	4389	5370

2012年县(市)社会经济主要指标

安徽省

指　　标	单位	庐江县	巢湖市	芜湖县	繁昌县	南陵县
一、基本情况						
行政区域土地面积	平方公里	2344	2046	650	585	1264
乡(镇)个数	个	17	12	5	6	8
村民委员会个数	个	193	137	99	72	157
年末总户数	户	370388	324019	117588	98812	185356
其中:乡村户数	户	299970	192840	86735	66939	147352
年末总人口	万人	119	89	35	28	55
乡村人口	万人	108	66	30	21	49
年末单位从业人员数	人	51861	44966	10104	17734	23937
乡村从业人员数	人	548764	377076	170738	126506	304352
其中:农林牧渔业	人	243782	179253	83949	21756	145176
农业机械总动力	万千瓦特	122	48	31	20	37
固定电话用户	户	148380	224316	60110	55594	67103
二、综合经济						
第一产业增加值	万元	368359	244070	161828	75012	252907
第二产业增加值	万元	695824	1190892	1034780	1249569	873449
地方财政一般预算收入	万元	124313	149059	168285	184485	115704
地方财政一般预算支出	万元	364488	301182	273500	272806	227139
居民储蓄存款余额	万元	1512797	1684895	646297	805089	797574
年末金融机构各项贷款余额	万元	957929	1627377	1016935	1078154	722810
三、农业、工业及投资						
粮食产量	吨	792504	303979	203958	85606	362773
棉花产量	吨	5743	8151	4463	1186	1985
油料产量	吨	36356	62369	17814	7599	17326
肉类总产量	吨	36663	33933	15043	14205	47867
规模以上工业企业个数	个	122	167	355	287	263
规模以上工业总产值(现价)	万元	1263831	3252459	3613812	5197058	2368781
固定资产投资(不含农户)	万元	1058466	991120	1695286	1548132	1304282
四、教育、卫生和社会保障						
普通中学在校学生数	人	56463	44529	18626	13892	25286
小学在校学生数	人	55371	40725	18631	13966	28563
医院、卫生院床位数	床	2390	3440	560	573	703
各种社会福利收养性单位数	个	19	32	8	13	19
各种社会福利收养性单位床位数	床	5139	3678	1620	1614	1978

2012 年县(市)社会经济主要指标

安徽省

指　　标	单位	无为县	怀远县	五河县	固镇县	凤台县
一、基本情况						
行政区域土地面积	平方公里	2433	2384	1595	1360	894
乡(镇)个数	个	23	19	15	11	16
村民委员会个数	个	261	364	223	192	213
年末总户数	户	441587	386336	215304	183491	198291
其中:乡村户数	户	299824	288271	169843	139704	145323
年末总人口	万人	142	138	74	63	64
乡村人口	万人	96	121	67	57	52
年末单位从业人员数	人	43256	31990	17101	17262	63704
乡村从业人员数	人	638057	702264	405978	337380	308804
其中:农林牧渔业	人	254375	419002	206801	241475	133314
农业机械总动力	万千瓦特	72	259	106	101	81
固定电话用户	户	177551	117100	74048	48412	84591
二、综合经济						
第一产业增加值	万元	519080	590197	460684	400923	261550
第二产业增加值	万元	1783141	874712	473431	452693	1479607
地方财政一般预算收入	万元	141080	113086	80203	66811	196578
地方财政一般预算支出	万元	402988	371228	249877	215348	320842
居民储蓄存款余额	万元	1700645	943492	666983	620251	959878
年末金融机构各项贷款余额	万元	1449008	793367	476404	319800	907092
三、农业、工业及投资						
粮食产量	吨	501289	1120772	715205	500157	545229
棉花产量	吨	44513	6366	4167	17751	271
油料产量	吨	86436	96923	69896	198914	3722
肉类总产量	吨	51830	103291	75150	110989	42338
规模以上工业企业个数	个	234	177	114	126	113
规模以上工业总产值(现价)	万元	6358772	3407243	2191112	2087172	2614905
固定资产投资(不含农户)	万元	1836199	1239830	1019642	802610	982343
四、教育、卫生和社会保障						
普通中学在校学生数	人	66211	68858	37529	32817	33612
小学在校学生数	人	68504	96017	46248	31817	44290
医院、卫生院床位数	床	2382	3227	1578	1728	1130
各种社会福利收养性单位数	个	72	39	32	18	24
各种社会福利收养性单位床位数	床	6525	5263	2616	2780	1926

2012年县(市)社会经济主要指标

安徽省

指　　标	单位	当涂县	含山县	和　县	濉溪县	铜陵县
一、基本情况						
行政区域土地面积	平方公里	1002	1037	1319	1982	823
乡(镇)个数	个	11	8	9	11	8
村民委员会个数	个	130	95	85	213	103
年末总户数	户	152048	142190	169478	311866	108918
其中:乡村户数	户	107702	95430	121159	242795	75125
年末总人口	万人	47	44	55	107	29
乡村人口	万人	38	36	43	94	23
年末单位从业人员数	人	13774	12666	23841	28567	16235
乡村从业人员数	人	208206	220529	254253	474142	150321
其中:农林牧渔业	人	77436	96186	116626	293611	52057
农业机械总动力	万千瓦特	45	34	48	200	26
固定电话用户	户	173961	58000	84320	156835	47537
二、综合经济						
第一产业增加值	万元	235835	178875	199923	355224	87506
第二产业增加值	万元	1518525	457692	529381	932194	735376
地方财政一般预算收入	万元	267126	75346	78440	118457	114685
地方财政一般预算支出	万元	410316	187282	215541	357535	201819
居民储蓄存款余额	万元	1198413	652142	1002476	1407106	658955
年末金融机构各项贷款余额	万元	1182428	481559	653179	757497	665353
三、农业、工业及投资						
粮食产量	吨	377865	231278	298249	926102	82242
棉花产量	吨	3773	10581	1261	739	3711
油料产量	吨	29870	36791	23773	2633	16004
肉类总产量	吨	15377	16342	33622	51623	12252
规模以上工业企业个数	个	195	133	100	208	68
规模以上工业总产值(现价)	万元	4458254	1294548	1637130	3372361	2083823
固定资产投资(不含农户)	万元	2498710	502264	864498	1551625	1083041
四、教育、卫生和社会保障						
普通中学在校学生数	人	24419	25541	27641	70608	12378
小学在校学生数	人	21965	25420	33552	76193	13140
医院、卫生院床位数	床	1075	887	1071	1927	527
各种社会福利收养性单位数	个	14	20	20	23	12
各种社会福利收养性单位床位数	床	3692	2029	2973	2985	1295

2012年县(市)社会经济主要指标

安徽省

指　　标	单位	怀宁县	枞阳县	潜山县	太湖县	宿松县
一、基本情况						
行政区域土地面积	平方公里	1276	1792	1686	2040	2394
乡(镇)个数	个	20	22	16	15	21
村民委员会个数	个	204	235	175	175	205
年末总户数	户	206462	289375	165580	168990	250000
其中:乡村户数	户	170228	235932	140710	137111	194363
年末总人口	万人	70	97	59	57	84
乡村人口	万人	64	85	53	51	74
年末单位从业人员数	人	18213	21515	15486	20193	27888
乡村从业人员数	人	347102	528468	272686	274684	382649
其中:农林牧渔业	人	132495	269068	118147	159642	181379
农业机械总动力	万千瓦特	42	46	33	22	34
固定电话用户	户	91538	118259	105138	78473	76654
二、综合经济						
第一产业增加值	万元	195136	287815	195410	191774	360181
第二产业增加值	万元	1013260	1011263	634837	387890	571788
地方财政一般预算收入	万元	114421	79047	48043	28416	44644
地方财政一般预算支出	万元	252338	273372	227027	204953	256800
居民储蓄存款余额	万元	1369482	1444953	791696	534337	871363
年末金融机构各项贷款余额	万元	686126	593497	594813	311724	472822
三、农业、工业及投资						
粮食产量	吨	335217	500398	235112	197435	354816
棉花产量	吨	6570	9942	4145	7905	34038
油料产量	吨	31007	39426	14945	21032	58276
肉类总产量	吨	30395	38749	26024	76813	34673
规模以上工业企业个数	个	227	204	145	86	136
规模以上工业总产值(现价)	万元	2665490	2513025	1487000	1279354	1370073
固定资产投资(不含农户)	万元	802581	1171486	491300	524174	688067
四、教育、卫生和社会保障						
普通中学在校学生数	人	41423	53280	38652	33506	48286
小学在校学生数	人	32361	48895	35193	26650	53094
医院、卫生院床位数	床	1764	1702	1177	885	1571
各种社会福利收养性单位数	个	21	23	18	16	24
各种社会福利收养性单位床位数	床	3160	3630	2700	3085	2340

2012年县(市)社会经济主要指标

安徽省

指　　标	单位	望江县	岳西县	桐城市	歙县	休宁县
一、基本情况						
行政区域土地面积	平方公里	1357	2372	1546	2236	2125
乡(镇)个数	个	10	24	12	28	21
村民委员会个数	个	118	182	197	181	157
年末总户数	户	179821	122182	211902	173298	86196
其中:乡村户数	户	149138	111332	174407	142051	72374
年末总人口	万人	64	41	76	48	28
乡村人口	万人	59	40	66	44	25
年末单位从业人员数	人	15698	14196	25785	15387	10546
乡村从业人员数	人	335197	214663	386820	277660	151805
其中:农林牧渔业	人	137667	116824	156071	134970	80344
农业机械总动力	万千瓦特	26	11	48	20	16
固定电话用户	户	75881	55000	151203	89309	54293
二、综合经济						
第一产业增加值	万元	228823	132341	241717	153991	110790
第二产业增加值	万元	386673	371301	1318239	550546	243348
地方财政一般预算收入	万元	32343	24254	126284	78504	51273
地方财政一般预算支出	万元	195625	185091	287500	211288	148943
居民储蓄存款余额	万元	771497	399261	1563367	927253	504135
年末金融机构各项贷款余额	万元	419286	349532	1277061	872075	365872
三、农业、工业及投资						
粮食产量	吨	360844	89018	323569	80546	97658
棉花产量	吨	32408	287	3151	49	40
油料产量	吨	74727	3974	29436	15749	9745
肉类总产量	吨	42246	17855	36999	29105	26245
规模以上工业企业个数	个	85	77	306	124	54
规模以上工业总产值(现价)	万元	1324504	1012355	3928825	1311756	573534
固定资产投资(不含农户)	万元	521848	487564	1458609	717492	530859
四、教育、卫生和社会保障						
普通中学在校学生数	人	36206	19201	47360	18733	10366
小学在校学生数	人	38780	19088	37766	19581	10727
医院、卫生院床位数	床	907	1232	1778	1006	543
各种社会福利收养性单位数	个	19	42	18	39	19
各种社会福利收养性单位床位数	床	2799	2357	3255	4191	2298

2012 年县(市)社会经济主要指标

安徽省

指　　标	单位	黟　县	祁门县	来安县	全椒县	定远县
一、基本情况						
行政区域土地面积	平方公里	847	2257	1481	1568	3002
乡(镇)个数	个	8	18	12	10	22
村民委员会个数	个	66	152	130	94	242
年末总户数	户	35293	60977	167267	161696	281870
其中:乡村户数	户	25909	42985	103975	85179	201506
年末总人口	万人	10	19	50	47	98
乡村人口	万人	8	15	40	34	87
年末单位从业人员数	人	5510	8144	15683	20093	23077
乡村从业人员数	人	51861	97857	252288	186905	484910
其中:农林牧渔业	人	29305	60052	153221	117340	280280
农业机械总动力	万千瓦特	7	11	81	65	144
固定电话用户	户	21765	40463	76727	75396	100602
二、综合经济						
第一产业增加值	万元	32657	53929	188396	218143	464240
第二产业增加值	万元	101133	187420	525815	425278	361237
地方财政一般预算收入	万元	22301	39419	92086	92498	79563
地方财政一般预算支出	万元	78944	113656	221328	234230	307559
居民储蓄存款余额	万元	216910	408367	606956	709340	758042
年末金融机构各项贷款余额	万元	194278	205720	482796	746400	844859
三、农业、工业及投资						
粮食产量	吨	27001	45197	424015	414788	1037421
棉花产量	吨	28	233	351	4711	1464
油料产量	吨	4001	4661	32702	53370	33469
肉类总产量	吨	5240	6337	32311	49393	136645
规模以上工业企业个数	个	39	58	93	84	82
规模以上工业总产值(现价)	万元	175626	374344	1388863	1196171	879266
固定资产投资(不含农户)	万元	217009	399153	911509	825942	938036
四、教育、卫生和社会保障						
普通中学在校学生数	人	3039	8087	22972	24546	50941
小学在校学生数	人	3841	8795	22435	20568	57982
医院、卫生院床位数	床	222	859	1232	1049	2314
各种社会福利收养性单位数	个	12	17	14	20	24
各种社会福利收养性单位床位数	床	1206	1798	1578	1960	4637

2012年县(市)社会经济主要指标

安徽省

指　　标	单位	凤阳县	天长市	明光市	临泉县	太和县
一、基本情况						
行政区域土地面积	平方公里	1950	1751	2350	1818	1820
乡(镇)个数	个	15	14	13	31	31
村民委员会个数	个	198	119	139	382	306
年末总户数	户	219486	195920	213456	597219	550887
其中:乡村户数	户	169839	150837	146550	474685	410175
年末总人口	万人	77	64	64	225	175
乡村人口	万人	68	55	55	201	153
年末单位从业人员数	人	17646	20777	20373	32934	31657
乡村从业人员数	人	382945	330778	305117	1080926	864550
其中:农林牧渔业	人	231148	106389	158292	511898	369936
农业机械总动力	万千瓦特	110	112	80	156	146
固定电话用户	户	92804	107561	89355	163200	129807
二、综合经济						
第一产业增加值	万元	314854	276463	288488	565804	408556
第二产业增加值	万元	504299	1408550	318372	234781	564424
地方财政一般预算收入	万元	112070	175095	65363	44801	69222
地方财政一般预算支出	万元	306671	373638	232976	423857	373747
居民储蓄存款余额	万元	690430	945276	623230	1737710	1787460
年末金融机构各项贷款余额	万元	608259	1167092	531001	611247	611556
三、农业、工业及投资						
粮食产量	吨	667825	645895	505734	1019924	913612
棉花产量	吨	562		369	4193	3360
油料产量	吨	15853	14822	32423	21899	9533
肉类总产量	吨	48995	32237	48975	141883	97570
规模以上工业企业个数	个	78	212	73	84	132
规模以上工业总产值(现价)	万元	1176708	5446593	760533	905047	1457174
固定资产投资(不含农户)	万元	971568	1730245	638629	402971	423634
四、教育、卫生和社会保障						
普通中学在校学生数	人	37998	33237	32131	100543	71178
小学在校学生数	人	47613	34738	36144	144534	131029
医院、卫生院床位数	床	1541	2562	1138	2623	4040
各种社会福利收养性单位数	个	31	28	30	57	37
各种社会福利收养性单位床位数	床	3554	2694	2257	5992	4031

2012年县(市)社会经济主要指标

安徽省

指　　标	单位	阜南县	颍上县	界首市	砀山县	萧　县
一、基本情况						
行政区域土地面积	平方公里	1768	1859	667	1193	1885
乡(镇)个数	个	29	30	18	13	23
村民委员会个数	个	323	268	149	145	279
年末总户数	户	436894	500200	228589	326410	413945
其中:乡村户数	户	349167	369927	180462	222460	330244
年末总人口	万人	172	175	79	101	143
乡村人口	万人	156	147	67	86	123
年末单位从业人员数	人	26664	35718	25317	29088	32033
乡村从业人员数	人	860858	813158	386612	527610	615465
其中:农林牧渔业	人	396691	353248	152051	267520	293216
农业机械总动力	万千瓦特	114	97	42	106	150
固定电话用户	户	50950	67200	43000	70002	86685
二、综合经济						
第一产业增加值	万元	406259	404428	206495	355171	481040
第二产业增加值	万元	362217	881769	551196	503045	647542
地方财政一般预算收入	万元	34571	129839	65423	45736	69978
地方财政一般预算支出	万元	350972	409174	220847	243560	351213
居民储蓄存款余额	万元	1288974	1303681	878786	988360	1227832
年末金融机构各项贷款余额	万元	529681	681114	447191	423138	563838
三、农业、工业及投资						
粮食产量	吨	841279	1002715	391985	263330	660944
棉花产量	吨	1329	3973	2216	5520	12640
油料产量	吨	18878	6205	5307	46810	23950
肉类总产量	吨	95086	97992	36263	51716	100250
规模以上工业企业个数	个	133	88	118	173	158
规模以上工业总产值(现价)	万元	895492	1269448	2318529	1531964	1755559
固定资产投资(不含农户)	万元	458667	787409	329492	386531	676426
四、教育、卫生和社会保障						
普通中学在校学生数	人	72096	57215	30289	51215	66291
小学在校学生数	人	126033	98940	43424	50707	80561
医院、卫生院床位数	床	3004	2686	1873	2693	2141
各种社会福利收养性单位数	个	64	76	30	26	29
各种社会福利收养性单位床位数	床	4907	5372	1800	2810	3426

2012年县(市)社会经济主要指标

安徽省

指　　标	单位	灵璧县	泗县	寿县	霍邱县	舒城县
一、基本情况						
行政区域土地面积	平方公里	2054	1787	2948	3487	2100
乡(镇)个数	个	19	15	25	32	21
村民委员会个数	个	300	173	234	425	394
年末总户数	户	338678	257985	446037	563286	317826
其中:乡村户数	户	259864	200337	371200	440241	248471
年末总人口	万人	126	94	138	167	100
乡村人口	万人	110	82	130	156	88
年末单位从业人员数	人	27789	24079	31506	31907	27625
乡村从业人员数	人	626218	466311	754000	858379	498801
其中:农林牧渔业	人	311844	285929	474113	537649	185248
农业机械总动力	万千瓦特	160	165	201	162	76
固定电话用户	户	92688	104910	100754	170000	89322
二、综合经济						
第一产业增加值	万元	482964	448116	384021	420908	275492
第二产业增加值	万元	356358	455525	295014	988222	587685
地方财政一般预算收入	万元	44170	47794	45917	132269	63368
地方财政一般预算支出	万元	295698	257504	365292	471098	274163
居民储蓄存款余额	万元	966184	656377	961853	1129916	1222681
年末金融机构各项贷款余额	万元	318791	430944	544701	1006988	1086108
三、农业、工业及投资						
粮食产量	吨	874073	745597	1334833	1409690	377044
棉花产量	吨	3048	3115	4478	2153	2824
油料产量	吨	46120	80580	22816	21082	35052
肉类总产量	吨	100675	109946	143109	155440	46723
规模以上工业企业个数	个	112	130	54	98	137
规模以上工业总产值(现价)	万元	1394378	554988	571612	2830692	1550068
固定资产投资(不含农户)	万元	336455	336642	670351	810974	531956
四、教育、卫生和社会保障						
普通中学在校学生数	人	50739	47211	52285	63889	45872
小学在校学生数	人	69688	55672	65562	102490	42057
医院、卫生院床位数	床	2587	2038	1760	3732	1980
各种社会福利收养性单位数	个	35	18	69	100	36
各种社会福利收养性单位床位数	床	3180	1350	5324	8796	3524

2012年县(市)社会经济主要指标

安徽省

指　　标	单位	金寨县	霍山县	涡阳县	蒙城县	利辛县
一、基本情况						
行政区域土地面积	平方公里	3814	2043	2107	2091	1950
乡(镇)个数	个	23	16	20	14	22
村民委员会个数	个	226	125	377	255	346
年末总户数	户	208717	117328	364278	358071	488526
其中:乡村户数	户	144502	90969	348128	272041	336311
年末总人口	万人	67	36	155	134	158
乡村人口	万人	58	33	132	111	136
年末单位从业人员数	人	21886	60981	39029	38790	34515
乡村从业人员数	人	294135	172595	728722	619571	732941
其中:农林牧渔业	人	150986	94412	275398	329562	329860
农业机械总动力	万千瓦特	40	30	184	224	171
固定电话用户	户	89450	96232	122329	141122	101659
二、综合经济						
第一产业增加值	万元	160494	110189	410713	444085	439844
第二产业增加值	万元	365380	819639	799160	657265	364486
地方财政一般预算收入	万元	38196	77498	92668	95196	66528
地方财政一般预算支出	万元	271539	201739	370417	351166	407963
居民储蓄存款余额	万元	613821	548198	1316261	1095316	1200165
年末金融机构各项贷款余额	万元	479356	650222	726552	712802	527485
三、农业、工业及投资						
粮食产量	吨	146743	105100	1189200	1154845	1058110
棉花产量	吨	20	138	879	2813	1364
油料产量	吨	9910	4731	3355	33079	6792
肉类总产量	吨	27916	19311	61770	75096	96104
规模以上工业企业个数	个	56	130	161	131	108
规模以上工业总产值(现价)	万元	1167118	2634911	1639576	1265339	700908
固定资产投资(不含农户)	万元	648358	791581	1004005	789234	635479
四、教育、卫生和社会保障						
普通中学在校学生数	人	38392	19103	56588	70580	58776
小学在校学生数	人	42558	15658	103127	100836	125988
医院、卫生院床位数	床	1105	1288	2797	3149	1855
各种社会福利收养性单位数	个	36	20	38	35	50
各种社会福利收养性单位床位数	床	2329	2012	4425	4418	5563

2012年县(市)社会经济主要指标

安徽省

指　　标	单位	东至县	石台县	青阳县	郎溪县	广德县
一、基本情况						
行政区域土地面积	平方公里	3256	1413	1101	1105	2165
乡(镇)个数	个	15	8	11	9	9
村民委员会个数	个	234	79	110	92	103
年末总户数	户	186934	34971	89413	112851	169837
其中:乡村户数	户	147164	27465	70491	81236	138663
年末总人口	万人	55	11	27	34	52
乡村人口	万人	50	10	23	27	47
年末单位从业人员数	人	13845	5763	12409	14788	12616
乡村从业人员数	人	324140	57061	132572	161071	289523
其中:农林牧渔业	人	176569	33979	62979	103046	121453
农业机械总动力	万千瓦特	40	11	25	29	54
固定电话用户	户	76284	25358	58667	55916	83002
二、综合经济						
第一产业增加值	万元	238172	33340	87182	127053	168588
第二产业增加值	万元	460662	73676	324418	536026	722822
地方财政一般预算收入	万元	79717	12907	83809	91693	132877
地方财政一般预算支出	万元	79717	76396	162217	187392	266017
居民储蓄存款余额	万元	823751	194262	594435	430927	730441
年末金融机构各项贷款余额	万元	522652	121581	457898	502408	1006800
三、农业、工业及投资						
粮食产量	吨	214860	16941	125828	267983	188548
棉花产量	吨	21926	702	205	1244	334
油料产量	吨	43887	4869	7645	13903	18436
肉类总产量	吨	32403	3309	11585	12390	50620
规模以上工业企业个数	个	113	19	103	147	202
规模以上工业总产值(现价)	万元	1142243	128337	996854	1798245	2875073
固定资产投资(不含农户)	万元	566947	45554	309737	1271181	1152549
四、教育、卫生和社会保障						
普通中学在校学生数	人	31251	5443	15682	16053	14916
小学在校学生数	人	33494	4906	14777	18778	27534
医院、卫生院床位数	床	1212	292	859	945	1267
各种社会福利收养性单位数	个	27	17	15	14	14
各种社会福利收养性单位床位数	床	3146	1031	1452	1255	2300

2012年县(市)社会经济主要指标

安徽省、福建省

指　　标	单位	泾　县	绩溪县	旌德县	宁国市	闽侯县
一、基本情况						
行政区域土地面积	平方公里	2055	1116	905	2487	2130
乡(镇)个数	个	11	11	10	13	14
村民委员会个数	个	132	76	68	103	296
年末总户数	户	134217	69450	46590	137729	201010
其中:乡村户数	户	97959	48459	36873	94641	163541
年末总人口	万人	36	18	15	39	65
乡村人口	万人	30	14	12	31	57
年末单位从业人员数	人	15200	7389	8721	29045	99715
乡村从业人员数	人	183943	84579	73714	191008	286398
其中:农林牧渔业	人	96116	48023	41504	94087	87785
农业机械总动力	万千瓦特	17	9	8	25	17
固定电话用户	户	78106	39453	35650	106528	87550
二、综合经济						
第一产业增加值	万元	149453	89351	60095	185719	303629
第二产业增加值	万元	284038	233749	132305	1188756	2051100
地方财政一般预算收入	万元	65616	60515	36412	178634	385271
地方财政一般预算支出	万元	176088	128261	96123	280875	411688
居民储蓄存款余额	万元	636551	383752	255887	718946	1152248
年末金融机构各项贷款余额	万元	410799	344051	180892	1261186	1138081
三、农业、工业及投资						
粮食产量	吨	144781	59485	60223	79143	66765
棉花产量	吨	866	29	157	120	
油料产量	吨	11208	9195	7100	14651	1294
肉类总产量	吨	24077	11239	9128	55492	43380
规模以上工业企业个数	个	103	68	37	223	316
规模以上工业总产值(现价)	万元	832476	591795	365100	3826674	5705955
固定资产投资(不含农户)	万元	548621	662199	139053	1457639	3769381
四、教育、卫生和社会保障						
普通中学在校学生数	人	11993	5635	3832	17134	26813
小学在校学生数	人	14035	6682	5302	17268	45217
医院、卫生院床位数	床	1106	499	361	1613	980
各种社会福利收养性单位数	个	14	13	12	19	4
各种社会福利收养性单位床位数	床	1560	1502	681	1728	141

2012年县(市)社会经济主要指标

福建省

指　　标	单位	连江县	罗源县	闽清县	永泰县	平潭县
一、基本情况						
行政区域土地面积	平方公里	1186	1187	1467	2243	393
乡(镇)个数	个	23	11	16	21	15
村民委员会个数	个	243	189	271	254	192
年末总户数	户	186332	76869	95799	114208	116686
其中:乡村户数	户	165612	63777	79164	95775	103956
年末总人口	万人	64	26	32	37	41
乡村人口	万人	57	23	27	34	37
年末单位从业人员数	人	45954	18625	23891	13389	22082
乡村从业人员数	人	295708	103288	124560	186318	186624
其中:农林牧渔业	人	145391	45711	62730	54825	127771
农业机械总动力	万千瓦特	37	8	13	6	24
固定电话用户	户	107601	30030	45797	49208	100400
二、综合经济						
第一产业增加值	万元	936921	251364	196012	325931	331656
第二产业增加值	万元	1040100	999800	607700	362800	461400
地方财政一般预算收入	万元	207185	94816	48732	35614	104152
地方财政一般预算支出	万元	291281	142080	118587	115235	461233
居民储蓄存款余额	万元	1375613	338757	571882	453675	588237
年末金融机构各项贷款余额	万元	1246997	540848	345973	374759	980005
三、农业、工业及投资						
粮食产量	吨	50126	36262	63130	109457	20781
棉花产量	吨					
油料产量	吨	1194	119	1065	3571	8741
肉类总产量	吨	11945	10422	13115	20104	9987
规模以上工业企业个数	个	106	105	89	31	10
规模以上工业总产值(现价)	万元	3294100	3705793	1199635	316606	369500
固定资产投资(不含农户)	万元	2580244	883870	306343	323114	2909004
四、教育、卫生和社会保障						
普通中学在校学生数	人	23903	11143	13760	10088	25694
小学在校学生数	人	34827	12285	20074	17352	27500
医院、卫生院床位数	床	824	710	1509	835	925
各种社会福利收养性单位数	个	1	13	13	1	14
各种社会福利收养性单位床位数	床	45	158	367	25	597

2012年县(市)社会经济主要指标

福建省

指　　标	单位	福清市	长乐市	仙游县	明溪县	清流县
一、基本情况						
行政区域土地面积	平方公里	1518	672	1835	1709	1858
乡(镇)个数	个	17	14	17	9	13
村民委员会个数	个	438	235	299	88	111
年末总户数	户	385247	213484	309206	34207	42457
其中:乡村户数	户	329444	187552	247068	26383	31021
年末总人口	万人	129	69	110	12	15
乡村人口	万人	115	63	98	9	13
年末单位从业人员数	人	209797	89034	51262	6922	13451
乡村从业人员数	人	545762	282633	500200	53866	59423
其中:农林牧渔业	人	261907	74269	228988	29642	33851
农业机械总动力	万千瓦特	27	20	28	8	11
固定电话用户	户	356425	149983	137000	21659	24135
二、综合经济						
第一产业增加值	万元	820180	376367	258376	123294	127826
第二产业增加值	万元	3062800	2876000	961356	191645	287456
地方财政一般预算收入	万元	390257	234240	112861	18426	24198
地方财政一般预算支出	万元	480520	297714	256003	71521	47231
居民储蓄存款余额	万元	4487666	2306090	1471355	234397	197068
年末金融机构各项贷款余额	万元	3943207	4321378	1226612	197730	230877
三、农业、工业及投资						
粮食产量	吨	116145	87080	130621	92200	88750
棉花产量	吨					
油料产量	吨	31618	1421	14036	2687	4156
肉类总产量	吨	124484	26833	32026	5406	8375
规模以上工业企业个数	个	307	371	222	85	82
规模以上工业总产值(现价)	万元	11300117	13883800	2437691	604798	650309
固定资产投资(不含农户)	万元	4607638	2141650	1497781	393811	506631
四、教育、卫生和社会保障						
普通中学在校学生数	人	72017	26083	60404	3344	7317
小学在校学生数	人	100800	44852	67966	5771	8219
医院、卫生院床位数	床	3015	1742	2347	421	654
各种社会福利收养性单位数	个	3	12	14	11	1
各种社会福利收养性单位床位数	床	224	785	205	518	94

2012年县(市)社会经济主要指标

福建省

指　　标	单位	宁化县	大田县	尤溪县	沙县	将乐县
一、基本情况						
行政区域土地面积	平方公里	2407	2233	3463	1815	2246
乡(镇)个数	个	16	18	15	10	13
村民委员会个数	个	210	265	250	171	135
年末总户数	户	96085	100239	115622	75873	46472
其中:乡村户数	户	74895	88434	101378	53254	38782
年末总人口	万人	36	37	43	26	18
乡村人口	万人	31	33	38	20	15
年末单位从业人员数	人	97647	20747	17679	21688	10716
乡村从业人员数	人	154147	159477	191340	94352	91747
其中:农林牧渔业	人	76422	92600	103097	40911	48325
农业机械总动力	万千瓦特	16	15	20	10	8
固定电话用户	户	40545	54676	63680	54197	30138
二、综合经济						
第一产业增加值	万元	223419	228379	392164	222788	139545
第二产业增加值	万元	335881	658486	603751	757921	406728
地方财政一般预算收入	万元	37700	67006	59156	80026	47550
地方财政一般预算支出	万元	126400	133248	149038	132254	97873
居民储蓄存款余额	万元	400690	395372	553271	605600	312719
年末金融机构各项贷款余额	万元	274500	546000	756394	1527167	483148
三、农业、工业及投资						
粮食产量	吨	195497	116271	171730	88697	78330
棉花产量	吨			42		4
油料产量	吨	6732	1834	1611	2215	1498
肉类总产量	吨	15989	20822	19983	25393	7837
规模以上工业企业个数	个	135	165	205	199	105
规模以上工业总产值(现价)	万元	755797	2363147	1756275	3666365	1182677
固定资产投资(不含农户)	万元	810895	1210673	1036870	1205885	590498
四、教育、卫生和社会保障						
普通中学在校学生数	人	15852	16627	19921	12262	7958
小学在校学生数	人	16547	21407	19787	19711	9614
医院、卫生院床位数	床	786	1240	1233	925	651
各种社会福利收养性单位数	个	13	17	17	15	1
各种社会福利收养性单位床位数	床	407	500	587	354	100

2012年县(市)社会经济主要指标

福建省

指　　标	单位	泰宁县	建宁县	永安市	惠安县	安溪县
一、基本情况						
行政区域土地面积	平方公里	1539	1716	2932	672	3057
乡(镇)个数	个	9	9	11	16	24
村民委员会个数	个	111	92	228	284	436
年末总户数	户	37298	40941	96833	261165	306193
其中:乡村户数	户	29282	32028	50701	235852	313590
年末总人口	万人	13	15	33	97	112
乡村人口	万人	12	13	19	89	111
年末单位从业人员数	人	7530	16644	46422	303800	111641
乡村从业人员数	人	57452	58217	110401	480953	536575
其中:农林牧渔业	人	30869	38775	60408	108273	220972
农业机械总动力	万千瓦特	7	13	19	15	84
固定电话用户	户	23325	25380	79009	208662	187112
二、综合经济						
第一产业增加值	万元	128468	146372	245885	267737	309682
第二产业增加值	万元	276051	293401	1415162	3488950	1939897
地方财政一般预算收入	万元	23083	19255	142728	245194	161107
地方财政一般预算支出	万元	77978	71164	192851	342942	313228
居民储蓄存款余额	万元	227478	200485	778709	1973470	1434514
年末金融机构各项贷款余额	万元	270611	221500	1194797	1951429	1551933
三、农业、工业及投资						
粮食产量	吨	65040	102911	97348	110438	108592
棉花产量	吨	14		5		
油料产量	吨	1591	511	1817	22936	1085
肉类总产量	吨	8364	7492	24648	35316	39967
规模以上工业企业个数	个	77	104	268	632	193
规模以上工业总产值(现价)	万元	576129	702985	4907639	8579932	4903716
固定资产投资(不含农户)	万元	487303	490516	1523161	3107094	1393160
四、教育、卫生和社会保障						
普通中学在校学生数	人	4108	6754	17522	41768	47049
小学在校学生数	人	7143	8004	20343	61322	75358
医院、卫生院床位数	床	599	492	1576	2803	2127
各种社会福利收养性单位数	个	8	8	4	13	19
各种社会福利收养性单位床位数	床	480	81	40	674	624

2012年县(市)社会经济主要指标

福建省

指　　标	单位	永春县	德化县	金门县	石狮市	晋江市
一、基本情况						
行政区域土地面积	平方公里	1457	2232		160	642
乡(镇)个数	个	22	18		7	13
村民委员会个数	个	209	191		102	293
年末总户数	户	165996	90387		86659	290965
其中:乡村户数	户	125757	81613		67050	283967
年末总人口	万人	57	32		32	107
乡村人口	万人	45	28		25	115
年末单位从业人员数	人	67775	34552		148713	569446
乡村从业人员数	人	219186	158552		134908	696108
其中:农林牧渔业	人	102441	59333		27351	111311
农业机械总动力	万千瓦特	28	8		27	36
固定电话用户	户	97289	60018		247315	580397
二、综合经济						
第一产业增加值	万元	194922	91271		182372	182046
第二产业增加值	万元	1288376	785869		2940677	8150504
地方财政一般预算收入	万元	100500	75643		306932	812123
地方财政一般预算支出	万元	177783	143700		373885	815191
居民储蓄存款余额	万元	912906	524938		3166489	5771294
年末金融机构各项贷款余额	万元	648174	617453		4065471	7582147
三、农业、工业及投资						
粮食产量	吨	129255	86946		9602	54563
棉花产量	吨					
油料产量	吨	198	61		1229	8912
肉类总产量	吨	25668	26845		1063	24424
规模以上工业企业个数	个	188	100		321	1313
规模以上工业总产值(现价)	万元	2950447	1441451		6922380	25760536
固定资产投资(不含农户)	万元	543979	538458		2284850	5048463
四、教育、卫生和社会保障						
普通中学在校学生数	人	24248	15258		22358	75141
小学在校学生数	人	30583	19224		48567	164002
医院、卫生院床位数	床	1162	754		1466	3958
各种社会福利收养性单位数	个	14	15		3	25
各种社会福利收养性单位床位数	床	774	680		600	3152

2012年县(市)社会经济主要指标

福建省

指　　标	单位	南安市	云霄县	漳浦县	诏安县	长泰县
一、基本情况						
行政区域土地面积	平方公里	1985	1051	2146	1294	900
乡(镇)个数	个	23	9	21	15	5
村民委员会个数	个	385	163	290	217	57
年末总户数	户	400207	111928	231834	158451	58656
其中:乡村户数	户	270492	89407	210728	145225	46189
年末总人口	万人	152	44	87	61	20
乡村人口	万人	114	35	80	57	16
年末单位从业人员数	人	114141	28414	59217	37721	36569
乡村从业人员数	人	760591	171588	451759	328853	92641
其中:农林牧渔业	人	110516	102212	273392	205747	29576
农业机械总动力	万千瓦特	33	20	34	13	11
固定电话用户	户	348068	68562	135617	125000	47200
二、综合经济						
第一产业增加值	万元	224912	227613	535046	340702	148654
第二产业增加值	万元	4183554	458932	810567	544920	759553
地方财政一般预算收入	万元	343789	38385	140901	44072	85623
地方财政一般预算支出	万元	463130	122302	291075	138908	144124
居民储蓄存款余额	万元	3897815	514158	754945	478390	421908
年末金融机构各项贷款余额	万元	4989554	359893	811889	310755	370156
三、农业、工业及投资						
粮食产量	吨	190477	97799	198013	111239	36076
棉花产量	吨					
油料产量	吨	12826	4462	17027	5040	1827
肉类总产量	吨	61612	13039	36133	15002	21848
规模以上工业企业个数	个	690	134	160	137	168
规模以上工业总产值(现价)	万元	10899558	1314660	1883628	1418331	2520308
固定资产投资(不含农户)	万元	2759554	732533	1674600	734314	1529485
四、教育、卫生和社会保障						
普通中学在校学生数	人	64030	23363	39750	29345	9337
小学在校学生数	人	97372	31646	52139	37554	12826
医院、卫生院床位数	床	4660	1090	1755	1165	633
各种社会福利收养性单位数	个	17		24	15	5
各种社会福利收养性单位床位数	床	1190		445	805	200

2012 年县(市)社会经济主要指标

福建省

指　　标	单位	东山县	南靖县	平和县	华安县	龙海市
一、基本情况						
行政区域土地面积	平方公里	248	1962	2310	1278	1315
乡(镇)个数	个	7	11	15	9	13
村民委员会个数	个	61	183	240	91	239
年末总户数	户	60416	96422	171221	50544	224300
其中:乡村户数	户	35477	83056	145953	40300	185166
年末总人口	万人	21	35	58	16	83
乡村人口	万人	14	31	54	13	71
年末单位从业人员数	人	19168	22626	21710	16881	76744
乡村从业人员数	人	80568	153514	272362	72710	397400
其中:农林牧渔业	人	31870	82564	149522	47278	141259
农业机械总动力	万千瓦特	22	19	32	7	41
固定电话用户	户	47962	68937	80523	29643	186228
二、综合经济						
第一产业增加值	万元	270333	396112	461914	165602	539516
第二产业增加值	万元	515408	706539	334868	365577	2697244
地方财政一般预算收入	万元	83008	62601	48139	41265	352123
地方财政一般预算支出	万元	176292	140611	150109	84197	463450
居民储蓄存款余额	万元	367371	444464	620556	205180	1626136
年末金融机构各项贷款余额	万元	598650	527071	377565	224133	1950056
三、农业、工业及投资						
粮食产量	吨	6699	46721	77746	16244	106532
棉花产量	吨					
油料产量	吨	3137	829	3177	475	2967
肉类总产量	吨	5077	50123	27273	13975	43568
规模以上工业企业个数	个	76	155	71	104	396
规模以上工业总产值(现价)	万元	1537646	2149559	835256	1015813	8304299
固定资产投资(不含农户)	万元	867559	1045376	711460	745855	2980298
四、教育、卫生和社会保障						
普通中学在校学生数	人	10602	17136	30147	5531	47108
小学在校学生数	人	12298	18892	48982	9223	54586
医院、卫生院床位数	床	442	684	1563	443	1779
各种社会福利收养性单位数	个	4	13	16	8	33
各种社会福利收养性单位床位数	床	80	265	943	250	1735

2012 年县(市)社会经济主要指标

福建省

指　　标	单位	顺昌县	浦城县	光泽县	松溪县	政和县
一、基本情况						
行政区域土地面积	平方公里	1980	3376	2240	1040	1735
乡(镇)个数	个	11	17	8	8	9
村民委员会个数	个	130	286	85	102	124
年末总户数	户	72300	128127	46022	49053	65793
其中:乡村户数	户	48812	103215	33127	41390	53829
年末总人口	万人	24	43	16	17	23
乡村人口	万人	18	36	13	15	20
年末单位从业人员数	人	19394	18411	22167	8751	10667
乡村从业人员数	人	103253	177306	68137	75660	102767
其中:农林牧渔业	人	75383	95126	48633	45920	71908
农业机械总动力	万千瓦特	12	23	9	12	9
固定电话用户	户	44774	61341	91341	21808	35108
二、综合经济						
第一产业增加值	万元	171716	237747	232924	101555	109534
第二产业增加值	万元	250276	309285	181032	111660	121948
地方财政一般预算收入	万元	29000	39124	24778	17927	19475
地方财政一般预算支出	万元	84300	125657	72719	63081	81392
居民储蓄存款余额	万元	393967	593955	238226	210400	212565
年末金融机构各项贷款余额	万元	339700	417012	277871	251800	159171
三、农业、工业及投资						
粮食产量	吨	74257	246770	78782	64851	82364
棉花产量	吨					
油料产量	吨	998	10970	1350	1451	566
肉类总产量	吨	8172	14320	213712	4778	5305
规模以上工业企业个数	个	40	89	10	32	40
规模以上工业总产值(现价)	万元	703924	766200	566317	249135	250681
固定资产投资(不含农户)	万元	262700	830398	282549	170032	198309
四、教育、卫生和社会保障						
普通中学在校学生数	人	13016	17844	7922	6704	10463
小学在校学生数	人	11510	25258	10523	8076	12109
医院、卫生院床位数	床	714	1308	512	512	665
各种社会福利收养性单位数	个	13	20	12	8	15
各种社会福利收养性单位床位数	床	627	1250	652	206	372

2012年县(市)社会经济主要指标

福建省

指　　标	单位	邵武市	武夷山市	建瓯市	建阳市	长汀县
一、基本情况						
行政区域土地面积	平方公里	2859	2814	4233	3378	3099
乡(镇)个数	个	15	7	14	11	18
村民委员会个数	个	133	115	217	194	290
年末总户数	户	92744	65233	162381	94719	153530
其中:乡村户数	户	57172	46636	128734	70808	99850
年末总人口	万人	31	23	54	35	51
乡村人口	万人	21	18	46	28	39
年末单位从业人员数	人	33499	24681	24617	20931	52174
乡村从业人员数	人	107003	102462	231554	141093	214208
其中:农林牧渔业	人	55648	68419	134236	88615	82640
农业机械总动力	万千瓦特	25	19	32	30	16
固定电话用户	户	64038	56921	63300	69114	60634
二、综合经济						
第一产业增加值	万元	265727	206858	425097	281563	237296
第二产业增加值	万元	712067	348642	493356	522981	606742
地方财政一般预算收入	万元	81599	75768	52089	71672	55820
地方财政一般预算支出	万元	145334	132798	159502	135954	180746
居民储蓄存款余额	万元	677009	589609	630428	576428	508415
年末金融机构各项贷款余额	万元	834616	832538	869648	783171	660989
三、农业、工业及投资						
粮食产量	吨	202539	131107	221270	219540	206759
棉花产量	吨	6				
油料产量	吨	6117	2422	4032	1373	7001
肉类总产量	吨	19793	11941	16942	14507	55056
规模以上工业企业个数	个	184	73	154	133	113
规模以上工业总产值(现价)	万元	2246356	529287	1391706	1657993	1121190
固定资产投资(不含农户)	万元	1251552	1422855	1053248	954010	940397
四、教育、卫生和社会保障						
普通中学在校学生数	人	15411	10823	22440	16913	26372
小学在校学生数	人	16900	14735	30919	20336	28492
医院、卫生院床位数	床	1336	707	1644	1490	1693
各种社会福利收养性单位数	个	16	16	13	18	17
各种社会福利收养性单位床位数	床	1260	313	366	250	235

2012年县(市)社会经济主要指标

福建省

指　　　标	单位	永定县	上杭县	武平县	连城县	漳平市
一、基本情况						
行政区域土地面积	平方公里	2224	2859	2638	2576	2976
乡(镇)个数	个	24	22	17	17	14
村民委员会个数	个	261	331	214	232	173
年末总户数	户	147507	139003	102841	106393	83076
其中:乡村户数	户	130543	123890	88901	85776	65793
年末总人口	万人	49	50	38	33	28
乡村人口	万人	46	46	35	30	23
年末单位从业人员数	人	26837	40628	25813	18091	31883
乡村从业人员数	人	255187	259988	173887	154984	126552
其中:农林牧渔业	人	104271	103120	74410	69675	80473
农业机械总动力	万千瓦特	19	15	13	11	13
固定电话用户	户	65388	80925	54293	41054	41023
二、综合经济						
第一产业增加值	万元	235367	255833	240242	223946	196748
第二产业增加值	万元	853650	1068250	457343	509226	652364
地方财政一般预算收入	万元	102467	135868	50779	34823	69103
地方财政一般预算支出	万元	206056	184158	144682	145485	139734
居民储蓄存款余额	万元	596546	719843	380367	304414	422449
年末金融机构各项贷款余额	万元	731405	1466770	467220	375835	674308
三、农业、工业及投资						
粮食产量	吨	134112	184157	213134	165231	81127
棉花产量	吨					
油料产量	吨	1633	1790	2959	4101	593
肉类总产量	吨	74262	74723	66280	38747	24857
规模以上工业企业个数	个	96	48	96	137	109
规模以上工业总产值(现价)	万元	1017577	2326163	718218	851957	825109
固定资产投资(不含农户)	万元	901998	1172293	985040	953110	1017804
四、教育、卫生和社会保障						
普通中学在校学生数	人	19800	22559	15374	13951	11088
小学在校学生数	人	25053	21990	17995	14928	15484
医院、卫生院床位数	床	1313	1514	1306	1117	875
各种社会福利收养性单位数	个	25	23	20	17	18
各种社会福利收养性单位床位数	床	647	1515	807	492	743

2012年县(市)社会经济主要指标

福建省

指　　　标	单位	霞浦县	古田县	屏南县	寿宁县	周宁县
一、基本情况						
行政区域土地面积	平方公里	1678	2403	1445	1424	1047
乡(镇)个数	个	12	12	11	14	9
村民委员会个数	个	292	275	151	196	140
年末总户数	户	158264	130794	56164	71712	57723
其中:乡村户数	户	115106	113459	44644	60055	45906
年末总人口	万人	54	43	19	27	20
乡村人口	万人	44	38	17	24	18
年末单位从业人员数	人	19039	17619	9021	10221	7635
乡村从业人员数	人	220018	207662	82237	116312	79511
其中:农林牧渔业	人	118805	138614	60080	67909	42141
农业机械总动力	万千瓦特	27	16	7	7	4
固定电话用户	户	87227	65900	25877	19703	24512
二、综合经济						
第一产业增加值	万元	395098	311333	108092	127610	70371
第二产业增加值	万元	419261	417948	187515	213011	170927
地方财政一般预算收入	万元	59717	50750	22436	21855	20594
地方财政一般预算支出	万元	169338	136559	68260	91571	69458
居民储蓄存款余额	万元	379157	573455	167577	210496	124628
年末金融机构各项贷款余额	万元	719880	518788	343979	234541	205950
三、农业、工业及投资						
粮食产量	吨	83467	143266	60900	62301	38361
棉花产量	吨					
油料产量	吨	2111	219		45	161
肉类总产量	吨	8503	11960	6906	5371	5721
规模以上工业企业个数	个	100	113	62	52	16
规模以上工业总产值(现价)	万元	976505	1122902	541626	721546	510154
固定资产投资(不含农户)	万元	554325	281376	193349	262123	158927
四、教育、卫生和社会保障						
普通中学在校学生数	人	20109	15088	6554	11417	8356
小学在校学生数	人	26064	18348	7923	13862	8431
医院、卫生院床位数	床	1377	1168	543	577	495
各种社会福利收养性单位数	个	17	11	8	12	9
各种社会福利收养性单位床位数	床	524	657	450	170	130

2012 年县(市)社会经济主要指标

福建省、江西省

指　　标	单位	柘荣县	福安市	福鼎市	南昌县	新建县
一、基本情况						
行政区域土地面积	平方公里	544	1880	1526	1684	2338
乡(镇)个数	个	9	18	13	16	18
村民委员会个数	个	112	439	251	264	287
年末总户数	户	33094	190056	162150	294460	183789
其中:乡村户数	户	19543	114260	140223	194067	131932
年末总人口	万人	11	65	58	101	69
乡村人口	万人	8	45	48	79	55
年末单位从业人员数	人	7205	28928	24134	148360	36740
乡村从业人员数	人	36540	170706	262629	396500	280146
其中:农林牧渔业	人	26691	66429	119061	205044	179395
农业机械总动力	万千瓦特	4	18	20	170	124
固定电话用户	户	16000	106900	129557	130000	99896
二、综合经济						
第一产业增加值	万元	72803	344014	304923	425577	401246
第二产业增加值	万元	202356	1604327	1194394	2856969	1245996
地方财政一般预算收入	万元	17058	158350	137565	353669	152344
地方财政一般预算支出	万元	59054	261282	234373	550454	303934
居民储蓄存款余额	万元	106320	890087	772192	1715510	1168544
年末金融机构各项贷款余额	万元	206920	2311238	2640661	1996157	1242964
三、农业、工业及投资						
粮食产量	吨	34347	98650	82305	1013620	622080
棉花产量	吨					282
油料产量	吨	851	1117	462	15156	28912
肉类总产量	吨	3855	20228	7778	134748	76307
规模以上工业企业个数	个	63	303	292	217	107
规模以上工业总产值(现价)	万元	785894	6480487	4696768	5945738	3677775
固定资产投资(不含农户)	万元	218440	1003998	1062036	4048158	1844668
四、教育、卫生和社会保障						
普通中学在校学生数	人	5238	31291	26769	55127	47088
小学在校学生数	人	5540	41758	30650	77053	62929
医院、卫生院床位数	床	448	1678	1504	1458	1565
各种社会福利收养性单位数	个	21	36	14	19	21
各种社会福利收养性单位床位数	床	427	1680	690	2240	4609

2012 年县(市)社会经济主要指标

江西省

指　　标	单位	安义县	进贤县	浮梁县	乐平市	莲花县
一、基本情况						
行政区域土地面积	平方公里	665	1955	2851	1974	1062
乡(镇)个数	个	10	21	18	16	13
村民委员会个数	个	105	263	158	299	157
年末总户数	户	92674	266097	102481	268115	86339
其中:乡村户数	户	56392	180233	70001	172850	52579
年末总人口	万人	29	84	29	91	27
乡村人口	万人	21	71	22	70	23
年末单位从业人员数	人	12942	43428	26631	47717	12178
乡村从业人员数	人	98747	373186	123419	375882	109216
其中:农林牧渔业	人	31843	144578	57751	108552	51870
农业机械总动力	万千瓦特	20	120	64	113	45
固定电话用户	户	44516	76838	66453	76726	29035
二、综合经济						
第一产业增加值	万元	88903	423699	138836	292930	71222
第二产业增加值	万元	373927	1290144	413094	1248915	168852
地方财政一般预算收入	万元	50466	94874	72523	200498	40840
地方财政一般预算支出	万元	117640	229775	164617	357020	125265
居民储蓄存款余额	万元	549350	1194024	359977	1162600	368283
年末金融机构各项贷款余额	万元	577879	746523	221725	617800	188335
三、农业、工业及投资						
粮食产量	吨	188060	495540	164340	403950	131960
棉花产量	吨	4491	246	271	1367	15
油料产量	吨	26773	48096	7627	23780	16477
肉类总产量	吨	23520	94374	12634	32143	16211
规模以上工业企业个数	个	64	99	73	103	56
规模以上工业总产值(现价)	万元	1023638	2183238	1527274	2971188	730663
固定资产投资(不含农户)	万元	541602	727366	388469	2748499	397329
四、教育、卫生和社会保障						
普通中学在校学生数	人	13919	47864	12888	48440	14258
小学在校学生数	人	20937	73051	18563	83757	22443
医院、卫生院床位数	床	602	1757	640	1879	467
各种社会福利收养性单位数	个	12	24	17	23	17
各种社会福利收养性单位床位数	床	1284	2689	780	3060	1650

2012年县(市)社会经济主要指标

江西省

指标	单位	上栗县	芦溪县	九江县	武宁县	修水县
一、基本情况						
行政区域土地面积	平方公里	725	968	917	3507	4503
乡(镇)个数	个	9	10	11	19	36
村民委员会个数	个	154	139	98	183	361
年末总户数	户	142755	94478	120821	119599	230201
其中:乡村户数	户	102720	62975	68132	79443	166984
年末总人口	万人	49	30	33	39	85
乡村人口	万人	47	25	27	31	74
年末单位从业人员数	人	12874	8117	22042	14937	31574
乡村从业人员数	人	247515	124347	137034	173462	357960
其中:农林牧渔业	人	65016	25351	70242	87779	195508
农业机械总动力	万千瓦特	39	37	33	42	63
固定电话用户	户	31416	23997	41415	62075	103320
二、综合经济						
第一产业增加值	万元	133160	131144	103458	114903	143773
第二产业增加值	万元	892051	617178	442553	397411	491808
地方财政一般预算收入	万元	108992	72289	76594	73802	96337
地方财政一般预算支出	万元	210739	150780	150000	161228	288643
居民储蓄存款余额	万元	224119		460232	513339	689548
年末金融机构各项贷款余额	万元	216902	224709	433949	402703	513370
三、农业、工业及投资						
粮食产量	吨	152534	145286	64547	150537	218690
棉花产量	吨		1	22148	2067	633
油料产量	吨	3668	5895	22570	13770	14833
肉类总产量	吨	30833	43250	16051	21334	43623
规模以上工业企业个数	个	96	120	53	81	63
规模以上工业总产值(现价)	万元	1938578	2034023	1298990	1745554	1603489
固定资产投资(不含农户)	万元	1480605	1044194	727406	791381	819453
四、教育、卫生和社会保障						
普通中学在校学生数	人	29774	16424	19766	13319	38868
小学在校学生数	人	41829	27735	27505	26085	81279
医院、卫生院床位数	床	1458	882	781	640	1208
各种社会福利收养性单位数	个	11	13	13	21	42
各种社会福利收养性单位床位数	床	2355	2302	2584	1429	4280

2012年县(市)社会经济主要指标

江西省

指　　标	单位	永修县	德安县	星子县	都昌县	湖口县
一、基本情况						
行政区域土地面积	平方公里	2035	863	719	1988	669
乡(镇)个数	个	15	13	10	24	12
村民委员会个数	个	145	81	73	268	122
年末总户数	户	143055	56638	78353	265280	91596
其中:乡村户数	户	73704	29350	52512	171219	55914
年末总人口	万人	39	17	27	83	30
乡村人口	万人	29	12	22	70	22
年末单位从业人员数	人	28061	18214	14817	38636	22864
乡村从业人员数	人	147926	58873	108267	343210	109965
其中:农林牧渔业	人	90966	27992	45783	158297	49335
农业机械总动力	万千瓦特	31	21	23	74	42
固定电话用户	户	55321	20680	42839	94667	37276
二、综合经济						
第一产业增加值	万元	120931	45607	53000	156011	89182
第二产业增加值	万元	600568	439810	233356	314147	650673
地方财政一般预算收入	万元	87648	63275	53977	59330	105226
地方财政一般预算支出	万元	197793	119393	106639	238370	178513
居民储蓄存款余额	万元	550597	361351	319981	753512	427781
年末金融机构各项贷款余额	万元	610737	314866	268495	426323	491295
三、农业、工业及投资						
粮食产量	吨	231420	47705	77866	388640	110966
棉花产量	吨	7878	11816	3749	8017	9853
油料产量	吨	17389	6591	10965	26153	26497
肉类总产量	吨	18550	10760	11578	19434	9153
规模以上工业企业个数	个	65	83	55	56	42
规模以上工业总产值(现价)	万元	2253471	1917800	1085394	996100	2159600
固定资产投资(不含农户)	万元	1207067	601895	427290	486600	1224380
四、教育、卫生和社会保障						
普通中学在校学生数	人	20210	9155	15740	62202	18065
小学在校学生数	人	31536	14974	26807	87022	24944
医院、卫生院床位数	床	798	589	670	1816	705
各种社会福利收养性单位数	个	26	10	13	27	14
各种社会福利收养性单位床位数	床	2422	400	1292	1305	893

2012 年县(市)社会经济主要指标

江西省

指　　　标	单位	彭泽县	瑞昌市	共青城市	分宜县	余江县
一、基本情况						
行政区域土地面积	平方公里	1542	1423	308	1389	937
乡(镇)个数	个	13	16	3	10	11
村民委员会个数	个	150	157	23	129	122
年末总户数	户	123300	147577	33703	108023	101883
其中:乡村户数	户	75968	85911	11147	66024	77117
年末总人口	万人	38	46	7	33	39
乡村人口	万人	32	35	5	24	30
年末单位从业人员数	人	19850	51465	18288	27901	20432
乡村从业人员数	人	174628	163693	24267	127763	151627
其中:农林牧渔业	人	83431	57188	11362	71785	65485
农业机械总动力	万千瓦特	50	37	14	37	31
固定电话用户	户	51636	39525	15000	34145	40080
二、综合经济						
第一产业增加值	万元	141450	114875	19488	149016	232626
第二产业增加值	万元	292765	765039	485445	893994	331825
地方财政一般预算收入	万元	62125	121332	61778	196862	98854
地方财政一般预算支出	万元	160419	213901	117030	272136	193222
居民储蓄存款余额	万元	473341	589853	175699	547768	482224
年末金融机构各项贷款余额	万元	312199	586643	289820	506161	482953
三、农业、工业及投资						
粮食产量	吨	102429	88170	20389	140750	232500
棉花产量	吨	29140	5054	1193	45	
油料产量	吨	41223	21087	1864	5107	13699
肉类总产量	吨	14346	26430	5617	24219	98858
规模以上工业企业个数	个	47	96	53	73	44
规模以上工业总产值(现价)	万元	1123339	2554506	1822346	2714633	1728000
固定资产投资(不含农户)	万元	721785	1251346	900987	1112874	269653
四、教育、卫生和社会保障						
普通中学在校学生数	人	22258	22013	4734	14273	21900
小学在校学生数	人	30825	35015	8294	25343	35331
医院、卫生院床位数	床	557	1805	342	954	724
各种社会福利收养性单位数	个	18	19	2	16	17
各种社会福利收养性单位床位数	床	1417	1360	84	1900	1711

2012年县(市)社会经济主要指标

江西省

指　　标	单位	贵溪市	赣　县	信丰县	大余县	上犹县
一、基本情况						
行政区域土地面积	平方公里	2493	2993	2878	1368	1544
乡(镇)个数	个	18	19	16	11	14
村民委员会个数	个	188	276	260	105	131
年末总户数	户	171754	175161	228253	116535	95966
其中:乡村户数	户	108322	123637	148169	56633	72224
年末总人口	万人	62	63	75	31	31
乡村人口	万人	45	52	60	22	27
年末单位从业人员数	人	40528	29859	36034	16498	12894
乡村从业人员数	人	222733	265896	306735	110836	144584
其中:农林牧渔业	人	107133	120481	127376	61240	60876
农业机械总动力	万千瓦特	50	48	65	37	25
固定电话用户	户	74943	46616	63028	34488	30422
二、综合经济						
第一产业增加值	万元	152587	186825	228895	103725	84695
第二产业增加值	万元	2043416	596279	479510	373149	158504
地方财政一般预算收入	万元	244570	70100	67001	44984	32754
地方财政一般预算支出	万元	351590	235588	220018	132983	139396
居民储蓄存款余额	万元	846335	789349	847108	446012	371529
年末金融机构各项贷款余额	万元	1313722	711065	624303	353211	323785
三、农业、工业及投资						
粮食产量	吨	358190	200668	262190	88317	93371
棉花产量	吨					
油料产量	吨	6456	5581	12601	3530	2234
肉类总产量	吨	30372	42886	64475	28575	16638
规模以上工业企业个数	个	75	70	59	34	24
规模以上工业总产值(现价)	万元	11270618	2189355	1170681	599710	507980
固定资产投资(不含农户)	万元	2293426	849293	841973	641896	284001
四、教育、卫生和社会保障						
普通中学在校学生数	人	28582	34254	37919	14639	16391
小学在校学生数	人	49372	65667	70058	26507	28516
医院、卫生院床位数	床	1338	1483	1463	1115	631
各种社会福利收养性单位数	个	24	28	17	11	17
各种社会福利收养性单位床位数	床	1579	970	385	1299	2730

2012年县(市)社会经济主要指标

江西省

指　　标	单位	崇义县	安远县	龙南县	定南县	全南县
一、基本情况						
行政区域土地面积	平方公里	2197	2375	1641	1317	1521
乡(镇)个数	个	16	18	13	7	9
村民委员会个数	个	124	151	94	119	86
年末总户数	户	64270	89224	99101	60283	61331
其中:乡村户数	户	44933	71127	66373	38980	34792
年末总人口	万人	21	38	32	21	19
乡村人口	万人	17	31	26	17	14
年末单位从业人员数	人	15651	16370	32974	15950	15389
乡村从业人员数	人	84034	157510	143012	88851	72239
其中:农林牧渔业	人	42987	74573	48449	55449	31429
农业机械总动力	万千瓦特	16	21	33	24	24
固定电话用户	户	23333	30820	38724	29669	24288
二、综合经济						
第一产业增加值	万元	78811	124514	100238	78150	66000
第二产业增加值	万元	313658	98896	505997	194487	206603
地方财政一般预算收入	万元	43551	27682	65208	39404	30001
地方财政一般预算支出	万元	114599	154745	160006	124520	105800
居民储蓄存款余额	万元	331498	338423	486448	343267	248566
年末金融机构各项贷款余额	万元	418386	272455	377919	344561	194419
三、农业、工业及投资						
粮食产量	吨	45490	103929	64305	59843	69635
棉花产量	吨	4	1			4
油料产量	吨	1642	610	2543	207	4440
肉类总产量	吨	8595	22041	24875	65076	10679
规模以上工业企业个数	个	26	23	76	30	41
规模以上工业总产值(现价)	万元	782237	205158	1630219	606961	634090
固定资产投资(不含农户)	万元	229283	92879	882257	337350	192415
四、教育、卫生和社会保障						
普通中学在校学生数	人	10186	26081	16068	12025	7356
小学在校学生数	人	15674	34434	24056	22322	17477
医院、卫生院床位数	床	516	977	639	939	575
各种社会福利收养性单位数	个	9	19	7	2	4
各种社会福利收养性单位床位数	床	1180	2184	1099	708	200

2012年县(市)社会经济主要指标

江西省

指　　标	单位	宁都县	于都县	兴国县	会昌县	寻乌县
一、基本情况						
行政区域土地面积	平方公里	4053	2893	3215	2722	2311
乡(镇)个数	个	24	23	25	19	15
村民委员会个数	个	299	352	304	242	173
年末总户数	户	266499	271717	248200	146031	94107
其中:乡村户数	户	169218	191129	151777	99855	69758
年末总人口	万人	79	105	80	51	32
乡村人口	万人	71	82	66	45	28
年末单位从业人员数	人	23694	35738	28743	17785	11961
乡村从业人员数	人	365630	383187	337587	236942	142858
其中:农林牧渔业	人	232793	174210	158976	126494	113776
农业机械总动力	万千瓦特	63	50	58	22	35
固定电话用户	户	49913	79783	67177	40740	33384
二、综合经济						
第一产业增加值	万元	245395	198827	248045	142681	109727
第二产业增加值	万元	402914	621703	470866	250562	131272
地方财政一般预算收入	万元	50461	72593	51861	53623	29623
地方财政一般预算支出	万元	274106	306679	274182	194855	142298
居民储蓄存款余额	万元	966686	1055691	745077	474573	312378
年末金融机构各项贷款余额	万元	576515	555404	543035	301462	258553
三、农业、工业及投资						
粮食产量	吨	387460	253811	279420	162391	106773
棉花产量	吨					
油料产量	吨	10502	16032	7004	1614	2082
肉类总产量	吨	52234	46014	62521	34620	23157
规模以上工业企业个数	个	47	66	52	30	25
规模以上工业总产值(现价)	万元	603942	1657905	1122910	787381	260981
固定资产投资(不含农户)	万元	372600	840242	548304	246277	197682
四、教育、卫生和社会保障						
普通中学在校学生数	人	41064	84593	50630	40649	20594
小学在校学生数	人	89418	117046	96555	52389	27481
医院、卫生院床位数	床	1496	2292	1424	1555	622
各种社会福利收养性单位数	个	27	28	29	25	15
各种社会福利收养性单位床位数	床	2072	2825	1170	1085	1032

2012年县(市)社会经济主要指标

江西省

指标	单位	石城县	瑞金市	南康市	吉安县	吉水县
一、基本情况						
行政区域土地面积	平方公里	1582	2448	1740	2117	2509
乡(镇)个数	个	10	17	18	19	18
村民委员会个数	个	131	223	278	316	249
年末总户数	户	91698	183500	287374	162831	181359
其中:乡村户数	户	60520	125077	176524	94737	125008
年末总人口	万人	32	68	83	49	53
乡村人口	万人	27	54	71	39	41
年末单位从业人员数	人	10621	23428	30142	16610	21996
乡村从业人员数	人	130637	263398	368978	193970	211742
其中:农林牧渔业	人	79576	122656	170108	101280	86964
农业机械总动力	万千瓦特	28	37	64	79	79
固定电话用户	户	25300	59674	90336	27816	37735
二、综合经济						
第一产业增加值	万元	104366	148290	208840	214475	186925
第二产业增加值	万元	92592	315503	639860	587827	391500
地方财政一般预算收入	万元	29557	73208	109528	122664	66501
地方财政一般预算支出	万元	135657	252598	300009	245692	187361
居民储蓄存款余额	万元	328477	756550	1281110	781495	698593
年末金融机构各项贷款余额	万元	306804	658943	1049257	430802	337251
三、农业、工业及投资						
粮食产量	吨	94371	191430	236374	424620	550150
棉花产量	吨		3			
油料产量	吨	1822	12577	17212	22516	18260
肉类总产量	吨	12601	46204	71179	101803	40964
规模以上工业企业个数	个	22	38	108	77	64
规模以上工业总产值(现价)	万元	104167	587603	1963344	2068378	1324909
固定资产投资(不含农户)	万元	143073	372818	804125	808691	582896
四、教育、卫生和社会保障						
普通中学在校学生数	人	18253	41946	52357	25671	25554
小学在校学生数	人	31193	63081	86265	37603	45559
医院、卫生院床位数	床	1051	1452	2338	1055	1297
各种社会福利收养性单位数	个	7	20	23	21	22
各种社会福利收养性单位床位数	床	1041	1500	4760	1261	2072

2012年县(市)社会经济主要指标

江西省

指　　标	单位	峡江县	新干县	永丰县	泰和县	遂川县
一、基本情况						
行政区域土地面积	平方公里	1287	1252	2680	2666	3102
乡(镇)个数	个	11	13	21	22	23
村民委员会个数	个	84	134	217	298	308
年末总户数	户	66324	113721	127614	192351	171091
其中:乡村户数	户	34783	73212	83400	116035	123787
年末总人口	万人	18	33	45	56	58
乡村人口	万人	13	26	36	45	50
年末单位从业人员数	人	9896	13537	23887	18048	16572
乡村从业人员数	人	65045	134652	173574	217555	266668
其中:农林牧渔业	人	39524	83254	56665	105090	148599
农业机械总动力	万千瓦特	30	62	56	80	33
固定电话用户	户	21090	14867	38488	44427	48185
二、综合经济						
第一产业增加值	万元	103063	161510	165049	218681	133303
第二产业增加值	万元	237286	408542	472313	548800	378096
地方财政一般预算收入	万元	49737	81073	71498	82693	66217
地方财政一般预算支出	万元	116618	187111	184505	206104	191605
居民储蓄存款余额	万元	315800	627438	584847	895612	521446
年末金融机构各项贷款余额	万元	194336	449633	306011	445110	337366
三、农业、工业及投资						
粮食产量	吨	228300	335780	338550	504380	250500
棉花产量	吨	92	220			
油料产量	吨	12822	21008	5261	19105	6471
肉类总产量	吨	12161	75100	24599	80029	26841
规模以上工业企业个数	个	42	76	74	69	56
规模以上工业总产值(现价)	万元	852176	1525967	1688903	1537677	919807
固定资产投资(不含农户)	万元	440869	678083	906615	791526	556548
四、教育、卫生和社会保障						
普通中学在校学生数	人	10092	19089	25310	25013	29026
小学在校学生数	人	18046	28545	35562	43308	49593
医院、卫生院床位数	床	359	976	933	1989	1601
各种社会福利收养性单位数	个	13	14	27	24	26
各种社会福利收养性单位床位数	床	1204	1758	2551	1913	2550

2012年县(市)社会经济主要指标

江西省

指　　标	单位	万安县	安福县	永新县	井冈山市	奉新县
一、基本情况						
行政区域土地面积	平方公里	2047	2796	2200	1276	1642
乡(镇)个数	个	16	19	23	17	13
村民委员会个数	个	134	256	238	106	146
年末总户数	户	96199	123270	159673	48272	108681
其中:乡村户数	户	60461	76054	100913	26280	64710
年末总人口	万人	31	40	52	16	33
乡村人口	万人	26	30	43	11	24
年末单位从业人员数	人	14307	14339	14675	20029	26787
乡村从业人员数	人	131938	155955	215383	60726	124077
其中:农林牧渔业	人	78008	71228	100495	25417	24474
农业机械总动力	万千瓦特	43	51	55	9	53
固定电话用户	户	57088	33102	43218	46570	36270
二、综合经济						
第一产业增加值	万元	103934	180702	140840	42330	145200
第二产业增加值	万元	220217	495399	294486	164126	534077
地方财政一般预算收入	万元	48204	99345	47249	53958	95311
地方财政一般预算支出	万元	149512	213909	175001	139617	186006
居民储蓄存款余额	万元	444072	648123	686818	315316	503671
年末金融机构各项贷款余额	万元	245391	351828	209430	285520	413880
三、农业、工业及投资						
粮食产量	吨	261320	324030	279610	76510	301340
棉花产量	吨			7		1222
油料产量	吨	10965	23676	24953	1874	14570
肉类总产量	吨	22424	40179	30754	7927	13140
规模以上工业企业个数	个	39	51	44	26	64
规模以上工业总产值(现价)	万元	685148	1302303	1053814	300554	2305998
固定资产投资(不含农户)	万元	378243	486155	563645	345164	699389
四、教育、卫生和社会保障						
普通中学在校学生数	人	17127	17272	29545	8249	14609
小学在校学生数	人	22313	25798	39695	12754	27661
医院、卫生院床位数	床	796	1114	1114	485	687
各种社会福利收养性单位数	个	19	20	24	7	17
各种社会福利收养性单位床位数	床	1986	1499	1490	651	1358

2012年县(市)社会经济主要指标

江西省

指　　标	单位	万载县	上高县	宜丰县	靖安县	铜鼓县
一、基本情况						
行政区域土地面积	平方公里	1720	1350	1935	1378	1548
乡(镇)个数	个	16	13	12	11	9
村民委员会个数	个	181	186	215	75	102
年末总户数	户	153085	119865	98175	49542	54228
其中:乡村户数	户	117244	73906	59888	29802	27048
年末总人口	万人	53	37	29	15	14
乡村人口	万人	46	27	21	10	10
年末单位从业人员数	人	33185	56122	20554	13846	8290
乡村从业人员数	人	231957	132462	98340	52193	50617
其中:农林牧渔业	人	125960	63796	24424	24454	31931
农业机械总动力	万千瓦特	35	48	61	32	31
固定电话用户	户	46400	21376	28464	16000	8465
二、综合经济						
第一产业增加值	万元	120690	168973	168873	51659	47514
第二产业增加值	万元	491392	553558	398800	151728	112135
地方财政一般预算收入	万元	85121	100046	62537	41651	40768
地方财政一般预算支出	万元	200335	191659	158182	97965	106054
居民储蓄存款余额	万元	588453	702759	539459	271338	163905
年末金融机构各项贷款余额	万元	351992	556619	366107	187638	87537
三、农业、工业及投资						
粮食产量	吨	255940	286090	247800	91461	43684
棉花产量	吨	36	783	525	2594	
油料产量	吨	5884	14986	1117	6209	340
肉类总产量	吨	39916	94287	29024	7776	6622
规模以上工业企业个数	个	91	111	74	23	19
规模以上工业总产值(现价)	万元	1430314	2516000	1058167	450807	236614
固定资产投资(不含农户)	万元	363023	913376	491767	65501	142860
四、教育、卫生和社会保障						
普通中学在校学生数	人	30209	19439	14810	5906	5455
小学在校学生数	人	61621	25903	22247	9690	11167
医院、卫生院床位数	床	1725	1189	1002	418	321
各种社会福利收养性单位数	个	18	15	18	11	10
各种社会福利收养性单位床位数	床	4812	2548	1443	1050	1950

2012年县(市)社会经济主要指标

江西省

指　　标	单位	丰城市	樟树市	高安市	南城县	黎川县
一、基本情况						
行政区域土地面积	平方公里	2845	1290	2439	1698	1729
乡(镇)个数	个	27	14	20	12	14
村民委员会个数	个	514	240	296	150	108
年末总户数	户	428352	196433	310247	89509	82222
其中:乡村户数	户	265097	115484	177454	62672	53003
年末总人口	万人	139	60	85	33	25
乡村人口	万人	107	43	64	25	20
年末单位从业人员数	人	58345	36363	50877	14089	13585
乡村从业人员数	人	490647	217008	333353	118832	98880
其中:农林牧渔业	人	220860	111862	187741	71795	63166
农业机械总动力	万千瓦特	123	108	133	51	23
固定电话用户	户	101425	74418	90934	26354	31482
二、综合经济						
第一产业增加值	万元	523380	264428	287459	137894	84779
第二产业增加值	万元	1667734	1390126	785618	384411	240670
地方财政一般预算收入	万元	292915	186536	150738	80732	59989
地方财政一般预算支出	万元	513083	312800	292106	161100	142260
居民储蓄存款余额	万元	1905189	1198368	1350847	465460	325333
年末金融机构各项贷款余额	万元	1495353	1068416	1079292	298166	245003
三、农业、工业及投资						
粮食产量	吨	1014850	542370	719360	272180	146871
棉花产量	吨	258	270	12056	122	
油料产量	吨	40864	51610	57261	3795	2597
肉类总产量	吨	95818	91346	155887	24605	20827
规模以上工业企业个数	个	128	105	117	78	55
规模以上工业总产值(现价)	万元	4364346	3109500	2902728	760600	639800
固定资产投资(不含农户)	万元	1867625	1668010	1196191	863950	489758
四、教育、卫生和社会保障						
普通中学在校学生数	人	65279	27243	48441	19824	17740
小学在校学生数	人	127618	43218	61931	33902	23514
医院、卫生院床位数	床	3537	1963	2293	537	427
各种社会福利收养性单位数	个	31	30	27	15	16
各种社会福利收养性单位床位数	床	3348	2847	2899	1211	1472

2012年县(市)社会经济主要指标

江西省

指　　标	单位	南丰县	崇仁县	乐安县	宜黄县	金溪县
一、基本情况						
行政区域土地面积	平方公里	1909	1520	2412	1944	1358
乡(镇)个数	个	12	15	15	12	13
村民委员会个数	个	172	149	175	139	149
年末总户数	户	96959	101953	129483	68769	99933
其中:乡村户数	户	64169	68617	74658	49292	60824
年末总人口	万人	30	37	37	23	31
乡村人口	万人	24	29	29	20	25
年末单位从业人员数	人	19737	13421	15453	9353	17104
乡村从业人员数	人	123615	140136	145885	97459	126902
其中:农林牧渔业	人	93043	96044	86789	62208	77728
农业机械总动力	万千瓦特	39	20	28	23	45
固定电话用户	户	23000	37190	19207	10021	12844
二、综合经济						
第一产业增加值	万元	233847	193589	80569	72163	95630
第二产业增加值	万元	261731	378096	162311	237594	261429
地方财政一般预算收入	万元	64725	63236	38464	48022	55229
地方财政一般预算支出	万元	149088	158909	143201	110037	125607
居民储蓄存款余额	万元	393136	492346	513188	291826	387389
年末金融机构各项贷款余额	万元	390225	293584	204640	243220	264526
三、农业、工业及投资						
粮食产量	吨	221150	268770	250440	168480	301010
棉花产量	吨		1698		53	
油料产量	吨	5952	19412	1709	2140	5266
肉类总产量	吨	13130	76418	9673	8129	14300
规模以上工业企业个数	个	54	57	19	73	55
规模以上工业总产值(现价)	万元	462383	1252008	147399	700331	585016
固定资产投资(不含农户)	万元	497781	763310	267672	382292	345674
四、教育、卫生和社会保障						
普通中学在校学生数	人	15347	24180	16377	9982	15202
小学在校学生数	人	28411	35280	43754	16706	24975
医院、卫生院床位数	床	709	500	892	470	622
各种社会福利收养性单位数	个	14	18	17	16	15
各种社会福利收养性单位床位数	床	1450	1000	2419	1280	800

2012年县(市)社会经济主要指标

江西省

指　　标	单位	资溪县	东乡县	广昌县	上饶县	广丰县
一、基本情况						
行政区域土地面积	平方公里	1251	1264	1612	2246	1378
乡(镇)个数	个	7	13	11	22	20
村民委员会个数	个	70	141	129	220	161
年末总户数	户	39960	152331	80706	230607	219939
其中:乡村户数	户	23194	84127	49802	163765	183398
年末总人口	万人	11	47	25	80	92
乡村人口	万人	8	35	20	71	71
年末单位从业人员数	人	9986	29799	28925	28400	57253
乡村从业人员数	人	40210	174298	102360	338864	392140
其中:农林牧渔业	人	11258	75328	23660	119247	103946
农业机械总动力	万千瓦特	9	72	24		51
固定电话用户	户	13549	32380	20267	50660	90771
二、综合经济						
第一产业增加值	万元	30839	165545	75076	139570	182051
第二产业增加值	万元	111139	601680	164242	986253	1116373
地方财政一般预算收入	万元	42914	111735	46051	86423	177089
地方财政一般预算支出	万元	89890	217496	124036	224477	315796
居民储蓄存款余额	万元	222404	629656	329174	784656	713964
年末金融机构各项贷款余额	万元	158983	448675	232642	873690	710517
三、农业、工业及投资						
粮食产量	吨	38657	259470	125318	169000	181501
棉花产量	吨		1		42	21
油料产量	吨	79	6775	376	6583	6913
肉类总产量	吨	3011	92166	5599	14961	51615
规模以上工业企业个数	个	22	90	34	59	102
规模以上工业总产值(现价)	万元	131216	1509764	472000	4047902	3550644
固定资产投资(不含农户)	万元	223044	1119881	329456	1175202	1312204
四、教育、卫生和社会保障						
普通中学在校学生数	人	8437	25259	13369	53221	56991
小学在校学生数	人	9618	41176	23564	82917	76260
医院、卫生院床位数	床	192	901	298	1684	784
各种社会福利收养性单位数	个	8	18	12	20	23
各种社会福利收养性单位床位数	床	360	2002	616	877	2176

2012年县(市)社会经济主要指标

江西省

指　　标	单位	玉山县	铅山县	横峰县	弋阳县	余干县
一、基本情况						
行政区域土地面积	平方公里	1728	2178	655	1592	2371
乡(镇)个数	个	16	17	9	16	20
村民委员会个数	个	191	186	63	137	365
年末总户数	户	177193	136574	67519	114406	311089
其中:乡村户数	户	127789	96923	45246	77639	193254
年末总人口	万人	60	47	22	41	106
乡村人口	万人	48	39	18	33	89
年末单位从业人员数	人	21929	14701	8615	14501	32625
乡村从业人员数	人	216667	186698	87655	162686	418198
其中:农林牧渔业	人	93840	88501	44242	54408	197111
农业机械总动力	万千瓦特	36	21	16	31	75
固定电话用户	户	81000	33480	23471	32715	91897
二、综合经济						
第一产业增加值	万元	128503	137166	56441	110856	323119
第二产业增加值	万元	465827	360421	404492	305123	361795
地方财政一般预算收入	万元	92255	75037	72673	61551	70149
地方财政一般预算支出	万元	210423	163912	149485	161453	232751
居民储蓄存款余额	万元	735565	596427	304960	485714	968696
年末金融机构各项贷款余额	万元	675684	356160	273029	391493	465465
三、农业、工业及投资						
粮食产量	吨	208490	167377	77272	205550	716180
棉花产量	吨	243	1	7	40	81
油料产量	吨	12485	3151	5020	7264	21035
肉类总产量	吨	18406	14627	15534	22460	33348
规模以上工业企业个数	个	64	28	28	49	29
规模以上工业总产值(现价)	万元	1611500	1064887	1530624	953381	958162
固定资产投资(不含农户)	万元	658300	816952	442097	487319	801000
四、教育、卫生和社会保障						
普通中学在校学生数	人	33082	15263	10527	21602	84793
小学在校学生数	人	57027	39436	21500	36996	113409
医院、卫生院床位数	床	1607	1089	483	662	1069
各种社会福利收养性单位数	个	21	23	8	24	20
各种社会福利收养性单位床位数	床	1450	1092	632	1816	2581

2012年县(市)社会经济主要指标

江西省、山东省

指　　标	单位	鄱阳县	万年县	婺源县	德兴市	长清区
一、基本情况						
行政区域土地面积	平方公里	4215	1140	2948	2082	1178
乡(镇)个数	个	29	12	16	11	6
村民委员会个数	个	536	130	171	84	586
年末总户数	户	462514	124179	121906	116840	165268
其中:乡村户数	户	332445	74986	86528	61495	129998
年末总人口	万人	159	41	37	33	56
乡村人口	万人	145	34	31	23	45
年末单位从业人员数	人	74864	15416	19358	25400	90447
乡村从业人员数	人	724701	173796	156230	122220	232036
其中:农林牧渔业	人	304227	45172	91163	62477	98639
农业机械总动力	万千瓦特	136	17	31	39	50
固定电话用户	户	111039	41727	56096	48417	102010
二、综合经济						
第一产业增加值	万元	302135	116612	92027	88586	266084
第二产业增加值	万元	478561	469425	246572	742477	857578
地方财政一般预算收入	万元	77090	72968	67437	174044	73675
地方财政一般预算支出	万元	416531	184116	152628	251266	183406
居民储蓄存款余额	万元	1186744	513383	559084	617473	
年末金融机构各项贷款余额	万元	614823	400940	388625	467258	
三、农业、工业及投资						
粮食产量	吨	1012080	224080	105283	101097	311190
棉花产量	吨	6386	460	119	61	536
油料产量	吨	101942	7906	6907	6487	16133
肉类总产量	吨	33475	64652	14234	10606	29924
规模以上工业企业个数	个	44	59	23	55	119
规模以上工业总产值(现价)	万元	1152533	1430487	345043	778400	1416876
固定资产投资(不含农户)	万元	1059876	640279	506969	700432	1203187
四、教育、卫生和社会保障						
普通中学在校学生数	人	97740	22460	19866	15176	28646
小学在校学生数	人	165097	48789	36512	30219	31447
医院、卫生院床位数	床	2700	1067	947	870	1051
各种社会福利收养性单位数	个	35	22	17	15	14
各种社会福利收养性单位床位数	床	2800	2217	860	493	2870

2012 年县(市)社会经济主要指标

山东省

指　　标	单位	平阴县	济阳县	商河县	章丘市	胶州市
一、基本情况						
行政区域土地面积	平方公里	827	1076	1162	1855	1324
乡(镇)个数	个	8	10	12	14	17
村民委员会个数	个	337	813	948	907	811
年末总户数	户	136694	164378	185046	306901	251200
其中:乡村户数	户	85399	120155	133698	243898	196020
年末总人口	万人	37	56	63	102	81
乡村人口	万人	29	49	52	82	63
年末单位从业人员数	人	46623	49077	32556	143035	178930
乡村从业人员数	人	159375	281530	280663	481750	361050
其中:农林牧渔业	人	71447	109547	144821	122869	99080
农业机械总动力	万千瓦特	46	119	92	122	112
固定电话用户	户	91605	93710	71511	208100	126000
二、综合经济						
第一产业增加值	万元	259058	436351	384539	683925	476822
第二产业增加值	万元	907377	1021151	504346	4091778	4188500
地方财政一般预算收入	万元	80045	100230	52978	398608	450617
地方财政一般预算支出	万元	173779	189917	174488	505082	513198
居民储蓄存款余额	万元	688367	704955	616460	2481007	2494076
年末金融机构各项贷款余额	万元	575762	442404	520967	2312649	3248607
三、农业、工业及投资						
粮食产量	吨	213866	530795	750509	688706	442100
棉花产量	吨	3954	5041	9960	6690	
油料产量	吨	10731	17270	651	7887	40434
肉类总产量	吨	45627	59613	83632	122030	59204
规模以上工业企业个数	个	97	136	122	472	806
规模以上工业总产值(现价)	万元	2108103	2498003	1052743	11633255	17979950
固定资产投资(不含农户)	万元	1097036	1090498	496368	2581651	3371086
四、教育、卫生和社会保障						
普通中学在校学生数	人	18839	31321	28500	57706	42531
小学在校学生数	人	20035	34047	40100	64820	59213
医院、卫生院床位数	床	1545	1239	1215	4687	3248
各种社会福利收养性单位数	个	7	9	12	33	19
各种社会福利收养性单位床位数	床	915	3500	1972	2920	2780

2012年县(市)社会经济主要指标

山东省

指　　标	单位	即墨市	平度市	莱西市	桓台县	高青县
一、基本情况						
行政区域土地面积	平方公里	1780	3167	1568	509	831
乡(镇)个数	个	22	29	16	7	7
村民委员会个数	个	1029	1789	861	335	759
年末总户数	户	341380	423253	250949	160579	106707
其中:乡村户数	户	297094	375370	198158	130531	88933
年末总人口	万人	113	138	74	50	37
乡村人口	万人	98	123	64	43	31
年末单位从业人员数	人	170298	78911	117175	88903	140875
乡村从业人员数	人	558564	714139	367906	237384	183713
其中:农林牧渔业	人	168556	376548	181941	101596	74163
农业机械总动力	万千瓦特	124	313	128	61	65
固定电话用户	户	214209	235491	110100	92847	64396
二、综合经济						
第一产业增加值	万元	568004	890462	525000	175948	210877
第二产业增加值	万元	4176500	3534500	2594300	2701113	779981
地方财政一般预算收入	万元	506206	358383	289816	250344	89079
地方财政一般预算支出	万元	614223	522086	388983	296522	164013
居民储蓄存款余额	万元	3231706	2794887	1701672	1396899	557669
年末金融机构各项贷款余额	万元	3963469	1745243	1346307	2930298	755337
三、农业、工业及投资						
粮食产量	吨	507306	1520767	628299	408447	508713
棉花产量	吨		4301		1206	4813
油料产量	吨	81148	144931	92921	29	3593
肉类总产量	吨	74103	197991	195177	16217	39628
规模以上工业企业个数	个	662	716	691	331	129
规模以上工业总产值(现价)	万元	19228022	13735908	9220437	15391224	2641360
固定资产投资(不含农户)	万元	3793265	4279357	3719868	2336409	601510
四、教育、卫生和社会保障						
普通中学在校学生数	人	35323	66862	39352	36514	23711
小学在校学生数	人	77420	78847	35843	25753	18930
医院、卫生院床位数	床	4532	4101	3495	2850	1092
各种社会福利收养性单位数	个	33	20	23	19	8
各种社会福利收养性单位床位数	床	3951	1580	2775	2793	917

2012 年县(市)社会经济主要指标

山东省

指　　标	单位	沂源县	滕州市	垦利县	利津县	广饶县
一、基本情况						
行政区域土地面积	平方公里	1636	1496	2231	1666	1166
乡(镇)个数	个	11	21	7	6	9
村民委员会个数	个	626	1039	333	512	557
年末总户数	户	205949	526685	76798	92255	156180
其中:乡村户数	户	162366	351203	58915	80331	132808
年末总人口	万人	56	169	22	30	50
乡村人口	万人	49	127	18	26	44
年末单位从业人员数	人	73791	300435	37361	31545	72158
乡村从业人员数	人	350028	745308	90147	147493	274618
其中:农林牧渔业	人	187611	375704	46111	69122	90576
农业机械总动力	万千瓦特	43	156	46	43	94
固定电话用户	户	73860	216200	23088	16617	114988
二、综合经济						
第一产业增加值	万元	248937	651357	166021	251612	368230
第二产业增加值	万元	1016376	4534500	1919647	1116473	4290114
地方财政一般预算收入	万元	141345	543700	145696	74638	272059
地方财政一般预算支出	万元	225686	658215	222758	182805	377623
居民储蓄存款余额	万元	875067	2621274	988922	452726	1428241
年末金融机构各项贷款余额	万元	960119	4080974	2200369	763334	5183304
三、农业、工业及投资						
粮食产量	吨	63162	818644	70470	109956	503011
棉花产量	吨	672	1680	30672	36031	20790
油料产量	吨	15332	35692	705	1018	
肉类总产量	吨	37194	124486	26357	77882	87785
规模以上工业企业个数	个	139	445	157	150	241
规模以上工业总产值(现价)	万元	4305909	12559494	16375552	10269131	33154920
固定资产投资(不含农户)	万元	718641	3196786	1478000	1483609	4111320
四、教育、卫生和社会保障						
普通中学在校学生数	人	38411	88027	15465	10793	29566
小学在校学生数	人	26486	89642	13878	17249	32594
医院、卫生院床位数	床	1770	5076	888	898	2891
各种社会福利收养性单位数	个	17	23	6	6	9
各种社会福利收养性单位床位数	床	1215	6240	735	952	1225

2012年县(市)社会经济主要指标

山东省

指　　标	单位	长岛县	龙口市	莱阳市	莱州市	蓬莱市
一、基本情况						
行政区域土地面积	平方公里	56	901	1732	1878	1129
乡(镇)个数	个	8	8	18	17	12
村民委员会个数	个	40	611	784	978	584
年末总户数	户	15701	242346	287509	268986	171212
其中:乡村户数	户	9764	188974	241403	243389	142673
年末总人口	万人	4	64	87	86	45
乡村人口	万人	3	49	75	68	38
年末单位从业人员数	人	5324	98734	84641	78129	90213
乡村从业人员数	人	13227	270957	421876	378437	200370
其中:农林牧渔业	人	7540	127855	234975	152484	101978
农业机械总动力	万千瓦特	12	84	141	144	74
固定电话用户	户	16749	165000	129824	230811	145806
二、综合经济						
第一产业增加值	万元	364797	292007	370217	586033	250561
第二产业增加值	万元	54000	5248181	1496087	3237031	2390454
地方财政一般预算收入	万元	8058	585686	80337	360007	236098
地方财政一般预算支出	万元	47414	632145	180708	454732	301643
居民储蓄存款余额	万元	219818	3388770	1923829	3419753	1846973
年末金融机构各项贷款余额	万元	115319	4462401	1480722	2158458	2125321
三、农业、工业及投资						
粮食产量	吨	444	121077	510844	647849	135953
棉花产量	吨			44	260	
油料产量	吨		9613	95205	53732	43959
肉类总产量	吨	101	38270	95440	85120	49766
规模以上工业企业个数	个	8	315	219	372	286
规模以上工业总产值(现价)	万元	33459	25170314	6472966	13232649	11841079
固定资产投资(不含农户)	万元	40610	4031112	1046919	2488683	2585067
四、教育、卫生和社会保障						
普通中学在校学生数	人	2354	37092	44500	43621	23206
小学在校学生数	人	1269	28923	33500	34460	16739
医院、卫生院床位数	床	234	5559	4757	6779	3735
各种社会福利收养性单位数	个	4	20	26	23	17
各种社会福利收养性单位床位数	床	110	2963	2717	3260	2200

2012年县(市)社会经济主要指标

山东省

指标	单位	招远市	栖霞市	海阳市	临朐县	昌乐县
一、基本情况						
行政区域土地面积	平方公里	1432	2016	1909	1831	1101
乡(镇)个数	个	14	15	14	10	9
村民委员会个数	个	724	953	732	317	369
年末总户数	户	205924	249100	244479	289266	192957
其中:乡村户数	户	163469	202581	220472	224337	150961
年末总人口	万人	57	62	66	88	61
乡村人口	万人	45	55	59	78	53
年末单位从业人员数	人	86051	41613	38847	44918	46845
乡村从业人员数	人	215296	301948	356797	421679	271400
其中:农林牧渔业	人	110248	249321	182923	197417	128270
农业机械总动力	万千瓦特	84	135	97	56	65
固定电话用户	户	118149	98829	112232	129000	79000
二、综合经济						
第一产业增加值	万元	314828	410346	511844	296007	303158
第二产业增加值	万元	3191565	916105	1270853	867253	1088235
地方财政一般预算收入	万元	338100	63222	175116	71578	152690
地方财政一般预算支出	万元	413150	166148	261078	206027	217768
居民储蓄存款余额	万元	2188854	1330385	1645491	1609297	1171647
年末金融机构各项贷款余额	万元	2366807	939947	1767090	1447319	1630919
三、农业、工业及投资						
粮食产量	吨	317314	216603	345009	328523	282233
棉花产量	吨				902	1342
油料产量	吨	68150	60474	80520	13188	40102
肉类总产量	吨	51039	24703	45314	159093	121196
规模以上工业企业个数	个	320	237	227	272	279
规模以上工业总产值(现价)	万元	14945813	2225768	3229316	4051329	7200500
固定资产投资(不含农户)	万元	1771696	869087	2681256	1285136	1783179
四、教育、卫生和社会保障						
普通中学在校学生数	人	32056	26713	31542	36901	36806
小学在校学生数	人	22710	18779	22635	43201	35488
医院、卫生院床位数	床	3846	1625	4117	3547	3032
各种社会福利收养性单位数	个	20	22	16	12	11
各种社会福利收养性单位床位数	床	2477	1553	590	2000	1561

2012年县(市)社会经济主要指标

山东省

指　　标	单位	青州市	诸城市	寿光市	安丘市	高密市
一、基本情况						
行政区域土地面积	平方公里	1569	2151	1990	1712	1527
乡(镇)个数	个	12	13	14	12	10
村民委员会个数	个	999	1329	968	870	883
年末总户数	户	268739	319427	327372	287020	315685
其中:乡村户数	户	173237	260997	254969	230168	236312
年末总人口	万人	92	109	105	95	88
乡村人口	万人	60	89	89	81	79
年末单位从业人员数	人	77581	79522	97326	114926	67757
乡村从业人员数	人	370878	459876	422831	428927	419555
其中:农林牧渔业	人	125452	185001	241669	286789	170569
农业机械总动力	万千瓦特	181	136	140	173	171
固定电话用户	户	162202	196646	175000	102612	145916
二、综合经济						
第一产业增加值	万元	419765	525864	784958	410052	451799
第二产业增加值	万元	2389413	3444190	3126767	1052746	2612789
地方财政一般预算收入	万元	271057	472730	550006	100089	281720
地方财政一般预算支出	万元	321627	552804	637474	247728	360222
居民储蓄存款余额	万元	3020240	2510966	3259638	1742806	1734381
年末金融机构各项贷款余额	万元	3313840	3462261	5201247	1671510	2140278
三、农业、工业及投资						
粮食产量	吨	424755	828386	639020	453574	876502
棉花产量	吨	186	1426	19614	5337	2471
油料产量	吨	39	62768	454	49315	54452
肉类总产量	吨	105910	341733	170198	105361	193043
规模以上工业企业个数	个	518	679	501	321	635
规模以上工业总产值(现价)	万元	13329814	19309781	15189620	3476355	14192449
固定资产投资(不含农户)	万元	3126269	3566417	1592937	602429	2981344
四、教育、卫生和社会保障						
普通中学在校学生数	人	52061	60545	66619	45436	48371
小学在校学生数	人	52997	76771	66722	54490	60684
医院、卫生院床位数	床	6593	6355	6905	3988	4400
各种社会福利收养性单位数	个	12	19	3	16	14
各种社会福利收养性单位床位数	床	2154	3127	2280	2769	2474

2012年县(市)社会经济主要指标

山东省

指　　标	单位	昌邑市	微山县	鱼台县	金乡县	嘉祥县
一、基本情况						
行政区域土地面积	平方公里	1628	1790	654	872	966
乡(镇)个数	个	9	12	9	11	14
村民委员会个数	个	691	523	386	651	703
年末总户数	户	185070	185808	131557	185995	213437
其中:乡村户数	户	152451	166628	105421	157054	206266
年末总人口	万人	58	72	47	64	87
乡村人口	万人	50	63	40	57	75
年末单位从业人员数	人	39516	52441	41766	32022	40789
乡村从业人员数	人	267882	368156	231089	351512	464041
其中:农林牧渔业	人	112325	161265	115900	141948	195496
农业机械总动力	万千瓦特	196	86	148	92	124
固定电话用户	户	125222	71010	72810	73300	29480
二、综合经济						
第一产业增加值	万元	312913	334368	286480	411900	272500
第二产业增加值	万元	1757755	1524700	520400	443100	1074400
地方财政一般预算收入	万元	186618	205096	65776	70066	100200
地方财政一般预算支出	万元	251506	277196	141581	185728	202625
居民储蓄存款余额	万元	1971337	898315	586100	1095100	1289017
年末金融机构各项贷款余额	万元	1766911	801668	346288	799595	762036
三、农业、工业及投资						
粮食产量	吨	465557	335308	280305	46185	552638
棉花产量	吨	10717	814	18456	65194	20714
油料产量	吨	12188	2182		182	2814
肉类总产量	吨	128686	83418	33879	46408	66866
规模以上工业企业个数	个	328	93	45	154	85
规模以上工业总产值(现价)	万元	8621505	2906481	833941	1548869	1652000
固定资产投资(不含农户)	万元	2135387	1425508	616240	866200	1231000
四、教育、卫生和社会保障						
普通中学在校学生数	人	34147	24677	24651	12187	24124
小学在校学生数	人	33182	34733	29297	25465	71729
医院、卫生院床位数	床	2215	2291	1184	1688	2041
各种社会福利收养性单位数	个	11	16	11	13	17
各种社会福利收养性单位床位数	床	1315	2468	1632	1580	1890

2012年县(市)社会经济主要指标

山东省

指　　标	单位	汶上县	泗水县	梁山县	曲阜市	兖州市
一、基本情况						
行政区域土地面积	平方公里	876	1118	960	815	664
乡(镇)个数	个	13	11	12	12	7
村民委员会个数	个	480	572	619	364	497
年末总户数	户	210953	179427	237249	153685	186708
其中:乡村户数	户	184011	161365	193391	148922	126244
年末总人口	万人	78	62	79	64	64
乡村人口	万人	72	56	69	53	46
年末单位从业人员数	人	34841	23383	31175	63183	62528
乡村从业人员数	人	425069	309507	393684	288788	263337
其中:农林牧渔业	人	120953	139267	191370	127504	118821
农业机械总动力	万千瓦特	99	38	108	73	71
固定电话用户	户	78348	83003	107132	56541	39500
二、综合经济						
第一产业增加值	万元	324202	299800	377119	278768	394983
第二产业增加值	万元	1026700	536000	1016000	1179100	2991700
地方财政一般预算收入	万元	90006	50438	65097	162396	300800
地方财政一般预算支出	万元	192572	166327	178335	254676	355082
居民储蓄存款余额	万元	1063100	716900	1200835	1189100	1873010
年末金融机构各项贷款余额	万元	739200	522367	613300	904259	2016200
三、农业、工业及投资						
粮食产量	吨	524833	237659	543326	565335	447022
棉花产量	吨	177	2773	7101	1245	459
油料产量	吨	5991	66527	18397	11082	4191
肉类总产量	吨	90990	84686	96685	80771	107134
规模以上工业企业个数	个	122	60	135	111	178
规模以上工业总产值(现价)	万元	1476215	1199392	2209707	1963438	11248824
固定资产投资(不含农户)	万元	1242694	798800	1222878	1430538	1780532
四、教育、卫生和社会保障						
普通中学在校学生数	人	18838	12035	22311	11977	27830
小学在校学生数	人	42690	36744	44662	30213	40225
医院、卫生院床位数	床	1282	2324	1556	1799	3385
各种社会福利收养性单位数	个	14	14	14	15	14
各种社会福利收养性单位床位数	床	1280	2041	1692	1556	1405

2012年县(市)社会经济主要指标

山东省

指　　标	单位	邹城市	宁阳县	东平县	新泰市	肥城市
一、基本情况						
行政区域土地面积	平方公里	1616	1125	1340	1933	1277
乡(镇)个数	个	13	13	14	18	14
村民委员会个数	个	861	556	706	887	584
年末总户数	户	350802	252025	260273	508862	324812
其中:乡村户数	户	234318	184147	191952	315467	210997
年末总人口	万人	116	82	79	140	98
乡村人口	万人	84	67	70	104	72
年末单位从业人员数	人	177441	75267	39575	194899	149930
乡村从业人员数	人	456586	373016	386434	636828	390051
其中:农林牧渔业	人	228955	134453	196518	141548	112776
农业机械总动力	万千瓦特	84	96	97	100	95
固定电话用户	户	178200	97715	77080	165447	266024
二、综合经济						
第一产业增加值	万元	434822	448446	349989	520000	437560
第二产业增加值	万元	4033000	1312400	1337000	4238000	3481000
地方财政一般预算收入	万元	414840	90400	75936	383732	318667
地方财政一般预算支出	万元	486170	229950	205055	558689	441899
居民储蓄存款余额	万元	2526615	1068789	1062913	2558498	2023820
年末金融机构各项贷款余额	万元	3662100	767020	908170	2494585	2120184
三、农业、工业及投资						
粮食产量	吨	594908	627077	669740	498191	614942
棉花产量	吨	2334	649	4980	410	1445
油料产量	吨	61054	75011	20957	97208	9669
肉类总产量	吨	102623	97656	52333	143952	78205
规模以上工业企业个数	个	159	340	281	385	353
规模以上工业总产值(现价)	万元	8625287	8206784	7277629	16152674	13936845
固定资产投资(不含农户)	万元	2557445	1760000	1663231	4087265	3427040
四、教育、卫生和社会保障						
普通中学在校学生数	人	54990	32228	31980	91636	54142
小学在校学生数	人	67963	47925	44925	64116	67678
医院、卫生院床位数	床	5326	3490	2201	5935	4346
各种社会福利收养性单位数	个	25	16	14	25	25
各种社会福利收养性单位床位数	床	5500	3500	2300	4170	2137

2012年县(市)社会经济主要指标

山东省

指　　标	单位	文登市	荣成市	乳山市	五莲县	莒　县
一、基本情况						
行政区域土地面积	平方公里	1829	1526	1654	1496	1952
乡(镇)个数	个	17	22	15	12	21
村民委员会个数	个	807	826	601	632	1260
年末总户数	户	245969	242195	211300	183794	405124
其中:乡村户数	户	189337	186646	184009	143186	348722
年末总人口	万人	64	67	57	51	114
乡村人口	万人	47	44	47	43	96
年末单位从业人员数	人	104218	149389	56633	35844	51645
乡村从业人员数	人	274326	230086	266201	263052	599490
其中:农林牧渔业	人	97403	91051	154302	162588	396236
农业机械总动力	万千瓦特	201	194	106	53	120
固定电话用户	户	400296	200163	153000	132413	76385
二、综合经济						
第一产业增加值	万元	499987	702221	312087	171290	375416
第二产业增加值	万元	3744270	4200341	2011965	1010510	1190600
地方财政一般预算收入	万元	325084	426588	200018	55921	70058
地方财政一般预算支出	万元	472679	744236	296650	165517	263760
居民储蓄存款余额	万元	2448277	3074906	1780426	999611	1590789
年末金融机构各项贷款余额	万元	1980804	3198049	1754126	821067	1512357
三、农业、工业及投资						
粮食产量	吨	381751	276670	288549	224332	487103
棉花产量	吨				1285	684
油料产量	吨	90898	70625	76359	61630	89046
肉类总产量	吨	52909	36587	64117	47463	91459
规模以上工业企业个数	个	417	482	353	144	130
规模以上工业总产值(现价)	万元	12018316	21487891	6332215	3669841	3551773
固定资产投资(不含农户)	万元	3497725	2920268	1250346	869313	1360523
四、教育、卫生和社会保障						
普通中学在校学生数	人	27450	34701	21377	29110	46602
小学在校学生数	人	19664	25707	13506	28185	72036
医院、卫生院床位数	床	4260	5356	2462	1088	2771
各种社会福利收养性单位数	个	28	33	17	14	23
各种社会福利收养性单位床位数	床	5282	4128	3417	1548	2500

2012年县(市)社会经济主要指标

山东省

指　　标	单位	沂南县	郯城县	沂水县	苍山县	费　县
一、基本情况						
行政区域土地面积	平方公里	1719	1195	2414	1724	1660
乡(镇)个数	个	15	13	18	17	12
村民委员会个数	个	574	616	1063	1024	475
年末总户数	户	284606	258604	383474	320835	254110
其中:乡村户数	户	264625	224137	321823	310959	218981
年末总人口	万人	91	94	114	130	83
乡村人口	万人	82	84	99	114	74
年末单位从业人员数	人	35718	30578	62776	34763	35130
乡村从业人员数	人	506979	510529	566925	670292	447047
其中:农林牧渔业	人	268176	289898	357756	358440	209395
农业机械总动力	万千瓦特	76	86	90	116	56
固定电话用户	户	72453	79478	113158	96645	97322
二、综合经济						
第一产业增加值	万元	300425	235176	303603	453600	280992
第二产业增加值	万元	732200	1007400	1322000	882500	975500
地方财政一般预算收入	万元	80016	63917	137197	80689	84086
地方财政一般预算支出	万元	233122	217429	300825	264518	223631
居民储蓄存款余额	万元	1278284	1178935	1829431	1305337	1221823
年末金融机构各项贷款余额	万元	798298	803293	1589405	943763	872493
三、农业、工业及投资						
粮食产量	吨	412444	761342	449954	671483	315418
棉花产量	吨	2098	612	3413	1480	1870
油料产量	吨	85749	16483	90600	57819	83473
肉类总产量	吨	162869	49999	103070	42973	47270
规模以上工业企业个数	个	290	259	460	205	338
规模以上工业总产值(现价)	万元	3967479	3860929	7803891	3094328	5139645
固定资产投资(不含农户)	万元	1199949	1092001	1453394	1170297	1041536
四、教育、卫生和社会保障						
普通中学在校学生数	人	41829	41611	48680	50654	36543
小学在校学生数	人	52794	51092	57626	133377	48016
医院、卫生院床位数	床	2535	1801	5856	3440	2245
各种社会福利收养性单位数	个	17	14	19	18	14
各种社会福利收养性单位床位数	床	2773	1823	3511	5265	2801

2012年县(市)社会经济主要指标

山东省

指标	单位	平邑县	莒南县	蒙阴县	临沭县	陵县
一、基本情况						
行政区域土地面积	平方公里	1823	1751	1602	1010	1213
乡(镇)个数	个	14	16	10	10	11
村民委员会个数	个	733	732	464	287	990
年末总户数	户	321280	364748	177572	192323	170599
其中:乡村户数	户	261244	316048	138830	168113	137850
年末总人口	万人	102	102	55	64	60
乡村人口	万人	89	92	42	54	48
年末单位从业人员数	人	93684	41220	26771	40879	31264
乡村从业人员数	人	545725	539867	265847	329102	248424
其中:农林牧渔业	人	326228	345784	150960	137891	147504
农业机械总动力	万千瓦特	72	90	81	73	147
固定电话用户	户	98241	93565	63073	69760	70948
二、综合经济						
第一产业增加值	万元	313518	328490	254027	169772	276136
第二产业增加值	万元	929600	972100	598000	862200	965700
地方财政一般预算收入	万元	72581	101018	54190	72305	67593
地方财政一般预算支出	万元	251950	263868	165094	187627	176020
居民储蓄存款余额	万元	1120057	1483641	821870	915246	809687
年末金融机构各项贷款余额	万元	942736	1069853	610372	1006174	723489
三、农业、工业及投资						
粮食产量	吨	363733	508620	189732	314353	1004320
棉花产量	吨	633	36	1866	29	11251
油料产量	吨	86890	145646	40478	179800	
肉类总产量	吨	65697	135570	25496	58547	80592
规模以上工业企业个数	个	259	269	184	192	207
规模以上工业总产值(现价)	万元	2902444	4683124	2504559	3812796	5507312
固定资产投资(不含农户)	万元	1076647	1957144	897793	1148338	1208126
四、教育、卫生和社会保障						
普通中学在校学生数	人	53939	51294	28839	36094	26442
小学在校学生数	人	58308	53528	30783	45143	39403
医院、卫生院床位数	床	2946	2849	1698	1606	1790
各种社会福利收养性单位数	个	15	16	11	10	14
各种社会福利收养性单位床位数	床	2489	2878	1852	1735	1003

2012年县(市)社会经济主要指标

山东省

指　　标	单位	宁津县	庆云县	临邑县	齐河县	平原县
一、基本情况						
行政区域土地面积	平方公里	833	502	1016	1411	1047
乡(镇)个数	个	10	8	9	13	10
村民委员会个数	个	856	381	184	1014	878
年末总户数	户	143018	94308	150764	191236	149073
其中:乡村户数	户	116515	72328	118480	143860	107173
年末总人口	万人	47	32	54	63	47
乡村人口	万人	42	29	44	51	37
年末单位从业人员数	人	18175	26797	28947	53370	27481
乡村从业人员数	人	242366	127960	250931	296293	205588
其中:农林牧渔业	人	105392	83925	154111	176061	135577
农业机械总动力	万千瓦特	206	49	186	228	141
固定电话用户	户	57600	45936	62513	53383	86500
二、综合经济						
第一产业增加值	万元	211259	98836	266925	303482	236078
第二产业增加值	万元	911600	587400	1100100	1547600	884500
地方财政一般预算收入	万元	45000	37107	80821	143682	44129
地方财政一般预算支出	万元	145841	116106	178770	258113	147872
居民储蓄存款余额	万元	1005709	431208	883456	927469	835185
年末金融机构各项贷款余额	万元	567449	434416	820439	923790	532249
三、农业、工业及投资						
粮食产量	吨	500167	225913	756144	1032305	750162
棉花产量	吨	8368	3789	4248	5315	2738
油料产量	吨	2692		22	8507	392
肉类总产量	吨	30743	11964	128789	117313	74666
规模以上工业企业个数	个	277	190	381	399	200
规模以上工业总产值(现价)	万元	5141344	3301079	5733700	6967367	5199104
固定资产投资(不含农户)	万元	1116787	683300	1225418	1133000	977000
四、教育、卫生和社会保障						
普通中学在校学生数	人	20826	14205	22386	28773	21557
小学在校学生数	人	36524	26305	36782	39818	34551
医院、卫生院床位数	床	1142	1600	1972	1495	1300
各种社会福利收养性单位数	个	15	13	12	15	15
各种社会福利收养性单位床位数	床	1590	680	2548	1578	1200

2012年县(市)社会经济主要指标

山东省

指　　标	单位	夏津县	武城县	乐陵市	禹城市	阳谷县
一、基本情况						
行政区域土地面积	平方公里	882	748	1172	990	1066
乡(镇)个数	个	12	7	12	10	15
村民委员会个数	个	310	189	491	383	856
年末总户数	户	153871	119791	211309	170904	232779
其中:乡村户数	户	134503	97139	151920	118297	190686
年末总人口	万人	53	39	70	53	80
乡村人口	万人	47	34	59	43	71
年末单位从业人员数	人	18535	31712	26146	38508	32576
乡村从业人员数	人	258638	181006	292415	235585	408878
其中:农林牧渔业	人	159170	101735	165578	94461	140670
农业机械总动力	万千瓦特	106	66	96	130	132
固定电话用户	户	58100	56524	41280	92000	101400
二、综合经济						
第一产业增加值	万元	200894	178904	272228	280961	345500
第二产业增加值	万元	828611	847000	994600	1091400	1275200
地方财政一般预算收入	万元	51507	48084	49008	100344	60718
地方财政一般预算支出	万元	158495	136969	190717	207639	199371
居民储蓄存款余额	万元	726127	725067	882372	757926	1305323
年末金融机构各项贷款余额	万元	576282	623405	847709	1127926	1682086
三、农业、工业及投资						
粮食产量	吨	210537	400071	752317	750658	672657
棉花产量	吨	54390	15786	13340	10633	4971
油料产量	吨	3425	248	374	4746	11803
肉类总产量	吨	33175	14754	79922	91659	71625
规模以上工业企业个数	个	321	391	247	294	214
规模以上工业总产值(现价)	万元	5490659	5403740	5219997	6697600	7213084
固定资产投资(不含农户)	万元	726878	1075107	1209300	1263800	1314790
四、教育、卫生和社会保障						
普通中学在校学生数	人	22052	13914	30738	25750	34666
小学在校学生数	人	50174	28459	54440	36858	47376
医院、卫生院床位数	床	1168	835	2023	1600	1613
各种社会福利收养性单位数	个	15	7	13	12	7
各种社会福利收养性单位床位数	床	1195	936	1345	995	3294

2012年县(市)社会经济主要指标

山东省

指标	单位	莘县	茌平县	东阿县	冠县	高唐县
一、基本情况						
行政区域土地面积	平方公里	1416	1003	729	1161	949
乡(镇)个数	个	20	11	8	15	9
村民委员会个数	个	1154	732	507	644	160
年末总户数	户	309229	189526	120732	250991	180498
其中:乡村户数	户	250215	127847	94932	192737	107315
年末总人口	万人	101	54	40	80	49
乡村人口	万人	92	45	34	70	37
年末单位从业人员数	人	34375	53089	27381	31995	52622
乡村从业人员数	人	559377	275011	214871	427547	207949
其中:农林牧渔业	人	411780	139157	117328	261565	142364
农业机械总动力	万千瓦特	238	120	80	142	104
固定电话用户	户	63250	73438	67324	41163	52143
二、综合经济						
第一产业增加值	万元	403268	397162	159070	360100	299200
第二产业增加值	万元	1159100	2283300	829430	1071700	1947000
地方财政一般预算收入	万元	50250	188081	50188	54246	91222
地方财政一般预算支出	万元	231796	271957	130213	213654	190897
居民储蓄存款余额	万元	1140249	906545	686651	870066	678009
年末金融机构各项贷款余额	万元	736444	1590748	673867	953882	1112492
三、农业、工业及投资						
粮食产量	吨	752328	641199	491302	672851	501947
棉花产量	吨	2100	8477	3022	5884	16600
油料产量	吨	24952	23787	382	38035	18066
肉类总产量	吨	143901	67786	24687	75528	45714
规模以上工业企业个数	个	219	390	141	235	365
规模以上工业总产值(现价)	万元	5076620	10845827	3507456	7042513	12135400
固定资产投资(不含农户)	万元	1283012	1795945	766474	1260321	1791353
四、教育、卫生和社会保障						
普通中学在校学生数	人	34666	21862	16240	18123	18923
小学在校学生数	人	72405	37262	20996	51874	31628
医院、卫生院床位数	床	2578	1688	1244	1979	1496
各种社会福利收养性单位数	个	7	8	8	5	14
各种社会福利收养性单位床位数	床	3713	2249	1670	2275	1950

2012年县(市)社会经济主要指标

山东省

指　　标	单位	临清市	惠民县	阳信县	无棣县	沾化县
一、基本情况						
行政区域土地面积	平方公里	950	1363	798	2090	2218
乡(镇)个数	个	12	15	10	12	12
村民委员会个数	个	436	1120	857	592	438
年末总户数	户	241258	182778	150465	157518	143638
其中:乡村户数	户	164491	155079	115763	131270	105400
年末总人口	万人	76	64	45	46	39
乡村人口	万人	60	55	40	37	35
年末单位从业人员数	人	42394	25544	18329	34065	23947
乡村从业人员数	人	364720	339368	209223	245182	208686
其中:农林牧渔业	人	234701	171937	92826	100963	151821
农业机械总动力	万千瓦特	121	92	78	83	47
固定电话用户	户	143531	58914	58979	56685	41420
二、综合经济						
第一产业增加值	万元	200459	283917	205690	344253	323519
第二产业增加值	万元	1772841	618406	506277	1201974	569746
地方财政一般预算收入	万元	106406	60249	50757	126525	84208
地方财政一般预算支出	万元	196923	200830	145912	212380	170077
居民储蓄存款余额	万元	1399150	681615	454374	626703	419059
年末金融机构各项贷款余额	万元	1420394	790680	613361	1135461	689093
三、农业、工业及投资						
粮食产量	吨	555974	573440	457375	260402	140973
棉花产量	吨	9152	22520	6146	25901	33625
油料产量	吨	2301	8620		235	1582
肉类总产量	吨	25014	66942	88132	105686	54514
规模以上工业企业个数	个	401	170	115	121	104
规模以上工业总产值(现价)	万元	12458100	2272580	2604292	3496454	2427334
固定资产投资(不含农户)	万元	1750687	1129820	1109216	2197410	1198072
四、教育、卫生和社会保障						
普通中学在校学生数	人	28742	27914	23409	21507	16964
小学在校学生数	人	59825	40341	30107	28714	22483
医院、卫生院床位数	床	2641	3713	814	1962	2080
各种社会福利收养性单位数	个	10	16	9	13	11
各种社会福利收养性单位床位数	床	2224	2212	998	1585	1786

2012年县(市)社会经济主要指标

山东省

指　　标	单位	博兴县	邹平县	曹　县	单　县	成武县
一、基本情况						
行政区域土地面积	平方公里	900	1250	1974	1670	998
乡(镇)个数	个	12	16	24	18	11
村民委员会个数	个	448	858	1169	502	475
年末总户数	户	151259	200542	426405	335618	205689
其中:乡村户数	户	123882	174816	318461	283379	156608
年末总人口	万人	49	73	159	121	70
乡村人口	万人	41	62	130	109	57
年末单位从业人员数	人	36569	178884	37960	38334	27634
乡村从业人员数	人	222581	385805	702389	550325	283172
其中:农林牧渔业	人	104391	102146	362504	261041	137459
农业机械总动力	万千瓦特	141	117	228	238	109
固定电话用户	户	85696	148923	94772	72026	49379
二、综合经济						
第一产业增加值	万元	201739	336789	332910	342641	213034
第二产业增加值	万元	1407186	4405394	1184003	1086358	673893
地方财政一般预算收入	万元	208856	513343	153573	144084	73687
地方财政一般预算支出	万元	275039	529585	361718	318009	184902
居民储蓄存款余额	万元	1295322	1560027	1450489	1302291	775403
年末金融机构各项贷款余额	万元	2535084	4981960	961478	999183	592374
三、农业、工业及投资						
粮食产量	吨	442133	764458	1055455	670767	446005
棉花产量	吨	10054	3195	10585	25948	33927
油料产量	吨	278	1816	20586	41227	529
肉类总产量	吨	47652	84383	79618	105909	54669
规模以上工业企业个数	个	190	258	428	349	177
规模以上工业总产值(现价)	万元	9551845	28445567	5565306	4792778	2978333
固定资产投资(不含农户)	万元	1649703	2177625	819515	687145	498494
四、教育、卫生和社会保障						
普通中学在校学生数	人	29451	43394	82264	73126	37084
小学在校学生数	人	35156	50773	145448	99948	67703
医院、卫生院床位数	床	3267	4574	4090	3375	1721
各种社会福利收养性单位数	个	14	33	28	22	17
各种社会福利收养性单位床位数	床	1803	3207	5254	3892	3507

2012年县(市)社会经济主要指标

山东省

指　　标	单位	巨野县	郓城县	鄄城县	定陶县	东明县
一、基本情况						
行政区域土地面积	平方公里	1308	1643	1032	846	1370
乡(镇)个数	个	15	20	15	10	12
村民委员会个数	个	888	1017	440	360	400
年末总户数	户	301079	350159	240979	178202	223045
其中:乡村户数	户	231647	282091	194167	146001	171207
年末总人口	万人	101	122	86	67	81
乡村人口	万人	84	99	73	55	67
年末单位从业人员数	人	33352	49696	28122	26319	41595
乡村从业人员数	人	461646	523222	402406	311485	291260
其中:农林牧渔业	人	236484	232399	211728	182414	148976
农业机械总动力	万千瓦特	211	155	117	85	136
固定电话用户	户	53603	101478	47494	37304	39582
二、综合经济						
第一产业增加值	万元	254049	329110	223896	211939	215689
第二产业增加值	万元	1035510	1279888	605228	519931	1230255
地方财政一般预算收入	万元	160989	172288	62178	61104	132909
地方财政一般预算支出	万元	295306	300343	205928	174606	250899
居民储蓄存款余额	万元	1293848	1704271	1010808	751175	935055
年末金融机构各项贷款余额	万元	1111361	1338678	617163	493068	1203004
三、农业、工业及投资						
粮食产量	吨	404545	1004379	510343	506207	543191
棉花产量	吨	49466	22932	3938	7331	26970
油料产量	吨	9043	28327	61456	4933	58012
肉类总产量	吨	50555	89306	54279	74189	46347
规模以上工业企业个数	个	241	316	277	179	140
规模以上工业总产值(现价)	万元	4103966	5154324	3250182	2584265	6288605
固定资产投资(不含农户)	万元	820648	770810	448934	497270	840018
四、教育、卫生和社会保障						
普通中学在校学生数	人	53006	62030	48760	28865	38755
小学在校学生数	人	80531	116076	81642	52097	87045
医院、卫生院床位数	床	1901	3411	1989	1408	1633
各种社会福利收养性单位数	个	17	22	16	14	13
各种社会福利收养性单位床位数	床	3696	3643	3085	469	3244

2012年县(市)社会经济主要指标

河南省

指　　标	单位	中牟县	巩义市	荥阳市	新密市	新郑市
一、基本情况						
行政区域土地面积	平方公里	1417	1043	943	1001	887
乡(镇)个数	个	16	15	12	13	12
村民委员会个数	个	428	289	288	303	294
年末总户数	户	175253	229083	176767	213631	174869
其中:乡村户数	户	156753	162352	134288	158043	123621
年末总人口	万人	79	81	66	80	65
乡村人口	万人	65	63	50	60	47
年末单位从业人员数	人	74621	64113	65676	71282	76313
乡村从业人员数	人	405648	330651	314726	333815	294501
其中:农林牧渔业	人	263310	86544	114664	84935	145837
农业机械总动力	万千瓦特	104	58	77	95	95
固定电话用户	户	88925	142895	110111	173251	111251
二、综合经济						
第一产业增加值	万元	488360	101528	246066	155800	199846
第二产业增加值	万元	3422531	3736918	3188829	3484293	3659830
地方财政一般预算收入	万元	271777	260515	165023	244227	269588
地方财政一般预算支出	万元	440419	390589	274842	367013	375621
居民储蓄存款余额	万元	1135408	1693508	1217438	2003311	1280660
年末金融机构各项贷款余额	万元	958729	1477284	1001470	1062859	1213472
三、农业、工业及投资						
粮食产量	吨	358311	157272	332819	207059	290485
棉花产量	吨	1338	276	290	26	25
油料产量	吨	99491	5188	12985	10988	40992
肉类总产量	吨	67774	24317	45598	20515	50617
规模以上工业企业个数	个	247	426	363	546	306
规模以上工业总产值(现价)	万元	6196663	14941714	11229695	10509592	10110253
固定资产投资(不含农户)	万元	3068500	3047400	3046900	3069700	2702900
四、教育、卫生和社会保障						
普通中学在校学生数	人	37717	39818	30168	45192	40780
小学在校学生数	人	76726	50576	39347	69371	51861
医院、卫生院床位数	床	2093	2508	1671	3441	2024
各种社会福利收养性单位数	个	18	21	19	25	22
各种社会福利收养性单位床位数	床	1198	1170	4457	2300	2202

2012年县(市)社会经济主要指标

河南省

指　　标	单位	登封市	杞县	通许县	尉氏县	开封县
一、基本情况						
行政区域土地面积	平方公里	1217	1248	767	1307	1290
乡(镇)个数	个	12	20	11	16	14
村民委员会个数	个	303	580	304	516	335
年末总户数	户	175131	355074	178097	255893	209294
其中:乡村户数	户	142329	261719	131119	194295	172607
年末总人口	万人	70	121	68	100	78
乡村人口	万人	57	99	55	78	68
年末单位从业人员数	人	78201	56598	35682	67739	41639
乡村从业人员数	人	342700	595245	331682	498533	437494
其中:农林牧渔业	人	143985	391301	235282	270159	216560
农业机械总动力	万千瓦特	61	173	96	129	158
固定电话用户	户	69215	60610	34255	60616	57549
二、综合经济						
第一产业增加值	万元	121207	722972	432407	473464	470140
第二产业增加值	万元	3120991	741801	666170	1397257	618317
地方财政一般预算收入	万元	239554	49880	29536	71712	44866
地方财政一般预算支出	万元	353746	250823	150760	235259	180039
居民储蓄存款余额	万元	1534519	720682	500611	712086	471561
年末金融机构各项贷款余额	万元	900162	335668	195437	395471	223817
三、农业、工业及投资						
粮食产量	吨	178352	618154	362445	533013	553386
棉花产量	吨	273	11915	3920	10028	4730
油料产量	吨	4357	79209	36238	109035	131879
肉类总产量	吨	24439	99747	60186	85218	76798
规模以上工业企业个数	个	278	167	142	261	170
规模以上工业总产值(现价)	万元	9931727	2272322	1754217	4820055	1886443
固定资产投资(不含农户)	万元	2576200	1088500	874000	1382900	1098900
四、教育、卫生和社会保障						
普通中学在校学生数	人	35153	60017	36781	48371	44018
小学在校学生数	人	62124	127809	77879	86357	80181
医院、卫生院床位数	床	2524	2240	1818	1864	1056
各种社会福利收养性单位数	个	17	24	14	17	20
各种社会福利收养性单位床位数	床	2292	2586	1400	1795	2327

2012年县(市)社会经济主要指标

河南省

指　　标	单位	兰考县	孟津县	新安县	栾川县	嵩　县
一、基本情况						
行政区域土地面积	平方公里	1116	759	1164	2477	3009
乡(镇)个数	个	16	10	11	14	16
村民委员会个数	个	459	222	297	207	317
年末总户数	户	261885	116662	159850	96571	169364
其中:乡村户数	户	163743	93826	115504	78497	132667
年末总人口	万人	91	46	53	34	59
乡村人口	万人	68	39	44	30	50
年末单位从业人员数	人	27767	31941	33590	29218	20703
乡村从业人员数	人	448887	215420	291103	185453	318023
其中:农林牧渔业	人	200998	100695	159200	89071	190753
农业机械总动力	万千瓦特	95	35	45	28	55
固定电话用户	户	71773	61871	24483	23520	41250
二、综合经济						
第一产业增加值	万元	321370	221042	197080	135459	284549
第二产业增加值	万元	799494	1116599	2553613	1164561	633319
地方财政一般预算收入	万元	67046	80905	133379	141689	55598
地方财政一般预算支出	万元	250809	167278	229353	195159	198269
居民储蓄存款余额	万元	732386	655014	686692	664497	530901
年末金融机构各项贷款余额	万元	301824	442111	663390	364714	171871
三、农业、工业及投资						
粮食产量	吨	504939	232304	220807	67808	217792
棉花产量	吨	4368	90	129	7	210
油料产量	吨	69946	4144	5679	577	9623
肉类总产量	吨	47295	21782	20339	7734	31046
规模以上工业企业个数	个	241	196	219	67	39
规模以上工业总产值(现价)	万元	2133792	3551333	8427189	3126380	1515833
固定资产投资(不含农户)	万元	805700	1543738	2627160	1284200	1289800
四、教育、卫生和社会保障						
普通中学在校学生数	人	53620	24250	35139	18824	30751
小学在校学生数	人	86810	31437	48239	25989	59022
医院、卫生院床位数	床	3603	1705	1415	1245	1638
各种社会福利收养性单位数	个	17	11	12	14	17
各种社会福利收养性单位床位数	床	1556	943	1368	1863	1288

2012年县(市)社会经济主要指标

河南省

指　　标	单位	汝阳县	宜阳县	洛宁县	伊川县	偃师市
一、基本情况						
行政区域土地面积	平方公里	1332	1651	2306	1238	949
乡(镇)个数	个	13	16	18	14	14
村民委员会个数	个	213	347	388	369	332
年末总户数	户	125788	192080	135194	193356	243509
其中:乡村户数	户	102785	138410	104829	169652	179534
年末总人口	万人	47	70	50	76	88
乡村人口	万人	40	59	42	70	67
年末单位从业人员数	人	19169	25067	22357	31415	33623
乡村从业人员数	人	258651	370738	279302	428769	410761
其中:农林牧渔业	人	140510	211957	166773	229640	123807
农业机械总动力	万千瓦特	40	57	40	73	79
固定电话用户	户	51822	31801	36800	84981	72786
二、综合经济						
第一产业增加值	万元	133251	288422	286770	289149	265853
第二产业增加值	万元	670266	892149	659106	1916106	2704919
地方财政一般预算收入	万元	46323	61818	56317	107958	127613
地方财政一般预算支出	万元	161376	210198	182474	242268	264623
居民储蓄存款余额	万元	437089	535276	400266	745161	1345933
年末金融机构各项贷款余额	万元	222315	341725	159766	1052753	701345
三、农业、工业及投资						
粮食产量	吨	178186	374714	263564	370594	369521
棉花产量	吨	100	474	50	813	120
油料产量	吨	8574	82410	8295	11535	4604
肉类总产量	吨	11821	52108	26545	44274	29639
规模以上工业企业个数	个	60	118	38	123	441
规模以上工业总产值(现价)	万元	1313270	2218637	1786914	5041665	8943268
固定资产投资(不含农户)	万元	908207	1652336	1258046	2457749	2508095
四、教育、卫生和社会保障						
普通中学在校学生数	人	27780	42364	25294	43090	47741
小学在校学生数	人	55433	62082	46410	86723	64373
医院、卫生院床位数	床	1573	1715	1510	2250	1993
各种社会福利收养性单位数	个	16	16	19	15	63
各种社会福利收养性单位床位数	床	1415	1053	1168	1402	1424

2012年县(市)社会经济主要指标

河南省

指　　标	单位	宝丰县	叶　县	鲁山县	郏　县	舞钢市
一、基本情况						
行政区域土地面积	平方公里	722	1387	2409	737	641
乡(镇)个数	个	11	18	20	13	8
村民委员会个数	个	303	569	527	357	190
年末总户数	户	152444	251144	266886	178091	104439
其中:乡村户数	户	117105	209956	194887	142709	72236
年末总人口	万人	52	89	93	62	34
乡村人口	万人	43	79	77	54	26
年末单位从业人员数	人	27080	31496	29985	19881	36706
乡村从业人员数	人	280284	515145	475006	356146	164835
其中:农林牧渔业	人	150901	320282	281796	239920	94438
农业机械总动力	万千瓦特	45	60	37	50	27
固定电话用户	户	37195	40498	51136	47367	59509
二、综合经济						
第一产业增加值	万元	163114	365406	200484	204905	101858
第二产业增加值	万元	1526170	993601	478664	730051	573733
地方财政一般预算收入	万元	92410	57526	57063	64567	86448
地方财政一般预算支出	万元	194371	208369	241466	190336	154451
居民储蓄存款余额	万元	728287	773546	944469	602349	654883
年末金融机构各项贷款余额	万元	434472	404938	561449	377637	644278
三、农业、工业及投资						
粮食产量	吨	223653	608351	208139	320843	148348
棉花产量	吨	184	259	5	327	304
油料产量	吨	23697	45157	20134	18178	7685
肉类总产量	吨	44708	113119	27651	56320	44790
规模以上工业企业个数	个	96	56	56	129	62
规模以上工业总产值(现价)	万元	3143735	3383432	1429146	1865230	1817173
固定资产投资(不含农户)	万元	1756700	1648900	950800	1159600	1112300
四、教育、卫生和社会保障						
普通中学在校学生数	人	23768	36618	40397	27840	16253
小学在校学生数	人	47181	67318	85606	58555	27697
医院、卫生院床位数	床	1780	1792	2118	1830	1315
各种社会福利收养性单位数	个	13	38	24	14	8
各种社会福利收养性单位床位数	床	763	2924	1966	1095	785

2012年县(市)社会经济主要指标

河南省

指　　标	单位	汝州市	安阳县	汤阴县	滑　县	内黄县
一、基本情况						
行政区域土地面积	平方公里	957	1193	637	1781	1145
乡(镇)个数	个	16	21	10	22	16
村民委员会个数	个	437	590	298	1019	532
年末总户数	户	272367	290930	142869	331145	196970
其中:乡村户数	户	212125	236614	103074	320588	174293
年末总人口	万人	106	104	50	143	78
乡村人口	万人	85	86	39	116	68
年末单位从业人员数	人	56658	66233	34981	51608	35247
乡村从业人员数	人	518755	560039	251199	680726	465476
其中:农林牧渔业	人	264113	281885	138229	392869	242612
农业机械总动力	万千瓦特	14	82	59	248	110
固定电话用户	户	63158	122311	49703	139715	70051
二、综合经济						
第一产业增加值	万元	350564	317437	218445	590508	456393
第二产业增加值	万元	1846442	2258140	774372	655383	521722
地方财政一般预算收入	万元	136862	113989	53345	48537	33982
地方财政一般预算支出	万元	302994	266801	153702	349519	181214
居民储蓄存款余额	万元	1083208	1421103	481716	1161210	543342
年末金融机构各项贷款余额	万元	908278	728586	301441	579513	275580
三、农业、工业及投资						
粮食产量	吨	457933	692189	414010	1377526	462234
棉花产量	吨	623	2163	1868	3830	755
油料产量	吨	38622	6588	10782	135330	85821
肉类总产量	吨	90938	32840	31873	47853	37354
规模以上工业企业个数	个	112	206	93	110	77
规模以上工业总产值(现价)	万元	2559765	7362131	2874750	1831188	1502410
固定资产投资(不含农户)	万元	1612100	2790255	567300	854100	652800
四、教育、卫生和社会保障						
普通中学在校学生数	人	42386	48119	24073	60740	35216
小学在校学生数	人	104502	97647	54441	125713	67429
医院、卫生院床位数	床	3860	2264	1271	2886	1843
各种社会福利收养性单位数	个	23	26	15	26	22
各种社会福利收养性单位床位数	床	1931	1022	705	1281	1072

2012年县(市)社会经济主要指标

河南省

指　　标	单位	林州市	浚　县	淇　县	新乡县	获嘉县
一、基本情况						
行政区域土地面积	平方公里	2062	922	581	375	470
乡(镇)个数	个	16	7	5	7	11
村民委员会个数	个	542	453	174	178	222
年末总户数	户	299697	197498	85968	87550	116416
其中:乡村户数	户	256302	148136	57680	74677	83517
年末总人口	万人	108	73	29	35	43
乡村人口	万人	87	60	24	32	35
年末单位从业人员数	人	115846	23030	25640	33037	35957
乡村从业人员数	人	537917	359350	145274	189914	233476
其中:农林牧渔业	人	209324	179698	67629	29396	104735
农业机械总动力	万千瓦特	57	160	32	48	78
固定电话用户	户	108234	88739	48688	92383	102523
二、综合经济						
第一产业增加值	万元	210245	291117	179690	119311	144679
第二产业增加值	万元	2725671	653420	1152488	1455839	470726
地方财政一般预算收入	万元	114217	32653	41700	62991	28136
地方财政一般预算支出	万元	279171	191226	136781	128730	120880
居民储蓄存款余额	万元	2117890	496150	426628	819895	484367
年末金融机构各项贷款余额	万元	909567	631156	804816	1141386	248736
三、农业、工业及投资						
粮食产量	吨	362410	706785	294582	262814	318335
棉花产量	吨	579	176	41	1242	585
油料产量	吨	4655	47822	1873	13840	1480
肉类总产量	吨	73199	109424	130069	17646	29968
规模以上工业企业个数	个	263	105	125	129	88
规模以上工业总产值(现价)	万元	8979516	2424211	4569875	5403830	1525530
固定资产投资(不含农户)	万元	3024439	709600	883700	951078	441094
四、教育、卫生和社会保障						
普通中学在校学生数	人	51648	48873	16899	19486	24018
小学在校学生数	人	92434	81977	41297	33699	45526
医院、卫生院床位数	床	3411	1648	1335	1112	1344
各种社会福利收养性单位数	个	38	14	7	7	11
各种社会福利收养性单位床位数	床	1508	1494	363	438	440

2012年县(市)社会经济主要指标

河南省

指　　标	单位	原阳县	延津县	封丘县	长垣县	卫辉市
一、基本情况						
行政区域土地面积	平方公里	1323	886	1220	1051	859
乡(镇)个数	个	17	12	19	14	13
村民委员会个数	个	580	345	581	601	344
年末总户数	户	182429	133385	210437	256576	159176
其中:乡村户数	户	140265	105068	168396	164729	96123
年末总人口	万人	76	50	80	93	52
乡村人口	万人	55	42	69	67	39
年末单位从业人员数	人	29438	25881	26553	33399	36161
乡村从业人员数	人	343993	241461	360765	407499	219818
其中:农林牧渔业	人	168374	157066	182279	210788	165606
农业机械总动力	万千瓦特	114	84	107	111	58
固定电话用户	户	119224	94071	175623	189941	96616
二、综合经济						
第一产业增加值	万元	243597	227606	340365	284329	206074
第二产业增加值	万元	454985	482763	399807	1039608	466562
地方财政一般预算收入	万元	34678	40659	25002	80049	55003
地方财政一般预算支出	万元	177800	157871	195025	261842	170328
居民储蓄存款余额	万元	509797	389566	641030	1480695	1170401
年末金融机构各项贷款余额	万元	329705	265000	191063	1206851	1012288
三、农业、工业及投资						
粮食产量	吨	710288	422228	611034	600717	357325
棉花产量	吨	510	2802	2437	818	519
油料产量	吨	48713	121198	52590	62102	16429
肉类总产量	吨	34524	30361	77936	39854	54425
规模以上工业企业个数	个	130	99	60	112	91
规模以上工业总产值(现价)	万元	1298060	1528721	895501	3359435	1550358
固定资产投资(不含农户)	万元	791455	584573	837039	1627184	685142
四、教育、卫生和社会保障						
普通中学在校学生数	人	39912	32008	44021	60574	28794
小学在校学生数	人	75561	58386	91415	94931	93359
医院、卫生院床位数	床	1818	1477	2458	2870	3565
各种社会福利收养性单位数	个	17	14	26	19	14
各种社会福利收养性单位床位数	床	975	1395	2486	1883	760

2012年县(市)社会经济主要指标

河南省

指　　标	单位	辉县市	修武县	博爱县	武陟县	温　县
一、基本情况						
行政区域土地面积	平方公里	2007	678	492	860	481
乡(镇)个数	个	20	8	9	13	10
村民委员会个数	个	533	223	233	367	262
年末总户数	户	255206	72904	104332	187937	137337
其中:乡村户数	户	185270	60067	92993	149243	98311
年末总人口	万人	84	28	38	71	47
乡村人口	万人	70	23	38	62	40
年末单位从业人员数	人	55735	23796	19866	47162	27587
乡村从业人员数	人	359644	129181	200932	354197	237722
其中:农林牧渔业	人	181393	78244	100720	237547	134036
农业机械总动力	万千瓦特	77	38	30	116	52
固定电话用户	户	185259	39636	54731	71060	61256
二、综合经济						
第一产业增加值	万元	353011	122773	157223	292036	191441
第二产业增加值	万元	2001141	578412	1313637	1436827	1362589
地方财政一般预算收入	万元	192056	66861	56278	72066	44202
地方财政一般预算支出	万元	296876	132155	128167	177088	132682
居民储蓄存款余额	万元	1479233	420610	572926	750050	537760
年末金融机构各项贷款余额	万元	1206851	324735	447090	528529	399440
三、农业、工业及投资						
粮食产量	吨	558073	241050	234580	546253	303035
棉花产量	吨	50	122	105	134	654
油料产量	吨	20332	4169	1916	49076	16245
肉类总产量	吨	87719	34964	23865	62871	25886
规模以上工业企业个数	个	196	66	123	204	170
规模以上工业总产值(现价)	万元	6306049	1324445	4435294	4884003	4497201
固定资产投资(不含农户)	万元	2063264	862605	1114470	1727109	1132110
四、教育、卫生和社会保障						
普通中学在校学生数	人	42868	17624	24033	45877	27561
小学在校学生数	人	81008	21973	34277	62640	35428
医院、卫生院床位数	床	2234	797	1622	2006	1725
各种社会福利收养性单位数	个	18	10	10	14	9
各种社会福利收养性单位床位数	床	893	1262	420	960	666

2012年县(市)社会经济主要指标

河南省

指　　标	单位	沁阳市	孟州市	清丰县	南乐县	范　县
一、基本情况						
行政区域土地面积	平方公里	624	542	878	621	590
乡(镇)个数	个	9	7	17	12	12
村民委员会个数	个	307	274	503	322	587
年末总户数	户	111519	111858	184500	128500	155800
其中:乡村户数	户	97269	85156	151051	116275	110839
年末总人口	万人	49	38	74	56	59
乡村人口	万人	40	32	62	47	43
年末单位从业人员数	人	27201	41669	27076	19037	19471
乡村从业人员数	人	247865	199425	390364	284284	275716
其中:农林牧渔业	人	106570	64300	221205	136579	160487
农业机械总动力	万千瓦特	58	47	81	77	69
固定电话用户	户	77412	56850	37782	31391	31031
二、综合经济						
第一产业增加值	万元	165988	175116	362146	272103	142327
第二产业增加值	万元	2158408	1781977	777102	594658	646202
地方财政一般预算收入	万元	112600	81588	28291	19648	24791
地方财政一般预算支出	万元	205851	161928	188008	147034	159803
居民储蓄存款余额	万元	785016	561901	563262	412582	539333
年末金融机构各项贷款余额	万元	475951	458611	186961	162377	192078
三、农业、工业及投资						
粮食产量	吨	338040	306265	549233	450841	351435
棉花产量	吨	107	892	275	621	112
油料产量	吨	4637	15748	67156	31760	8631
肉类总产量	吨	25760	21334	56094	66190	28151
规模以上工业企业个数	个	205	212	144	100	137
规模以上工业总产值(现价)	万元	6891291	5958224	2678990	2127271	2428249
固定资产投资(不含农户)	万元	2202897	1718128	1343700	941800	927300
四、教育、卫生和社会保障						
普通中学在校学生数	人	31567	18407	36973	28966	38751
小学在校学生数	人	39652	23222	81839	65086	67009
医院、卫生院床位数	床	1123	875	1154	1260	1338
各种社会福利收养性单位数	个	10	10	18	13	12
各种社会福利收养性单位床位数	床	590	808	2010	1403	1177

2012年县(市)社会经济主要指标

河南省

指　　标	单位	台前县	濮阳县	许昌县	鄢陵县	襄城县
一、基本情况						
行政区域土地面积	平方公里	393	1445	1001	872	920
乡(镇)个数	个	9	20	16	12	16
村民委员会个数	个	372	995	350	376	435
年末总户数	户	94500	308400	210000	151458	250230
其中:乡村户数	户	81397	225682	146217	114748	179154
年末总人口	万人	41	121	89	67	85
乡村人口	万人	35	94	56	48	67
年末单位从业人员数	人	12765	39959	44760	32313	34310
乡村从业人员数	人	219999	593242	356944	297216	502450
其中:农林牧渔业	人	95868	397384	172140	134298	355100
农业机械总动力	万千瓦特	38	136	78	76	76
固定电话用户	户	33939	56363	55585	90339	35800
二、综合经济						
第一产业增加值	万元	85052	358515	374553	505840	347169
第二产业增加值	万元	426529	1612502	1194184	1037420	1713751
地方财政一般预算收入	万元	13832	58744	65036	56009	86026
地方财政一般预算支出	万元	136867	293240	213900	205086	202426
居民储蓄存款余额	万元	397397	966521	927914	733160	943138
年末金融机构各项贷款余额	万元	186680	502642	838090	717405	660460
三、农业、工业及投资						
粮食产量	吨	185672	908051	670252	537508	549075
棉花产量	吨	32	2475	1954	422	428
油料产量	吨	3022	34884	57376	2208	10535
肉类总产量	吨	16915	66729	79747	83259	76467
规模以上工业企业个数	个	99	163	181	147	116
规模以上工业总产值(现价)	万元	1507142	6135645	3129200	3432139	4703202
固定资产投资(不含农户)	万元	427300	1805600	1475200	1350700	1385500
四、教育、卫生和社会保障						
普通中学在校学生数	人	33521	52695	38337	39696	42065
小学在校学生数	人	56117	140993	65257	65988	76157
医院、卫生院床位数	床	649	2267	1116	2039	2009
各种社会福利收养性单位数	个	9	20	26	35	37
各种社会福利收养性单位床位数	床	817	3275	1842	1136	2996

2012年县(市)社会经济主要指标

河南省

指　　标	单位	禹州市	长葛市	郾城区	舞阳县	临颍县
一、基本情况						
行政区域土地面积	平方公里	1461	650	413	776	821
乡(镇)个数	个	22	12	8	14	15
村民委员会个数	个	650	363	160	397	367
年末总户数	户	362453	204378	145059	172681	209365
其中:乡村户数	户	243953	147985	83898	142109	166384
年末总人口	万人	127	67	52	61	74
乡村人口	万人	92	54	34	53	66
年末单位从业人员数	人	65302	48777	43616	35911	47425
乡村从业人员数	人	621491	348578	219985	320471	406111
其中:农林牧渔业	人	332705	138061	101796	208283	212484
农业机械总动力	万千瓦特	81	54	44	63	99
固定电话用户	户	102068	78617	54516	25705	41342
二、综合经济						
第一产业增加值	万元	298726	234069	185206	199297	300829
第二产业增加值	万元	2816947	2853594	970871	743519	1610717
地方财政一般预算收入	万元	243369	130026	30060	42078	51336
地方财政一般预算支出	万元	397088	258510	131865	163326	203480
居民储蓄存款余额	万元	1460260	1080915	893351	574652	703666
年末金融机构各项贷款余额	万元	1001327	1156804	938672	267175	325170
三、农业、工业及投资						
粮食产量	吨	539670	541709	269861	517421	518640
棉花产量	吨	2330	228	2252	904	4011
油料产量	吨	14440	9836	6927	9830	4803
肉类总产量	吨	77818	65833	66519	63510	76587
规模以上工业企业个数	个	389	308	140	78	115
规模以上工业总产值(现价)	万元	8250798	12169544	3178213	2303377	6068096
固定资产投资(不含农户)	万元	2972400	2024900	1010700	1017900	1197600
四、教育、卫生和社会保障						
普通中学在校学生数	人	64509	35229	37820	23350	42681
小学在校学生数	人	115707	67728	44967	35481	72430
医院、卫生院床位数	床	3052	2020	1885	1381	1594
各种社会福利收养性单位数	个	106	12	15	14	15
各种社会福利收养性单位床位数	床	4933	2182	1340	2388	1500

2012年县(市)社会经济主要指标

河南省

指　　标	单位	渑池县	陕　县	卢氏县	义马市	灵宝市
一、基本情况						
行政区域土地面积	平方公里	1421	1763	4004	112	3011
乡(镇)个数	个	12	13	19		15
村民委员会个数	个	235	262	352		441
年末总户数	户	119318	114947	128690	49543	212364
其中:乡村户数	户	73999	83997	88938	13038	157450
年末总人口	万人	34	34	36	17	74
乡村人口	万人	28	29	33	5	64
年末单位从业人员数	人	23900	20887	17561	73785	48027
乡村从业人员数	人	168233	166034	180092	24005	374262
其中:农林牧渔业	人	76819	112302	141102	5789	263095
农业机械总动力	万千瓦特	37	35	23	3	70
固定电话用户	户	32490	29999	35738	22881	77073
二、综合经济						
第一产业增加值	万元	170754	168067	143090	8158	384145
第二产业增加值	万元	1343001	677284	244334	1418589	3228555
地方财政一般预算收入	万元	143618	93196	42519	91219	130188
地方财政一般预算支出	万元	206159	164635	156770	116904	254600
居民储蓄存款余额	万元	588980	513114	478943	483379	1433429
年末金融机构各项贷款余额	万元	365500	507649	233525	711012	1358620
三、农业、工业及投资						
粮食产量	吨	183537	112585	110782	7185	227180
棉花产量	吨	90	110	22	8	925
油料产量	吨	22463	3203	721	559	8983
肉类总产量	吨	36524	16538	7948	3004	24536
规模以上工业企业个数	个	142	51	47	82	216
规模以上工业总产值(现价)	万元	4643512	2617677	493559	4363698	14208244
固定资产投资(不含农户)	万元	1808300	1717000	636200	1281500	2127800
四、教育、卫生和社会保障						
普通中学在校学生数	人	19938	19295	22508	6696	41855
小学在校学生数	人	31542	26050	19736	10700	53711
医院、卫生院床位数	床	1198	1094	1123	1393	2029
各种社会福利收养性单位数	个	15	13	19	2	17
各种社会福利收养性单位床位数	床	645	549	1214	95	1398

2012年县(市)社会经济主要指标

河南省

指　　标	单位	南召县	方城县	西峡县	镇平县	内乡县
一、基本情况						
行政区域土地面积	平方公里	2933	2542	3447	1490	2301
乡(镇)个数	个	16	15	16	19	16
村民委员会个数	个	333	561	287	410	288
年末总户数	户	220522	345931	166565	301694	229499
其中:乡村户数	户	138097	257702	107948	228415	155649
年末总人口	万人	65	113	48	108	72
乡村人口	万人	53	97	38	88	54
年末单位从业人员数	人	27962	39964	60912	57939	35446
乡村从业人员数	人	322099	637357	270322	476525	307528
其中:农林牧渔业	人	216949	385969	181959	246010	153338
农业机械总动力	万千瓦特	31	115	15	87	70
固定电话用户	户	88500	145411	54000	127000	60400
二、综合经济						
第一产业增加值	万元	149934	321918	231854	254630	293018
第二产业增加值	万元	693216	606796	1137984	1004287	569122
地方财政一般预算收入	万元	33978	52101	76639	51816	40007
地方财政一般预算支出	万元	191127	291666	196706	246266	193165
居民储蓄存款余额	万元	520284	733270	655716	1104517	658948
年末金融机构各项贷款余额	万元	220215	434103	737723	547604	430404
三、农业、工业及投资						
粮食产量	吨	190703	587661	103408	506055	306347
棉花产量	吨		1803		2905	1050
油料产量	吨	56260	218208	6574	66476	71603
肉类总产量	吨	23982	35307	29522	33879	90143
规模以上工业企业个数	个	85	101	95	127	70
规模以上工业总产值(现价)	万元	981565	1404997	3454526	2307075	799708
固定资产投资(不含农户)	万元	847100	1048500	1751500	1511800	1153100
四、教育、卫生和社会保障						
普通中学在校学生数	人	31073	47604	28749	40841	33984
小学在校学生数	人	71598	126996	52387	100727	66634
医院、卫生院床位数	床	1442	2646	2078	1959	1434
各种社会福利收养性单位数	个	17	37	18	55	70
各种社会福利收养性单位床位数	床	3208	3463	1910	2288	2090

2012年县(市)社会经济主要指标

河南省

指　　标	单位	淅川县	社旗县	唐河县	新野县	桐柏县
一、基本情况						
行政区域土地面积	平方公里	2818	1152	2497	1056	1915
乡(镇)个数	个	15	14	19	13	16
村民委员会个数	个	488	249	523	272	209
年末总户数	户	221330	232182	423608	232474	166562
其中:乡村户数	户	145874	157749	301031	173644	97044
年末总人口	万人	74	77	143	85	50
乡村人口	万人	56	64	119	70	37
年末单位从业人员数	人	51091	36309	51369	47754	25729
乡村从业人员数	人	314366	403844	637635	436420	212877
其中:农林牧渔业	人	195579	259696	381740	227827	123356
农业机械总动力	万千瓦特	57	70	210	141	82
固定电话用户	户	25000	68752	228500	112413	23482
二、综合经济						
第一产业增加值	万元	292440	291908	594495	369906	171930
第二产业增加值	万元	910166	454102	985373	1133874	833317
地方财政一般预算收入	万元	135387	30021	58199	39766	47068
地方财政一般预算支出	万元	323750	200196	321467	191699	178680
居民储蓄存款余额	万元	825140	496523	1129996	798846	527771
年末金融机构各项贷款余额	万元	594331	323912	482855	583799	344034
三、农业、工业及投资						
粮食产量	吨	254578	515793	1161743	512101	229108
棉花产量	吨	490	5412	6389	5781	109
油料产量	吨	122309	75368	112142	108314	70440
肉类总产量	吨	59580	66014	117514	48148	27195
规模以上工业企业个数	个	63	82	156	140	73
规模以上工业总产值(现价)	万元	2381128	1114059	1784804	2961166	1154419
固定资产投资(不含农户)	万元	1510000	761300	1260200	1403700	978500
四、教育、卫生和社会保障						
普通中学在校学生数	人	40371	33441	55186	43182	26331
小学在校学生数	人	77304	77617	121139	87708	56952
医院、卫生院床位数	床	1395	1110	2109	1572	1077
各种社会福利收养性单位数	个	18	15	22	53	39
各种社会福利收养性单位床位数	床	3694	3853	4766	3355	1712

2012年县(市)社会经济主要指标

河南省

指　　标	单位	邓州市	民权县	睢　县	宁陵县	柘城县
一、基本情况						
行政区域土地面积	平方公里	2360	1238	920	797	1042
乡(镇)个数	个	24	18	20	14	20
村民委员会个数	个	606	529	551	359	494
年末总户数	户	510604	282341	239902	176034	295749
其中:乡村户数	户	367959	193858	182402	150245	207216
年末总人口	万人	175	98	89	68	103
乡村人口	万人	153	76	71	59	78
年末单位从业人员数	人	65786	34299	42000	32151	31267
乡村从业人员数	人	883608	447550	474807	331872	440112
其中:农林牧渔业	人	529449	235295	274563	193081	270882
农业机械总动力	万千瓦特	187	119	115	96	115
固定电话用户	户	161536	57298	44056	50463	45366
二、综合经济						
第一产业增加值	万元	847682	367012	385220	198395	400001
第二产业增加值	万元	1254034	484421	430436	329530	431503
地方财政一般预算收入	万元	74418	35866	28026	21692	33166
地方财政一般预算支出	万元	406550	277266	224616	181922	281626
居民储蓄存款余额	万元	1375398	724800	782816	496933	831086
年末金融机构各项贷款余额	万元	781432	507815	306018	328091	304144
三、农业、工业及投资						
粮食产量	吨	1088750	653684	610934	442647	658565
棉花产量	吨	11759	9721	10084	1075	3427
油料产量	吨	246792	102850	66081	95544	11871
肉类总产量	吨	141286	55238	52599	39099	56511
规模以上工业企业个数	个	135	80	59	48	74
规模以上工业总产值(现价)	万元	2726491	1677296	1042413	993133	1125173
固定资产投资(不含农户)	万元	1697700	1047198	996400	637299	959798
四、教育、卫生和社会保障						
普通中学在校学生数	人	100220	55678	58464	37857	77265
小学在校学生数	人	212290	78443	80175	66626	100770
医院、卫生院床位数	床	4940	2801	2042	1340	3231
各种社会福利收养性单位数	个	76	19	22	18	19
各种社会福利收养性单位床位数	床	2820	1674	1609	1107	2577

2012 年县(市)社会经济主要指标

河南省

指　　标	单位	虞城县	夏邑县	永城市	罗山县	光山县
一、基本情况						
行政区域土地面积	平方公里	1544	1486	2021	2081	1855
乡(镇)个数	个	26	24	29	19	17
村民委员会个数	个	646	723	752	299	324
年末总户数	户	346508	376123	408224	226173	292883
其中:乡村户数	户	263876	293258	343620	172416	170064
年末总人口	万人	123	121	152	77	92
乡村人口	万人	100	108	131	66	70
年末单位从业人员数	人	34885	31454	95216	37060	36596
乡村从业人员数	人	627431	590900	799348	377900	414973
其中:农林牧渔业	人	3493	210015	302870		
农业机械总动力	万千瓦特	175	171	177	68	39
固定电话用户	户	55945	73221	99760	39780	39266
二、综合经济						
第一产业增加值	万元	427350	427130	546903	352872	378167
第二产业增加值	万元	672873	560618	2241990	416046	469039
地方财政一般预算收入	万元	42779	33638	236099	30675	34185
地方财政一般预算支出	万元	283988	290599	416544	221908	242120
居民储蓄存款余额	万元	905998	1140078	1737528	1006827	1021284
年末金融机构各项贷款余额	万元	481931	471161	1638178	446372	520685
三、农业、工业及投资						
粮食产量	吨	897569	986891	1173641	721445	594593
棉花产量	吨	9120	1004	2681	121	170
油料产量	吨	46875	19392	29114	69251	81807
肉类总产量	吨	75534	78927	87711	48261	47217
规模以上工业企业个数	个	105	90	102	93	97
规模以上工业总产值(现价)	万元	2058048	1501583	6026241	1061573	1240070
固定资产投资(不含农户)	万元	1050971	1077967	1688912	1228976	1196518
四、教育、卫生和社会保障						
普通中学在校学生数	人	82383	92292	92503	52375	64453
小学在校学生数	人	148112	136728	178210	74369	102599
医院、卫生院床位数	床	2176	2208	4696	1439	1543
各种社会福利收养性单位数	个	28	26	43	57	99
各种社会福利收养性单位床位数	床	3707	3616	5040	4282	4378

2012年县(市)社会经济主要指标

河南省

指　　标	单位	新　县	商城县	固始县	潢川县	淮滨县
一、基本情况						
行政区域土地面积	平方公里	1559	2117	2999	1635	1209
乡(镇)个数	个	14	18	30	21	16
村民委员会个数	个	193	363	555	271	289
年末总户数	户	146547	235104	542397	257655	226256
其中:乡村户数	户	82560	164283	401068	175315	154285
年末总人口	万人	37	78	169	84	75
乡村人口	万人	29	66	150	69	62
年末单位从业人员数	人	24951	34458	63463	45690	46283
乡村从业人员数	人	181085	352771	866131	431599	382174
其中:农林牧渔业	人					
农业机械总动力	万千瓦特	20	37	100	42	67
固定电话用户	户	21593	44909	72937	52342	32068
二、综合经济						
第一产业增加值	万元	190773	334048	734430	496097	297630
第二产业增加值	万元	330470	447768	715457	569471	404258
地方财政一般预算收入	万元	19019	28162	62420	36745	22951
地方财政一般预算支出	万元	148600	226000	431332	235137	223229
居民储蓄存款余额	万元	508961	872380	1699303	902846	681095
年末金融机构各项贷款余额	万元	301776	407786	800971	1106756	356275
三、农业、工业及投资						
粮食产量	吨	117704	361852	1213855	676712	565481
棉花产量	吨	35	80	126	32	352
油料产量	吨	29028	51465	155934	59056	57980
肉类总产量	吨	21650	43674	152797	145095	53225
规模以上工业企业个数	个	51	87	157	112	95
规模以上工业总产值(现价)	万元	786389	980560	1576311	1583242	1035907
固定资产投资(不含农户)	万元	812343	943529	1498047	1201635	796107
四、教育、卫生和社会保障						
普通中学在校学生数	人	23796	73474	107960	58680	67707
小学在校学生数	人	36634	99998	153827	96187	94471
医院、卫生院床位数	床	479	1314	2287	1308	1626
各种社会福利收养性单位数	个	17	25	71	25	41
各种社会福利收养性单位床位数	床	892	4560	5330	1820	1964

2012年县(市)社会经济主要指标

河南省

指　　标	单位	息　县	扶沟县	西华县	商水县	沈丘县
一、基本情况						
行政区域土地面积	平方公里	1899	1173	1194	1314	1081
乡(镇)个数	个	19	14	18	20	19
村民委员会个数	个	336	411	430	572	558
年末总户数	户	323366	225612	269542	328641	356015
其中:乡村户数	户	208712	159821	200081	262615	259680
年末总人口	万人	106	78	97	126	135
乡村人口	万人	90	66	84	106	115
年末单位从业人员数	人	36911	29424	31811	41548	41623
乡村从业人员数	人	499495	373046	507142	654569	688768
其中:农林牧渔业	人		235431	333667	266341	392119
农业机械总动力	万千瓦特	119	106	122	127	94
固定电话用户	户	29579	36521	59130	50796	67070
二、综合经济						
第一产业增加值	万元	407691	336159	460425	546032	381840
第二产业增加值	万元	541487	593919	585300	533418	776846
地方财政一般预算收入	万元	26812	34715	33989	38488	55540
地方财政一般预算支出	万元	254032	206518	240568	319314	320188
居民储蓄存款余额	万元	1028727	876792	847690	987564	1163702
年末金融机构各项贷款余额	万元	413268	455077	349871	370020	824345
三、农业、工业及投资						
粮食产量	吨	943647	548087	663659	1035183	825276
棉花产量	吨	775	17272	7940	3446	3101
油料产量	吨	35559	28948	42858	45393	24391
肉类总产量	吨	64514	48555	84410	89260	88485
规模以上工业企业个数	个	105	99	107	121	123
规模以上工业总产值(现价)	万元	1481730	1759668	2161500	1939051	2221154
固定资产投资(不含农户)	万元	1195010	895800	872300	865400	1021500
四、教育、卫生和社会保障						
普通中学在校学生数	人	63790	51074	66230	95929	95056
小学在校学生数	人	113658	78701	100585	168655	127849
医院、卫生院床位数	床	1143	1445	2388	2480	2530
各种社会福利收养性单位数	个	62	15	22	25	21
各种社会福利收养性单位床位数	床	3485	1863	2040	3256	3827

2012年县(市)社会经济主要指标

河南省

指　　标	单位	郸城县	淮阳县	太康县	鹿邑县	项城市
一、基本情况						
行政区域土地面积	平方公里	1471	1468	1360	1248	1083
乡(镇)个数	个	19	19	23	20	15
村民委员会个数	个	488	495	777	552	462
年末总户数	户	442066	390600	407910	359129	398567
其中:乡村户数	户	283920	305448	300485	271374	258327
年末总人口	万人	158	149	157	133	138
乡村人口	万人	120	128	121	109	110
年末单位从业人员数	人	63325	36696	36100	35051	44482
乡村从业人员数	人	768574	680538	756011	672226	595601
其中:农林牧渔业	人	427021	433688	503287	286690	208990
农业机械总动力	万千瓦特	156	117	170	120	85
固定电话用户	户	96023	91240	61126	92076	121020
二、综合经济						
第一产业增加值	万元	461564	583882	491546	465819	370537
第二产业增加值	万元	934119	665922	630953	935471	1105552
地方财政一般预算收入	万元	50689	40138	50109	60136	52201
地方财政一般预算支出	万元	343193	354710	359360	327866	291355
居民储蓄存款余额	万元	1063576	1118392	1204201	1022342	1277816
年末金融机构各项贷款余额	万元	578704	338515	360940	556877	362091
三、农业、工业及投资						
粮食产量	吨	843223	889987	1125570	905563	790638
棉花产量	吨	12542	16078	8735	6006	4786
油料产量	吨	20934	126915	21225	17398	32195
肉类总产量	吨	59328	102500	105477	71902	56705
规模以上工业企业个数	个	115	143	130	54	133
规模以上工业总产值(现价)	万元	3377807	1775347	1708965	2789891	3118937
固定资产投资(不含农户)	万元	874900	895300	770000	873900	846100
四、教育、卫生和社会保障						
普通中学在校学生数	人	103645	101421	85651	105436	96442
小学在校学生数	人	177371	1600272	167606	154939	137144
医院、卫生院床位数	床	2344	2548	3268	3274	2689
各种社会福利收养性单位数	个	22	20	21	21	16
各种社会福利收养性单位床位数	床	2887	4134	3068	2524	3455

2012年县(市)社会经济主要指标

河南省

指　　标	单位	西平县	上蔡县	平舆县	正阳县	确山县
一、基本情况						
行政区域土地面积	平方公里	1090	1529	1282	1903	1711
乡(镇)个数	个	17	22	16	19	12
村民委员会个数	个	272	444	211	280	191
年末总户数	户	255450	371000	256270	214605	155347
其中:乡村户数	户	191761	306685	211814	188920	122002
年末总人口	万人	88	144	99	82	54
乡村人口	万人	77	130	87	68	38
年末单位从业人员数	人	49980	43222	37824	29812	27960
乡村从业人员数	人	555992	799143	588650	518029	255402
其中:农林牧渔业	人	121000	533204	323493	247373	116264
农业机械总动力	万千瓦特	126	160	162	215	107
固定电话用户	户	52000	34969	10200	69531	36900
二、综合经济						
第一产业增加值	万元	420434	352131	350165	448795	276690
第二产业增加值	万元	547348	585723	592018	362000	472146
地方财政一般预算收入	万元	41202	33256	43849	28239	35890
地方财政一般预算支出	万元	219040	314096	243196	247766	175948
居民储蓄存款余额	万元	936337	1332610	1008112	861325	718054
年末金融机构各项贷款余额	万元	379017	561283	288224	424360	238219
三、农业、工业及投资						
粮食产量	吨	888296	989437	734328	799833	526211
棉花产量	吨	40	745	258	424	48
油料产量	吨	66997	40800	57455	348626	57337
肉类总产量	吨	106417	77464	76730	93277	68600
规模以上工业企业个数	个	135	130	146	101	130
规模以上工业总产值(现价)	万元	1488458	1461880	1652611	710700	1293519
固定资产投资(不含农户)	万元	678000	656000	770900	644600	692300
四、教育、卫生和社会保障						
普通中学在校学生数	人	62272	87153	70236	52949	32858
小学在校学生数	人	74908	160861	117122	89967	62216
医院、卫生院床位数	床	2135	2598	3188	1709	1683
各种社会福利收养性单位数	个	23	41	19	23	17
各种社会福利收养性单位床位数	床	2004	5012	2162	2000	2234

2012 年县(市)社会经济主要指标

河南省

指　　标	单位	泌阳县	汝南县	遂平县	新蔡县	济源市
一、基本情况						
行政区域土地面积	平方公里	2356	1504	1063	1447	1894
乡(镇)个数	个	21	14	11	23	11
村民委员会个数	个	354	274	174	349	456
年末总户数	户	235840	213260	153620	279000	203189
其中:乡村户数	户	182637	180775	120000	251400	120373
年末总人口	万人	91	84	56	111	69
乡村人口	万人	75	70	47	101	47
年末单位从业人员数	人	37996	32286	37950	27162	153016
乡村从业人员数	人	505787	470353	310000	651400	283600
其中:农林牧渔业	人	384521	269314	185000	325700	117000
农业机械总动力	万千瓦特	158	135	135	153	110
固定电话用户	户	63200	81000	104974	41000	120064
二、综合经济						
第一产业增加值	万元	459529	411023	279706	452442	195477
第二产业增加值	万元	580872	441988	584521	483833	3351163
地方财政一般预算收入	万元	41500	31721	37899	33026	288668
地方财政一般预算支出	万元	258000	213360	165779	294412	476807
居民储蓄存款余额	万元	736453	833585	680653	927048	1345811
年末金融机构各项贷款余额	万元	375546	320229	382808	357980	1752584
三、农业、工业及投资						
粮食产量	吨	569966	718556	590086	784601	221410
棉花产量	吨	1626	583	70	5118	129
油料产量	吨	115057	148507	45443	100874	2889
肉类总产量	吨	95397	84089	76028	105723	49837
规模以上工业企业个数	个	157	134	152	138	215
规模以上工业总产值(现价)	万元	1914600	1244898	1688193	1277423	14344602
固定资产投资(不含农户)	万元	738500	701200	805500	684700	2812900
四、教育、卫生和社会保障						
普通中学在校学生数	人	61414	52599	34664	78602	41615
小学在校学生数	人	100593	90264	48540	127987	50792
医院、卫生院床位数	床	2212	1846	1948	1827	3002
各种社会福利收养性单位数	个	30	24	18	23	8
各种社会福利收养性单位床位数	床	1548	3710	1724	2088	968

2012年县(市)社会经济主要指标

湖北省

指　　标	单位	阳新县	大冶市	郧县	郧西县	竹山县
一、基本情况						
行政区域土地面积	平方公里	2783	1566	3863	3509	3586
乡(镇)个数	个	16	11	19	16	17
村民委员会个数	个	392	367	341	338	249
年末总户数	户	301468	257979	161918	142568	149937
其中:乡村户数	户	163710	175100	125270	117900	110629
年末总人口	万人	102	95	62	51	47
乡村人口	万人	77	69	50	43	42
年末单位从业人员数	人	65283	86280	31765	22600	28129
乡村从业人员数	人	414800	369634	317555	240996	217122
其中:农林牧渔业	人	107605	78103	104443	77124	58903
农业机械总动力	万千瓦特	43	37	11	12	27
固定电话用户	户	86859	139922	31892	53940	25067
二、综合经济						
第一产业增加值	万元	429200	392940	208959	172570	201521
第二产业增加值	万元	549800	2711350	236039	129100	245148
地方财政一般预算收入	万元	69366	280089	65435	20610	32966
地方财政一般预算支出	万元	311887	415636	276260	117200	206999
居民储蓄存款余额	万元	895652	1311991	609854	568188	468607
年末金融机构各项贷款余额	万元	448533	1335879	316847	226116	511018
三、农业、工业及投资						
粮食产量	吨	347509	272297	199037	182054	232087
棉花产量	吨	3615	3321	73	22	
油料产量	吨	43742	38875	14614	14991	40944
肉类总产量	吨	46810	81082	47813	27817	21569
规模以上工业企业个数	个	87	241	66	29	28
规模以上工业总产值(现价)	万元	1158148	6806000	852559	159375	348191
固定资产投资(不含农户)	万元	1418365	2913400	824031	418208	721402
四、教育、卫生和社会保障						
普通中学在校学生数	人	45476	45607	24668	11350	15450
小学在校学生数	人	113076	67015	26376	24317	23580
医院、卫生院床位数	床	2659	2446	570	1807	1774
各种社会福利收养性单位数	个	20	18	23	32	101
各种社会福利收养性单位床位数	床	1767	1553	3362	2275	3004

2012年县(市)社会经济主要指标

湖北省

指　　标	单位	竹溪县	房　县	丹江口市	夷陵区	远安县
一、基本情况						
行政区域土地面积	平方公里	3310	5110	3121	3424	1752
乡(镇)个数	个	15	20	12	11	7
村民委员会个数	个	289	305	225	176	102
年末总户数	户	128167	177614	159422	199006	81388
其中:乡村户数	户	84212	107010	82383	137085	54005
年末总人口	万人	38	48	46	52	19
乡村人口	万人	32	41	29	40	15
年末单位从业人员数	人	26589	22028	44130	290630	97200
乡村从业人员数	人	163340	237050	184973	220370	96641
其中:农林牧渔业	人	68522	85782	81877	93162	30618
农业机械总动力	万千瓦特	19	15	29	30	24
固定电话用户	户	25804	43174	71750	60044	25169
二、综合经济						
第一产业增加值	万元	176585	206817	207962	469775	158260
第二产业增加值	万元	191325	160460	668549	2209300	873200
地方财政一般预算收入	万元	26800	33250	275883	202800	70016
地方财政一般预算支出	万元	196390	216600	379843	335228	148499
居民储蓄存款余额	万元		526480	1027390	1178900	426474
年末金融机构各项贷款余额	万元	211170	340798	1036571	1693868	252004
三、农业、工业及投资						
粮食产量	吨	237701	143283	116537	212043	100752
棉花产量	吨		50	44	16	
油料产量	吨	24004	16067	9353	25747	12970
肉类总产量	吨	25642	30198	52010	85150	25838
规模以上工业企业个数	个	31	61	115	153	51
规模以上工业总产值(现价)	万元	366377	434851	1913350	6289507	2703862
固定资产投资(不含农户)	万元	465151	782702	970683	1431300	596633
四、教育、卫生和社会保障						
普通中学在校学生数	人	17083	24027	15290	18811	6233
小学在校学生数	人	24764	30168	23565	20422	6888
医院、卫生院床位数	床	1180	1669	2488	1804	788
各种社会福利收养性单位数	个	59	45	45	13	8
各种社会福利收养性单位床位数	床	3789	3000	3188	1054	667

2012年县(市)社会经济主要指标

湖北省

指　　标	单位	兴山县	秭归县	长阳土家族自治县	五峰土家族自治县	宜都市
一、基本情况						
行政区域土地面积	平方公里	2327	2427	3430	2072	1357
乡(镇)个数	个	8	12	11	8	10
村民委员会个数	个	89	186	154	97	123
年末总户数	户	68000	144437	149223	73722	150042
其中:乡村户数	户	42126	107902	108346	59430	95141
年末总人口	万人	18	38	41	20	40
乡村人口	万人	13	32	30	19	29
年末单位从业人员数	人	19277	35350	182769	15996	80910
乡村从业人员数	人	81340	201240	223631	104348	179416
其中:农林牧渔业	人	50629	98116	112628	61827	43926
农业机械总动力	万千瓦特	12	19	19	16	20
固定电话用户	户	12365	39120	23530	17000	39445
二、综合经济						
第一产业增加值	万元	97820	185707	296142	162311	351254
第二产业增加值	万元	374018	296900	257739	120123	2127400
地方财政一般预算收入	万元	43318	47208	43496	17518	202622
地方财政一般预算支出	万元	142337	187598	185835	153775	313749
居民储蓄存款余额	万元	284637	496838	537848	252097	817969
年末金融机构各项贷款余额	万元	486729	672544	390685	152433	1093026
三、农业、工业及投资						
粮食产量	吨	58169	86703	102190	80543	110319
棉花产量	吨					24
油料产量	吨	7408		11804	5662	19559
肉类总产量	吨	26716	57060	65487	35609	71932
规模以上工业企业个数	个	9	55	33	19	212
规模以上工业总产值(现价)	万元	1318244	773754	617230	277036	6347281
固定资产投资(不含农户)	万元	160357	50061	409781	225698	1787510
四、教育、卫生和社会保障						
普通中学在校学生数	人	6975	12620	18292	6698	16363
小学在校学生数	人	5967	13668	15980	6548	13020
医院、卫生院床位数	床	707	961	1342	578	1647
各种社会福利收养性单位数	个	8	22	15	10	21
各种社会福利收养性单位床位数	床	510	2195	1401	750	2069

2012年县(市)社会经济主要指标

湖北省

指　　标	单位	当阳市	枝江市	襄州区	南漳县	谷城县
一、基本情况						
行政区域土地面积	平方公里	2159	1310	2394	3859	2553
乡(镇)个数	个	10	9	12	10	10
村民委员会个数	个	155	198	439	281	242
年末总户数	户	196281	193166	346051	199291	220238
其中:乡村户数	户	112300	104633	195885	114400	133367
年末总人口	万人	49	49	106	59	59
乡村人口	万人	35	36	79	41	32
年末单位从业人员数	人	40927	113000	283600	31409	255500
乡村从业人员数	人	197200	214972	437866	242670	215100
其中:农林牧渔业	人	79000	64352	162773	82924	80438
农业机械总动力	万千瓦特	56	75	115	61	30
固定电话用户	户	61905	70341	73334	28028	51170
二、综合经济						
第一产业增加值	万元	623078	610400	777500	386056	295951
第二产业增加值	万元	1620449	1709000	1716500	569067	1215376
地方财政一般预算收入	万元	150218	145332	125088	55763	85240
地方财政一般预算支出	万元	315758	280735	345099	241415	246868
居民储蓄存款余额	万元	1105453	1034883	1436122	760840	989050
年末金融机构各项贷款余额	万元	819423	604368	944470	433175	512833
三、农业、工业及投资						
粮食产量	吨	511316	331507	1358015	448801	276920
棉花产量	吨	9707	25062	14281	399	6
油料产量	吨	68672	54670	79735	9749	13971
肉类总产量	吨	106809	99946	193093	100762	73863
规模以上工业企业个数	个	204	219	154	83	147
规模以上工业总产值(现价)	万元	4595080	4862700	4907728	1356500	4666133
固定资产投资(不含农户)	万元	2065937	1909205	2730557	1174080	1258505
四、教育、卫生和社会保障						
普通中学在校学生数	人	16873	17908	36116	10238	20801
小学在校学生数	人	18249	15687	54448	22714	29684
医院、卫生院床位数	床	1410	1981	3047	1970	1940
各种社会福利收养性单位数	个	13	19	61	18	1
各种社会福利收养性单位床位数	床	1477	1625	3231	2435	346

2012 年县(市)社会经济主要指标

湖北省

指　　标	单位	保康县	老河口市	枣阳市	宜城市	京山县
一、基本情况						
行政区域土地面积	平方公里	3225	1032	3277	2115	3520
乡(镇)个数	个	11	8	12	8	14
村民委员会个数	个	261	217	507	190	405
年末总户数	户	81373	183753	427929	183382	206611
其中:乡村户数	户	63077	76786	192694	108587	116026
年末总人口	万人	28	53	112	57	65
乡村人口	万人	23	29	73	43	44
年末单位从业人员数	人	62624	43846	55313	37394	32717
乡村从业人员数	人	148703	204830	429947	240633	241500
其中:农林牧渔业	人	71215	77163	129548	125407	87312
农业机械总动力	万千瓦特	32	65	135	69	89
固定电话用户	户	37433	31812	97115	49000	77816
二、综合经济						
第一产业增加值	万元	175266	368501	819463	433396	486000
第二产业增加值	万元	320600	1099869	1815115	1099137	1310200
地方财政一般预算收入	万元	56102	115033	149360	106705	84118
地方财政一般预算支出	万元	88686	274000	419360	305695	260803
居民储蓄存款余额	万元	338000	800188	1517777	834000	1211426
年末金融机构各项贷款余额	万元	264254	629027	841697	600300	790896
三、农业、工业及投资						
粮食产量	吨	130308	369500	1361000	694000	702519
棉花产量	吨		6193	8730	10080	16402
油料产量	吨	9695	26409	17967	71803	45196
肉类总产量	吨	27824	70132	193193	85194	106910
规模以上工业企业个数	个	60	176	235	150	212
规模以上工业总产值(现价)	万元	535001	4071897	5498895	3796900	4963059
固定资产投资(不含农户)	万元	681259	1169870	1910667	1263800	1882726
四、教育、卫生和社会保障						
普通中学在校学生数	人	7621	19473	43175	22315	22028
小学在校学生数	人	11294	29639	59206	25045	22418
医院、卫生院床位数	床	1069	1995	3011	1375	2400
各种社会福利收养性单位数	个	16	16	41	23	18
各种社会福利收养性单位床位数	床	1598	2540	3676	2043	1614

2012年县(市)社会经济主要指标

湖北省

指　　标	单位	沙洋县	钟祥市	孝昌县	大悟县	云梦县
一、基本情况						
行政区域土地面积	平方公里	2044	4488	1217	1985	604
乡(镇)个数	个	13	16	12	17	12
村民委员会个数	个	250	495	445	362	286
年末总户数	户	204257	343087	194735	180827	186328
其中:乡村户数	户	127029	180048	138011	135123	117836
年末总人口	万人	62	106	66	65	58
乡村人口	万人	47	70	58	55	46
年末单位从业人员数	人	27870	482820	401053	52371	51594
乡村从业人员数	人	294743	383591	294501	323934	315380
其中:农林牧渔业	人	106570	128187	76600	155757	103126
农业机械总动力	万千瓦特	63	155	27	20	25
固定电话用户	户	57460	86970	60245	115210	60008
二、综合经济						
第一产业增加值	万元	489402	465000	260323	275601	285613
第二产业增加值	万元	780000	1594500	261600	266300	781930
地方财政一般预算收入	万元	41954	110866	55218	54356	70175
地方财政一般预算支出	万元	207666	406247	157792	122330	146762
居民储蓄存款余额	万元	874074	1917614	654054	726267	874697
年末金融机构各项贷款余额	万元	419998	802249	218715	309578	368775
三、农业、工业及投资						
粮食产量	吨	800506	855213	264386	281806	215900
棉花产量	吨	10918	17651	1701	309	3541
油料产量	吨	130156	124053	31208	56010	18896
肉类总产量	吨	108936	125595	77905	46601	67510
规模以上工业企业个数	个	139	203	76	56	160
规模以上工业总产值(现价)	万元	2171647	5855294	655529	579931	3032667
固定资产投资(不含农户)	万元	870573	1706760	536241	1010364	1217010
四、教育、卫生和社会保障						
普通中学在校学生数	人	15621	41506	27418	45175	22654
小学在校学生数	人	18252	48692	34201	43036	26810
医院、卫生院床位数	床	1183	3024	1091	1400	2249
各种社会福利收养性单位数	个	15	26	24	29	17
各种社会福利收养性单位床位数	床	1344	2461	3346	2790	3064

2012 年县(市)社会经济主要指标

湖北省

指标	单位	应城市	安陆市	汉川市	公安县	监利县
一、基本情况						
行政区域土地面积	平方公里	1103	1355	1659	2257	3460
乡(镇)个数	个	10	13	20	16	21
村民委员会个数	个	416	379	564	327	768
年末总户数	户	209601	202412	342075	345159	346759
其中:乡村户数	户	154980	118701	212811	185381	255532
年末总人口	万人	67	63	111	106	156
乡村人口	万人	47	48	84	75	108
年末单位从业人员数	人	77798	59841	161770	46595	58775
乡村从业人员数	人	339146	281733	475860	413644	558738
其中:农林牧渔业	人	107265	97504	174153	212823	223387
农业机械总动力	万千瓦特	28	33	64	75	130
固定电话用户	户	62595	82000	102691	86370	78000
二、综合经济						
第一产业增加值	万元	360085	304818	492139	506762	746014
第二产业增加值	万元	968100	495300	1714647	661021	536100
地方财政一般预算收入	万元	95118	56004	113141	61726	28159
地方财政一般预算支出	万元	233389	215540	234410	112178	355730
居民储蓄存款余额	万元	1087327	996012	1268680	1401486	1320777
年末金融机构各项贷款余额	万元	680615	568007	1241848	663221	711146
三、农业、工业及投资						
粮食产量	吨	353123	333231	534046	608918	1361207
棉花产量	吨	5252	1030	26192	44392	32021
油料产量	吨	29788	18943	40711	100810	119973
肉类总产量	吨	70357	125591	91514	74074	106332
规模以上工业企业个数	个	169	65	340	90	62
规模以上工业总产值(现价)	万元	3964107	1556629	6296302	2053449	1602780
固定资产投资(不含农户)	万元	1323758	867304	1758402	1237365	965234
四、教育、卫生和社会保障						
普通中学在校学生数	人	24300	24649	33873	45595	74500
小学在校学生数	人	28546	28016	42859	42610	127800
医院、卫生院床位数	床	1895	1382	2206	2531	2205
各种社会福利收养性单位数	个	25	19	37	18	25
各种社会福利收养性单位床位数	床	3082	2065	3107	3927	2382

2012年县(市)社会经济主要指标

湖北省

指　　标	单位	江陵县	石首市	洪湖市	松滋市	团风县
一、基本情况						
行政区域土地面积	平方公里	1048	1427	2519	2177	833
乡(镇)个数	个	9	12	15	16	10
村民委员会个数	个	198	276	448	238	290
年末总户数	户	121118	218783	291209	287557	129241
其中:乡村户数	户	63251	116994	163122	179505	89992
年末总人口	万人	42	65	94	85	38
乡村人口	万人	28	47	65	66	29
年末单位从业人员数	人	37841	42841	38791	46161	15296
乡村从业人员数	人	149105	245834	368118	364135	181675
其中:农林牧渔业	人	84982	96667	188186	146493	71678
农业机械总动力	万千瓦特	39	44	102	49	21
固定电话用户	户	35805	42484	93704	91848	31315
二、综合经济						
第一产业增加值	万元	178109	275070	463009	323553	134729
第二产业增加值	万元	154800	463577	485646	708679	313028
地方财政一般预算收入	万元	15023	36920	41978	63980	30757
地方财政一般预算支出	万元	94150	187860	177737	265733	154648
居民储蓄存款余额	万元	478518	953378	952953	1313473	393996
年末金融机构各项贷款余额	万元	201472	397532	663597	475436	291631
三、农业、工业及投资						
粮食产量	吨	257401	208890	670035	327103	124500
棉花产量	吨	10870	19405	10411	17292	5774
油料产量	吨	70216	61730	84209	68677	21415
肉类总产量	吨	35826	53234	35599	108428	21316
规模以上工业企业个数	个	28	84	92	98	37
规模以上工业总产值(现价)	万元	369060	1405464	1579909	1727435	583822
固定资产投资(不含农户)	万元	303600	912627	815179	1277500	456018
四、教育、卫生和社会保障						
普通中学在校学生数	人	17379	40554	34876	32292	15095
小学在校学生数	人	20182	28671	39513	30858	19547
医院、卫生院床位数	床	1055	1517	1931	1878	1085
各种社会福利收养性单位数	个	12	26	36	21	14
各种社会福利收养性单位床位数	床	948	3260	3580	3629	1580

2012 年县(市)社会经济主要指标

湖北省

指　　标	单位	红安县	罗田县	英山县	浠水县	蕲春县
一、基本情况						
行政区域土地面积	平方公里	1796	2129	1449	1949	2398
乡(镇)个数	个	11	12	11	13	14
村民委员会个数	个	398	413	307	649	578
年末总户数	户	212294	205106	142944	351318	307418
其中:乡村户数	户	139570	131921	97587	230800	200455
年末总人口	万人	65	60	40	103	101
乡村人口	万人	54	50	33	83	80
年末单位从业人员数	人	221000	30715	24579	49088	47120
乡村从业人员数	人	380602	354531	205267	547451	472013
其中:农林牧渔业	人	190600	103808	91551	203100	140552
农业机械总动力	万千瓦特	26	24	30	36	34
固定电话用户	户	78000	61671	57615	107913	108464
二、综合经济						
第一产业增加值	万元	240783	211906	276700	427700	353275
第二产业增加值	万元	453668	336535	157400	545000	578500
地方财政一般预算收入	万元	56068	35752	22001	51606	70408
地方财政一般预算支出	万元	276531	223035	125968	284407	124202
居民储蓄存款余额	万元	694246	778321	596121	1278122	1382088
年末金融机构各项贷款余额	万元	300038	386534	285796	488511	502533
三、农业、工业及投资						
粮食产量	吨	223610	248800	130600	500400	500800
棉花产量	吨	4705	330	262	12923	7763
油料产量	吨	103371	25498	15864	72300	49012
肉类总产量	吨	26951	29602	20522	99776	78659
规模以上工业企业个数	个	42	59	48	107	134
规模以上工业总产值(现价)	万元	472526	552566	422943	1358984	1709093
固定资产投资(不含农户)	万元	885600	841020	480040	897328	1347513
四、教育、卫生和社会保障						
普通中学在校学生数	人	47761	34830	20832	57388	47130
小学在校学生数	人	33775	36038	25308	61141	58432
医院、卫生院床位数	床	1961	1633	1070	2853	2461
各种社会福利收养性单位数	个	18	15	63	80	56
各种社会福利收养性单位床位数	床	1026	853	3178	3516	1794

2012年县(市)社会经济主要指标

湖北省

指　　标	单位	黄梅县	麻城市	武穴市	嘉鱼县	通城县
一、基本情况						
行政区域土地面积	平方公里	1701	3747	1246	1020	1172
乡(镇)个数	个	16	16	8	8	11
村民委员会个数	个	484	715	308	79	168
年末总户数	户	329857	396874	259823	115487	146928
其中:乡村户数	户	183000	264700	144700	70100	98323
年末总人口	万人	102	117	80	37	50
乡村人口	万人	75	93	63	28	40
年末单位从业人员数	人	51900	98050	44864	26947	23214
乡村从业人员数	人	472244	564725	301100	139045	196400
其中:农林牧渔业	人	151000	230900	119300	54900	69497
农业机械总动力	万千瓦特	34	33	26	26	25
固定电话用户	户	110149	105521	94824	45074	66763
二、综合经济						
第一产业增加值	万元	358000	531645	456435	329500	190200
第二产业增加值	万元	542000	776450	873500	819900	371100
地方财政一般预算收入	万元	64709	75481	84039	56863	36325
地方财政一般预算支出	万元	199355	378460	263186	175316	166815
居民储蓄存款余额	万元	1281217	1274991	1056275	416457	555923
年末金融机构各项贷款余额	万元	524620	1130139	592286	350477	196099
三、农业、工业及投资						
粮食产量	吨	480000	538000	303900	178244	183899
棉花产量	吨	22830	12898	12024	2075	270
油料产量	吨	60080	100476	70634	9665	4227
肉类总产量	吨	73384	111906	73973	17378	57196
规模以上工业企业个数	个	129	145	114	168	61
规模以上工业总产值(现价)	万元	1330700	1927270	1924506	3043300	994958
固定资产投资(不含农户)	万元	1006000	1677900	1304114	1163698	726772
四、教育、卫生和社会保障						
普通中学在校学生数	人	52646	50711	35330	14337	20487
小学在校学生数	人	66887	53523	51661	16004	36966
医院、卫生院床位数	床	3261	3286	1957	1015	1490
各种社会福利收养性单位数	个	53	23	72	15	15
各种社会福利收养性单位床位数	床	3927	2900	2894	1337	1104

2012 年县（市）社会经济主要指标

湖北省

指　　标	单位	崇阳县	通山县	赤壁市	随　县	广水市
一、基本情况						
行政区域土地面积	平方公里	1968	2680	1723	5673	2647
乡(镇)个数	个	12	12	11	19	14
村民委员会个数	个	186	187	151	353	353
年末总户数	户	135077	140200	156461	306790	309960
其中:乡村户数	户	89033	85400	84362	200478	213200
年末总人口	万人	49	48	53	97	95
乡村人口	万人	38	37	35	78	81
年末单位从业人员数	人	22870	26400	56380	88050	47938
乡村从业人员数	人	187174	193268	162614	418198	442500
其中:农林牧渔业	人	72708	57100	70486	165187	162800
农业机械总动力	万千瓦特	19	14	42	112	35
固定电话用户	户	60310	57023	60412	95000	104297
二、综合经济						
第一产业增加值	万元	207000	119686	330700	532200	417929
第二产业增加值	万元	262400	229000	1213100	588300	909100
地方财政一般预算收入	万元	31211	35560	108000	23022	64331
地方财政一般预算支出	万元	187369	174495	259168	239871	271546
居民储蓄存款余额	万元	557533	469508	759796	908427	1386627
年末金融机构各项贷款余额	万元	244381	351533	546859	342075	477513
三、农业、工业及投资						
粮食产量	吨	194529	82470	207638	890200	405817
棉花产量	吨	543		2125	8272	6574
油料产量	吨	9155	4609	24960	22057	38424
肉类总产量	吨	74839	19323	35077	134060	81783
规模以上工业企业个数	个	56	43	196	179	180
规模以上工业总产值(现价)	万元	576538	496800	3764173	2247170	2942735
固定资产投资(不含农户)	万元	733394	845000	1796605	1408003	1598885
四、教育、卫生和社会保障						
普通中学在校学生数	人	12818	17854	15752	25883	35805
小学在校学生数	人	34813	50042	36274	40236	46621
医院、卫生院床位数	床	1595	1356	1703	1629	2378
各种社会福利收养性单位数	个	14	12	17	37	26
各种社会福利收养性单位床位数	床	1015	1300	2245	3616	1842

2012年县(市)社会经济主要指标

湖北省

指　　标	单位	恩施市	利川市	建始县	巴东县	宣恩县
一、基本情况						
行政区域土地面积	平方公里	3972	4607	2666	3354	2737
乡(镇)个数	个	13	12	10	12	9
村民委员会个数	个	172	564	393	471	279
年末总户数	户	274220	312798	197091	179724	122185
其中:乡村户数	户	180300	226500	129000	127800	86089
年末总人口	万人	81	92	51	50	36
乡村人口	万人	63	82	45	42	32
年末单位从业人员数	人	58731	34119	29311	36810	8385
乡村从业人员数	人	327900	433500	247900	244500	178252
其中:农林牧渔业	人	170100	209400	130100	113000	85121
农业机械总动力	万千瓦特	39	34	24	32	21
固定电话用户	户	64046	28632	21612	27787	25734
二、综合经济						
第一产业增加值	万元	227548	267202	159310	149098	125325
第二产业增加值	万元	473954	188200	160300	265902	107992
地方财政一般预算收入	万元	115178	65700	34166	45134	18130
地方财政一般预算支出	万元	319793	298466	205858	234840	150282
居民储蓄存款余额	万元	1115671	746342	361214	433189	255543
年末金融机构各项贷款余额	万元	1915243	442727	281292	304769	149767
三、农业、工业及投资						
粮食产量	吨	223002	360100	226400	218400	124500
棉花产量	吨	44				
油料产量	吨	16008	11826	15030	19456	5683
肉类总产量	吨	89513	72733	65820	71747	43331
规模以上工业企业个数	个	45	39	42	41	34
规模以上工业总产值(现价)	万元	809749	373366	192500	384099	171386
固定资产投资(不含农户)	万元	635567	487688	452610	438254	224129
四、教育、卫生和社会保障						
普通中学在校学生数	人	43883	41402	19706	20180	14137
小学在校学生数	人	46353	59321	27147	27197	20919
医院、卫生院床位数	床	4407	2855	2526	1880	1245
各种社会福利收养性单位数	个	23	17	13	13	12
各种社会福利收养性单位床位数	床	3610	970	1477	1013	1363

2012年县(市)社会经济主要指标

湖北省

指　　标	单位	咸丰县	来凤县	鹤峰县	仙桃市	潜江市
一、基本情况						
行政区域土地面积	平方公里	2550	1342	2868	2538	2004
乡(镇)个数	个	10	8	9	15	10
村民委员会个数	个	263	185	205	624	346
年末总户数	户	142321	101676	81904	433840	336690
其中:乡村户数	户	95900	70520	59900	272665	175406
年末总人口	万人	39	33	22	155	103
乡村人口	万人	34	27	20	115	70
年末单位从业人员数	人	10189	10358	7456	237530	158619
乡村从业人员数	人	185800	176361	119200	655139	359892
其中:农林牧渔业	人	83400	91900	56400	240040	136411
农业机械总动力	万千瓦特	20	17	32	129	99
固定电话用户	户	37000	22287	34100	179137	119500
二、综合经济						
第一产业增加值	万元	133314	101563	85730	735558	603000
第二产业增加值	万元	143405	113964	140955	2331100	2602000
地方财政一般预算收入	万元	25088	20089	16600	171365	160169
地方财政一般预算支出	万元	186990	157745	135992	477138	661441
居民储蓄存款余额	万元	345768	316643	244951	2314307	2205323
年末金融机构各项贷款余额	万元	207126	216989	225375	1185999	1013519
三、农业、工业及投资						
粮食产量	吨	229000	121600	87600	778842	500400
棉花产量	吨				31013	42954
油料产量	吨	11477	6669	5055	114521	107195
肉类总产量	吨	57479	27746	22556	102533	106964
规模以上工业企业个数	个	39	38	38	331	208
规模以上工业总产值(现价)	万元	283248	257480	329758	8202053	8436052
固定资产投资(不含农户)	万元	285951	212908	231995	2166789	2345370
四、教育、卫生和社会保障						
普通中学在校学生数	人	15641	9662	8838	66867	47902
小学在校学生数	人	24364	20008	10023	67106	51716
医院、卫生院床位数	床	1478	1320	876	3236	3301
各种社会福利收养性单位数	个	13	14	11	29	24
各种社会福利收养性单位床位数	床	1350	1390	697	4256	1957

2012年县(市)社会经济主要指标

湖北省、湖南省

指　　标	单位	天门市	神农架林区	望城区	长沙县	宁乡县
一、基本情况						
行政区域土地面积	平方公里	2622	3253	951	1997	2912
乡(镇)个数	个	22	8	11	18	33
村民委员会个数	个	778	67	125	218	375
年末总户数	户	390705	32024	177900	253500	446800
其中:乡村户数	户	308246	13135	154800	248400	369600
年末总人口	万人	164	8	56	82	139
乡村人口	万人	127	5	51	80	122
年末单位从业人员数	人	140288	18747	70279	172219	65857
乡村从业人员数	人	607855	17326	289000	477900	770400
其中:农林牧渔业	人	190970	14127	131200	219400	318300
农业机械总动力	万千瓦特	160	9	56	139	158
固定电话用户	户	144700	13300	116149	145837	107000
二、综合经济						
第一产业增加值	万元	689667	16410	297037	590544	848464
第二产业增加值	万元	1644200	70800	2767762	6375254	5017349
地方财政一般预算收入	万元	110000	24449	228554	535004	244886
地方财政一般预算支出	万元	418382	56692	380230	788551	481217
居民储蓄存款余额	万元	2355085	131801	1212219	2433250	1866172
年末金融机构各项贷款余额	万元	973554	82058	1033012	4053353	1843537
三、农业、工业及投资						
粮食产量	吨	694149	20600	368874	570464	852480
棉花产量	吨	53292			21	473
油料产量	吨	111173	587	7003	11567	14527
肉类总产量	吨	90157	5084	85645	158888	240391
规模以上工业企业个数	个	252	8	314	214	552
规模以上工业总产值(现价)	万元	5492500	86967	14897566	5136064	11414523
固定资产投资(不含农户)	万元	2001865	195554	4882911	3362352	4923422
四、教育、卫生和社会保障						
普通中学在校学生数	人	61432	1546	24815	39685	68853
小学在校学生数	人	68332	4673	28838	59151	80715
医院、卫生院床位数	床	4361	247	1678	3310	4351
各种社会福利收养性单位数	个	42	8	19	20	33
各种社会福利收养性单位床位数	床	5306	440	2258	1600	1950

2012年县(市)社会经济主要指标

湖南省

指　　标	单位	浏阳市	株洲县	攸　县	茶陵县	炎陵县
一、基本情况						
行政区域土地面积	平方公里	4998	1053	2649	2507	2031
乡(镇)个数	个	33	14	19	20	15
村民委员会个数	个	318	248	258	359	202
年末总户数	户	416800	103200	227100	173200	58300
其中:乡村户数	户	369800	85200	196900	139400	46000
年末总人口	万人	142	35	80	61	20
乡村人口	万人	129	30	71	53	16
年末单位从业人员数	人	151623	27975	29125	24293	12283
乡村从业人员数	人	750500	177000	428000	299000	99000
其中:农林牧渔业	人	300100	106000	254300	154000	54000
农业机械总动力	万千瓦特	134	29	78	63	15
固定电话用户	户	151600	41157	115675	48324	21570
二、综合经济						
第一产业增加值	万元	716403	155417	387671	261253	65094
第二产业增加值	万元	5753749	418321	1386817	475639	220832
地方财政一般预算收入	万元	247313	50704	153334	62019	40290
地方财政一般预算支出	万元	460549	140879	280303	194697	103822
居民储蓄存款余额	万元	2141509	539557	954158	824141	327443
年末金融机构各项贷款余额	万元	2340773	297016	631623	428741	237962
三、农业、工业及投资						
粮食产量	吨	551362	227577	460060	315719	93098
棉花产量	吨	594	386	654	823	30
油料产量	吨	45307	4965	14473	11466	2448
肉类总产量	吨	174040	38296	92028	66401	11164
规模以上工业企业个数	个	733	82	248	106	75
规模以上工业总产值(现价)	万元	9925419	676892	3273844	915772	585580
固定资产投资(不含农户)	万元	4359867	477772	1561083	650837	583495
四、教育、卫生和社会保障						
普通中学在校学生数	人	58819	11824	31908	20548	6682
小学在校学生数	人	90978	12436	42124	33906	10838
医院、卫生院床位数	床	6225	1032	1992	1449	545
各种社会福利收养性单位数	个	48	14	22	21	14
各种社会福利收养性单位床位数	床	5120	660	1162	1793	716

2012年县(市)社会经济主要指标

湖南省

指　　标	单位	醴陵市	湘潭县	湘乡市	韶山市	衡阳县
一、基本情况						
行政区域土地面积	平方公里	2157	2140	1967	247	2559
乡(镇)个数	个	26	19	18	7	26
村民委员会个数	个	342	644	699	70	891
年末总户数	户	284100	309100	305300	36400	368200
其中:乡村户数	户	229700	239100	242000	30400	247700
年末总人口	万人	105	99	92	12	122
乡村人口	万人	89	89	79	11	91
年末单位从业人员数	人	71634	48189	53705	6482	61920
乡村从业人员数	人	513100	551900	492000	62000	500200
其中:农林牧渔业	人	212100	347100	324500	33600	313600
农业机械总动力	万千瓦特	70	140	93	14	73
固定电话用户	户	175248	221001	80210	28436	83151
二、综合经济						
第一产业增加值	万元	383626	472647	424034	43004	558747
第二产业增加值	万元	2586580	1149517	1209588	290415	899892
地方财政一般预算收入	万元	260257	123656	97559	25864	59766
地方财政一般预算支出	万元	422135	305006	294285	68365	277885
居民储蓄存款余额	万元	1286539	1551600	1329829	262636	1467968
年末金融机构各项贷款余额	万元	939807	1221693	790030	164901	554965
三、农业、工业及投资						
粮食产量	吨	505695	727455	526447	68269	624625
棉花产量	吨	46	149	57	8	13372
油料产量	吨	6630	4352	11657	1034	73362
肉类总产量	吨	97912	167409	149479	21397	172404
规模以上工业企业个数	个	482	187	189	48	120
规模以上工业总产值(现价)	万元	5714620	3073026	3963032	971755	1828833
固定资产投资(不含农户)	万元	1912485	1012100	981900	450000	1114455
四、教育、卫生和社会保障						
普通中学在校学生数	人	33705	54439	39612	3201	64674
小学在校学生数	人	53992	46556	47743	5910	88917
医院、卫生院床位数	床	2797	2022	2451	488	2632
各种社会福利收养性单位数	个	32	48	19	9	27
各种社会福利收养性单位床位数	床	2560	2055	1200	293	210

2012年县(市)社会经济主要指标

湖南省

指　　标	单位	衡南县	衡山县	衡东县	祁东县	耒阳市
一、基本情况						
行政区域土地面积	平方公里	2633	935	1927	1871	2656
乡(镇)个数	个	26	17	24	23	31
村民委员会个数	个	741	319	561	867	623
年末总户数	户	352000	125100	208500	359200	392400
其中:乡村户数	户	274300	101000	167400	287300	281200
年末总人口	万人	112	45	75	107	143
乡村人口	万人	105	41	57	95	111
年末单位从业人员数	人	60968	22622	27645	36045	62221
乡村从业人员数	人	503600	261900	284500	529200	553700
其中:农林牧渔业	人	354000	158800	201000	311000	405800
农业机械总动力	万千瓦特	83	34	52	72	72
固定电话用户	户	98076	64597	185300	64809	120502
二、综合经济						
第一产业增加值	万元	531057	227042	332363	492678	508940
第二产业增加值	万元	1045562	337969	726695	699417	1315445
地方财政一般预算收入	万元	80491	45146	54225	46391	153518
地方财政一般预算支出	万元	289442	139373	193743	241315	381900
居民储蓄存款余额	万元	328890	594457	866100	1363345	1539335
年末金融机构各项贷款余额	万元	401300	222153	411800	424609	740923
三、农业、工业及投资						
粮食产量	吨	606861	208542	398101	455140	502621
棉花产量	吨	6373	821	1354	216	1343
油料产量	吨	58830	14799	31858	36203	49014
肉类总产量	吨	155786	66449	92758	116855	135743
规模以上工业企业个数	个	118	89	96	115	155
规模以上工业总产值(现价)	万元	2095334	857147	1730538	2626008	4270652
固定资产投资(不含农户)	万元	953135	487114	666504	687573	1868712
四、教育、卫生和社会保障						
普通中学在校学生数	人	57519	20909	36120	51474	56350
小学在校学生数	人	76933	28997	48983	80694	112202
医院、卫生院床位数	床	2173	966	1859	2055	2531
各种社会福利收养性单位数	个	27	20	26	22	12
各种社会福利收养性单位床位数	床	1623	1011	1100	1570	157

2012年县(市)社会经济主要指标

湖南省

指　　标	单位	常宁市	邵东县	新邵县	邵阳县	隆回县
一、基本情况						
行政区域土地面积	平方公里	2064	1778	1763	1997	2871
乡(镇)个数	个	22	25	15	22	26
村民委员会个数	个	708	961	651	634	957
年末总户数	户	294600	370100	234100	266200	350600
其中:乡村户数	户	211700	297800	213000	247900	298800
年末总人口	万人	97	129	81	104	121
乡村人口	万人	79	108	75	93	106
年末单位从业人员数	人	46113	39809	24192	29829	27593
乡村从业人员数	人	415100	537000	472400	564200	599400
其中:农林牧渔业	人	273700	310000	265800	385000	436700
农业机械总动力	万千瓦特	54	69	24	44	37
固定电话用户	户	108926	118401	38119	44786	134862
二、综合经济						
第一产业增加值	万元	386484	404316	236357	264185	307442
第二产业增加值	万元	908462	1126722	336455	336640	306590
地方财政一般预算收入	万元	76986	77160	38419	37642	42506
地方财政一般预算支出	万元	263158	275697	222916	278080	274161
居民储蓄存款余额	万元	1086035	1618353	734416	834571	1192538
年末金融机构各项贷款余额	万元	424285	785531	504249	242529	398549
三、农业、工业及投资						
粮食产量	吨	402852	450067	305297	454104	454263
棉花产量	吨	2087	172	28	45	38
油料产量	吨	35346	29229	7439	22141	10120
肉类总产量	吨	118627	92245	79033	80820	82368
规模以上工业企业个数	个	115	148	79	65	85
规模以上工业总产值(现价)	万元	3739236	2917473	1082933	788776	931791
固定资产投资(不含农户)	万元	791998	1221394	831377	723728	872387
四、教育、卫生和社会保障						
普通中学在校学生数	人	44485	59009	39034	43525	54211
小学在校学生数	人	81831	99082	68131	71417	95163
医院、卫生院床位数	床	3605	3080	2319	2294	2726
各种社会福利收养性单位数	个	22	21	13	1	16
各种社会福利收养性单位床位数	床	1143	943	530	10	290

2012年县(市)社会经济主要指标

湖南省

指　　标	单位	洞口县	绥宁县	新宁县	城步苗族自治县	武冈市
一、基本情况						
行政区域土地面积	平方公里	2180	2927	2751	2647	1549
乡(镇)个数	个	22	25	18	12	17
村民委员会个数	个	566	348	474	271	479
年末总户数	户	266300	110000	189300	81500	243900
其中:乡村户数	户	220400	86300	146500	59600	194000
年末总人口	万人	86	38	62	28	83
乡村人口	万人	79	31	56	23	72
年末单位从业人员数	人	29063	16983	24642	13682	28522
乡村从业人员数	人	494200	203900	342800	120600	402500
其中:农林牧渔业	人	263200	145200	227400	94400	271400
农业机械总动力	万千瓦特	60	34	44	15	49
固定电话用户	户	65627	30000	44700	13001	56600
二、综合经济						
第一产业增加值	万元	406677	146053	188801	92383	359817
第二产业增加值	万元	339214	267361	163432	90593	193266
地方财政一般预算收入	万元	37496	22240	39067	16073	48685
地方财政一般预算支出	万元	220952	144250	183061	119159	234596
居民储蓄存款余额	万元	948958	430712	612627	258062	861800
年末金融机构各项贷款余额	万元	412028	156639	289986	123199	385200
三、农业、工业及投资						
粮食产量	吨	436920	142483	298539	76425	458966
棉花产量	吨	35				5
油料产量	吨	26167	5072	10439	3386	16612
肉类总产量	吨	160261	46494	40870	15394	118156
规模以上工业企业个数	个	74	54	38	17	52
规模以上工业总产值(现价)	万元	1056802	1115010	385770	168144	534601
固定资产投资(不含农户)	万元	870321	360564	597882	192233	737330
四、教育、卫生和社会保障						
普通中学在校学生数	人	43194	14261	22005	7869	43683
小学在校学生数	人	69845	26200	41633	18751	70758
医院、卫生院床位数	床	1620	802	1565	582	2250
各种社会福利收养性单位数	个	42	12	16	12	18
各种社会福利收养性单位床位数	床	1000	440	762	365	700

2012年县(市)社会经济主要指标

湖南省

指　　标	单位	岳阳县	华容县	湘阴县	平江县	汨罗市
一、基本情况						
行政区域土地面积	平方公里	2716	1449	1542	4125	1562
乡(镇)个数	个	20	20	19	27	34
村民委员会个数	个	558	408	405	773	437
年末总户数	户	214300	216600	227300	303600	218700
其中:乡村户数	户	150900	170200	190100	269900	193600
年末总人口	万人	74	73	77	108	77
乡村人口	万人	57	65	68	103	66
年末单位从业人员数	人	27164	34270	50007	43775	87267
乡村从业人员数	人	293300	359200	357400	512800	303300
其中:农林牧渔业	人	173000	252900	169400	278300	162800
农业机械总动力	万千瓦特	74	84	77	66	78
固定电话用户	户	57010	171055	41080	153378	88850
二、综合经济						
第一产业增加值	万元	391455	478074	399902	338038	387572
第二产业增加值	万元	954580	1087892	1291019	774738	1837693
地方财政一般预算收入	万元	33043	36584	52053	46162	106855
地方财政一般预算支出	万元	197165	193392	231878	282696	244646
居民储蓄存款余额	万元	494660	811635	546611	871842	474928
年末金融机构各项贷款余额	万元	366870	456484	522292	520115	333062
三、农业、工业及投资						
粮食产量	吨	512670	545991	587898	425505	491713
棉花产量	吨	9217	32724	1195	1576	1370
油料产量	吨	27371	64215	16860	23580	13370
肉类总产量	吨	106439	68587	75150	84883	119627
规模以上工业企业个数	个	158	151	152	136	269
规模以上工业总产值(现价)	万元	3680022	4019256	4950653	2564657	6634196
固定资产投资(不含农户)	万元	1508382	1429167	1471427	1062659	1582838
四、教育、卫生和社会保障						
普通中学在校学生数	人	30051	26933	30752	43548	30662
小学在校学生数	人	40218	31601	44878	73943	40221
医院、卫生院床位数	床	1616	1500	1550	2205	965
各种社会福利收养性单位数	个	24	27	26	42	28
各种社会福利收养性单位床位数	床	1280	1678	1992	1860	1500

2012年县(市)社会经济主要指标

湖南省

指　　标	单位	临湘市	安乡县	汉寿县	澧县	临澧县
一、基本情况						
行政区域土地面积	平方公里	1754	1087	2089	2075	1204
乡(镇)个数	个	18	19	32	32	17
村民委员会个数	个	277	244	521	419	310
年末总户数	户	154500	207900	277900	334100	157500
其中:乡村户数	户	136700	135400	208700	256000	157200
年末总人口	万人	53	59	86	93	46
乡村人口	万人	47	50	77	82	45
年末单位从业人员数	人	25805	32688	36677	37441	17161
乡村从业人员数	人	212500	270500	412200	426800	272200
其中:农林牧渔业	人	98800	205900	246700	227100	100800
农业机械总动力	万千瓦特	71	54	73	72	33
固定电话用户	户	47750	67000	58000	96100	59000
二、综合经济						
第一产业增加值	万元	229136	295924	367944	470387	216128
第二产业增加值	万元	900897	322360	546159	808841	406079
地方财政一般预算收入	万元	31920	24364	38613	70961	33686
地方财政一般预算支出	万元	160899	177951	206237	245947	153871
居民储蓄存款余额	万元	585049	551724	797900	1348700	56410
年末金融机构各项贷款余额	万元	378822	280686	455000	674800	35800
三、农业、工业及投资						
粮食产量	吨	317519	310719	632632	506445	332028
棉花产量	吨	4066	32064	17411	33437	10050
油料产量	吨	17889	60363	72792	90407	51330
肉类总产量	吨	52958	33924	76746	100553	60206
规模以上工业企业个数	个	123	53	95	96	99
规模以上工业总产值(现价)	万元	2998751	510890	1349145	1840163	821399
固定资产投资(不含农户)	万元	1085215	354100	866500	1606600	778121
四、教育、卫生和社会保障						
普通中学在校学生数	人	23831	17819	33029	33938	18943
小学在校学生数	人	36202	19584	42097	38975	23286
医院、卫生院床位数	床	1289	1931	2560	2038	1440
各种社会福利收养性单位数	个	24	17	61	36	18
各种社会福利收养性单位床位数	床	1096	180	1453	2350	840

2012年县(市)社会经济主要指标

湖南省

指标	单位	桃源县	石门县	津市市	慈利县	桑植县
一、基本情况						
行政区域土地面积	平方公里	4458	3970	557	3480	3474
乡(镇)个数	个	40	19	7	31	38
村民委员会个数	个	398	664	85	638	532
年末总户数	户	334200	232500	96400	244400	155000
其中:乡村户数	户	272000	184700	43700	174500	122800
年末总人口	万人	98	67	26	71	47
乡村人口	万人	89	59	13	60	43
年末单位从业人员数	人	40667	31246	23277	25639	17785
乡村从业人员数	人	479900	329600	82100	334800	234500
其中:农林牧渔业	人	300500	193800	61700	264300	139800
农业机械总动力	万千瓦特	83	61	17	50	18
固定电话用户	户	132456	74700	24790	81300	35500
二、综合经济						
第一产业增加值	万元	567151	325312	158973	199153	75490
第二产业增加值	万元	718174	701265	420887	400630	134710
地方财政一般预算收入	万元	71008	54833	37331	49977	24806
地方财政一般预算支出	万元	262514	217877	114845	230615	185610
居民储蓄存款余额	万元	1194801	833441	458174	811692	392001
年末金融机构各项贷款余额	万元	473501	602649	224195	550344	298117
三、农业、工业及投资						
粮食产量	吨	776609	261090	140425	299102	143369
棉花产量	吨	22365	4963	7430	1150	5
油料产量	吨	107764	44241	29160	32972	13331
肉类总产量	吨	137739	92396	35504	45782	19207
规模以上工业企业个数	个	60	122	77	70	28
规模以上工业总产值(现价)	万元	1652862	1779541	1093526	584333	169479
固定资产投资(不含农户)	万元	865600	1053100	477700	449813	308132
四、教育、卫生和社会保障						
普通中学在校学生数	人	36630	26104	7592	27020	18993
小学在校学生数	人	44429	29245	8723	34918	31278
医院、卫生院床位数	床	2070	2502	848	2179	1999
各种社会福利收养性单位数	个	50	31	22	32	13
各种社会福利收养性单位床位数	床	2861	1518	1426	1220	350

2012 年县(市)社会经济主要指标

湖南省

指　　标	单位	南　县	桃江县	安化县	沅江市	桂阳县
一、基本情况						
行政区域土地面积	平方公里	1406	2063	4945	2020	2958
乡(镇)个数	个	16	15	23	12	23
村民委员会个数	个	380	284	517	233	491
年末总户数	户	265600	271400	307400	290400	271100
其中:乡村户数	户	201300	208800	234500	161000	217500
年末总人口	万人	81	89	102	75	87
乡村人口	万人	69	75	87	59	78
年末单位从业人员数	人	32575	31296	35409	35316	37476
乡村从业人员数	人	362400	411400	441400	335200	447900
其中:农林牧渔业	人	226100	194000	338000	203300	242000
农业机械总动力	万千瓦特	66	73	68	80	51
固定电话用户	户	56029	53300	77800	49548	56900
二、综合经济						
第一产业增加值	万元	499078	298502	316375	424459	336868
第二产业增加值	万元	499482	728292	550986	733651	1221754
地方财政一般预算收入	万元	30000	41737	45672	50945	130924
地方财政一般预算支出	万元	198707	227677	270300	238120	272748
居民储蓄存款余额	万元	892173	865741	1096726	776335	966477
年末金融机构各项贷款余额	万元	492813	465681	395491	646418	486013
三、农业、工业及投资						
粮食产量	吨	582295	364409	242151	470200	283387
棉花产量	吨	43935	322		22749	
油料产量	吨	79669	30572	36660	54125	13780
肉类总产量	吨	68467	78547	81404	65626	72185
规模以上工业企业个数	个	91	153	101	105	127
规模以上工业总产值(现价)	万元	1180420	1869131	927691	2108164	3682022
固定资产投资(不含农户)	万元	336746	874302	683168	1048604	1571214
四、教育、卫生和社会保障						
普通中学在校学生数	人	29444	33234	32830	27932	33568
小学在校学生数	人	35487	48047	54175	34220	69344
医院、卫生院床位数	床	1877	2504	2718	1856	2237
各种社会福利收养性单位数	个	54	89	32	33	40
各种社会福利收养性单位床位数	床	2857	2102	2360	1800	1741

2012年县(市)社会经济主要指标

湖南省

指　　标	单位	宜章县	永兴县	嘉禾县	临武县	汝城县
一、基本情况						
行政区域土地面积	平方公里	2118	1979	699	1375	2400
乡(镇)个数	个	22	21	13	18	19
村民委员会个数	个	347	342	242	289	309
年末总户数	户	179500	194600	121500	111500	111300
其中:乡村户数	户	142500	145700	108500	88000	101600
年末总人口	万人	62	67	41	38	40
乡村人口	万人	54	50	37	33	36
年末单位从业人员数	人	23827	26298	17403	16495	12278
乡村从业人员数	人	291000	313800	206800	191400	205100
其中:农林牧渔业	人	128800	133500	83000	90200	127800
农业机械总动力	万千瓦特	85	25	36	48	35
固定电话用户	户	42100	44359	25126	24704	41000
二、综合经济						
第一产业增加值	万元	162822	207696	133326	100961	86828
第二产业增加值	万元	613256	1375430	498643	409871	144652
地方财政一般预算收入	万元	75040	129450	45368	47892	34300
地方财政一般预算支出	万元	214257	247598	133153	143519	149266
居民储蓄存款余额	万元	793880	709760	549306	598398	477763
年末金融机构各项贷款余额	万元	369705	305368	190646	215266	242618
三、农业、工业及投资						
粮食产量	吨	241358	234664	131318	125072	195259
棉花产量	吨	27	65			120
油料产量	吨	10484	18970	7563	6629	6765
肉类总产量	吨	56973	60062	54474	27158	29939
规模以上工业企业个数	个	169	175	100	67	43
规模以上工业总产值(现价)	万元	1911979	4370017	1488174	625068	449221
固定资产投资(不含农户)	万元	999247	1345631	486429	573434	381660
四、教育、卫生和社会保障						
普通中学在校学生数	人	25843	19765	19497	13238	14478
小学在校学生数	人	63564	52440	36054	41913	33101
医院、卫生院床位数	床	2280	1969	719	959	1130
各种社会福利收养性单位数	个	9	34	10	21	19
各种社会福利收养性单位床位数	床	350	1742	618	1291	740

2012年县(市)社会经济主要指标

湖南省

指　　标	单位	桂东县	安仁县	资兴市	祁阳县	东安县
一、基本情况						
行政区域土地面积	平方公里	1452	1462	2747	2538	2211
乡(镇)个数	个	15	17	18	28	16
村民委员会个数	个	145	217	266	901	489
年末总户数	户	58600	113200	135200	298600	188100
其中:乡村户数	户	65400	121900	86300	255100	163000
年末总人口	万人	21	43	38	106	62
乡村人口	万人	22	41	26	93	56
年末单位从业人员数	人	9426	14816	49575	56927	26729
乡村从业人员数	人	119700	265400	184900	495200	278100
其中:农林牧渔业	人	56900	99400	76000	257900	163600
农业机械总动力	万千瓦特	10	20	31	83	49
固定电话用户	户	24895	31200	53810	31855	37272
二、综合经济						
第一产业增加值	万元	36317	142055	174921	366668	271555
第二产业增加值	万元	62037	171798	1560932	688334	469990
地方财政一般预算收入	万元	11119	22057	155596	49951	43407
地方财政一般预算支出	万元	88000	145467	267895	271046	172065
居民储蓄存款余额	万元	220010	459891	787317	1443233	654930
年末金融机构各项贷款余额	万元	143717	255529	501467	638827	332055
三、农业、工业及投资						
粮食产量	吨	63654	285446	125904	650856	391918
棉花产量	吨		15	42	580	90
油料产量	吨	1690	28743	5684	38608	9373
肉类总产量	吨	10028	31283	50909	91405	84111
规模以上工业企业个数	个	14	34	155	107	84
规模以上工业总产值(现价)	万元	120257	418919	5192065	1156749	1159729
固定资产投资(不含农户)	万元	251286	638609	1489097	1443884	915795
四、教育、卫生和社会保障						
普通中学在校学生数	人	7091	17505	14760	45318	20661
小学在校学生数	人	13437	33171	22316	75936	39419
医院、卫生院床位数	床	567	970	1159	2799	1305
各种社会福利收养性单位数	个	17	23	21	32	17
各种社会福利收养性单位床位数	床	940	965	1040	953	671

2012年县(市)社会经济主要指标

湖南省

指标	单位	双牌县	道县	江永县	宁远县	蓝山县
一、基本情况						
行政区域土地面积	平方公里	1739	2441	1633	2489	1807
乡(镇)个数	个	14	21	12	17	15
村民委员会个数	个	195	564	230	687	359
年末总户数	户	62600	194700	79000	221500	103400
其中:乡村户数	户	39500	157900	61200	157800	90700
年末总人口	万人	19	75	27	85	39
乡村人口	万人	15	64	26	64	33
年末单位从业人员数	人	11432	24128	12599	27877	22169
乡村从业人员数	人	68000	344300	132800	401300	201500
其中:农林牧渔业	人	46200	178300	94300	157800	131600
农业机械总动力	万千瓦特	18	42	20	90	35
固定电话用户	户	11226	28300	14986	37440	23053
二、综合经济						
第一产业增加值	万元	110729	309829	159795	238273	125120
第二产业增加值	万元	169234	318565	118958	324493	270432
地方财政一般预算收入	万元	22637	46166	18723	51424	29668
地方财政一般预算支出	万元	88196	201350	100909	223437	119459
居民储蓄存款余额	万元	191796	724498	319816	735142	423597
年末金融机构各项贷款余额	万元	205637	287349	120120	424940	159937
三、农业、工业及投资						
粮食产量	吨	73246	390610	122408	303225	127022
棉花产量	吨	263	22	158	71	760
油料产量	吨	1838	11457	12759	6520	11272
肉类总产量	吨	21784	93395	30724	81196	68347
规模以上工业企业个数	个	34	44	25	64	52
规模以上工业总产值(现价)	万元	264633	239375	202274	562778	539212
固定资产投资(不含农户)	万元	357200	792195	394252	771653	398668
四、教育、卫生和社会保障						
普通中学在校学生数	人	6890	31430	11093	32471	16299
小学在校学生数	人	11339	65790	21936	68336	32448
医院、卫生院床位数	床	408	1588	720	1753	1144
各种社会福利收养性单位数	个	12	33	13	25	12
各种社会福利收养性单位床位数	床	692	1167	498	1027	400

2012 年县(市)社会经济主要指标

湖南省

指　　　标	单位	新田县	江华瑶族自治县	中方县	沅陵县	辰溪县
一、基本情况						
行政区域土地面积	平方公里	1022	3216	1479	5828	1977
乡(镇)个数	个	19	22	22	23	30
村民委员会个数	个	372	499	214	465	422
年末总户数	户	123800	132200	86600	216900	167100
其中:乡村户数	户	107100	116100	70900	155900	110500
年末总人口	万人	42	50	28	66	53
乡村人口	万人	38	45	26	59	45
年末单位从业人员数	人	15534	17322	17249	27226	28731
乡村从业人员数	人	217100	272700	156000	339600	225000
其中:农林牧渔业	人	116900	188900	89300	210200	174800
农业机械总动力	万千瓦特	34	34	21	36	26
固定电话用户	户	15018	38673	18000	56089	30000
二、综合经济						
第一产业增加值	万元	141881	188022	95438	152902	124608
第二产业增加值	万元	136050	191911	443271	952605	355041
地方财政一般预算收入	万元	25031	30970	34883	67740	46049
地方财政一般预算支出	万元	128018	165140	104800	220256	172417
居民储蓄存款余额	万元	385161	458644	129629	562700	499000
年末金融机构各项贷款余额	万元	133488	297604	96844	248529	322000
三、农业、工业及投资						
粮食产量	吨	162938	216567	113962	221141	184625
棉花产量	吨		47	355	21	615
油料产量	吨	3932	8563	12940	20937	20368
肉类总产量	吨	41342	40525	22139	29203	28092
规模以上工业企业个数	个	42	33	56	56	55
规模以上工业总产值(现价)	万元	335741	335709	860849	1483521	664454
固定资产投资(不含农户)	万元	340192	463146	759462	546681	581845
四、教育、卫生和社会保障						
普通中学在校学生数	人	15970	20644	8563	21278	14591
小学在校学生数	人	32138	37494	12709	33935	26706
医院、卫生院床位数	床	1264	1663	662	2501	2170
各种社会福利收养性单位数	个	11	14	11	24	20
各种社会福利收养性单位床位数	床	558	640	570	600	851

2012年县(市)社会经济主要指标

湖南省

指标	单位	溆浦县	会同县	麻阳苗族自治县	新晃侗族自治县	芷江侗族自治县
一、基本情况						
行政区域土地面积	平方公里	3440	2259	1568	1508	2099
乡(镇)个数	个	43	25	23	23	28
村民委员会个数	个	653	345	307	296	299
年末总户数	户	267600	114400	117700	90500	126200
其中:乡村户数	户	211200	114400	87800	72500	94300
年末总人口	万人	91	36	40	27	38
乡村人口	万人	84	36	36	23	35
年末单位从业人员数	人	33808	13646	15454	10308	15549
乡村从业人员数	人	552200	212400	185500	128000	197000
其中:农林牧渔业	人	292300	143700	148100	104000	116100
农业机械总动力	万千瓦特	49	24	15	13	33
固定电话用户	户	110800	31060	36500	23790	41250
二、综合经济						
第一产业增加值	万元	239948	98904	118901	54753	162721
第二产业增加值	万元	388401	116900	171542	198571	311125
地方财政一般预算收入	万元	45786	29500	21586	17011	35696
地方财政一般预算支出	万元	245198	130668	146100	106926	146996
居民储蓄存款余额	万元	867549	461498	345600	237312	430606
年末金融机构各项贷款余额	万元	458801	136931	224200	126515	247729
三、农业、工业及投资						
粮食产量	吨	347275	119368	109262	78741	210924
棉花产量	吨	441	20	25		49
油料产量	吨	21828	9700	12743	3899	14119
肉类总产量	吨	77721	18203	23914	22716	38557
规模以上工业企业个数	个	71	25	33	36	56
规模以上工业总产值(现价)	万元	672036	209562	387686	340568	449176
固定资产投资(不含农户)	万元	611220	261743	270312	207579	280217
四、教育、卫生和社会保障						
普通中学在校学生数	人	29166	13337	15207	8781	14726
小学在校学生数	人	53793	20603	24173	15938	23693
医院、卫生院床位数	床	2106	1194	975	1350	935
各种社会福利收养性单位数	个	19	13	17	12	12
各种社会福利收养性单位床位数	床	917	398	562	466	450

2012年县(市)社会经济主要指标

湖南省

指　　标	单位	靖州苗族侗族自治县	通道侗族自治县	洪江市	双峰县	新化县
一、基本情况						
行政区域土地面积	平方公里	2211	2239	2289	1715	3642
乡(镇)个数	个	13	21	28	16	26
村民委员会个数	个	186	242	336	894	1146
年末总户数	户	83900	63600	148200	318600	414700
其中:乡村户数	户	56100	49700	124700	245600	313800
年末总人口	万人	27	24	44	96	141
乡村人口	万人	23	20	39	89	127
年末单位从业人员数	人	14606	10193	28760	35770	44044
乡村从业人员数	人	112200	109800	231800	488500	677900
其中:农林牧渔业	人	85800	82200	132000	309600	451600
农业机械总动力	万千瓦特	29	25	29	91	73
固定电话用户	户	33825	21669	53085	80493	107531
二、综合经济						
第一产业增加值	万元	107162	58261	149805	507684	431210
第二产业增加值	万元	189050	97968	277649	627377	506269
地方财政一般预算收入	万元	23751	16559	62395	47059	57647
地方财政一般预算支出	万元	112899	104647	206775	265750	359953
居民储蓄存款余额	万元	359285	257800	596602	1145500	1107480
年末金融机构各项贷款余额	万元	156654	102100	327216	391400	612120
三、农业、工业及投资						
粮食产量	吨	124632	81072	178560	541214	473091
棉花产量	吨		174	15	356	882
油料产量	吨	7562	4280	9224	13313	10915
肉类总产量	吨	21131	11976	32761	125154	115666
规模以上工业企业个数	个	32	27	76	129	112
规模以上工业总产值(现价)	万元	453408	251447	1375017	1666530	1215209
固定资产投资(不含农户)	万元	203138	152545	651554	790489	672531
四、教育、卫生和社会保障						
普通中学在校学生数	人	11446	7776	18837	41575	57670
小学在校学生数	人	16978	15913	23614	57966	96224
医院、卫生院床位数	床	1054	882	1161	1862	1542
各种社会福利收养性单位数	个	9	11	34	16	28
各种社会福利收养性单位床位数	床	311	483	1025	659	1068

2012年县(市)社会经济主要指标

湖南省

指标	单位	冷水江市	涟源市	吉首市	泸溪县	凤凰县
一、基本情况						
行政区域土地面积	平方公里	439	1912	1058	1566	1745
乡(镇)个数	个	12	19	12	15	24
村民委员会个数	个	153	908	139	134	340
年末总户数	户	147100	401600	96000	85600	104500
其中:乡村户数	户	56900	298700	46500	71100	80500
年末总人口	万人	37	118	30	31	41
乡村人口	万人	20	106	18	28	36
年末单位从业人员数	人	64524	40837	51023	10388	13133
乡村从业人员数	人	101800	612900	97000	149700	195400
其中:农林牧渔业	人	61800	344100	62400	80900	151800
农业机械总动力	万千瓦特	21	73	16	15	19
固定电话用户	户	48116	88350	77400	22600	30600
二、综合经济						
第一产业增加值	万元	78346	385011	51074	61424	71946
第二产业增加值	万元	1506226	894094	332575	298688	81261
地方财政一般预算收入	万元	105416	70745	47022	18425	40651
地方财政一般预算支出	万元	210533	329856	173824	133765	176363
居民储蓄存款余额	万元	680530	805973	958617	294679	400873
年末金融机构各项贷款余额	万元	893657	724318	828289	162657	286300
三、农业、工业及投资						
粮食产量	吨	45060	469636	49100	75883	126078
棉花产量	吨		25		98	
油料产量	吨	1301	10369	7125	11174	11698
肉类总产量	吨	25648	92712	7797	12356	12738
规模以上工业企业个数	个	118	154	49	42	17
规模以上工业总产值(现价)	万元	3692553	2051469	634570	708564	84899
固定资产投资(不含农户)	万元	974676	925531	523500	177200	255000
四、教育、卫生和社会保障						
普通中学在校学生数	人	20113	53597	21941	17160	17690
小学在校学生数	人	29639	71232	25454	21683	33379
医院、卫生院床位数	床	1413	2260	3790	664	1212
各种社会福利收养性单位数	个	8	22	16	18	19
各种社会福利收养性单位床位数	床	141	998	710	866	570

2012年县(市)社会经济主要指标

湖南省

指　　标	单位	花垣县	保靖县	古丈县	永顺县	龙山县
一、基本情况						
行政区域土地面积	平方公里	1109	1754	1297	3810	3131
乡(镇)个数	个	18	16	12	30	31
村民委员会个数	个	288	196	140	291	434
年末总户数	户	76900	79500	43600	138500	167400
其中:乡村户数	户	59900	69900	31400	113900	126100
年末总人口	万人	31	31	14	54	59
乡村人口	万人	26	27	13	47	51
年末单位从业人员数	人	14789	10266	6221	16586	18722
乡村从业人员数	人	149800	145600	74600	259400	266700
其中:农林牧渔业	人	94900	116400	56700	195700	167500
农业机械总动力	万千瓦特	15	14	10	30	26
固定电话用户	户	25600	18600	11104	36000	37813
二、综合经济						
第一产业增加值	万元	51090	66948	32015	121553	137640
第二产业增加值	万元	391828	210278	41665	108634	116133
地方财政一般预算收入	万元	33178	19259	10840	22066	21853
地方财政一般预算支出	万元	150370	137912	95960	202173	205235
居民储蓄存款余额	万元	366984	225000	156382	451694	555698
年末金融机构各项贷款余额	万元	246364	125370	84956	283993	212815
三、农业、工业及投资						
粮食产量	吨	89934	88504	36160	204802	179458
棉花产量	吨			9	20	
油料产量	吨	5753	9298	3348	21098	14822
肉类总产量	吨	13865	11524	5011	18646	18472
规模以上工业企业个数	个	74	18	10	23	18
规模以上工业总产值(现价)	万元	925759	362352	51395	106104	89345
固定资产投资(不含农户)	万元	220000	100545	102170	246408	281003
四、教育、卫生和社会保障						
普通中学在校学生数	人	14031	11831	6288	24854	30946
小学在校学生数	人	23831	19249	8718	38686	42189
医院、卫生院床位数	床	1240	927	392	1801	1505
各种社会福利收养性单位数	个	18	18	14	32	34
各种社会福利收养性单位床位数	床	860	581	560	1200	2003

2012年县(市)社会经济主要指标

广东省

指　　标	单位	增城市	从化市	曲江区	始兴县	仁化县
一、基本情况						
行政区域土地面积	平方公里	1616	1975	1626	2174	2223
乡(镇)个数	个	6	5	9	10	11
村民委员会个数	个	282	221	85	113	109
年末总户数	户	224170	181170	98950	72741	69464
其中:乡村户数	户	216322	131101	47450	58523	56698
年末总人口	万人	85	60	32	25	23
乡村人口	万人	87	49	19	20	18
年末单位从业人员数	人	157763	75988	41246	109592	18327
乡村从业人员数	人	520695	266613	96681	119286	99816
其中:农林牧渔业	人	160369	119198	53643	59349	54143
农业机械总动力	万千瓦特	38	20	17	17	12
固定电话用户	户	316838	120000	68000	24295	36700
二、综合经济						
第一产业增加值	万元	490556	209917	133688	140380	150470
第二产业增加值	万元	5140523	1126353	720607	200740	329973
地方财政一般预算收入	万元	529310	261777	55398	25025	45348
地方财政一般预算支出	万元	673379	396412	100815	87546	98900
居民储蓄存款余额	万元	4985528	1624146	694200	455074	423963
年末金融机构各项贷款余额	万元	5721953	1603941	340200	218949	183064
三、农业、工业及投资						
粮食产量	吨	156809	119428	88442	88479	106157
棉花产量	吨					
油料产量	吨	4898	8659	18736	10228	28884
肉类总产量	吨	83248	38613	21058	12994	16744
规模以上工业企业个数	个	1054	290	56	40	32
规模以上工业总产值(现价)	万元	14924673	4684992	3438160	517727	561170
固定资产投资(不含农户)	万元	2289628	473791	965165	333583	328619
四、教育、卫生和社会保障						
普通中学在校学生数	人	65307	41047	13394	13553	12156
小学在校学生数	人	70583	37410	16875	14903	13700
医院、卫生院床位数	床	3001	2270	1133	557	636
各种社会福利收养性单位数	个	10	12	1	9	12
各种社会福利收养性单位床位数	床	1222	714	148	560	343

2012年县(市)社会经济主要指标

广东省

指　　标	单位	翁源县	乳源瑶族自治县	新丰县	乐昌市	南雄市
一、基本情况						
行政区域土地面积	平方公里	2175	2299	2012	2421	2326
乡(镇)个数	个	7	8	7	16	18
村民委员会个数	个	156	102	141	195	208
年末总户数	户	124783	60237	82997	160979	133980
其中:乡村户数	户	84077	41383	45932	88266	105797
年末总人口	万人	40	22	26	51	48
乡村人口	万人	34	17	20	29	39
年末单位从业人员数	人	22509	23806	17888	27330	30443
乡村从业人员数	人	152311	85970	94782	185835	156347
其中:农林牧渔业	人	88407	47667	42394	112476	97351
农业机械总动力	万千瓦特	19	6	4	19	28
固定电话用户	户	52200	26200	35600	59600	50720
二、综合经济						
第一产业增加值	万元	172219	59144	89730	183267	218758
第二产业增加值	万元	205846	240371	193900	283822	291354
地方财政一般预算收入	万元	26880	35988	23020	44560	40018
地方财政一般预算支出	万元	107867	103339	81605	148384	146838
居民储蓄存款余额	万元	592080	293792	325900	768300	599343
年末金融机构各项贷款余额	万元	265679	191638	135200	339500	230776
三、农业、工业及投资						
粮食产量	吨	108013	59530	57797	124863	228566
棉花产量	吨					
油料产量	吨	16484	4355	5022	11647	23675
肉类总产量	吨	12590	5962	8226	22351	35703
规模以上工业企业个数	个	44	39	50	42	73
规模以上工业总产值(现价)	万元	537437	825988	469580	605678	678364
固定资产投资(不含农户)	万元	316244	367338	285869	656399	658795
四、教育、卫生和社会保障						
普通中学在校学生数	人	20445	10617	14471	24638	26229
小学在校学生数	人	23205	13973	15662	32879	28079
医院、卫生院床位数	床	887	470	690	2223	1122
各种社会福利收养性单位数	个	10	1	7	18	18
各种社会福利收养性单位床位数	床	560	102	105	1205	423

2012年县(市)社会经济主要指标

广东省

指　　标	单位	斗门区	潮阳区	澄海区	南澳县	禅城区
一、基本情况						
行政区域土地面积	平方公里	675	663	345	112	154
乡(镇)个数	个	5	13	11	3	4
村民委员会个数	个	101	179	172	33	54
年末总户数	户	93402	346439	184617	21847	190064
其中:乡村户数	户	78998	249674	158735	15814	56542
年末总人口	万人	34	169	75	7	61
乡村人口	万人	31	132	59	6	18
年末单位从业人员数	人	119567	90873	28786	5120	217309
乡村从业人员数	人	308505	564798	357690	24260	84558
其中:农林牧渔业	人	53433	205841	145057	14489	4334
农业机械总动力	万千瓦特	14	8	12	9	1
固定电话用户	户	118697	254194	195377	18342	470000
二、综合经济						
第一产业增加值	万元	267335	195724	282133	34799	5681
第二产业增加值	万元	877215	1587155	1619501	51081	4761781
地方财政一般预算收入	万元	176374	130733	146323	12980	609643
地方财政一般预算支出	万元	210366	203616	239584	95349	869621
居民储蓄存款余额	万元	1559028	2635016	2676215	147643	11416958
年末金融机构各项贷款余额	万元	1256548	1004468	1168049	45923	19812410
三、农业、工业及投资						
粮食产量	吨	39075	178491	95706	4300	
棉花产量	吨					
油料产量	吨	560	160	483	104	
肉类总产量	吨	23539	23894	47296	3771	2600
规模以上工业企业个数	个	171	338	382	5	742
规模以上工业总产值(现价)	万元	5825522	4883420	4443100	24548	19484902
固定资产投资(不含农户)	万元	1242048	1226660	614497	60075	1722889
四、教育、卫生和社会保障						
普通中学在校学生数	人	25084	156171	52110	4131	36671
小学在校学生数	人	28550	161288	59339	2816	63587
医院、卫生院床位数	床	879	2205	1293	143	6994
各种社会福利收养性单位数	个	7	17	18	1	7
各种社会福利收养性单位床位数	床	502	592	283	18	1645

2012年县(市)社会经济主要指标

广东省

指　　标	单位	南海区	顺德区	三水区	高明区	新会区
一、基本情况						
行政区域土地面积	平方公里	1073	806	827	938	1387
乡(镇)个数	个	7	10	7	4	10
村民委员会个数	个	100	179	48	58	195
年末总户数	户	385791	356223	124725	83845	237115
其中:乡村户数	户	305995	278906	104191	53426	167661
年末总人口	万人	122	125	40	30	75
乡村人口	万人	122	99	45	20	56
年末单位从业人员数	人	61004	236942	79581	60934	124685
乡村从业人员数	人	1014271	563042	283779	111697	303080
其中:农林牧渔业	人	69321	59898	65250	33107	121006
农业机械总动力	万千瓦特	26	30	31	19	35
固定电话用户	户	919324	916000	133782	100365	224630
二、综合经济						
第一产业增加值	万元	434177	413368	282172	159760	321208
第二产业增加值	万元	10751938	13021741	5814288	3902017	3273594
地方财政一般预算收入	万元	1291768	1365184	246266	194423	319240
地方财政一般预算支出	万元	1297711	1472580	307712	214092	385247
居民储蓄存款余额	万元	18232871	18003672	2721208	1528511	4176270
年末金融机构各项贷款余额	万元	15882661	22227616	2936360	1641902	3027866
三、农业、工业及投资						
粮食产量	吨	7034	621	35088	54588	159066
棉花产量	吨					
油料产量	吨	255	10	2461	2448	818
肉类总产量	吨	51905	52240	114595	51992	51505
规模以上工业企业个数	个	2162	1761	847	472	481
规模以上工业总产值(现价)	万元	40146072	49106890	20055564	17658375	6811278
固定资产投资(不含农户)	万元	2933197	2992561	3450133	2375355	343840
四、教育、卫生和社会保障						
普通中学在校学生数	人	114731	112067	31942	17516	49724
小学在校学生数	人	149009	163131	46918	24610	59672
医院、卫生院床位数	床	7041	8299	1861	1603	2972
各种社会福利收养性单位数	个	20	18	8	6	12
各种社会福利收养性单位床位数	床	2623	3370	1637	590	964

2012年县(市)社会经济主要指标

广东省

指　　标	单位	台山市	开平市	鹤山市	恩平市	遂溪县
一、基本情况						
行政区域土地面积	平方公里	3285	1659	1083	1698	2132
乡(镇)个数	个	16	13	9	11	15
村民委员会个数	个	277	226	112	174	229
年末总户数	户	285916	202441	108087	158791	272768
其中:乡村户数	户	241626	176293	70068	95570	215843
年末总人口	万人	98	68	36	50	105
乡村人口	万人	85	61	23	33	93
年末单位从业人员数	人	56258	91299	39141	29533	40532
乡村从业人员数	人	513390	349369	214144	187701	458851
其中:农林牧渔业	人	265546	180274	74340	86884	349984
农业机械总动力	万千瓦特	46	34	17	17	79
固定电话用户	户	230415	184778	150000	130337	55694
二、综合经济						
第一产业增加值	万元	473990	247637	157784	174357	234026
第二产业增加值	万元	1834412	1368003	1116605	470784	649700
地方财政一般预算收入	万元	176125	164891	159483	70528	52230
地方财政一般预算支出	万元	302317	255379	182198	166956	225853
居民储蓄存款余额	万元	3029720	2950681	1784018	1230078	1090936
年末金融机构各项贷款余额	万元	1684713	1242681	1572040	152412	506539
三、农业、工业及投资						
粮食产量	吨	357217	229510	85054	132601	249286
棉花产量	吨					
油料产量	吨	11395	5992	4955	5647	33578
肉类总产量	吨	37501	74036	52385	25683	96448
规模以上工业企业个数	个	209	367	317	132	84
规模以上工业总产值(现价)	万元	3690752	2911411	3469067	970995	1638059
固定资产投资(不含农户)	万元	1650055	1178024	972637	617252	92152
四、教育、卫生和社会保障						
普通中学在校学生数	人	46198	57960	24360	27863	84923
小学在校学生数	人	47822	55002	30413	29694	68983
医院、卫生院床位数	床	2570	1860	935	898	2253
各种社会福利收养性单位数	个	19	16	12	12	88
各种社会福利收养性单位床位数	床	814	1315	569	782	1652

2012年县(市)社会经济主要指标

广东省

指　　标	单位	徐闻县	廉江市	雷州市	吴川市	电白县
一、基本情况						
行政区域土地面积	平方公里	1862	2840	3662	876	1873
乡(镇)个数	个	14	21	18	10	17
村民委员会个数	个	172	336	418	153	292
年末总户数	户	178405	426882	440643	267639	361479
其中:乡村户数	户	136298	335379	328888	192099	261663
年末总人口	万人	73	171	169	111	147
乡村人口	万人	61	135	157	86	119
年末单位从业人员数	人	39906	61795	58111	50679	72773
乡村从业人员数	人	320548	704920	718808	545004	557751
其中:农林牧渔业	人	274397	311058	492373	297512	308367
农业机械总动力	万千瓦特	110	82	123	27	46
固定电话用户	户	48500	121574	89554	134916	145000
二、综合经济						
第一产业增加值	万元	574481	793850	836687	793850	717652
第二产业增加值	万元	161798	971686	290191	641205	1169507
地方财政一般预算收入	万元	34792	67338	53210	46188	101450
地方财政一般预算支出	万元	163750	289688	272855	210251	305069
居民储蓄存款余额	万元	868818	1629117	1260824	1232148	1698694
年末金融机构各项贷款余额	万元	462217	744964	659817	406328	890760
三、农业、工业及投资						
粮食产量	吨	139504	437688	352664	170297	266132
棉花产量	吨					
油料产量	吨	11054	40873	44774	22082	36452
肉类总产量	吨	18202	127447	50919	46929	110616
规模以上工业企业个数	个	24	203	35	103	96
规模以上工业总产值(现价)	万元	272216	2163928	652705	1016401	1346116
固定资产投资(不含农户)	万元	354994	772437	241332	501723	457710
四、教育、卫生和社会保障						
普通中学在校学生数	人	53197	132675	153473	97450	118066
小学在校学生数	人	56100	134939	140737	90358	116953
医院、卫生院床位数	床	2088	3653	4584	1804	2558
各种社会福利收养性单位数	个	85	240	300	33	22
各种社会福利收养性单位床位数	床	1261	3496	2139	371	490

2012年县(市)社会经济主要指标

广东省

指　　标	单位	高州市	化州市	信宜市	广宁县	怀集县
一、基本情况						
行政区域土地面积	平方公里	3276	2354	3081	2458	3573
乡(镇)个数	个	23	23	18	15	19
村民委员会个数	个	438	334	352	156	300
年末总户数	户	429495	425582	387481	178045	242090
其中:乡村户数	户	284336	258807	263817	138071	203595
年末总人口	万人	169	162	136	57	106
乡村人口	万人	120	114	90	45	66
年末单位从业人员数	人	75886	61469	41593	19069	28234
乡村从业人员数	人	573291	527807	478731	211148	380535
其中:农林牧渔业	人	345905	313817	285037	161361	281823
农业机械总动力	万千瓦特	43	32	18	14	40
固定电话用户	户	186326	106255	137800	81098	80234
二、综合经济						
第一产业增加值	万元	894756	701963	728542	244357	513462
第二产业增加值	万元	1264788	1067557	1068446	299883	448330
地方财政一般预算收入	万元	93071	80746	62600	58367	90078
地方财政一般预算支出	万元	342569	286401	261857	141999	231596
居民储蓄存款余额	万元	2174022	1514658	1494262	597132	657413
年末金融机构各项贷款余额	万元	909648	656052	700836	399316	325519
三、农业、工业及投资						
粮食产量	吨	394450	341526	330307	152748	265359
棉花产量	吨					
油料产量	吨	23075	29632	14823	6437	10833
肉类总产量	吨	154840	135400	150625	25844	99011
规模以上工业企业个数	个	146	121	145	87	63
规模以上工业总产值(现价)	万元	1089676	787180	914665	1158931	1386383
固定资产投资(不含农户)	万元	645291	608756	267532	95936	474617
四、教育、卫生和社会保障						
普通中学在校学生数	人	135252	133803	128123	25826	87060
小学在校学生数	人	121323	143792	110522	29289	103911
医院、卫生院床位数	床	5128	2654	2750	760	1715
各种社会福利收养性单位数	个	34	22	20	18	22
各种社会福利收养性单位床位数	床	1550	1037	424	527	1021

2012年县(市)社会经济主要指标

广东省

指标	单位	封开县	德庆县	高要市	四会市	惠阳区
一、基本情况						
行政区域土地面积	平方公里	2723	2257	2186	1262	1205
乡(镇)个数	个	16	12	16	11	6
村民委员会个数	个	193	175	324	113	130
年末总户数	户	131392	120481	221685	149106	206005
其中:乡村户数	户	114742	106990	198351	93367	90885
年末总人口	万人	51	38	79	50	57
乡村人口	万人	46	31	67	31	49
年末单位从业人员数	人	23951	22875	22746	97233	511787
乡村从业人员数	人	231114	158431	426591	217996	345870
其中:农林牧渔业	人	147745	147896	279685	88813	45188
农业机械总动力	万千瓦特	14	16	45	16	16
固定电话用户	户	46000	50000	104118	109825	80700
二、综合经济						
第一产业增加值	万元	307126	215095	601720	404262	128928
第二产业增加值	万元	302894	335296	1667208	2414121	5186490
地方财政一般预算收入	万元	56307	64427	192203	269036	441473
地方财政一般预算支出	万元	136356	153867	281964	357147	640897
居民储蓄存款余额	万元	521052	542452	1496271	1651638	2730211
年末金融机构各项贷款余额	万元	318316	379458	1041735	2560032	2720450
三、农业、工业及投资						
粮食产量	吨	206170	125821	233324	123052	45440
棉花产量	吨					
油料产量	吨	17134	9377	12893	13145	5690
肉类总产量	吨	32476	17327	86887	123496	11879
规模以上工业企业个数	个	25	86	255	339	348
规模以上工业总产值(现价)	万元	898200	1705719	7342315	10653318	20717240
固定资产投资(不含农户)	万元	552810	282081	1550368	2487223	3136539
四、教育、卫生和社会保障						
普通中学在校学生数	人	39881	26872	50876	34984	61912
小学在校学生数	人	40670	28327	43624	39672	80913
医院、卫生院床位数	床	882	801	1533	1230	2774
各种社会福利收养性单位数	个	19	13	23	15	12
各种社会福利收养性单位床位数	床	565	779	707	886	805

2012年县(市)社会经济主要指标

广东省

指　　标	单位	博罗县	惠东县	龙门县	梅县	大埔县
一、基本情况						
行政区域土地面积	平方公里	2858	3527	2267	2755	2468
乡(镇)个数	个	17	13	9	20	15
村民委员会个数	个	331	245	155	384	246
年末总户数	户	218434	198589	111475	171758	162013
其中:乡村户数	户	144131	121083	63831	135352	129092
年末总人口	万人	84	88	35	63	55
乡村人口	万人	60	55	23	43	43
年末单位从业人员数	人	139982	66082	23244	29015	16177
乡村从业人员数	人	526610	378092	158855	224537	203517
其中:农林牧渔业	人	165225	129958	91841	124826	83728
农业机械总动力	万千瓦特	53	27	21	25	8
固定电话用户	户	185300	230086	57000	84000	58583
二、综合经济						
第一产业增加值	万元	396679	344415	175540	373134	156099
第二产业增加值	万元	2117496	1599511	386064	611250	196675
地方财政一般预算收入	万元	220340	172029	60638	116805	41033
地方财政一般预算支出	万元	358257	343287	163313	236824	150695
居民储蓄存款余额	万元	2373075	1841372	500981	1296737	578992
年末金融机构各项贷款余额	万元	1237297	1217617	233062	567233	271497
三、农业、工业及投资						
粮食产量	吨	165261	203133	100260	206729	99014
棉花产量	吨					
油料产量	吨	16208	16646	5356	9951	2824
肉类总产量	吨	88194	38559	9871	44280	21350
规模以上工业企业个数	个	361	178	52	101	36
规模以上工业总产值(现价)	万元	7043518	2878920	896451	1413810	203985
固定资产投资(不含农户)	万元	988863	1004234	314834	478756	271845
四、教育、卫生和社会保障						
普通中学在校学生数	人	60756	68362	18346	31675	25448
小学在校学生数	人	91003	93575	21543	29114	26425
医院、卫生院床位数	床	2880	1996	899	1026	710
各种社会福利收养性单位数	个	18	20	14	24	16
各种社会福利收养性单位床位数	床	1056	583	676	700	563

2012年县(市)社会经济主要指标

广东省

指　　标	单位	丰顺县	五华县	平远县	蕉岭县	兴宁市
一、基本情况						
行政区域土地面积	平方公里	2710	3226	1381	957	2104
乡(镇)个数	个	17	16	12	8	20
村民委员会个数	个	263	411	136	111	427
年末总户数	户	161572	298231	77569	73044	314454
其中:乡村户数	户	132190	232080	54711	58723	210063
年末总人口	万人	70	134	26	23	118
乡村人口	万人	45	93	13	17	95
年末单位从业人员数	人	25953	31007	23648	15335	45482
乡村从业人员数	人	270118	480683	108499	85551	459488
其中:农林牧渔业	人	121189	230837	55913	49582	155753
农业机械总动力	万千瓦特	14	24	8	10	36
固定电话用户	户	85000	91131	39200	38353	153984
二、综合经济						
第一产业增加值	万元	192290	260303	103914	98611	339018
第二产业增加值	万元	316385	204686	303490	211739	395368
地方财政一般预算收入	万元	34817	26702	34119	35152	44962
地方财政一般预算支出	万元	173501	289443	105981	96176	278187
居民储蓄存款余额	万元	759853	1034677	372048	406399	1401693
年末金融机构各项贷款余额	万元	375616	393179	180698	231684	646157
三、农业、工业及投资						
粮食产量	吨	124998	320253	89425	66045	337304
棉花产量	吨					
油料产量	吨	4931	6164	3924	3983	4209
肉类总产量	吨	47108	55349	14175	22340	56935
规模以上工业企业个数	个	45	19	36	23	32
规模以上工业总产值(现价)	万元	492329	289048	324942	263088	362138
固定资产投资(不含农户)	万元	196931	233525	142928	101524	208447
四、教育、卫生和社会保障						
普通中学在校学生数	人	38994	66650	14852	11325	62306
小学在校学生数	人	36899	97104	11986	10333	55543
医院、卫生院床位数	床	1146	1993	635	473	2033
各种社会福利收养性单位数	个	17	23	12	9	44
各种社会福利收养性单位床位数	床	700	750	322	394	2314

2012年县(市)社会经济主要指标

广东省

指　　标	单位	海丰县	陆河县	陆丰市	紫金县	龙川县
一、基本情况						
行政区域土地面积	平方公里	1750	986	1541	3621	3080
乡(镇)个数	个	16	8	20	18	24
村民委员会个数	个	240	117	303	273	315
年末总户数	户	198165	78026	349691	202966	263298
其中:乡村户数	户	157683	52017	225524	153540	179860
年末总人口	万人	82	35	181	83	99
乡村人口	万人	68	24	113	68	85
年末单位从业人员数	人	41119	12660	51661	26472	41480
乡村从业人员数	人	402398	132515	643184	345430	357230
其中:农林牧渔业	人	134203	45220	284527	171782	188363
农业机械总动力	万千瓦特	36	10	32	8	20
固定电话用户	户	112800	42400	206898	130604	127996
二、综合经济						
第一产业增加值	万元	310951	88689	428477	193883	213120
第二产业增加值	万元	893816	103294	786590	327890	559134
地方财政一般预算收入	万元	113459	26438	121358	36618	36250
地方财政一般预算支出	万元	197107	104388	317116	227364	238369
居民储蓄存款余额	万元	1079933	276146	845301	580505	908605
年末金融机构各项贷款余额	万元	406499	109162	286768	326778	638851
三、农业、工业及投资						
粮食产量	吨	183285	62866	210915	231815	286122
棉花产量	吨					
油料产量	吨	5958	3784	16170	16105	13011
肉类总产量	吨	23503	17888	55509	27173	29341
规模以上工业企业个数	个	95	13	99	36	68
规模以上工业总产值(现价)	万元	2156854	88034	1776500	786143	620700
固定资产投资(不含农户)	万元	1690303	110329	997529	152898	347692
四、教育、卫生和社会保障						
普通中学在校学生数	人	69793	31877	153484	50928	59812
小学在校学生数	人	65240	25141	167596	55581	68731
医院、卫生院床位数	床	2444	573	2548	1435	1996
各种社会福利收养性单位数	个	19	8	6	21	28
各种社会福利收养性单位床位数	床	761	160	224	668	626

2012年县(市)社会经济主要指标

广东省

指　　标	单位	连平县	和平县	东源县	阳西县	阳东县
一、基本情况						
行政区域土地面积	平方公里	2276	2310	4070	1451	1703
乡(镇)个数	个	13	17	21	8	11
村民委员会个数	个	159	216	258	149	157
年末总户数	户	106945	137334	135916	129151	138814
其中:乡村户数	户	72805	103996	128187	93385	127479
年末总人口	万人	40	53	55	51	49
乡村人口	万人	33	46	52	42	46
年末单位从业人员数	人	18763	17407	29148	264268	30043
乡村从业人员数	人	204089	252785	269913	200854	262203
其中:农林牧渔业	人	98358	108825	111050	99471	94364
农业机械总动力	万千瓦特	12	10	9	28	21
固定电话用户	户	50299	58258	54128	59000	83061
二、综合经济						
第一产业增加值	万元	79569	122110	132132	447509	359266
第二产业增加值	万元	608252	251068	409867	432035	1090356
地方财政一般预算收入	万元	45525	26328	47406	39106	85301
地方财政一般预算支出	万元	151429	154860	191835	150200	167725
居民储蓄存款余额	万元	417724	431072	437300	609403	756952
年末金融机构各项贷款余额	万元	230709	270797	379748	340062	535969
三、农业、工业及投资						
粮食产量	吨	104862	135721	173916	149301	158725
棉花产量	吨					
油料产量	吨	14237	5297	18934	10236	14966
肉类总产量	吨	13322	18780	21516	31834	37959
规模以上工业企业个数	个	28	40	65	48	186
规模以上工业总产值(现价)	万元	1549882	707739	1050683	845933	3319048
固定资产投资(不含农户)	万元	109492	92942	185261	387353	1865902
四、教育、卫生和社会保障						
普通中学在校学生数	人	21429	24690	28542	20928	30457
小学在校学生数	人	23824	29968	42166	30463	30252
医院、卫生院床位数	床	850	877	815	1061	1083
各种社会福利收养性单位数	个	14	18	23	1	1
各种社会福利收养性单位床位数	床	575	552	480	200	150

2012年县(市)社会经济主要指标

广东省

指　　标	单位	阳春市	佛冈县	阳山县	连山壮族瑶族自治县	连南瑶族自治县
一、基本情况						
行政区域土地面积	平方公里	4054	1295	3330	1265	1241
乡(镇)个数	个	15	6	13	7	7
村民委员会个数	个	309	78	159	48	69
年末总户数	户	305391	84149	131402	31651	44037
其中:乡村户数	户	224467	69439	115934	23008	35317
年末总人口	万人	115	32	53	12	16
乡村人口	万人	89	19	49	10	14
年末单位从业人员数	人	56298	25902	16732	6171	8623
乡村从业人员数	人	511706	156908	255110	50924	78362
其中:农林牧渔业	人	187969	83575	110348	37345	46623
农业机械总动力	万千瓦特	24	12	10	4	5
固定电话用户	户	157003	54328	46067	20668	14509
二、综合经济						
第一产业增加值	万元	589683	83469	218612	57300	44035
第二产业增加值	万元	1203971	351313	150919	89718	105764
地方财政一般预算收入	万元	83542	80413	42203	11288	14837
地方财政一般预算支出	万元	273662	141875	135288	50061	77730
居民储蓄存款余额	万元	1434807	563976	536716	132108	181321
年末金融机构各项贷款余额	万元	874741	410221	288210	98495	106715
三、农业、工业及投资						
粮食产量	吨	307322	61697	111173	42053	36710
棉花产量	吨					
油料产量	吨	23437	2891	16124	3787	3183
肉类总产量	吨	96073	7835	39846	7074	4890
规模以上工业企业个数	个	117	76	17	6	12
规模以上工业总产值(现价)	万元	3354165	1244138	131298	112665	102617
固定资产投资(不含农户)	万元	853836	237576	104490	63669	53535
四、教育、卫生和社会保障						
普通中学在校学生数	人	62232	19711	27463	4416	9618
小学在校学生数	人	63338	20428	21868	6064	11367
医院、卫生院床位数	床	2790	727	1336	336	263
各种社会福利收养性单位数	个	21	7	15	7	8
各种社会福利收养性单位床位数	床	1075	413	645	210	418

2012年县(市)社会经济主要指标

广东省

指　　标	单位	清新县	英德市	连州市	潮安县	饶平县
一、基本情况						
行政区域土地面积	平方公里	2318	5634	2668	1261	1694
乡(镇)个数	个	8	23	12	19	21
村民委员会个数	个	179	256	163	487	355
年末总户数	户	193215	309110	144619	304698	240129
其中:乡村户数	户	128852	228573	105980	255016	207963
年末总人口	万人	67	109	51	126	103
乡村人口	万人	60	89	43	105	90
年末单位从业人员数	人	55623	48410	17398	43180	30393
乡村从业人员数	人	325999	484903	194244	524673	435177
其中:农林牧渔业	人	174415	317361	123870	166149	212653
农业机械总动力	万千瓦特	21	26	15	11	34
固定电话用户	户	80256	96216	53689	228979	171000
二、综合经济						
第一产业增加值	万元	267316	414026	238396	173727	309750
第二产业增加值	万元	669656	600336	263417	2667162	754399
地方财政一般预算收入	万元	110027	153975	55614	124424	40473
地方财政一般预算支出	万元	252071	358958	179578	301335	239225
居民储蓄存款余额	万元	916207	1522660	744412	2286030	1080129
年末金融机构各项贷款余额	万元	878739	1045767	433702	727445	439744
三、农业、工业及投资						
粮食产量	吨	136584	221686	126385	133657	150967
棉花产量	吨					
油料产量	吨	12632	31666	14823	1092	3160
肉类总产量	吨	50324	33339	42955	23843	50673
规模以上工业企业个数	个	112	78	23	569	99
规模以上工业总产值(现价)	万元	1982932	1372192	461521	5424393	1939295
固定资产投资(不含农户)	万元	355515	1036711	175431	1001169	230899
四、教育、卫生和社会保障						
普通中学在校学生数	人	41850	65312	18754	99583	68247
小学在校学生数	人	49831	66022	24292	96749	60789
医院、卫生院床位数	床	1110	2493	1443	1874	856
各种社会福利收养性单位数	个	2	24	13	18	21
各种社会福利收养性单位床位数	床	142	934	387	560	524

2012年县(市)社会经济主要指标

广东省

指　　标	单位	揭东县	揭西县	惠来县	普宁市	新兴县
一、基本情况						
行政区域土地面积	平方公里	850	1365	1253	1635	1521
乡(镇)个数	个	15	17	14	20	12
村民委员会个数	个	227	280	290	527	161
年末总户数	户	300760	251732	259242	528724	121647
其中:乡村户数	户	274823	163307	245392	388262	102423
年末总人口	万人	131	98	135	238	48
乡村人口	万人	122	73	123	192	40
年末单位从业人员数	人	49532	31312	38478	58150	41195
乡村从业人员数	人	606094	428314	463654	800314	266197
其中:农林牧渔业	人	195708	105796	136879	285876	102328
农业机械总动力	万千瓦特	19	8	14	18	38
固定电话用户	户	223000	121344	111509	321051	105026
二、综合经济						
第一产业增加值	万元	368244	272738	428683	303756	450956
第二产业增加值	万元	2104412	852444	947908	2692089	749757
地方财政一般预算收入	万元	103201	33385	44005	152332	88211
地方财政一般预算支出	万元	253483	198685	233808	386197	177381
居民储蓄存款余额	万元	1550382	1268038	809555	3305185	994318
年末金融机构各项贷款余额	万元	911988	599869	444662	1523833	644172
三、农业、工业及投资						
粮食产量	吨	260098	179567	208848	218168	146247
棉花产量	吨					
油料产量	吨	10612	2481	8348	1350	7727
肉类总产量	吨	39977	51044	39986	45587	190987
规模以上工业企业个数	个	426	116	238	361	140
规模以上工业总产值(现价)	万元	6843927	1201997	4098314	9039307	2165621
固定资产投资(不含农户)	万元	868053	363112	1554807	802622	868062
四、教育、卫生和社会保障						
普通中学在校学生数	人	94025	76219	83144	212944	32536
小学在校学生数	人	69073	64639	120780	203069	29485
医院、卫生院床位数	床	2495	1114	1126	3090	1231
各种社会福利收养性单位数	个	31	18	22	28	15
各种社会福利收养性单位床位数	床	2418	1933	2607	3760	640

2012 年县(市)社会经济主要指标

广东省、广西壮族自治区

指　　　标	单位	郁南县	云安县	罗定市	邕宁区	武鸣县
一、基本情况						
行政区域土地面积	平方公里	1966	1203	2327	1231	3389
乡(镇)个数	个	15	8	17	5	13
村民委员会个数	个	177	111	306	65	198
年末总户数	户	151003	85272	333613	103067	235785
其中:乡村户数	户	125137	79218	229286	83000	150900
年末总人口	万人	52	34	123	35	69
乡村人口	万人	45	28	78	29	57
年末单位从业人员数	人	25869	11453	50189	14368	39050
乡村从业人员数	人	223134	187642	645234	204600	367100
其中:农林牧渔业	人	139937	111213	350395	134100	193900
农业机械总动力	万千瓦特	22	11	29	20	78
固定电话用户	户	44000	25510	185901	495	90328
二、综合经济						
第一产业增加值	万元	228353	150625	320428	208660	603583
第二产业增加值	万元	255184	329733	449719	108116	1194474
地方财政一般预算收入	万元	39253	33083	66626	24532	64684
地方财政一般预算支出	万元	132777	92958	265394	94177	203655
居民储蓄存款余额	万元	664208	280960	1268947		878422
年末金融机构各项贷款余额	万元	374093	250040	602004		667540
三、农业、工业及投资						
粮食产量	吨	147135	97883	259512	140802	352669
棉花产量	吨					32
油料产量	吨	11985	7384	19701	11300	31600
肉类总产量	吨	27791	17309	39349	56546	151604
规模以上工业企业个数	个	73	54	81	10	188
规模以上工业总产值(现价)	万元	589100	787005	649045	118171	2805539
固定资产投资(不含农户)	万元	338781	873111	768299	446275	2380208
四、教育、卫生和社会保障						
普通中学在校学生数	人	26768	15955	82351	14395	28265
小学在校学生数	人	27108	16667	84754	23101	34260
医院、卫生院床位数	床	801	215	2694	789	2013
各种社会福利收养性单位数	个	18	8	24	8	16
各种社会福利收养性单位床位数	床	758	522	755	290	579

2012年县(市)社会经济主要指标

广西壮族自治区

指　　标	单位	隆安县	马山县	上林县	宾阳县	横　县
一、基本情况						
行政区域土地面积	平方公里	2306	2341	1871	2298	3448
乡(镇)个数	个	10	11	11	16	17
村民委员会个数	个	118	145	115	193	276
年末总户数	户	112105	156149	149245	308836	361783
其中:乡村户数	户	71300	122100	92400	205600	274500
年末总人口	万人	41	55	49	104	121
乡村人口	万人	36	51	42	89	107
年末单位从业人员数	人	17049	14151	25121	44345	48621
乡村从业人员数	人	224500	305300	189200	513800	629000
其中:农林牧渔业	人	141600	136000	143800	304200	423200
农业机械总动力	万千瓦特	25	25	46	68	59
固定电话用户	户	23285	52775	26864	68852	80264
二、综合经济						
第一产业增加值	万元	199881	135964	166752	375979	569227
第二产业增加值	万元	162922	121846	97553	529109	1079757
地方财政一般预算收入	万元	26395	24524	23830	90351	89328
地方财政一般预算支出	万元	143797	167546	162770	275363	268537
居民储蓄存款余额	万元	378986	319860	387719	925511	1142878
年末金融机构各项贷款余额	万元	292881	194629	185455	588385	1272194
三、农业、工业及投资						
粮食产量	吨	148823	168134	167923	356548	410781
棉花产量	吨	5			1	
油料产量	吨	5013	2219	6396	16660	14452
肉类总产量	吨	42946	39121	37181	62959	82119
规模以上工业企业个数	个	35	20	14	68	87
规模以上工业总产值(现价)	万元	470483	170069	210181	954056	2328140
固定资产投资(不含农户)	万元	755464	398818	427586	1593442	1957977
四、教育、卫生和社会保障						
普通中学在校学生数	人	14981	23020	21992	58403	52217
小学在校学生数	人	27248	36658	26986	67323	72198
医院、卫生院床位数	床	1406	1068	931	2417	1990
各种社会福利收养性单位数	个	12	15	15	20	20
各种社会福利收养性单位床位数	床	321	437	393	648	614

2012年县(市)社会经济主要指标

广西壮族自治区

指　　标	单位	柳江县	柳城县	鹿寨县	融安县	融水苗族自治县
一、基本情况						
行政区域土地面积	平方公里	2537	2114	2975	2898	4638
乡(镇)个数	个	12	12	9	12	20
村民委员会个数	个	127	121	111	137	198
年末总户数	户	152227	125193	116476	105875	126645
其中:乡村户数	户	125800	95700	84300	69000	104300
年末总人口	万人	55	41	41	32	50
乡村人口	万人	49	32	33	27	44
年末单位从业人员数	人	31855	17881	25918	13605	16996
乡村从业人员数	人	264700	205300	203000	164700	237900
其中:农林牧渔业	人	198300	164000	157600	119200	183300
农业机械总动力	万千瓦特	36	35	38	18	21
固定电话用户	户	215183	21172	32012	39848	15636
二、综合经济						
第一产业增加值	万元	326322	321697	258458	142125	143845
第二产业增加值	万元	809324	365359	527784	217946	286259
地方财政一般预算收入	万元	58297	33099	42999	18691	28658
地方财政一般预算支出	万元	160709	138078	159605	135446	184128
居民储蓄存款余额	万元	717099	402864	619864	315121	437676
年末金融机构各项贷款余额	万元	837357	362074	622387	253566	328847
三、农业、工业及投资						
粮食产量	吨	168696	153116	166905	99338	116222
棉花产量	吨	3	10	16	6	7
油料产量	吨	3214	5782	7956	1162	1894
肉类总产量	吨	48584	43010	29918	20723	28013
规模以上工业企业个数	个	95	31	39	34	30
规模以上工业总产值(现价)	万元	1855106	593623	1042436	350042	337600
固定资产投资(不含农户)	万元	1610670	774300	1267983	652344	509528
四、教育、卫生和社会保障						
普通中学在校学生数	人	19408	13326	11485	12944	21544
小学在校学生数	人	33693	20555	22549	18899	38431
医院、卫生院床位数	床	1056	989	1343	1087	1113
各种社会福利收养性单位数	个	16	16	12	13	21
各种社会福利收养性单位床位数	床	340	288	286	328	493

2012 年县(市)社会经济主要指标

广西壮族自治区

指　　标	单位	三江侗族自治县	阳朔县	临桂县	灵川县	全州县
一、基本情况						
行政区域土地面积	平方公里	2417	1436	2247	2302	3979
乡(镇)个数	个	15	9	11	11	18
村民委员会个数	个	160	99	161	129	273
年末总户数	户	105318	91616	132220	116541	254977
其中:乡村户数	户	83000	70600	97400	79600	207300
年末总人口	万人	38	32	49	38	83
乡村人口	万人	35	27	42	31	69
年末单位从业人员数	人	10334	26215	30505	17770	20710
乡村从业人员数	人	172100	161400	230400	168100	363900
其中:农林牧渔业	人	120100	108300	134800	136900	267500
农业机械总动力	万千瓦特	19	23	27	45	54
固定电话用户	户	15206	30500	30966	25420	43830
二、综合经济						
第一产业增加值	万元	133010	180504	317533	272893	381371
第二产业增加值	万元	115114	265376	1014547	511033	538966
地方财政一般预算收入	万元	17949	46511	125961	86259	43769
地方财政一般预算支出	万元	145018	155443	226165	178358	216403
居民储蓄存款余额	万元	270063	473745	666936	758867	894658
年末金融机构各项贷款余额	万元	178004	340330	881537	691400	547347
三、农业、工业及投资						
粮食产量	吨	64508	117278	256133	177954	413460
棉花产量	吨	376	118	16	79	122
油料产量	吨	1260	5079	984	1670	12069
肉类总产量	吨	18511	28405	96302	49190	71196
规模以上工业企业个数	个	18	24	61	72	44
规模以上工业总产值(现价)	万元	65803	350810	2517351	1361521	1185335
固定资产投资(不含农户)	万元	467253	862342	2227462	1300590	1098623
四、教育、卫生和社会保障						
普通中学在校学生数	人	14979	10942	19758	13034	28217
小学在校学生数	人	30302	16323	28092	23868	47806
医院、卫生院床位数	床	690	466	680	1058	1393
各种社会福利收养性单位数	个	16	9	13	11	21
各种社会福利收养性单位床位数	床	575	177	275	564	1895

2012年县(市)社会经济主要指标

广西壮族自治区

指　　标	单位	兴安县	永福县	灌阳县	龙胜各族自治县	资源县
一、基本情况						
行政区域土地面积	平方公里	2333	2795	1835	2451	1941
乡(镇)个数	个	10	9	9	10	7
村民委员会个数	个	115	93	138	119	71
年末总户数	户	127987	79358	95314	47996	58486
其中:乡村户数	户	88700	59700	72400	38300	41700
年末总人口	万人	38	29	29	18	18
乡村人口	万人	31	24	24	15	15
年末单位从业人员数	人	16221	14501	7982	13531	6731
乡村从业人员数	人	169000	122200	131400	78800	81400
其中:农林牧渔业	人	134800	101600	100500	63200	49000
农业机械总动力	万千瓦特	46	23	26	23	22
固定电话用户	户	27253	21906	20900	10969	13165
二、综合经济						
第一产业增加值	万元	256504	189960	142201	84294	82332
第二产业增加值	万元	714563	496612	263769	208444	166383
地方财政一般预算收入	万元	80605	31997	18181	22753	12274
地方财政一般预算支出	万元	192787	120729	132703	116446	102665
居民储蓄存款余额	万元	674816	325219	349827	232221	234725
年末金融机构各项贷款余额	万元	606638	347601	230236	215710	203363
三、农业、工业及投资						
粮食产量	吨	220306	144877	150193	63947	54923
棉花产量	吨	24	7	19	41	9
油料产量	吨	6112	1608	2732	259	1010
肉类总产量	吨	44300	37395	30088	11432	9649
规模以上工业企业个数	个	57	57	27	19	31
规模以上工业总产值(现价)	万元	1457538	1129559	631820	327659	318326
固定资产投资(不含农户)	万元	1412172	736739	436496	307608	385877
四、教育、卫生和社会保障						
普通中学在校学生数	人	11577	9375	9576	6187	6254
小学在校学生数	人	16873	15037	13735	9068	10423
医院、卫生院床位数	床	931	723	796	385	398
各种社会福利收养性单位数	个	13	8	12	12	9
各种社会福利收养性单位床位数	床	351	180	298	370	171

2012年县(市)社会经济主要指标

广西壮族自治区

指　　标	单位	平乐县	荔蒲县	恭城瑶族自治县	苍梧县	藤　县
一、基本情况						
行政区域土地面积	平方公里	1893	1760	2139	3475	3946
乡(镇)个数	个	10	13	9	12	17
村民委员会个数	个	134	122	117	193	266
年末总户数	户	146189	113610	89888	170881	290678
其中:乡村户数	户	107200	94000	66800	154500	223700
年末总人口	万人	45	39	30	61	104
乡村人口	万人	37	32	25	57	93
年末单位从业人员数	人	12863	13551	12529	25913	25013
乡村从业人员数	人	220000	194600	131800	353000	508500
其中:农林牧渔业	人	125900	140500	113600	197800	279900
农业机械总动力	万千瓦特	43	35	48	35	34
固定电话用户	户	34132	48778	27600	47085	68539
二、综合经济						
第一产业增加值	万元	296264	225921	198294	201434	384268
第二产业增加值	万元	298945	456140	318048	1009047	945742
地方财政一般预算收入	万元	24713	42257	30150	87315	100654
地方财政一般预算支出	万元	146405	150316	123191	228625	294898
居民储蓄存款余额	万元	436305	522893	309552	610105	769805
年末金融机构各项贷款余额	万元	290633	503055	249907	909892	549659
三、农业、工业及投资						
粮食产量	吨	159632	121910	79146	200533	284318
棉花产量	吨		3	74		
油料产量	吨	10732	4612	11344	11106	10174
肉类总产量	吨	32315	48854	23192	36324	55095
规模以上工业企业个数	个	21	57	23	65	95
规模以上工业总产值(现价)	万元	654797	956824	817192	2136309	2031242
固定资产投资(不含农户)	万元	604734	738685	602856	1563253	1487276
四、教育、卫生和社会保障						
普通中学在校学生数	人	14921	14521	12378	38732	58151
小学在校学生数	人	24830	19792	17045	60748	96589
医院、卫生院床位数	床	1027	977	578	992	1699
各种社会福利收养性单位数	个	13	15	8	16	19
各种社会福利收养性单位床位数	床	408	391	174	328	570

2012年县(市)社会经济主要指标

广西壮族自治区

指　　标	单位	蒙山县	岑溪市	合浦县	上思县	东兴市
一、基本情况						
行政区域土地面积	平方公里	1282	2770	2762	2814	589
乡(镇)个数	个	9	14	15	8	3
村民委员会个数	个	78	256	245	83	31
年末总户数	户	73610	275575	259525	85791	37616
其中:乡村户数	户	60100	214500	154600	48400	25700
年末总人口	万人	22	92	106	24	14
乡村人口	万人	19	77	64	19	9
年末单位从业人员数	人	10432	25663	46376	19385	10293
乡村从业人员数	人	115100	431300	348900	105800	53500
其中:农林牧渔业	人	75700	226900	190100	90900	32900
农业机械总动力	万千瓦特	11	26	68	27	11
固定电话用户	户	19000	83015	94823	22572	51654
二、综合经济						
第一产业增加值	万元	93883	288657	641470	185070	107318
第二产业增加值	万元	293207	1301224	497220	281737	254012
地方财政一般预算收入	万元	28713	102407	47153	32611	79154
地方财政一般预算支出	万元	104485	300052	278188	123376	144390
居民储蓄存款余额	万元	219719	876677	1219222	214853	716182
年末金融机构各项贷款余额	万元	186585	719304	738068	194553	509271
三、农业、工业及投资						
粮食产量	吨	62421	218600	324637	43972	25240
棉花产量	吨					
油料产量	吨	3429	9595	26246	1331	554
肉类总产量	吨	16495	77100	89610	10852	7227
规模以上工业企业个数	个	29	83	60	22	26
规模以上工业总产值(现价)	万元	706466	3036169	1061095	755421	747101
固定资产投资(不含农户)	万元	417191	1789801	1457252	630954	947728
四、教育、卫生和社会保障						
普通中学在校学生数	人	10743	57676	56544	10828	8040
小学在校学生数	人	14685	82152	92863	22308	17346
医院、卫生院床位数	床	829	1743	3120	540	348
各种社会福利收养性单位数	个	9	17	36	10	5
各种社会福利收养性单位床位数	床	230	444	682	259	132

2012 年县(市)社会经济主要指标

广西壮族自治区

指　　　标	单位	灵山县	浦北县	平南县	桂平市	容　县
一、基本情况						
行政区域土地面积	平方公里	3558	2526	2984	4071	2255
乡(镇)个数	个	18	16	21	26	15
村民委员会个数	个	389	260	259	411	218
年末总户数	户	396482	346244	423531	547062	279772
其中:乡村户数	户	342400	206900	306900	432500	192200
年末总人口	万人	159	92	147	192	83
乡村人口	万人	142	80	129	168	72
年末单位从业人员数	人	35183	33181	45791	42553	71392
乡村从业人员数	人	857600	444100	622400	838500	405200
其中:农林牧渔业	人	482000	250800	362700	481400	224300
农业机械总动力	万千瓦特	45	41	69	105	50
固定电话用户	户		67403	129922	132970	90000
二、综合经济						
第一产业增加值	万元	495916	317418	429462	492426	289385
第二产业增加值	万元	500607	507089	583103	1091634	602105
地方财政一般预算收入	万元	46159	31808	53180	54236	59057
地方财政一般预算支出	万元	321745	213217	324599	374573	207482
居民储蓄存款余额	万元	1066132	671622	1208454	1610951	989351
年末金融机构各项贷款余额	万元	577571	379230	672784	953329	514046
三、农业、工业及投资						
粮食产量	吨	387532	240728	363319	553396	245513
棉花产量	吨	96	9		92	
油料产量	吨	4412	4278	23221	33881	2854
肉类总产量	吨	93688	60800	107328	113815	89548
规模以上工业企业个数	个	60	78	103	113	92
规模以上工业总产值(现价)	万元	874337	992993	1054800	2311256	1308684
固定资产投资(不含农户)	万元	1200402	778828	1078084	1281004	1097087
四、教育、卫生和社会保障						
普通中学在校学生数	人	82690	46451	94784	125290	46489
小学在校学生数	人	153371	77466	128033	176746	67704
医院、卫生院床位数	床	3820	1883	3156	3073	1645
各种社会福利收养性单位数	个	20	17	26	29	17
各种社会福利收养性单位床位数	床	586	375	1010	907	279

2012年县(市)社会经济主要指标

广西壮族自治区

指　　标	单位	陆川县	博白县	兴业县	北流市	右江区
一、基本情况						
行政区域土地面积	平方公里	1554	3830	1468	2452	3718
乡(镇)个数	个	14	28	13	22	7
村民委员会个数	个	154	316	210	278	107
年末总户数	户	312559	490986	215957	401685	92302
其中:乡村户数	户	174700	308100	146200	263500	54100
年末总人口	万人	107	179	75	143	35
乡村人口	万人	81	148	64	116	22
年末单位从业人员数	人	39868	39868	16851	71392	59356
乡村从业人员数	人	479800	901100	363100	631200	126600
其中:农林牧渔业	人	296900	539000	210300	340000	114900
农业机械总动力	万千瓦特	48	64	40	55	24
固定电话用户	户	81000	93000	57000	144000	79774
二、综合经济						
第一产业增加值	万元	288203	681051	335829	369207	202437
第二产业增加值	万元	866334	845791	391139	1095284	960579
地方财政一般预算收入	万元	65936	74336	49882	88183	38202
地方财政一般预算支出	万元	255119	387980	188192	318775	126280
居民储蓄存款余额	万元	846141	1253289	521864	1465919	942992
年末金融机构各项贷款余额	万元	544061	763008	304450	916543	1477087
三、农业、工业及投资						
粮食产量	吨	280740	491907	229339	372775	80306
棉花产量	吨			28		8
油料产量	吨	4627	11160	3796	11342	1306
肉类总产量	吨	114425	204957	170389	92025	31406
规模以上工业企业个数	个	106	124	21	171	43
规模以上工业总产值(现价)	万元	2199012	1188156	637570	2278053	1878749
固定资产投资(不含农户)	万元	1267989	1599389	914538	1580418	1378136
四、教育、卫生和社会保障						
普通中学在校学生数	人	57245	111788	28407	86325	13175
小学在校学生数	人	92629	166554	55612	136408	28498
医院、卫生院床位数	床	1858	3008	1069	2718	3038
各种社会福利收养性单位数	个	17	35	15	15	16
各种社会福利收养性单位床位数	床	377	1562	360	447	451

2012年县(市)社会经济主要指标

广西壮族自治区

指　　标	单位	田阳县	田东县	平果县	德保县	靖西县
一、基本情况						
行政区域土地面积	平方公里	2373	2811	2457	2575	3326
乡(镇)个数	个	10	10	12	12	19
村民委员会个数	个	152	162	171	180	282
年末总户数	户	104074	112426	142324	98852	165173
其中:乡村户数	户	78000	81500	90100	71500	127100
年末总人口	万人	35	43	51	37	66
乡村人口	万人	30	34	37	30	57
年末单位从业人员数	人	13281	17884	22060	14886	21362
乡村从业人员数	人	193600	240300	238700	169800	322200
其中:农林牧渔业	人	146400	159800	142500	119400	198900
农业机械总动力	万千瓦特	36	32	33	19	25
固定电话用户	户	69773	40463	32000	30854	44040
二、综合经济						
第一产业增加值	万元	196032	215118	126037	86440	128465
第二产业增加值	万元	304280	665485	779636	316201	700357
地方财政一般预算收入	万元	50589	74975	126808	45645	79779
地方财政一般预算支出	万元	167878	211106	225178	174558	268566
居民储蓄存款余额	万元	353571	447119	553821	230645	388633
年末金融机构各项贷款余额	万元	364042	625596	931401	571684	327795
三、农业、工业及投资						
粮食产量	吨	110802	117769	112292	102662	207450
棉花产量	吨					
油料产量	吨	1967	1317	773	897	1151
肉类总产量	吨	29161	31029	34611	18998	28733
规模以上工业企业个数	个	23	27	36	19	22
规模以上工业总产值(现价)	万元	444494	1435686	1742262	662709	1800074
固定资产投资(不含农户)	万元	1075333	1587776	1630643	642132	1265944
四、教育、卫生和社会保障						
普通中学在校学生数	人	11966	16744	23607	12999	26488
小学在校学生数	人	19959	31973	34055	24219	45251
医院、卫生院床位数	床	881	1382	1338	757	1326
各种社会福利收养性单位数	个	15	14	11	14	21
各种社会福利收养性单位床位数	床	327	509	122	535	365

2012年县(市)社会经济主要指标

广西壮族自治区

指　　标	单位	那坡县	凌云县	乐业县	田林县	西林县
一、基本情况						
行政区域土地面积	平方公里	2223	2048	2633	5524	2997
乡(镇)个数	个	9	8	8	14	8
村民委员会个数	个	127	105	84	165	94
年末总户数	户	61519	58344	47724	67072	39907
其中:乡村户数	户	43000	44300	36600	53600	29000
年末总人口	万人	21	22	17	26	16
乡村人口	万人	19	18	15	23	13
年末单位从业人员数	人	7344	6517	7006	9869	6344
乡村从业人员数	人	116000	95000	78900	138000	76500
其中:农林牧渔业	人	97100	61400	68000	94000	67700
农业机械总动力	万千瓦特	20	10	14	23	18
固定电话用户	户	15657	14343	10265	23594	15650
二、综合经济						
第一产业增加值	万元	56974	57910	50251	104510	63190
第二产业增加值	万元	28678	80060	41333	72815	27868
地方财政一般预算收入	万元	8334	8694	9802	18056	7561
地方财政一般预算支出	万元	132152	121065	100145	129996	115418
居民储蓄存款余额	万元	134731	132142	104789	187848	94873
年末金融机构各项贷款余额	万元	101452	99949	105101	200406	87067
三、农业、工业及投资						
粮食产量	吨	61297	48171	51697	94264	55563
棉花产量	吨				8	
油料产量	吨	157	1022	1571	328	1717
肉类总产量	吨	11929	12553	9670	21513	11050
规模以上工业企业个数	个	5	14	2	9	6
规模以上工业总产值(现价)	万元	33395	126199	6718	132046	24182
固定资产投资(不含农户)	万元	274622	247130	264934	361908	184816
四、教育、卫生和社会保障						
普通中学在校学生数	人	7333	12887	9942	11056	8006
小学在校学生数	人	15961	21217	19297	26825	18216
医院、卫生院床位数	床	485	483	291	627	475
各种社会福利收养性单位数	个	10	10	9	17	12
各种社会福利收养性单位床位数	床	150	274	340	738	320

2012年县(市)社会经济主要指标

广西壮族自治区

指　　标	单位	隆林各族自治县	八步区	昭平县	钟山县	富川瑶族自治县
一、基本情况						
行政区域土地面积	平方公里	3518	5517	3224	1472	1540
乡(镇)个数	个	16	21	12	12	12
村民委员会个数	个	175	305	152	113	137
年末总户数	户	103549	302261	123610	123053	87397
其中:乡村户数	户	73200	263300	92500	87800	65500
年末总人口	万人	42	105	44	51	32
乡村人口	万人	33	98	38	39	28
年末单位从业人员数	人	10533	50068	16943	14190	13770
乡村从业人员数	人	195200	530600	189300	215900	158500
其中:农林牧渔业	人	148900	369700	135400	132500	106500
农业机械总动力	万千瓦特	26	54	23	21	19
固定电话用户	户	8140	54323	31049	27467	17210
二、综合经济						
第一产业增加值	万元	84058	410763	154821	132419	156303
第二产业增加值	万元	210128	1157009	186435	285230	192371
地方财政一般预算收入	万元	18481	82253	16106	19860	22584
地方财政一般预算支出	万元	157867	343065	148501	140719	143751
居民储蓄存款余额	万元	242299	1147675	292770	385849	326645
年末金融机构各项贷款余额	万元	210415		225945	250651	290206
三、农业、工业及投资						
粮食产量	吨	90355	314283	133965	141888	128152
棉花产量	吨		63	5	30	
油料产量	吨	1610	11636	1391	4051	10365
肉类总产量	吨	19600	66863	25273	34309	26722
规模以上工业企业个数	个	10	85	20	32	28
规模以上工业总产值(现价)	万元	190681	1856310	178610	417050	484568
固定资产投资(不含农户)	万元	255393	2886680	775391	892948	868659
四、教育、卫生和社会保障						
普通中学在校学生数	人	19983	51035	19050	23021	17436
小学在校学生数	人	42640	94022	32023	31055	20064
医院、卫生院床位数	床	891	2430	832	1100	672
各种社会福利收养性单位数	个	19	24	15	14	16
各种社会福利收养性单位床位数	床	513	627	379	626	428

2012 年县(市)社会经济主要指标

广西壮族自治区

指　　标	单位	金城江区	南丹县	天峨县	凤山县	东兰县
一、基本情况						
行政区域土地面积	平方公里	2346	3905	3184	1730	2437
乡(镇)个数	个	11	11	9	9	14
村民委员会个数	个	111	125	91	96	147
年末总户数	户	110745	95062	48159	58410	81937
其中:乡村户数	户	57500	58200	34100	42000	66000
年末总人口	万人	34	31	17	22	30
乡村人口	万人	19	23	15	19	28
年末单位从业人员数	人	45008	18609	8441	10542	9103
乡村从业人员数	人	112200	159700	72800	92300	144000
其中:农林牧渔业	人	71700	108800	56800	62700	79900
农业机械总动力	万千瓦特	30	22	20	19	30
固定电话用户	户	50485	15250	11500	8140	17600
二、综合经济						
第一产业增加值	万元	101752	98439	61569	48206	56338
第二产业增加值	万元	341173	396381	233730	43287	46728
地方财政一般预算收入	万元	16808	35293	11164	6703	5435
地方财政一般预算支出	万元	101352	142498	98516	122512	137335
居民储蓄存款余额	万元	893821	416791	159925	124419	177591
年末金融机构各项贷款余额	万元	1005362	350585	430204	93316	109653
三、农业、工业及投资						
粮食产量	吨	66754	85476	64722	41405	55504
棉花产量	吨	62	17	107		56
油料产量	吨	540	1420	344	392	463
肉类总产量	吨	13327	19526	11131	9779	12949
规模以上工业企业个数	个	35	15	10	16	11
规模以上工业总产值(现价)	万元	730184	621671	299442	63080	36243
固定资产投资(不含农户)	万元	540880	208456	118186	81848	116226
四、教育、卫生和社会保障						
普通中学在校学生数	人	20547	14739	9867	11536	13286
小学在校学生数	人	23697	28472	19836	18732	24633
医院、卫生院床位数	床	2253	797	358	486	678
各种社会福利收养性单位数	个	12	13	7	13	16
各种社会福利收养性单位床位数	床	211	333	180	258	385

2012 年县(市)社会经济主要指标

广西壮族自治区

指　　　标	单位	罗城仫佬族自治县	环江毛南族自治县	巴马瑶族自治县	都安瑶族自治县	大化瑶族自治县
一、基本情况						
行政区域土地面积	平方公里	2651	4553	1976	4088	2750
乡(镇)个数	个	11	12	10	19	16
村民委员会个数	个	125	127	103	239	155
年末总户数	户	112590	116465	74581	196309	129889
其中:乡村户数	户	86000	89800	55600	169400	96200
年末总人口	万人	38	38	28	71	46
乡村人口	万人	32	32	25	66	37
年末单位从业人员数	人	13898	15490		17330	13341
乡村从业人员数	人	191300	171900	128000	348600	222500
其中:农林牧渔业	人	137900	118000	87400	211700	131800
农业机械总动力	万千瓦特	24	35	13	39	18
固定电话用户	户	13049	11179	9259	25327	40600
二、综合经济						
第一产业增加值	万元	131691	148925	85349	116116	75102
第二产业增加值	万元	93281	65890	82147	67685	172594
地方财政一般预算收入	万元	11125	13312	12030	16990	15735
地方财政一般预算支出	万元	144390	154452	119010	227570	168032
居民储蓄存款余额	万元	338075	304439	178028	331340	237389
年末金融机构各项贷款余额	万元	182541	217963		331340	238782
三、农业、工业及投资						
粮食产量	吨	110165	120279	57938	121944	72481
棉花产量	吨			1		104
油料产量	吨	1737	557	821	78	643
肉类总产量	吨	20870	21476	18004	38724	27525
规模以上工业企业个数	个	25	20	17	12	12
规模以上工业总产值(现价)	万元	132392	107110	108375	82873	176771
固定资产投资(不含农户)	万元	119255	117254	122669	261910	126021
四、教育、卫生和社会保障						
普通中学在校学生数	人	14575	15745	14682	36010	21192
小学在校学生数	人	22272	24308	26698	59037	39548
医院、卫生院床位数	床	740	721	541	1264	886
各种社会福利收养性单位数	个	14	12	13	20	19
各种社会福利收养性单位床位数	床	443	285	259	550	400

2012年县(市)社会经济主要指标

广西壮族自治区

指　　标	单位	宜州市	兴宾区	忻城县	象州县	武宣县
一、基本情况						
行政区域土地面积	平方公里	3857	4404	2522	1918	1704
乡(镇)个数	个	16	20	12	11	10
村民委员会个数	个	180	241	123	112	142
年末总户数	户	198768	298434	130979	110773	134725
其中:乡村户数	户	153000	184900	101200	90000	96800
年末总人口	万人	66	110	42	36	44
乡村人口	万人	54	92	39	32	39
年末单位从业人员数	人	27276	59718	13593	12732	16356
乡村从业人员数	人	327000	477300	240600	194400	228200
其中:农林牧渔业	人	233800	381900	150900	156100	178600
农业机械总动力	万千瓦特	51	62	21	33	29
固定电话用户	户	60204	67711	18319	31417	43500
二、综合经济						
第一产业增加值	万元	339955	517139	163671	255779	228997
第二产业增加值	万元	230805	1155029	170760	427961	409495
地方财政一般预算收入	万元	39253	60059	22100	34332	38416
地方财政一般预算支出	万元	181699	221722	152415	138687	140863
居民储蓄存款余额	万元	722908	920729	232420	344970	373429
年末金融机构各项贷款余额	万元	577315	1576132	182608	279008	272933
三、农业、工业及投资						
粮食产量	吨	221762	284185	102588	184419	124470
棉花产量	吨	208	3	35		8
油料产量	吨	2165	16229	2099	2201	8178
肉类总产量	吨	26451	62809	17736	18364	35907
规模以上工业企业个数	个	47	47	12	57	50
规模以上工业总产值(现价)	万元	416669	2751627	272677	899487	935096
固定资产投资(不含农户)	万元	405527	2818996	385099	566281	528082
四、教育、卫生和社会保障						
普通中学在校学生数	人	30908	41145	14007	14309	20109
小学在校学生数	人	42662	83502	22559	21289	30043
医院、卫生院床位数	床	2445	2906	848	928	1546
各种社会福利收养性单位数	个	18	25	14	13	12
各种社会福利收养性单位床位数	床	616	679	273	313	316

2012年县(市)社会经济主要指标

广西壮族自治区

指　　标	单位	金秀瑶族自治县	合山市	江洲区	扶绥县	宁明县
一、基本情况						
行政区域土地面积	平方公里	2469	366	2918	2841	3704
乡(镇)个数	个	10	3	8	11	13
村民委员会个数	个	77	29	98	119	142
年末总户数	户	50469	43842	107712	150166	115382
其中:乡村户数	户	35100	20200	74800	100400	96300
年末总人口	万人	15	14	36	45	44
乡村人口	万人	13	8	30	35	38
年末单位从业人员数	人	10728	15036	34651	23084	16725
乡村从业人员数	人	75600	50100	198500	218700	228600
其中:农林牧渔业	人	57100	33000	152300	188500	158700
农业机械总动力	万千瓦特	11	8	48	32	21
固定电话用户	户	18538	15265	36802	30000	27056
二、综合经济						
第一产业增加值	万元	70287	34212	251802	365253	258693
第二产业增加值	万元	69851	178296	476091	389597	350413
地方财政一般预算收入	万元	12642	21970	47238	71231	48356
地方财政一般预算支出	万元	93582	105085	124706	197245	190226
居民储蓄存款余额	万元	155721	177602	472869	479238	365031
年末金融机构各项贷款余额	万元	138797	132272	772384	365686	244739
三、农业、工业及投资						
粮食产量	吨	45478	27298	42043	62867	69452
棉花产量	吨	2				
油料产量	吨	1075	985	2833	8162	2821
肉类总产量	吨	8423	3778	8325	16164	20028
规模以上工业企业个数	个	14	9	31	25	19
规模以上工业总产值(现价)	万元	94887	403261	1032552	900481	810437
固定资产投资(不含农户)	万元	152349	350322	847523	1001489	602282
四、教育、卫生和社会保障						
普通中学在校学生数	人	5544	4142	8026	16295	12639
小学在校学生数	人	9463	7169	23254	30721	32092
医院、卫生院床位数	床	561	522	992	1094	833
各种社会福利收养性单位数	个	13	4	12	13	15
各种社会福利收养性单位床位数	床	296	110	261	312	529

2012年县(市)社会经济主要指标

广西壮族自治区、海南省

指　　标	单位	龙州县	大新县	天等县	凭祥市	西沙群岛
一、基本情况						
行政区域土地面积	平方公里	2311	2748	2165	645	
乡(镇)个数	个	12	14	13	4	
村民委员会个数	个	117	129	118	31	
年末总户数	户	79599	100738	121074	32515	
其中:乡村户数	户	62800	83100	84700	20600	
年末总人口	万人	27	37	45	11	
乡村人口	万人	23	34	37	8	
年末单位从业人员数	人	23727	20282	12770	10095	
乡村从业人员数	人	149800	228000	262500	52800	
其中:农林牧渔业	人	103800	130200	134200	29200	
农业机械总动力	万千瓦特	5	36	40	35	
固定电话用户	户	21473	25545	19602	15544	
二、综合经济						
第一产业增加值	万元	196014	195403	118873	43440	
第二产业增加值	万元	243222	443007	160395	114718	
地方财政一般预算收入	万元	36430	62370	25262	57530	
地方财政一般预算支出	万元	151875	181951	154709	121289	
居民储蓄存款余额	万元	307347	344570	299442	422718	
年末金融机构各项贷款余额	万元	256252	302878	220094	233926	
三、农业、工业及投资						
粮食产量	吨	47756	114094	134605	16652	
棉花产量	吨		105	16		
油料产量	吨	2254	1015	1508	114	
肉类总产量	吨	8543	30090	33543	5457	
规模以上工业企业个数	个	14	23	14	9	
规模以上工业总产值(现价)	万元	457715	762047	220587	153678	
固定资产投资(不含农户)	万元	545445	692075	443007	668054	
四、教育、卫生和社会保障						
普通中学在校学生数	人	8545	11477	13906	4162	
小学在校学生数	人	15217	20003	29138	9059	
医院、卫生院床位数	床	861	733	895	236	
各种社会福利收养性单位数	个	14	16	15	3	
各种社会福利收养性单位床位数	床	434	604	384	120	

2012年县(市)社会经济主要指标

海南省

指　　标	单位	南沙群岛	中沙群岛的岛礁及其海域	五指山市	琼海市	儋州市
一、基本情况						
行政区域土地面积	平方公里			1129	1710	3394
乡(镇)个数	个			7	12	17
村民委员会个数	个			59	189	240
年末总户数	户			35965	151226	225944
其中:乡村户数	户			15932	93001	131663
年末总人口	万人			11	50	98
乡村人口	万人			5	37	64
年末单位从业人员数	人			10232	52628	40688
乡村从业人员数	人			33921	193807	323529
其中:农林牧渔业	人			28050	132954	231816
农业机械总动力	万千瓦特			7	30	34
固定电话用户	户			17689	105982	95340
二、综合经济						
第一产业增加值	万元			48932	604754	899806
第二产业增加值	万元			29391	249575	256525
地方财政一般预算收入	万元			30701	153406	93070
地方财政一般预算支出	万元			113936	321762	446742
居民储蓄存款余额	万元			223975	1228841	1040153
年末金融机构各项贷款余额	万元			161378	722735	676580
三、农业、工业及投资						
粮食产量	吨			25202	144038	202179
棉花产量	吨					
油料产量	吨			857	3752	18331
肉类总产量	吨			5311	80705	104742
规模以上工业企业个数	个			4	11	25
规模以上工业总产值(现价)	万元			27040	108469	494897
固定资产投资(不含农户)	万元			127762	157003	750396
四、教育、卫生和社会保障						
普通中学在校学生数	人			8961	31925	70467
小学在校学生数	人			8527	38138	80837
医院、卫生院床位数	床			860	1422	2462
各种社会福利收养性单位数	个			2	18	7
各种社会福利收养性单位床位数	床			28	502	146

2012年县(市)社会经济主要指标

海南省

指　　标	单位	文昌市	万宁市	东方市	定安县	屯昌县
一、基本情况						
行政区域土地面积	平方公里	2485	1884	2256	1196	1232
乡(镇)个数	个	17	12	10	10	8
村民委员会个数	个	255	207	185	115	119
年末总户数	户	179873	193876	141344	107547	89477
其中:乡村户数	户	123098	105078	88273	62373	44645
年末总人口	万人	59	62	48	34	31
乡村人口	万人	47	44	36	27	20
年末单位从业人员数	人	27302	90114	24802	15858	32257
乡村从业人员数	人	279451	214265	183749	128266	100896
其中:农林牧渔业	人	181437	128312	146646	95339	79308
农业机械总动力	万千瓦特	34	35	19	11	6
固定电话用户	户	128978	72112	43021	36125	30435
二、综合经济						
第一产业增加值	万元	622657	408925	304312	228677	221357
第二产业增加值	万元	381629	361523	584452	94827	57644
地方财政一般预算收入	万元	104467	91577	83115	44604	31680
地方财政一般预算支出	万元	353169	289490	315797	201912	192903
居民储蓄存款余额	万元	1268600	838109	448923	361360	324001
年末金融机构各项贷款余额	万元	692322	381451	223784	207886	182755
三、农业、工业及投资						
粮食产量	吨	179376	103980	132244	111686	92227
棉花产量	吨					
油料产量	吨	10781	3350	13323	7775	4669
肉类总产量	吨	82957	52716	24866	52231	30309
规模以上工业企业个数	个	18	10	11	11	4
规模以上工业总产值(现价)	万元	434944	79901	1004897	82683	30218
固定资产投资(不含农户)	万元	1421116	896752	603067	301600	277407
四、教育、卫生和社会保障						
普通中学在校学生数	人	31523	18127	31782	12292	14304
小学在校学生数	人	39672	41884	43678	22904	22655
医院、卫生院床位数	床	953	1314	1118	497	852
各种社会福利收养性单位数	个	27	8	30	13	11
各种社会福利收养性单位床位数	床	560	50	235	594	212

2012年县(市)社会经济主要指标

海南省

指　　标	单位	澄迈县	临高县	白沙黎族自治县	昌江黎族自治县	乐东黎族自治县
一、基本情况						
行政区域土地面积	平方公里	2076	1317	2117	1620	2766
乡(镇)个数	个	11	10	11	8	11
村民委员会个数	个	177	159	74	73	188
年末总户数	户	164353	137941	57399	72097	152603
其中:乡村户数	户	94478	77916	23373	34628	98700
年末总人口	万人	57	51	20	26	54
乡村人口	万人	43	38	11	17	45
年末单位从业人员数	人	120363	16401	25164	20243	80428
乡村从业人员数	人	249144	224930	66386	89438	247858
其中:农林牧渔业	人	158235	155626	62284	79019	167596
农业机械总动力	万千瓦特	29	42	13	16	54
固定电话用户	户	32366	33007	16325	30450	33656
二、综合经济						
第一产业增加值	万元	554732	739145	185895	194398	446721
第二产业增加值	万元	750819	90344	47308	466325	78728
地方财政一般预算收入	万元	157343	41268	18585	86275	58688
地方财政一般预算支出	万元	366628	231741	173705	240160	332670
居民储蓄存款余额	万元	634453	363860	229294	350242	531170
年末金融机构各项贷款余额	万元	662377	269614	56809	180125	196998
三、农业、工业及投资						
粮食产量	吨	201490	131536	37913	55947	150235
棉花产量	吨					
油料产量	吨	5658	2626	363	2484	11588
肉类总产量	吨	80813	35638	16416	16501	26044
规模以上工业企业个数	个	45	8	7	15	3
规模以上工业总产值(现价)	万元	2038981	145065	49563	766498	55060
固定资产投资(不含农户)	万元	1808942	340837	125168	808062	218092
四、教育、卫生和社会保障						
普通中学在校学生数	人	22997	19785	9658	10018	32905
小学在校学生数	人	50365	41246	16385	19492	45200
医院、卫生院床位数	床	1192	877	546	729	933
各种社会福利收养性单位数	个	8	8	4	10	11
各种社会福利收养性单位床位数	床	165	268	69	128	250

2012 年县(市)社会经济主要指标

海南省、重庆市

指　　标	单位	陵水黎族自治县	保亭黎族苗族自治县	琼中黎族苗族自治县	綦江区	大足区
一、基本情况						
行政区域土地面积	平方公里	1128	1161	2706	2748	1436
乡(镇)个数	个	11	9	10	25	27
村民委员会个数	个	107	60	100	365	212
年末总户数	户	86066	54158	74392	469634	320783
其中:乡村户数	户	64203	16934	22253	305496	178188
年末总人口	万人	38	17	23	121	104
乡村人口	万人	29	9	10	89	70
年末单位从业人员数	人	16387	10526	13307	106318	56096
乡村从业人员数	人	166033	49191	54881	489571	376233
其中:农林牧渔业	人	109462	40594	47604	193357	188848
农业机械总动力	万千瓦特	11	6	20	36	52
固定电话用户	户	26000	18218	18879	180531	100000
二、综合经济						
第一产业增加值	万元	302743	145837	147873	414840	316785
第二产业增加值	万元	176458	34258	38024	1465123	1423405
地方财政一般预算收入	万元	205682	32936	22402	360192	237221
地方财政一般预算支出	万元	367515	145250	169472	692871	471524
居民储蓄存款余额	万元	485793	286533	297516	2190168	1373623
年末金融机构各项贷款余额	万元	653049	99630	129069	2119256	1070854
三、农业、工业及投资						
粮食产量	吨	94772	31236	48380	431047	431177
棉花产量	吨					
油料产量	吨	5737	1064	3757	8472	36526
肉类总产量	吨	20626	13864	15341	69738	61398
规模以上工业企业个数	个	2	2	4	213	285
规模以上工业总产值(现价)	万元	32073	9931	29337	3229471	3108000
固定资产投资(不含农户)	万元	1301848	163835	185563	2339388	1928043
四、教育、卫生和社会保障						
普通中学在校学生数	人	18261	8211	8538	61180	47006
小学在校学生数	人	26429	11809	14488	59839	57014
医院、卫生院床位数	床	610	351	832	4313	3668
各种社会福利收养性单位数	个	11	6	10	41	97
各种社会福利收养性单位床位数	床	35	80	294	1384	2939

2012年县(市)社会经济主要指标

重庆市

指　　标	单位	长寿区	江津区	合川区	永川区	南川区
一、基本情况						
行政区域土地面积	平方公里	1424	3219	2343	1576	2602
乡(镇)个数	个	14	24	23	23	31
村民委员会个数	个	227	184	327	208	185
年末总户数	户	339000	615946	589817	386272	254651
其中:乡村户数	户	230062	374986	383801	224510	166276
年末总人口	万人	91	150	156	113	68
乡村人口	万人	66	112	119	73	51
年末单位从业人员数	人	89005	115246	93243	99409	32556
乡村从业人员数	人	427819	690128	752866	369870	347630
其中:农林牧渔业	人	150871	264138	341006	115461	117300
农业机械总动力	万千瓦特	36	36	72	26	49
固定电话用户	户	262700	182900	143201	164000	81718
二、综合经济						
第一产业增加值	万元	309259	607319	523188	398744	311890
第二产业增加值	万元	2000238	2555674	1691099	2227088	834767
地方财政一般预算收入	万元	252376	307143	254533	305658	140680
地方财政一般预算支出	万元	488808	624471	626790	568921	369859
居民储蓄存款余额	万元	2193998	3132694	3071945	2408904	1092609
年末金融机构各项贷款余额	万元	1922422	2225076	2120511	2306561	1267195
三、农业、工业及投资						
粮食产量	吨	365009	657873	712073	499596	330021
棉花产量	吨					
油料产量	吨	9061	11863	18818	16765	19291
肉类总产量	吨	65646	94939	91884	105538	65309
规模以上工业企业个数	个	218	245	240	308	50
规模以上工业总产值(现价)	万元	5464766	7216354	3029016	5430394	1150900
固定资产投资(不含农户)	万元	2993680	3456032	2458957	3799374	1596183
四、教育、卫生和社会保障						
普通中学在校学生数	人	39978	56592	65300	48000	34182
小学在校学生数	人	42330	75323	63700	70000	37329
医院、卫生院床位数	床	3195	5236	3286	5460	2567
各种社会福利收养性单位数	个	28	59	54	26	36
各种社会福利收养性单位床位数	床	1050	7100	5217	2969	1258

2012年县(市)社会经济主要指标

重庆市

指标	单位	潼南县	铜梁县	荣昌县	璧山县	梁平县
一、基本情况						
行政区域土地面积	平方公里	1583	1341	1075	915	1890
乡(镇)个数	个	20	25	15	9	31
村民委员会个数	个	281	269	92	149	313
年末总户数	户	321844	316664	293073	245679	318356
其中:乡村户数	户	241712	219463	158132	168793	269987
年末总人口	万人	96	84	84	64	92
乡村人口	万人	82	63	62	46	83
年末单位从业人员数	人	22510	32027	40677	249815	60655
乡村从业人员数	人	485190	409170	417879	331166	495226
其中:农林牧渔业	人	227076	137557	172782	109537	204480
农业机械总动力	万千瓦特	47	6	18	27	41
固定电话用户	户	65389	104500	98421	95800	75313
二、综合经济						
第一产业增加值	万元	376891	293542	357139	166138	283174
第二产业增加值	万元	676268	1316974	1377947	1715095	794624
地方财政一般预算收入	万元	100970	175527	153560	326148	110731
地方财政一般预算支出	万元	344556	346555	375302	459073	354547
居民储蓄存款余额	万元	1279614	1704000	1267819	1732744	1559395
年末金融机构各项贷款余额	万元	588325	1269700	1096437	1864708	462329
三、农业、工业及投资						
粮食产量	吨	373079	346970	300075	173080	381515
棉花产量	吨					
油料产量	吨	38120	9862	22307	3690	13966
肉类总产量	吨	59371	87392	70588	72285	70821
规模以上工业企业个数	个	72	251	316	239	78
规模以上工业总产值(现价)	万元	584985	2513000	3650196	5585551	922134
固定资产投资(不含农户)	万元	1251000	2646726	2107646	3335362	931468
四、教育、卫生和社会保障						
普通中学在校学生数	人	42903	46309	41652	28283	44980
小学在校学生数	人	56245	40496	48838	31658	52433
医院、卫生院床位数	床	1703	2833	2759	2168	2459
各种社会福利收养性单位数	个	95	77	101	33	32
各种社会福利收养性单位床位数	床	2504	3328	3361	2780	1187

2012年县(市)社会经济主要指标

重庆市

指　　标	单位	城口县	丰都县	垫江县	武隆县	忠　县
一、基本情况						
行政区域土地面积	平方公里	3289	2904	1518	2901	2187
乡(镇)个数	个	23	28	25	26	28
村民委员会个数	个	184	277	241	186	317
年末总户数	户	88540	277163	334489	140627	344417
其中:乡村户数	户	67245	192802	217040	111985	241763
年末总人口	万人	25	84	97	41	101
乡村人口	万人	22	66	75	38	78
年末单位从业人员数	人	14582	36907	59839	24903	23180
乡村从业人员数	人	109459	371804	504472	231485	428453
其中:农林牧渔业	人	48193	187563	233113	119292	164903
农业机械总动力	万千瓦特	25	29	38	24	42
固定电话用户	户	21504	94716	87398	52692	107080
二、综合经济						
第一产业增加值	万元	57508	227424	282349	150559	281417
第二产业增加值	万元	237852	479422	893388	375598	710875
地方财政一般预算收入	万元	20540	85221	103801	86876	95570
地方财政一般预算支出	万元	244620	353918	318998	302412	383312
居民储蓄存款余额	万元	295306	1316059	1355635	633670	1739111
年末金融机构各项贷款余额	万元	239301	719471	730961	1033962	652924
三、农业、工业及投资						
粮食产量	吨	97143	337033	386153	167136	407749
棉花产量	吨					
油料产量	吨	3172	19546	17127	8061	28467
肉类总产量	吨	24664	59339	65891	40113	64761
规模以上工业企业个数	个	23	43	67	17	45
规模以上工业总产值(现价)	万元	304727	674477	1018900	351536	423330
固定资产投资(不含农户)	万元	487724	2201665	652012	1212158	1454594
四、教育、卫生和社会保障						
普通中学在校学生数	人	12233	45258	52033	20974	50435
小学在校学生数	人	19125	63081	75800	25674	56591
医院、卫生院床位数	床	772	2347	2667	1282	2580
各种社会福利收养性单位数	个	36	29	25	26	52
各种社会福利收养性单位床位数	床	930	1658	1811	1430	3150

2012年县(市)社会经济主要指标

重庆市

指　　标	单位	开　县	云阳县	奉节县	巫山县	巫溪县
一、基本情况						
行政区域土地面积	平方公里	3963	3636	4087	2958	4030
乡(镇)个数	个	33	38	30	24	32
村民委员会个数	个	435	396	332	309	292
年末总户数	户	561225	443966	352723	234728	196837
其中:乡村户数	户	434617	261976	257149	179215	128250
年末总人口	万人	166	135	107	64	54
乡村人口	万人	142	101	91	53	41
年末单位从业人员数	人	82812	33451	32579	22138	30878
乡村从业人员数	人	788085	510102	442401	299427	281693
其中:农林牧渔业	人	307328	213529	182710	140575	134916
农业机械总动力	万千瓦特	48	39	31	28	31
固定电话用户	户	170000	106555	87400	52259	75100
二、综合经济						
第一产业增加值	万元	420925	320347	292180	156929	121033
第二产业增加值	万元	1059927	467126	509702	245352	196017
地方财政一般预算收入	万元	117092	80003	109642	102322	47529
地方财政一般预算支出	万元	697251	454058	433201	304693	286560
居民储蓄存款余额	万元	2299938	1565058	979755	632753	542140
年末金融机构各项贷款余额	万元	1061285	732069	604929	398367	313418
三、农业、工业及投资						
粮食产量	吨	590754	420937	431052	225024	201042
棉花产量	吨				91	
油料产量	吨	25600	16786	20797	14998	10190
肉类总产量	吨	100593	76293	61350	42623	47934
规模以上工业企业个数	个	54	38	40	25	21
规模以上工业总产值(现价)	万元	1482796	528080	191257	166542	144894
固定资产投资(不含农户)	万元	1768628	1391069	1643413	588689	993102
四、教育、卫生和社会保障						
普通中学在校学生数	人	91031	88558	63165	36818	27279
小学在校学生数	人	112046	71845	69504	44894	33012
医院、卫生院床位数	床	4381	3148	2769	1334	1101
各种社会福利收养性单位数	个	60	63	33	26	56
各种社会福利收养性单位床位数	床	4756	3355	3600	1860	2135

2012年县(市)社会经济主要指标

重庆市、四川省

指　　标	单位	石柱土家族自	秀山土家族苗族自治县	酉阳土家族苗族自治县	彭水苗族土家族自治县	新都区
一、基本情况						
行政区域土地面积	平方公里	3001	2450	5173	3903	497
乡(镇)个数	个	32	24	38	39	11
村民委员会个数	个	214	208	199	241	127
年末总户数	户	192614	213509	276191	231000	273031
其中:乡村户数	户	124782	131393	221875	149487	187988
年末总人口	万人	55	66	84	69	70
乡村人口	万人	42	44	73	58	50
年末单位从业人员数	人	26917	19469	29065	23770	175882
乡村从业人员数	人	271105	344347	452416	349913	318835
其中:农林牧渔业	人	192455	153649	303685	182744	91957
农业机械总动力	万千瓦特	27	28	41	25	26
固定电话用户	户	40800	41903	45000	51600	734200
二、综合经济						
第一产业增加值	万元	181850	153224	192761	177746	229165
第二产业增加值	万元	424062	517541	402384	352369	2908707
地方财政一般预算收入	万元	71426	100782	86489	75517	346741
地方财政一般预算支出	万元	316135	425994	407399	325455	349935
居民储蓄存款余额	万元	790500	571151	749837	671625	3267170
年末金融机构各项贷款余额	万元	429900	628422	517232	972280	2284688
三、农业、工业及投资						
粮食产量	吨	255018	305207	367060	299937	
棉花产量	吨					
油料产量	吨	10060	28375	24876	19990	21907
肉类总产量	吨	37716	42738	61325	50280	46942
规模以上工业企业个数	个	53	81	46	24	369
规模以上工业总产值(现价)	万元	631205	498193	402770	402300	5993802
固定资产投资(不含农户)	万元	1292899	913501	1005594	882783	3700913
四、教育、卫生和社会保障						
普通中学在校学生数	人	32769	35221	54791	44530	39648
小学在校学生数	人	40332	41448	63996	57294	49762
医院、卫生院床位数	床	1874	1578	1870	1627	3542
各种社会福利收养性单位数	个	30	59	23	69	4
各种社会福利收养性单位床位数	床	1360	2480	1048	2528	1367

2012年县(市)社会经济主要指标

四川省

指　　标	单位	温江区	金堂县	双流县	郫　县	大邑县
一、基本情况						
行政区域土地面积	平方公里	276	1156	1032	438	1284
乡(镇)个数	个	6	21	18	14	20
村民委员会个数	个	35	221	212	155	197
年末总户数	户	150051	336134	346359	190251	201035
其中:乡村户数	户	74637	258177	235804	156348	135476
年末总人口	万人	38	89	96	52	51
乡村人口	万人	20	75	72	45	44
年末单位从业人员数	人	71441	40631	101157	62978	38410
乡村从业人员数	人	97357	435034	448532	255022	265599
其中:农林牧渔业	人	41812	205300	112779	72108	85724
农业机械总动力	万千瓦特	14	21	33	21	21
固定电话用户	户	132981	98000	251500	167655	61466
二、综合经济						
第一产业增加值	万元	150771	372578	334725	191987	269094
第二产业增加值	万元	1609428	937101	3581724	1965906	558657
地方财政一般预算收入	万元	250296	115689	598958	303641	85795
地方财政一般预算支出	万元	272044	243312	624936	310525	168744
居民储蓄存款余额	万元	2061042	1365711	5386556	2532515	1249290
年末金融机构各项贷款余额	万元	2085430	1039014	5142839	2346210	733099
三、农业、工业及投资						
粮食产量	吨					
棉花产量	吨					
油料产量	吨	2417	43971	27948	12302	15520
肉类总产量	吨	16357	104886	101876	20445	123585
规模以上工业企业个数	个	211	108	379	348	96
规模以上工业总产值(现价)	万元	2893195	1424281	9485200	4744919	1323547
固定资产投资(不含农户)	万元	271583	2035855	6528809	2835074	1498923
四、教育、卫生和社会保障						
普通中学在校学生数	人	20679	38180	57846	34436	21662
小学在校学生数	人	22379	46863	56624	35995	19703
医院、卫生院床位数	床	3594	3167	4420	3238	3074
各种社会福利收养性单位数	个	5	24	22	11	6
各种社会福利收养性单位床位数	床	1261	1060	3416	1920	1929

2012年县(市)社会经济主要指标

四川省

指　　标	单位	蒲江县	新津县	都江堰市	彭州市	邛崃市
一、基本情况						
行政区域土地面积	平方公里	580	330	1208	1421	1384
乡(镇)个数	个	12	12	19	20	24
村民委员会个数	个	126	102	187	321	255
年末总户数	户	117394	139969	242283	300064	232748
其中:乡村户数	户	84679	108328	139713	201867	183869
年末总人口	万人	26	31	61	80	66
乡村人口	万人	23	24	41	54	58
年末单位从业人员数	人	16114	43066	122602	94504	39121
乡村从业人员数	人	131479	159963	256066	300544	330240
其中:农林牧渔业	人	56587	53117	74088	204397	134754
农业机械总动力	万千瓦特	14	17	22	34	31
固定电话用户	户	99535	45469	108777	81200	50500
二、综合经济						
第一产业增加值	万元	153140	143201	221593	395047	285010
第二产业增加值	万元	388597	979466	761711	1090812	690219
地方财政一般预算收入	万元	37878	133665	175282	130592	86322
地方财政一般预算支出	万元	83445	196989	262466	246766	196060
居民储蓄存款余额	万元	648590	1080898	2422185	2129377	1393398
年末金融机构各项贷款余额	万元	465424	1507882	2529777	1566822	1157844
三、农业、工业及投资						
粮食产量	吨					
棉花产量	吨					
油料产量	吨	18865	10988	19525	17219	40658
肉类总产量	吨	84332	57461	73334	100305	161847
规模以上工业企业个数	个	84	129	96	162	138
规模以上工业总产值(现价)	万元	672500	2778300	1170457	2122255	1502528
固定资产投资(不含农户)	万元	851036	1867553	1780403	1958063	1779554
四、教育、卫生和社会保障						
普通中学在校学生数	人	7520	15959	30144	33021	31014
小学在校学生数	人	9126	13539	26619	30440	22694
医院、卫生院床位数	床	1271	1882	4990	4139	2692
各种社会福利收养性单位数	个	5	6	14	18	11
各种社会福利收养性单位床位数	床	656	1030	1950	2248	1908

2012年县(市)社会经济主要指标

四川省

指　　标	单位	崇州市	荣　县	富顺县	米易县	盐边县
一、基本情况						
行政区域土地面积	平方公里	1090	1605	1342	2110	3275
乡(镇)个数	个	25	27	26	12	16
村民委员会个数	个	231	296	319	88	164
年末总户数	户	256070	235450	320852	66982	65171
其中:乡村户数	户	182102	190666	248685	54888	49228
年末总人口	万人	67	70	108	22	21
乡村人口	万人	58	58	91	19	19
年末单位从业人员数	人	29883	13094	35732	9193	9858
乡村从业人员数	人	368888	317888	552326	107375	105336
其中:农林牧渔业	人	126862	181682	226100	83319	70304
农业机械总动力	万千瓦特	37	38	26	21	16
固定电话用户	户	95000	81291	89170	32241	19891
二、综合经济						
第一产业增加值	万元	275723	339169	342959	96083	76722
第二产业增加值	万元	784405	749280	902434	629687	812019
地方财政一般预算收入	万元	90358	46006	52507	76768	73626
地方财政一般预算支出	万元	181599	226006	258668	158108	151890
居民储蓄存款余额	万元	1888835	1023635	1413598	390908	261735
年末金融机构各项贷款余额	万元	1277331	481619	614676	374857	306018
三、农业、工业及投资						
粮食产量	吨					
棉花产量	吨					
油料产量	吨	21529	12683	13256	1148	1430
肉类总产量	吨	113210	105021	117380	18834	22772
规模以上工业企业个数	个	117	73	92	31	44
规模以上工业总产值(现价)	万元	1506123	1507264	1705092	825755	1587239
固定资产投资(不含农户)	万元	1534964	648518	744731	798373	518449
四、教育、卫生和社会保障						
普通中学在校学生数	人	24857	26443	50778	12806	11990
小学在校学生数	人	25382	27339	67886	16879	17309
医院、卫生院床位数	床	3804	2342	2368	750	794
各种社会福利收养性单位数	个	15	31	38	9	11
各种社会福利收养性单位床位数	床	2247	3185	2687	882	1184

2012 年县(市)社会经济主要指标

四川省

指　　标	单位	泸　县	合江县	叙永县	古蔺县	中江县
一、基本情况						
行政区域土地面积	平方公里	1530	2415	2974	3185	2200
乡(镇)个数	个	19	27	25	26	45
村民委员会个数	个	251	284	231	269	760
年末总户数	户	312339	282682	198266	205158	523164
其中:乡村户数	户	283681	230387	169702	174198	377991
年末总人口	万人	109	91	72	85	143
乡村人口	万人	98	78	62	73	125
年末单位从业人员数	人	35553	35776	19180	27647	22608
乡村从业人员数	人	627804	467509	365933	444085	819299
其中:农林牧渔业	人	260959	226809	216562	256955	369298
农业机械总动力	万千瓦特	49	30	31	14	57
固定电话用户	户	77329	73488	58079	54993	67556
二、综合经济						
第一产业增加值	万元	386409	290006	175273	175163	696727
第二产业增加值	万元	1157509	555534	360892	657124	953245
地方财政一般预算收入	万元	74536	53545	34198	132378	50959
地方财政一般预算支出	万元	284308	259002	234480	327072	357248
居民储蓄存款余额	万元	1384991	1141452	498857	434688	1589000
年末金融机构各项贷款余额	万元	566736	587637	329952	591994	7640000
三、农业、工业及投资						
粮食产量	吨					
棉花产量	吨					187
油料产量	吨	10106	3871	4506	13438	73060
肉类总产量	吨	131540	98853	63093	69953	196373
规模以上工业企业个数	个	125	70	47	30	153
规模以上工业总产值(现价)	万元	1820654	532242	354465	1658319	2028593
固定资产投资(不含农户)	万元	1144207	988957	356582	726457	825934
四、教育、卫生和社会保障						
普通中学在校学生数	人	61644	40435	36255	48776	54135
小学在校学生数	人	76323	73634	64025	72581	63819
医院、卫生院床位数	床	2982	3886	1872	1854	3233
各种社会福利收养性单位数	个	38	29	22	29	58
各种社会福利收养性单位床位数	床	4656	3431	1556	2639	9000

2012年县(市)社会经济主要指标

四川省

指　　标	单位	罗江县	广汉市	什邡市	绵竹市	三台县
一、基本情况						
行政区域土地面积	平方公里	448	548	820	1246	2659
乡(镇)个数	个	10	18	14	21	63
村民委员会个数	个	106	182	124	153	932
年末总户数	户	91808	229910	180429	243795	509631
其中:乡村户数	户	72149	175653	131056	162766	399432
年末总人口	万人	25	61	44	51	147
乡村人口	万人	20	47	34	40	130
年末单位从业人员数	人	8953	26754	39818	36542	41636
乡村从业人员数	人	130250	285110	219458	249615	791244
其中:农林牧渔业	人	45405	136883	88713	112618	362776
农业机械总动力	万千瓦特	21	23	24	26	51
固定电话用户	户	22491	109922	63643	58547	89987
二、综合经济						
第一产业增加值	万元	167467	314957	213710	210994	584179
第二产业增加值	万元	406553	1536181	1200673	1057732	723189
地方财政一般预算收入	万元	22439	114700	123038	122175	55224
地方财政一般预算支出	万元	100918	222100	191868	251628	347071
居民储蓄存款余额	万元	418200	1946000	1154222	1120306	1611417
年末金融机构各项贷款余额	万元	314100	1370200	1152204	1073535	851843
三、农业、工业及投资						
粮食产量	吨					
棉花产量	吨					485
油料产量	吨	35361	28568	12787	14345	116041
肉类总产量	吨	47902	78555	42350	58444	182034
规模以上工业企业个数	个	92	291	131	119	109
规模以上工业总产值(现价)	万元	1318085	5227223	3281309	3120312	1224273
固定资产投资(不含农户)	万元	825200	1185092	867277	1145188	680399
四、教育、卫生和社会保障						
普通中学在校学生数	人	9102	22556	16963	17624	58308
小学在校学生数	人	8945	23531	15090	17549	53612
医院、卫生院床位数	床	798	2429	2472	2898	4529
各种社会福利收养性单位数	个	13	19	17	21	67
各种社会福利收养性单位床位数	床	1407	1920	2283	1547	6118

2012年县(市)社会经济主要指标

四川省

指标	单位	盐亭县	安县	梓潼县	北川羌族自治县	平武县
一、基本情况						
行政区域土地面积	平方公里	1645	1181	1444	3083	5946
乡(镇)个数	个	36	18	32	23	25
村民委员会个数	个	460	234	329	311	248
年末总户数	户	251036	183810	142998	85925	62911
其中:乡村户数	户	161758	128162	98165	62256	52567
年末总人口	万人	60	44	39	24	18
乡村人口	万人	52	38	33	19	16
年末单位从业人员数	人	11466	16394	13636	11498	7081
乡村从业人员数	人	283283	243467	157947	116558	92892
其中:农林牧渔业	人	142153	113199	84971	53548	62008
农业机械总动力	万千瓦特	31	32	29	8	10
固定电话用户	户	27299	41982	33994	18228	13133
二、综合经济						
第一产业增加值	万元	292013	223688	210487	80074	62462
第二产业增加值	万元	300244	426788	308264	133281	152741
地方财政一般预算收入	万元	18315	40011	17404	26108	21617
地方财政一般预算支出	万元	189668	153291	125170	201701	110384
居民储蓄存款余额	万元	703136	704336	454628	444506	242063
年末金融机构各项贷款余额	万元	316687	649235	289075	758167	501384
三、农业、工业及投资						
粮食产量	吨					
棉花产量	吨	164		5		
油料产量	吨	31884	34786	44714	5680	5532
肉类总产量	吨	98618	58018	58749	23912	15454
规模以上工业企业个数	个	46	73	47	21	26
规模以上工业总产值(现价)	万元	430196	1218798	693827	187791	200834
固定资产投资(不含农户)	万元	457565	732787	485746	282375	429163
四、教育、卫生和社会保障						
普通中学在校学生数	人	19049	18104	12843	10413	7406
小学在校学生数	人	19485	19400	12547	10133	7726
医院、卫生院床位数	床	1586	1443	1041	1024	548
各种社会福利收养性单位数	个	50	24	17	14	9
各种社会福利收养性单位床位数	床	4291	2474	2022	1530	426

2012 年县(市)社会经济主要指标

四川省

指　　标	单位	江油市	旺苍县	青川县	剑阁县	苍溪县
一、基本情况						
行政区域土地面积	平方公里	2720	2986	3212	3202	2330
乡(镇)个数	个	40	35	36	57	39
村民委员会个数	个	365	352	268	544	718
年末总户数	户	311991	175009	97921	261390	269498
其中:乡村户数	户	204428	103224	64173	169655	185682
年末总人口	万人	89	46	24	69	79
乡村人口	万人	64	37	20	59	64
年末单位从业人员数	人	46076	16972	8899	16328	19945
乡村从业人员数	人	392683	205357	104111	321162	360658
其中:农林牧渔业	人	164453	94458	85535	211528	228313
农业机械总动力	万千瓦特	56	25	8	71	70
固定电话用户	户	130832	51453	16594	51346	92370
二、综合经济						
第一产业增加值	万元	337935	136243	60629	220875	253224
第二产业增加值	万元	1221332	346792	98125	248228	333599
地方财政一般预算收入	万元	117049	27968	11815	30392	28709
地方财政一般预算支出	万元	288780	202402	132877	224180	294880
居民储蓄存款余额	万元	1858137	595296	269784	733430	1051449
年末金融机构各项贷款余额	万元	1179391	245981	287522	352692	533042
三、农业、工业及投资						
粮食产量	吨					
棉花产量	吨					
油料产量	吨	41900	14778	8124	100916	47264
肉类总产量	吨	84048	49838	21301	89006	91357
规模以上工业企业个数	个	190	65	29	50	38
规模以上工业总产值(现价)	万元	3183435	923056	161751	576990	518153
固定资产投资(不含农户)	万元	1250236	467197	271387	481349	863424
四、教育、卫生和社会保障						
普通中学在校学生数	人	36311	24972	15551	31284	50993
小学在校学生数	人	32754	26324	14222	24600	46919
医院、卫生院床位数	床	5837	1549	594	1839	2228
各种社会福利收养性单位数	个	26	13	6	23	20
各种社会福利收养性单位床位数	床	3361	1240	1180	2327	2900

2012 年县(市)社会经济主要指标

四川省

指　　标	单位	蓬溪县	射洪县	大英县	威远县	资中县
一、基本情况						
行政区域土地面积	平方公里	1251	1496	703	1289	1735
乡(镇)个数	个	31	30	11	20	33
村民委员会个数	个	495	590	298	322	782
年末总户数	户	262150	374235	185393	308773	451687
其中:乡村户数	户	175891	230571	127203	200578	337586
年末总人口	万人	71	101	55	75	131
乡村人口	万人	58	76	44	56	113
年末单位从业人员数	人	43813	50550	13161	39309	37839
乡村从业人员数	人	305338	445422	236358	303580	571391
其中:农林牧渔业	人	139845	151517	121592	129587	268208
农业机械总动力	万千瓦特	20	26	20	34	41
固定电话用户	户	43427	96363	36575	94712	91483
二、综合经济						
第一产业增加值	万元	311728	402380	210743	330610	538244
第二产业增加值	万元	368479	1404513	586056	1738592	991986
地方财政一般预算收入	万元	22828	66367	31262	72483	53371
地方财政一般预算支出	万元	230988	286769	182239	130156	147418
居民储蓄存款余额	万元	794550	1397254	630239	1110962	1542630
年末金融机构各项贷款余额	万元	402570	816619	519886	935110	713633
三、农业、工业及投资						
粮食产量	吨					
棉花产量	吨	31	4700	2754		
油料产量	吨	47139	27666	22583	18423	34642
肉类总产量	吨	90231	129996	65768	79346	137967
规模以上工业企业个数	个	60	101	76	111	108
规模以上工业总产值(现价)	万元	710136	2863262	1906864	5185009	2028009
固定资产投资(不含农户)	万元	754596	1095600	998759	975130	860145
四、教育、卫生和社会保障						
普通中学在校学生数	人	32470	44834	25859	32274	50285
小学在校学生数	人	32939	43904	26590	34649	68671
医院、卫生院床位数	床	1730	2699	979	2964	3380
各种社会福利收养性单位数	个	29	33	21	23	60
各种社会福利收养性单位床位数	床	4018	5294	1739	2560	6276

2012年县(市)社会经济主要指标

四川省

指　　标	单位	隆昌县	犍为县	井研县	夹江县	沐川县
一、基本情况						
行政区域土地面积	平方公里	794	1371	840	745	1405
乡(镇)个数	个	18	30	27	22	19
村民委员会个数	个	365	347	203	234	195
年末总户数	户	311153	201650	154442	126765	84224
其中:乡村户数	户	204145	124776	113565	94419	63434
年末总人口	万人	79	57	42	35	26
乡村人口	万人	63	44	35	30	22
年末单位从业人员数	人	61459	27303	15240	19636	10186
乡村从业人员数	人	373066	232431	210283	187714	142295
其中:农林牧渔业	人	220410	125176	105125	110538	67221
农业机械总动力	万千瓦特	26	28	23	36	10
固定电话用户	户	107764	64410	49957	77482	23698
二、综合经济						
第一产业增加值	万元	253507	193192	174526	160910	104678
第二产业增加值	万元	1123338	597730	326990	569242	243563
地方财政一般预算收入	万元	44774	37249	20336	43466	15331
地方财政一般预算支出	万元	110640	179146	129725	120693	92731
居民储蓄存款余额	万元	1189375	769698	624319	854421	258480
年末金融机构各项贷款余额	万元	534652	518722	489365	482170	274215
三、农业、工业及投资						
粮食产量	吨					
棉花产量	吨			3		
油料产量	吨	9737	10759	10320	13121	5398
肉类总产量	吨	76064	78029	71573	45020	26816
规模以上工业企业个数	个	113	61	68	87	43
规模以上工业总产值(现价)	万元	2711013	1474227	1107518	1243378	482968
固定资产投资(不含农户)	万元	715490	429290	235030	556966	241736
四、教育、卫生和社会保障						
普通中学在校学生数	人	31717	21930	14027	12377	10683
小学在校学生数	人	42900	23079	16966	12865	14805
医院、卫生院床位数	床	2562	1422	965	1221	477
各种社会福利收养性单位数	个	35	28	16	11	21
各种社会福利收养性单位床位数	床	2711	1895	2464	573	1240

2012年县(市)社会经济主要指标

四川省

指　　标	单位	峨边彝族自治县	马边彝族自治县	峨眉山市	南部县	营山县
一、基本情况						
行政区域土地面积	平方公里	2382	2293	1181	2230	1635
乡(镇)个数	个	19	20	18	71	53
村民委员会个数	个	129	123	245	1042	657
年末总户数	户	48299	65862	157888	458221	295061
其中:乡村户数	户	33950	52383	95998	316220	237577
年末总人口	万人	15	21	43	132	95
乡村人口	万人	13	19	30	112	82
年末单位从业人员数	人	13035	7671	41742	59845	25148
乡村从业人员数	人	76781	96568	174475	735028	402829
其中:农林牧渔业	人	50404	60495	106152	381087	233586
农业机械总动力	万千瓦特	10	5	24	34	28
固定电话用户	户	13143	13383	117511	88972	70874
二、综合经济						
第一产业增加值	万元	38290	64544	146210	450443	310371
第二产业增加值	万元	175192	116100	981743	1196887	535078
地方财政一般预算收入	万元	28929	27575	124600	57083	27849
地方财政一般预算支出	万元	87086	101161	201395	367015	296198
居民储蓄存款余额	万元	196416	174386	1284498	1406692	1193423
年末金融机构各项贷款余额	万元	229495	186421	1204396	644680	451647
三、农业、工业及投资						
粮食产量	吨					
棉花产量	吨				375	
油料产量	吨	1430	2165	12058	72256	44523
肉类总产量	吨	12809	19229	40106	121036	111278
规模以上工业企业个数	个	27	22	83	76	32
规模以上工业总产值(现价)	万元	343607	164950	2238623	2080053	1234444
固定资产投资(不含农户)	万元	159423	224604	734494	1450251	387861
四、教育、卫生和社会保障						
普通中学在校学生数	人	5813	7969	19239	78886	50350
小学在校学生数	人	10068	22084	17659	91515	64116
医院、卫生院床位数	床	304	552	1927	2164	3064
各种社会福利收养性单位数	个	7	6	4	47	96
各种社会福利收养性单位床位数	床	530	615	2200	4610	3602

2012年县(市)社会经济主要指标

四川省

指　　标	单位	蓬安县	仪陇县	西充县	阆中市	仁寿县
一、基本情况						
行政区域土地面积	平方公里	1331	1773	1107	1875	2608
乡(镇)个数	个	39	57	44	50	60
村民委员会个数	个	597	878	590	436	568
年末总户数	户	257778	381575	269952	321964	565449
其中:乡村户数	户	170793	281386	182141	203897	406756
年末总人口	万人	71	113	66	88	160
乡村人口	万人	58	101	55	63	147
年末单位从业人员数	人	21318	22198	19751	23276	49285
乡村从业人员数	人	293788	540130	332189	360578	759291
其中:农林牧渔业	人	191078	329307	168986	176482	438009
农业机械总动力	万千瓦特	26	30	19	34	72
固定电话用户	户	44101	68704	52524	105434	118997
二、综合经济						
第一产业增加值	万元	307639	427407	225358	342838	593569
第二产业增加值	万元	524113	454779	309200	688688	1380785
地方财政一般预算收入	万元	27075	35509	27291	53846	106360
地方财政一般预算支出	万元	234345	335908	234536	312657	446100
居民储蓄存款余额	万元	912715	1134496	741026	1340721	2195427
年末金融机构各项贷款余额	万元	431790	551156	307780	786793	1009115
三、农业、工业及投资						
粮食产量	吨					
棉花产量	吨		31	1317		880
油料产量	吨	40027	59130	36645	38720	36914
肉类总产量	吨	77257	137103	77433	97542	187367
规模以上工业企业个数	个	54	41	53	43	167
规模以上工业总产值(现价)	万元	1861310	1032772	928973	805915	2478048
固定资产投资(不含农户)	万元	698115	734101	492085	1283850	1541616
四、教育、卫生和社会保障						
普通中学在校学生数	人	34365	64285	36501	39982	73612
小学在校学生数	人	40760	83706	37080	35207	76732
医院、卫生院床位数	床	1965	3001	1501	2804	4008
各种社会福利收养性单位数	个	80	63	47	64	118
各种社会福利收养性单位床位数	床	3139	3682	4818	2980	15320

2012年县(市)社会经济主要指标

四川省

指　　标	单位	彭山县	洪雅县	丹棱县	青神县	南溪区
一、基本情况						
行政区域土地面积	平方公里	467	1897	450	387	704
乡(镇)个数	个	13	15	7	10	15
村民委员会个数	个	89	142	71	76	210
年末总户数	户	120879	115567	53924	66612	145028
其中:乡村户数	户	81388	91567	40478	56272	95434
年末总人口	万人	33	35	16	20	43
乡村人口	万人	25	31	13	17	35
年末单位从业人员数	人	28807	12900	5846	6483	28288
乡村从业人员数	人	160425	182427	77212	112185	203998
其中:农林牧渔业	人	61637	97075	36889	70582	121399
农业机械总动力	万千瓦特	26	27	19	19	19
固定电话用户	户	49184	40224	24940	31993	40509
二、综合经济						
第一产业增加值	万元	111765	129018	82416	72139	175189
第二产业增加值	万元	574393	474409	201984	298270	471648
地方财政一般预算收入	万元	74056	52569	17033	22494	40704
地方财政一般预算支出	万元	157285	147041	89806	91970	155660
居民储蓄存款余额	万元	764053	670622	311980	383597	493741
年末金融机构各项贷款余额	万元	506243	483495	139754	199369	449943
三、农业、工业及投资						
粮食产量	吨					
棉花产量	吨					
油料产量	吨	10193	9942	7138	7589	6532
肉类总产量	吨	42918	36137	24090	24704	53731
规模以上工业企业个数	个	94	36	45	53	62
规模以上工业总产值(现价)	万元	1669143	320455	367739	485482	1069184
固定资产投资(不含农户)	万元	1135071	600066	329962	340102	732827
四、教育、卫生和社会保障						
普通中学在校学生数	人	11255	13979	5679	7323	22393
小学在校学生数	人	12078	13038	5649	6228	23951
医院、卫生院床位数	床	925	1068	436	634	1353
各种社会福利收养性单位数	个	11	13	16	11	17
各种社会福利收养性单位床位数	床	1324	1370	2009	1308	1878

2012年县(市)社会经济主要指标

四川省

指　　标	单位	宜宾县	江安县	长宁县	高　县	珙　县
一、基本情况						
行政区域土地面积	平方公里	3018	912	980	1321	1146
乡(镇)个数	个	26	18	18	19	17
村民委员会个数	个	535	297	269	285	262
年末总户数	户	328169	170267	143853	165970	141892
其中:乡村户数	户	247388	138051	108891	133569	87857
年末总人口	万人	103	56	46	53	43
乡村人口	万人	89	52	38	48	33
年末单位从业人员数	人	60225	21079	24824	12212	29551
乡村从业人员数	人	488949	313560	237131	297831	219952
其中:农林牧渔业	人	260627	150214	131721	163334	107884
农业机械总动力	万千瓦特	46	17	19	13	19
固定电话用户	户	72354	36678	37686	40333	48626
二、综合经济						
第一产业增加值	万元	353621	190132	194657	174372	132958
第二产业增加值	万元	846354	560590	483615	563395	657066
地方财政一般预算收入	万元	60168	39398	30121	33939	44604
地方财政一般预算支出	万元	279788	167961	158145	155050	141703
居民储蓄存款余额	万元	1077125	559267	408873	458123	432909
年末金融机构各项贷款余额	万元	924108	345559	299057	289401	391262
三、农业、工业及投资						
粮食产量	吨					
棉花产量	吨					
油料产量	吨	30040	6043	9096	8770	7582
肉类总产量	吨	136230	57083	59478	62314	46963
规模以上工业企业个数	个	78	56	46	53	64
规模以上工业总产值(现价)	万元	1634714	1607496	1213185	1154965	1083416
固定资产投资(不含农户)	万元	1362854	808436	655870	672838	610794
四、教育、卫生和社会保障						
普通中学在校学生数	人	49643	24296	19683	22528	18212
小学在校学生数	人	64398	31547	28210	31718	29772
医院、卫生院床位数	床	2492	1216	1615	1451	1761
各种社会福利收养性单位数	个	38	33	21	23	18
各种社会福利收养性单位床位数	床	3830	3010	2344	1210	1313

2012年县(市)社会经济主要指标

四川省

指　　标	单位	筠连县	兴文县	屏山县	岳池县	武胜县
一、基本情况						
行政区域土地面积	平方公里	1256	1380	1418	1479	956
乡(镇)个数	个	18	15	15	43	31
村民委员会个数	个	243	236	262	827	515
年末总户数	户	116041	133406	87322	373573	301101
其中:乡村户数	户	92917	111286	67814	279362	228157
年末总人口	万人	43	47	31	119	85
乡村人口	万人	36	42	27	106	73
年末单位从业人员数	人	15189	23760	9253	26019	13532
乡村从业人员数	人	192001	264109	168930	550923	382291
其中:农林牧渔业	人	116378	171295	101473	366515	200002
农业机械总动力	万千瓦特	14	15	12	39	23
固定电话用户	户	32080	38857	20084	61824	49521
二、综合经济						
第一产业增加值	万元	140000	149355	110627	336105	314539
第二产业增加值	万元	731405	305532	116132	652984	722081
地方财政一般预算收入	万元	49126	39327	24873	52073	50577
地方财政一般预算支出	万元	153598	166518	108077	289437	245083
居民储蓄存款余额	万元	303727	331924	357790	1512084	1165085
年末金融机构各项贷款余额	万元	238701	268526	190280	536502	490913
三、农业、工业及投资						
粮食产量	吨					
棉花产量	吨					
油料产量	吨	2618	3236	7142	27535	22018
肉类总产量	吨	45571	49038	30824	109587	112784
规模以上工业企业个数	个	66	52	21	67	75
规模以上工业总产值(现价)	万元	1364253	555603	204757	1359878	2034845
固定资产投资(不含农户)	万元	378621	451088	511181	808101	757980
四、教育、卫生和社会保障						
普通中学在校学生数	人	22937	27047	13688	55376	45740
小学在校学生数	人	36444	42250	20308	73155	50253
医院、卫生院床位数	床	1048	1310	545	2276	2107
各种社会福利收养性单位数	个	16	11	15	43	33
各种社会福利收养性单位床位数	床	1811	1870	850	3352	2441

2012年县(市)社会经济主要指标

四川省

指　　标	单位	邻水县	华蓥市	达　县	宣汉县	开江县
一、基本情况						
行政区域土地面积	平方公里	1909	464	2689	4271	1031
乡(镇)个数	个	45	13	63	54	20
村民委员会个数	个	475	111	759	491	194
年末总户数	户	339821	142584	491159	411120	254455
其中:乡村户数	户	222968	82886	359447	290896	140598
年末总人口	万人	103	36	138	133	61
乡村人口	万人	78	26	124	110	50
年末单位从业人员数	人	18552	16959	48476	40235	19348
乡村从业人员数	人	427265	141629	675443	514167	272963
其中:农林牧渔业	人	209950	71400	365696	288298	139142
农业机械总动力	万千瓦特	41	16	42	36	26
固定电话用户	户	69637	42158	120475	89756	45579
二、综合经济						
第一产业增加值	万元	321060	99012	468990	477213	254834
第二产业增加值	万元	717450	663249	1090577	1058737	416401
地方财政一般预算收入	万元	48863	32029	72934	81118	32155
地方财政一般预算支出	万元	282899	156669	362197	403456	194018
居民储蓄存款余额	万元	1052180	730745	1105898	1338433	693898
年末金融机构各项贷款余额	万元	480198	394253	777784	628962	247835
三、农业、工业及投资						
粮食产量	吨					
棉花产量	吨					
油料产量	吨	35290	2291	60399	83756	35497
肉类总产量	吨	100255	34702	144742	135034	81790
规模以上工业企业个数	个	89	94	97	62	46
规模以上工业总产值(现价)	万元	1576757	1800190	1693110	1801209	402323
固定资产投资(不含农户)	万元	1001881	783556	1490775	1366442	626779
四、教育、卫生和社会保障						
普通中学在校学生数	人	62592	20164	58986	66833	34366
小学在校学生数	人	65535	22886	96184	99548	47820
医院、卫生院床位数	床	2336	1164	3129	3110	1142
各种社会福利收养性单位数	个	41	14	53	41	26
各种社会福利收养性单位床位数	床	1991	877	5425	4402	2776

2012年县(市)社会经济主要指标

四川省

指　　标	单位	大竹县	渠　县	万源市	名山区	荥经县
一、基本情况						
行政区域土地面积	平方公里	2077	2017	4051	614	1777
乡(镇)个数	个	50	60	52	20	21
村民委员会个数	个	382	491	371	192	105
年末总户数	户	402687	525008	248979	89128	65731
其中:乡村户数	户	281990	339079	147014	74983	45828
年末总人口	万人	112	148	60	28	15
乡村人口	万人	93	122	56	25	13
年末单位从业人员数	人	33969	41848	15749	6692	12294
乡村从业人员数	人	472011	558986	265017	142940	70534
其中:农林牧渔业	人	197578	230307	132764	89681	33517
农业机械总动力	万千瓦特	30	32	22	27	16
固定电话用户	户	89656	100644	52068	30261	17567
二、综合经济						
第一产业增加值	万元	457032	488708	236492	139353	55565
第二产业增加值	万元	1166735	813213	557767	230093	317773
地方财政一般预算收入	万元	78860	53765	27533	15423	20363
地方财政一般预算支出	万元	330678	400668	252478	93636	73436
居民储蓄存款余额	万元	1582884	1659471	574789	388445	328982
年末金融机构各项贷款余额	万元	696269	643746	378163	310832	250755
三、农业、工业及投资						
粮食产量	吨					
棉花产量	吨					
油料产量	吨	41595	52163	24854	9128	6084
肉类总产量	吨	148015	150234	79444	49612	13389
规模以上工业企业个数	个	100	62	43	41	64
规模以上工业总产值(现价)	万元	1414543	1181483	611037	538688	572936
固定资产投资(不含农户)	万元	1448239	1392984	737981	415479	294808
四、教育、卫生和社会保障						
普通中学在校学生数	人	50871	75420	32561	9897	4475
小学在校学生数	人	75056	101469	36884	13378	10437
医院、卫生院床位数	床	2949	3700	1508	561	662
各种社会福利收养性单位数	个	47	56	39	8	6
各种社会福利收养性单位床位数	床	4499	6549	2888	754	360

2012年县(市)社会经济主要指标

四川省

指　　标	单位	汉源县	石棉县	天全县	芦山县	宝兴县
一、基本情况						
行政区域土地面积	平方公里	2215	2679	2391	1190	3114
乡(镇)个数	个	30	16	15	9	9
村民委员会个数	个	204	92	138	40	55
年末总户数	户	111302	45545	52957	42215	18865
其中:乡村户数	户	93175	29401	38852	32522	14630
年末总人口	万人	33	12	16	12	6
乡村人口	万人	30	9	13	11	5
年末单位从业人员数	人	10014	9971	9420	5116	5400
乡村从业人员数	人	177893	48561	75125	60078	28374
其中:农林牧渔业	人	114875	30175	36575	35774	15962
农业机械总动力	万千瓦特	23	13	12	15	10
固定电话用户	户	31165	20193	16493	17404	7560
二、综合经济						
第一产业增加值	万元	101695	45216	55793	43911	27720
第二产业增加值	万元	273282	407997	237651	156481	141799
地方财政一般预算收入	万元	57117	42554	12718	8007	12249
地方财政一般预算支出	万元	135224	100955	71747	67990	57229
居民储蓄存款余额	万元	493770	273428	251644	186759	108538
年末金融机构各项贷款余额	万元	300039	409394	340922	123232	109373
三、农业、工业及投资						
粮食产量	吨					
棉花产量	吨					
油料产量	吨	1978	2636	5123	4376	510
肉类总产量	吨	32374	12983	21357	13481	9086
规模以上工业企业个数	个	18	39	41	43	29
规模以上工业总产值(现价)	万元	608308	595012	232328	256800	226577
固定资产投资(不含农户)	万元	359808	462144	318314	267279	269696
四、教育、卫生和社会保障						
普通中学在校学生数	人	14879	6018	7832	6023	2694
小学在校学生数	人	18668	9699	9341	8035	3735
医院、卫生院床位数	床	924	1101	1079	387	173
各种社会福利收养性单位数	个	4	4	6	5	1
各种社会福利收养性单位床位数	床	613	527	345	510	120

2012年县(市)社会经济主要指标

四川省

指　　标	单位	通江县	南江县	平昌县	安岳县	乐至县
一、基本情况						
行政区域土地面积	平方公里	4120	3388	2225	2690	1424
乡(镇)个数	个	49	48	43	69	25
村民委员会个数	个	524	522	528	926	602
年末总户数	户	248951	223074	360046	550561	308661
其中:乡村户数	户	164623	151314	205195	391587	235050
年末总人口	万人	77	69	105	162	86
乡村人口	万人	67	58	86	138	70
年末单位从业人员数	人	37637	37636	34234	41465	19532
乡村从业人员数	人	340405	295266	440375	794146	384574
其中:农林牧渔业	人	216806	179103	276931	473016	150682
农业机械总动力	万千瓦特	27	30	42	57	29
固定电话用户	户	64000	71165	50089	86601	44879
二、综合经济						
第一产业增加值	万元	198417	181693	240719	730581	356333
第二产业增加值	万元	325184	440788	462376	931157	700094
地方财政一般预算收入	万元	21799	40049	36688	78707	52251
地方财政一般预算支出	万元	329900	342315	385601	392551	242869
居民储蓄存款余额	万元	702318	849086	825400	1777975	1084706
年末金融机构各项贷款余额	万元	328652	356108	454500	812001	491843
三、农业、工业及投资						
粮食产量	吨					
棉花产量	吨				182	190
油料产量	吨	34223	20297	40007	69384	47894
肉类总产量	吨	111121	97960	110091	208819	131154
规模以上工业企业个数	个	37	28	28	170	109
规模以上工业总产值(现价)	万元	409874	682163	1155324	2682800	2305774
固定资产投资(不含农户)	万元	825002	1174302	1067155	1126426	1043454
四、教育、卫生和社会保障						
普通中学在校学生数	人	53929	46830	58176	55262	28236
小学在校学生数	人	56810	54290	63880	92221	36906
医院、卫生院床位数	床	1608	1756	2207	5041	1973
各种社会福利收养性单位数	个	2	23	7	71	57
各种社会福利收养性单位床位数	床	94	2051	215	6429	2777

2012 年县(市)社会经济主要指标

四川省

指　　标	单位	简阳市	汶川县	理县	茂县	松潘县
一、基本情况						
行政区域土地面积	平方公里	2215	4083	4318	4075	8486
乡(镇)个数	个	55	13	13	21	25
村民委员会个数	个	796	117	81	149	143
年末总户数	户	502959	38432	15444	36314	22685
其中:乡村户数	户	394498	19243	9702	25857	15338
年末总人口	万人	148	10	5	11	8
乡村人口	万人	127	7	4	10	6
年末单位从业人员数	人	49579	14531	4165	6539	4753
乡村从业人员数	人	607418	36708	25252	55743	35393
其中:农林牧渔业	人	173606	22756	19278	36956	26972
农业机械总动力	万千瓦特	51	6	4	5	5
固定电话用户	户	123741	11571	6207	12299	10578
二、综合经济						
第一产业增加值	万元	612498	22900	14482	35269	24577
第二产业增加值	万元	1779060	326277	106778	167131	39953
地方财政一般预算收入	万元	124590	33809	10051	17510	10600
地方财政一般预算支出	万元	405800	158928	59107	105174	77816
居民储蓄存款余额	万元	2200088	235082	68390	174418	100805
年末金融机构各项贷款余额	万元	1144747	236385	124212	131935	95008
三、农业、工业及投资						
粮食产量	吨					
棉花产量	吨	585				
油料产量	吨	59019	825	28	855	349
肉类总产量	吨	196402	4514	2762	8586	7134
规模以上工业企业个数	个	193	26	13	20	4
规模以上工业总产值(现价)	万元	5621170	728502	147582	369926	40400
固定资产投资(不含农户)	万元	1830332	450503	239750	375732	359957
四、教育、卫生和社会保障						
普通中学在校学生数	人	66014	6984	1790	6347	3482
小学在校学生数	人	79530	4657	2506	8115	5294
医院、卫生院床位数	床	4980	441	167	413	223
各种社会福利收养性单位数	个	68	2	2	7	1
各种社会福利收养性单位床位数	床	6177	344	304	600	280

2012 年县(市)社会经济主要指标

四川省

指　　标	单位	九寨沟县	金川县	小金县	黑水县	马尔康县
一、基本情况						
行政区域土地面积	平方公里	5286	5524	5571	4154	6639
乡(镇)个数	个	17	23	21	17	14
村民委员会个数	个	120	109	134	124	105
年末总户数	户	22867	24653	26954	18993	20084
其中:乡村户数	户	14561	16926	19174	13888	8324
年末总人口	万人	7	7	8	6	6
乡村人口	万人	5	6	7	5	3
年末单位从业人员数	人	7615	3848	4857	3866	11906
乡村从业人员数	人	29937	34068	43343	30877	18855
其中:农林牧渔业	人	21103	22819	31137	20094	11887
农业机械总动力	万千瓦特	8	6	11	6	8
固定电话用户	户	23247	5740	6007	5070	15213
二、综合经济						
第一产业增加值	万元	15511	19953	20672	15971	17649
第二产业增加值	万元	55914	26833	32529	106745	25044
地方财政一般预算收入	万元	15971	3567	4736	8949	10056
地方财政一般预算支出	万元	75489	90562	66291	72641	100965
居民储蓄存款余额	万元	143433	76032	99386	72354	160879
年末金融机构各项贷款余额	万元	337280	37495	120114	104109	199143
三、农业、工业及投资						
粮食产量	吨					
棉花产量	吨					
油料产量	吨	418	106	849		
肉类总产量	吨	4616	6356	6535	4798	6294
规模以上工业企业个数	个	3	2	6	7	4
规模以上工业总产值(现价)	万元	44674	4580	46996	111306	11113
固定资产投资(不含农户)	万元	240735	261256	151186	287305	204447
四、教育、卫生和社会保障						
普通中学在校学生数	人	4326	3319	4685	2274	4049
小学在校学生数	人	5249	4144	5314	5433	3960
医院、卫生院床位数	床	308	253	362	220	456
各种社会福利收养性单位数	个	2	5	1	1	2
各种社会福利收养性单位床位数	床	250	380	320	218	320

2012年县(市)社会经济主要指标

四川省

指　　标	单位	壤塘县	阿坝县	若尔盖县	红原县	康定县
一、基本情况						
行政区域土地面积	平方公里	6836	10435	10437	8398	11591
乡(镇)个数	个	12	19	17	11	21
村民委员会个数	个	60	83	96	34	235
年末总户数	户	12227	16903	18743	13969	32703
其中:乡村户数	户	8024	11925	12353	8559	17256
年末总人口	万人	4	8	8	5	11
乡村人口	万人	4	6	6	4	7
年末单位从业人员数	人	2785	3896	4311	3188	4805
乡村从业人员数	人	21969	28789	42606	19753	43342
其中:农林牧渔业	人	19338	26604	38166	17600	34211
农业机械总动力	万千瓦特	4	3	6	1	9
固定电话用户	户	2471	5156	5429	3970	30195
二、综合经济						
第一产业增加值	万元	19291	26872	54615	27978	37781
第二产业增加值	万元	10623	12618	20674	21762	187203
地方财政一般预算收入	万元	1351	2247	3645	2283	35875
地方财政一般预算支出	万元	101551	102072	110685	78165	110484
居民储蓄存款余额	万元	30515	59586	66316	41052	354589
年末金融机构各项贷款余额	万元	13794	27881	59698	171831	641460
三、农业、工业及投资						
粮食产量	吨					
棉花产量	吨					
油料产量	吨	93		1542		151
肉类总产量	吨	5953	10537	26151	10190	7616
规模以上工业企业个数	个			3	5	15
规模以上工业总产值(现价)	万元			29292	40267	186630
固定资产投资(不含农户)	万元	110256	127513	150883	126560	1189563
四、教育、卫生和社会保障						
普通中学在校学生数	人	1573	2140	5945	2467	8203
小学在校学生数	人	4239	10431	10225	5428	10178
医院、卫生院床位数	床	125	204	193	164	942
各种社会福利收养性单位数	个	5	3	2	3	1
各种社会福利收养性单位床位数	床	550	340	300	330	230

2012年县(市)社会经济主要指标

四川省

指　　标	单位	泸定县	丹巴县	九龙县	雅江县	道孚县
一、基本情况						
行政区域土地面积	平方公里	2165	4506	6767	7570	7022
乡(镇)个数	个	12	15	18	17	22
村民委员会个数	个	145	181	63	113	158
年末总户数	户	32490	17574	20789	11993	14996
其中:乡村户数	户	22299	12605	14226	8579	10141
年末总人口	万人	9	6	7	5	6
乡村人口	万人	7	5	6	4	5
年末单位从业人员数	人	4606	3983	4380	3136	3572
乡村从业人员数	人	31267	34669	33644	24475	26861
其中:农林牧渔业	人	26549	29043	30762	23947	22585
农业机械总动力	万千瓦特	5	7	6	8	7
固定电话用户	户	12145	3876	5493	3293	2877
二、综合经济						
第一产业增加值	万元	24768	27774	20652	20445	18160
第二产业增加值	万元	85056	40691	177353	20191	5926
地方财政一般预算收入	万元	15057	13148	26800	10509	5125
地方财政一般预算支出	万元	85448	69026	77334	74588	75826
居民储蓄存款余额	万元	182600	82265	57020	41546	30235
年末金融机构各项贷款余额	万元	269553	104573	182519	59274	17084
三、农业、工业及投资						
粮食产量	吨					
棉花产量	吨					
油料产量	吨	2012	594	222	25	1143
肉类总产量	吨	6700	5749	4567	3500	4971
规模以上工业企业个数	个	6	5	8		
规模以上工业总产值(现价)	万元	108392	16525	193755		
固定资产投资(不含农户)	万元	259428	220053	169462	246227	30850
四、教育、卫生和社会保障						
普通中学在校学生数	人	6003	3324	4144	2272	1325
小学在校学生数	人	7236	5735	8293	6032	5221
医院、卫生院床位数	床	269	204	187	127	164
各种社会福利收养性单位数	个	2	7	1	4	4
各种社会福利收养性单位床位数	床	140	150	104	127	150

2012 年县(市)社会经济主要指标

四川省

指　　标	单位	炉霍县	甘孜县	新龙县	德格县	白玉县
一、基本情况						
行政区域土地面积	平方公里	4477	6859	9252	11433	10258
乡(镇)个数	个	16	22	19	26	17
村民委员会个数	个	171	219	149	171	156
年末总户数	户	12497	16701	10174	21976	12650
其中:乡村户数	户	9000	11465	7729	19700	9838
年末总人口	万人	5	7	5	9	5
乡村人口	万人	4	6	4	8	5
年末单位从业人员数	人	2941	3299	3017	3079	3043
乡村从业人员数	人	23329	34578	19248	48452	29837
其中:农林牧渔业	人	21109	34307	17398	45806	29278
农业机械总动力	万千瓦特	3	6	6	1	5
固定电话用户	户	2897	3534	1864	2247	2514
二、综合经济						
第一产业增加值	万元	19133	32592	25220	25753	24509
第二产业增加值	万元	4203	6046	7068	7766	59212
地方财政一般预算收入	万元	2016	3060	3104	2070	10059
地方财政一般预算支出	万元	71486	93921	63680	84869	73186
居民储蓄存款余额	万元	31797	52923	21449	26373	29722
年末金融机构各项贷款余额	万元	10659	6267	4702	7303	12319
三、农业、工业及投资						
粮食产量	吨					
棉花产量	吨					
油料产量	吨	539	1472	229		400
肉类总产量	吨	5094	6913	5808	7200	6231
规模以上工业企业个数	个					1
规模以上工业总产值(现价)	万元					69110
固定资产投资(不含农户)	万元	27611	162947	48542	50334	58272
四、教育、卫生和社会保障						
普通中学在校学生数	人	1771	3819	1791	3258	1385
小学在校学生数	人	5455	6921	4598	7940	4720
医院、卫生院床位数	床	196	212	117	129	212
各种社会福利收养性单位数	个	9	3	11	7	2
各种社会福利收养性单位床位数	床	165	130	188	115	80

2012年县(市)社会经济主要指标

四川省

指　　　　标	单位	石渠县	色达县	理塘县	巴塘县	乡城县
一、基本情况						
行政区域土地面积	平方公里	22364	8725	14004	7666	4943
乡(镇)个数	个	22	17	24	19	12
村民委员会个数	个	165	134	214	122	89
年末总户数	户	32846	13848	16492	12699	5004
其中:乡村户数	户	21544	9117	12123	9104	3767
年末总人口	万人	11	5	7	5	3
乡村人口	万人	9	4	6	5	2
年末单位从业人员数	人	3475	2208	3403	3991	2664
乡村从业人员数	人	35841	27417	34794	29225	14375
其中:农林牧渔业	人	34681	25858	31354	26513	13490
农业机械总动力	万千瓦特	2	1	7	2	4
固定电话用户	户	1395	3108	3376	3500	2555
二、综合经济						
第一产业增加值	万元	34168	22749	28586	21518	17347
第二产业增加值	万元	5565	4511	11396	35133	22010
地方财政一般预算收入	万元	2126	2086	4749	5565	5605
地方财政一般预算支出	万元	122523	90270	99788	68032	51637
居民储蓄存款余额	万元	28381	58189	46849	51920	28396
年末金融机构各项贷款余额	万元	15844	13445	16418	18636	78538
三、农业、工业及投资						
粮食产量	吨					
棉花产量	吨					
油料产量	吨	401		419	750	1003
肉类总产量	吨	7027	8034	7036	3704	3005
规模以上工业企业个数	个				3	2
规模以上工业总产值(现价)	万元				14603	12698
固定资产投资(不含农户)	万元	118120	39438	55240	136061	174066
四、教育、卫生和社会保障						
普通中学在校学生数	人	2203	2080	1652	2915	1290
小学在校学生数	人	8126	4117	7354	5641	3762
医院、卫生院床位数	床	137	142	142	166	123
各种社会福利收养性单位数	个	11	3	7	1	2
各种社会福利收养性单位床位数	床	98		35	80	35

2012年县(市)社会经济主要指标

四川省

指　　标	单位	稻城县	得荣县	西昌市	木里藏族自治县	盐源县
一、基本情况						
行政区域土地面积	平方公里	7087	2912	2657	13222	8412
乡(镇)个数	个	14	12	37	29	34
村民委员会个数	个	124	127	231	113	247
年末总户数	户	7102	5035	230426	34735	101996
其中:乡村户数	户	5099	3607	124250	28140	81779
年末总人口	万人	3	3	64	14	39
乡村人口	万人	3	2	44	12	34
年末单位从业人员数	人	2724	2174	82001	6775	15541
乡村从业人员数	人	14750	13937	257186	78418	209683
其中:农林牧渔业	人	13910	13162	200904	67495	195993
农业机械总动力	万千瓦特	6	3	56	9	36
固定电话用户	户	2811	1827			
二、综合经济						
第一产业增加值	万元	14889	14841	344442	46179	140576
第二产业增加值	万元	10178	12404	1691091	115330	470742
地方财政一般预算收入	万元	3417	3000	234545	35818	70061
地方财政一般预算支出	万元	72226	50895	414076	136179	218296
居民储蓄存款余额	万元	28569	24566	1484099	101079	198022
年末金融机构各项贷款余额	万元	32068	7369	2280010	336410	150229
三、农业、工业及投资						
粮食产量	吨					
棉花产量	吨					
油料产量	吨	733	410	2987	39	576
肉类总产量	吨	2577	2677	95232	15851	43931
规模以上工业企业个数	个	1		64	1	27
规模以上工业总产值(现价)	万元	3200		3247700	76300	1329300
固定资产投资(不含农户)	万元	185910	60132	2600731	620324	331509
四、教育、卫生和社会保障						
普通中学在校学生数	人	1267	1190	55956	5823	25804
小学在校学生数	人	3241	2520	68272	14912	41830
医院、卫生院床位数	床	114	98	4520	367	759
各种社会福利收养性单位数	个	1	2	14	1	3
各种社会福利收养性单位床位数	床	80	60	1249	276	815

2012 年县(市)社会经济主要指标

四川省

指　　标	单位	德昌县	会理县	会东县	宁南县	普格县
一、基本情况						
行政区域土地面积	平方公里	2230	4537	3225	1672	1905
乡(镇)个数	个	22	49	53	25	34
村民委员会个数	个	137	303	318	125	153
年末总户数	户	69285	139580	121476	51571	51637
其中:乡村户数	户	46778	115725	95817	41866	33358
年末总人口	万人	21	46	42	19	18
乡村人口	万人	19	41	38	17	14
年末单位从业人员数	人	8200	28286	14797	10131	6408
乡村从业人员数	人	99891	259233	226644	105015	80331
其中:农林牧渔业	人	74655	64516	177296	86852	71010
农业机械总动力	万千瓦特	20	42	27	8	7
固定电话用户	户					
二、综合经济						
第一产业增加值	万元	133262	324792	315784	115370	65778
第二产业增加值	万元	243700	1165253	557782	166700	65755
地方财政一般预算收入	万元	43686	148065	81466	34338	12740
地方财政一般预算支出	万元	124378	281765	202521	124823	93944
居民储蓄存款余额	万元	267097	596013	283185	153998	86332
年末金融机构各项贷款余额	万元	184555	461920	148557	113424	38394
三、农业、工业及投资						
粮食产量	吨					
棉花产量	吨					
油料产量	吨	787	4657	19399	809	340
肉类总产量	吨	35486	100565	88059	26932	16124
规模以上工业企业个数	个	33	72	29	23	6
规模以上工业总产值(现价)	万元	662900	2612400	1200000	375800	190000
固定资产投资(不含农户)	万元	411062	653413	374253	370286	80102
四、教育、卫生和社会保障						
普通中学在校学生数	人	12263	27056	22996	10396	5721
小学在校学生数	人	20783	34102	40456	17339	26223
医院、卫生院床位数	床	989	1302	980	642	394
各种社会福利收养性单位数	个	9	12	7	2	6
各种社会福利收养性单位床位数	床	393	842	890	284	210

2012年县(市)社会经济主要指标

四川省

指　　标	单位	布拖县	金阳县	昭觉县	喜德县	冕宁县
一、基本情况						
行政区域土地面积	平方公里	1685	1587	2702	2202	4422
乡(镇)个数	个	30	34	47	24	38
村民委员会个数	个	190	177	270	170	232
年末总户数	户	49174	48296	81949	64208	123267
其中:乡村户数	户	41964	43876	58479	39937	87304
年末总人口	万人	18	19	30	22	39
乡村人口	万人	17	18	23	16	35
年末单位从业人员数	人	4251	5286	7009	5846	11497
乡村从业人员数	人	91198	84877	141106	92676	213236
其中:农林牧渔业	人	80980	75909	128059	75868	173773
农业机械总动力	万千瓦特	3	6	11	8	15
固定电话用户	户					
二、综合经济						
第一产业增加值	万元	55816	58570	77854	53020	157475
第二产业增加值	万元	118904	134011	47577	72212	427512
地方财政一般预算收入	万元	10438	17464	10319	9420	50066
地方财政一般预算支出	万元	93856	101313	129966	116508	165292
居民储蓄存款余额	万元	83110	74751	106741	85280	330331
年末金融机构各项贷款余额	万元	20853	26610	23687	25393	150471
三、农业、工业及投资						
粮食产量	吨					
棉花产量	吨					
油料产量	吨	102	190		240	3187
肉类总产量	吨	15434	19844	32500	19232	47568
规模以上工业企业个数	个	4	11	9	14	36
规模以上工业总产值(现价)	万元	164200	177300	88900	144700	575600
固定资产投资(不含农户)	万元	110003	142339	130391	57556	393575
四、教育、卫生和社会保障						
普通中学在校学生数	人	4005	5375	10523	8625	22263
小学在校学生数	人	22422	23868	35854	29245	40185
医院、卫生院床位数	床	330	556	492	365	1004
各种社会福利收养性单位数	个	3	2	2	1	4
各种社会福利收养性单位床位数	床	461	419	547	253	501

2012年县(市)社会经济主要指标

四川省、贵州省

指　　标	单位	越西县	甘洛县	美姑县	雷波县	开阳县
一、基本情况						
行政区域土地面积	平方公里	2258	2153	2515	2840	2026
乡(镇)个数	个	40	28	36	49	16
村民委员会个数	个	289	227	292	281	108
年末总户数	户	99467	59874	65471	71767	144107
其中:乡村户数	户	66924	45368	53840	57978	95013
年末总人口	万人	34	22	26	26	44
乡村人口	万人	27	19	22	24	34
年末单位从业人员数	人	6735	11134	5467	9091	40012
乡村从业人员数	人	158565	103260	111075	148744	191947
其中:农林牧渔业	人	116459	92181	104406	117809	95685
农业机械总动力	万千瓦特	7	4	3	13	21
固定电话用户	户					59618
二、综合经济						
第一产业增加值	万元	94022	50475	66141	88413	157408
第二产业增加值	万元	139957	149491	53445	259188	598207
地方财政一般预算收入	万元	21802	22022	12971	35635	128024
地方财政一般预算支出	万元	139419	109039	106995	136538	233821
居民储蓄存款余额	万元	187523	130437	80787	184745	364314
年末金融机构各项贷款余额	万元	76418	56312	39967	72913	622935
三、农业、工业及投资						
粮食产量	吨					99580
棉花产量	吨					
油料产量	吨	7823	1476	22	2025	19652
肉类总产量	吨	34507	21022	32041	23832	42284
规模以上工业企业个数	个	17	13	8	11	35
规模以上工业总产值(现价)	万元	395000	184500	99300	468200	1885334
固定资产投资(不含农户)	万元	201400	172705	120649	850128	1647352
四、教育、卫生和社会保障						
普通中学在校学生数	人	10182	9414	6703	10312	30008
小学在校学生数	人	41292	25605	29123	31044	28140
医院、卫生院床位数	床	690	518	405	479	1366
各种社会福利收养性单位数	个	1	2	2	2	1
各种社会福利收养性单位床位数	床	200	475	665	244	17

2012年县(市)社会经济主要指标

贵州省

指　　标	单位	息烽县	修文县	清镇市	六枝特区	水城县
一、基本情况						
行政区域土地面积	平方公里	1037	1072	1492	1793	3589
乡(镇)个数	个	10	10	10	19	33
村民委员会个数	个	161	217	309	220	301
年末总户数	户	86785	94969	149893	192913	238027
其中:乡村户数	户	56081	82789	109439	141945	209246
年末总人口	万人	26	31	50	70	84
乡村人口	万人	20	27	40	57	77
年末单位从业人员数	人	19696	16606	39795	27003	29513
乡村从业人员数	人	128584	162884	268753	330480	395417
其中:农林牧渔业	人	64985	91014	175552	151251	226016
农业机械总动力	万千瓦特	17	21	25	26	43
固定电话用户	户	34946	30600	24100	21751	28737
二、综合经济						
第一产业增加值	万元	82520	102680	129130	90867	125829
第二产业增加值	万元	497087	317944	701554	396848	704181
地方财政一般预算收入	万元	60009	54229	99495	76227	162768
地方财政一般预算支出	万元	155579	138327	202634	273822	351423
居民储蓄存款余额	万元	259384	253513	550418	442343	
年末金融机构各项贷款余额	万元	429448	272124	538224	564602	
三、农业、工业及投资						
粮食产量	吨	67034	78685	88167	201434	216166
棉花产量	吨					
油料产量	吨	11653	14683	10241	7902	659
肉类总产量	吨	15722	18578	31570	20369	28921
规模以上工业企业个数	个	30	60	94	37	54
规模以上工业总产值(现价)	万元	2195615	1044064	1396616	748298	2403930
固定资产投资(不含农户)	万元	1339006	1350200	2388735	1109581	1719371
四、教育、卫生和社会保障						
普通中学在校学生数	人	15214	11548	24960	41261	42910
小学在校学生数	人	15992	16222	33788	59474	74662
医院、卫生院床位数	床	765	703	1429	1499	850
各种社会福利收养性单位数	个	10	6	11	18	34
各种社会福利收养性单位床位数	床	180	113	657	739	1800

2012年县(市)社会经济主要指标

贵州省

指　　标	单位	盘　县	遵义县	桐梓县	绥阳县	正安县
一、基本情况						
行政区域土地面积	平方公里	4056	4094	3208	2566	2595
乡(镇)个数	个	37	31	24	15	18
村民委员会个数	个	450	222	210	105	144
年末总户数	户	418836	375647	205151	154677	172634
其中:乡村户数	户	334178	328903	164206	125626	143408
年末总人口	万人	119	121	72	55	64
乡村人口	万人	106	117	65	50	56
年末单位从业人员数	人	82261	42498	13572	11511	13126
乡村从业人员数	人	606260	737654	386784	316605	387138
其中:农林牧渔业	人	403521	307514	170405	168516	132312
农业机械总动力	万千瓦特	67	55	29	29	30
固定电话用户	户	98321	67486	39619	40900	38787
二、综合经济						
第一产业增加值	万元	193244	335618	150307	167852	131586
第二产业增加值	万元	2210342	920582	289472	129494	66029
地方财政一般预算收入	万元	410554	136196	57105	36657	30412
地方财政一般预算支出	万元	647041	369874	205826	154262	190514
居民储蓄存款余额	万元	1131448	1088941	520658	420039	411013
年末金融机构各项贷款余额	万元	1321652	1249266	422831	241261	201263
三、农业、工业及投资						
粮食产量	吨	312751	563557	231606	234457	212219
棉花产量	吨					
油料产量	吨	1845	78724	19011	29909	19188
肉类总产量	吨	47905	90399	38749	26090	22546
规模以上工业企业个数	个	85	165	36	28	34
规模以上工业总产值(现价)	万元	3855086	2604570	530000	320669	123893
固定资产投资(不含农户)	万元	3109227	2044554	465008	490432	439272
四、教育、卫生和社会保障						
普通中学在校学生数	人	99438	56334	41747	28885	35411
小学在校学生数	人	79888	70966	51870	43150	38594
医院、卫生院床位数	床	3229	2103	1368	1020	983
各种社会福利收养性单位数	个	40	33	24	15	33
各种社会福利收养性单位床位数	床	1599	928	1155	875	1010

2012年县(市)社会经济主要指标

贵州省

指　　标	单位	道真仡佬族苗族自治县	务川仡佬族苗族自治县	凤冈县	湄潭县	余庆县
一、基本情况						
行政区域土地面积	平方公里	2156	2777	1885	1866	1622
乡(镇)个数	个	14	15	14	15	10
村民委员会个数	个	79	109	86	118	61
年末总户数	户	103684	123085	120084	149739	101847
其中:乡村户数	户	86829	104659	104550	119749	89652
年末总人口	万人	34	45	43	49	30
乡村人口	万人	32	43	40	45	28
年末单位从业人员数	人	10243	10847	9694	16774	9417
乡村从业人员数	人	186633	264740	257456	243496	175376
其中:农林牧渔业	人	85772	147207	141830	152844	85671
农业机械总动力	万千瓦特	17	17	38	26	16
固定电话用户	户	21274	22948	33512	39355	19173
二、综合经济						
第一产业增加值	万元	89893	97960	110283	120712	97847
第二产业增加值	万元	42569	46359	64518	112550	99993
地方财政一般预算收入	万元	19313	29304	22745	37641	27648
地方财政一般预算支出	万元	140890	152038	145961	180141	125144
居民储蓄存款余额	万元	353926	306541	313015	506719	307712
年末金融机构各项贷款余额	万元	180424	225081	201726	356693	273734
三、农业、工业及投资						
粮食产量	吨	133093	163758	157974	194264	149859
棉花产量	吨					
油料产量	吨	7774	13069	16832	21330	17426
肉类总产量	吨	19295	23117	27010	27579	27962
规模以上工业企业个数	个	29	16	30	20	8
规模以上工业总产值(现价)	万元	85172	85000	190164	235821	275457
固定资产投资(不含农户)	万元	260845	305613	171640	599800	414016
四、教育、卫生和社会保障						
普通中学在校学生数	人	15712	26102	34275	35051	21957
小学在校学生数	人	26406	37979	31938	34959	23873
医院、卫生院床位数	床	996	1042	1096	1163	1031
各种社会福利收养性单位数	个	15	14	12	15	8
各种社会福利收养性单位床位数	床	680	460	470	811	135

2012年县(市)社会经济主要指标

贵州省

指　　标	单位	习水县	赤水市	仁怀市	平坝县	普定县
一、基本情况						
行政区域土地面积	平方公里	3128	1852	1788	999	1102
乡(镇)个数	个	23	14	18	10	11
村民委员会个数	个	210	100	146	193	317
年末总户数	户	180291	100421	188533	115352	144139
其中:乡村户数	户	157693	67729	129125	84978	111486
年末总人口	万人	72	31	68	36	48
乡村人口	万人	65	24	59	30	34
年末单位从业人员数	人	23487	26794	301780	18327	13542
乡村从业人员数	人	366889	145558	337545	201069	251852
其中:农林牧渔业	人	153230	75380	170727	133074	125830
农业机械总动力	万千瓦特	18	13	28	25	21
固定电话用户	户	40228	40713	58360	36380	22987
二、综合经济						
第一产业增加值	万元	133288	83411	138832	73483	76635
第二产业增加值	万元	318784	224615	2228481	358021	237890
地方财政一般预算收入	万元	60125	35966	231827	51292	42428
地方财政一般预算支出	万元	236724	149400	327603	192046	168992
居民储蓄存款余额	万元	495278	480356	960878	403111	200424
年末金融机构各项贷款余额	万元	275400	413693	80228	590874	529588
三、农业、工业及投资						
粮食产量	吨	246402	120814	214229	101826	104394
棉花产量	吨			21		
油料产量	吨	8480	755	13652	12052	10557
肉类总产量	吨	59735	13962	44638	16247	21323
规模以上工业企业个数	个	48	32	93	90	26
规模以上工业总产值(现价)	万元	647195	494986	3167630	521671	399254
固定资产投资(不含农户)	万元	1133518	697023	1097642	365812	397170
四、教育、卫生和社会保障						
普通中学在校学生数	人	37434	10181	43544	21501	22123
小学在校学生数	人	53801	18698	58138	32728	44991
医院、卫生院床位数	床	2094	904	1273	964	896
各种社会福利收养性单位数	个	23	16	21	5	12
各种社会福利收养性单位床位数	床	338	1318	698	60	350

2012 年县(市)社会经济主要指标

贵州省

指　　标	单位	镇宁布依族苗族自治县	关岭布依族苗族自治县	紫云苗族布依族自治县	七星关区	大方县
一、基本情况						
行政区域土地面积	平方公里	1717	1468	2284	3412	3503
乡(镇)个数	个	16	14	12	41	36
村民委员会个数	个	365	241	223	524	369
年末总户数	户	108638	108283	104855	383948	315354
其中:乡村户数	户	81671	78533	83844	276492	239241
年末总人口	万人	39	38	37	153	110
乡村人口	万人	36	35	36	115	85
年末单位从业人员数	人	13913	10340	8722	67390	27245
乡村从业人员数	人	202367	195129	227863	832313	677721
其中:农林牧渔业	人	113612	122857	137605	369199	368323
农业机械总动力	万千瓦特	19	17	16	41	33
固定电话用户	户	17070	16410	5300	209762	39646
二、综合经济						
第一产业增加值	万元	60364	80731	92205	297030	170401
第二产业增加值	万元	138910	111124	44939	727543	460622
地方财政一般预算收入	万元	33355	21200	21200	100071	116051
地方财政一般预算支出	万元	182022	144924	156895	581007	374033
居民储蓄存款余额	万元	193671	187654	158626	116496	516443
年末金融机构各项贷款余额	万元	368473	238035	180614	1457619	430683
三、农业、工业及投资						
粮食产量	吨	94700	98521	97052	414101	257111
棉花产量	吨					
油料产量	吨	10097	4894	7204	7487	8047
肉类总产量	吨	11830	17194	31220	59019	36698
规模以上工业企业个数	个	13	8	28	26	42
规模以上工业总产值(现价)	万元	146041	108851	88166	1320000	635889
固定资产投资(不含农户)	万元	125560	181595	154625	2005000	1050000
四、教育、卫生和社会保障						
普通中学在校学生数	人	10763	18175	20524	121655	68780
小学在校学生数	人	30100	30201	32058	170711	100777
医院、卫生院床位数	床	670	876	1218	2180	2140
各种社会福利收养性单位数	个	16	7		52	29
各种社会福利收养性单位床位数	床	364	160		2046	1140

2012 年县(市)社会经济主要指标

贵州省

指　　标	单位	黔西县	金沙县	织金县	纳雍县	威宁彝族回族苗族自治县
一、基本情况						
行政区域土地面积	平方公里	2381	2528	2868	2452	6299
乡(镇)个数	个	31	26	32	25	35
村民委员会个数	个	341	227	556	475	609
年末总户数	户	249026	213647	345468	252154	346781
其中:乡村户数	户	203705	156941	256594	208994	283274
年末总人口	万人	95	66	113	98	144
乡村人口	万人	80	48	87	81	129
年末单位从业人员数	人	29391	32815	25705	26312	33150
乡村从业人员数	人	498874	291661	536881	504150	790664
其中:农林牧渔业	人	209721	129762	286740	222847	495541
农业机械总动力	万千瓦特	33	37	28	31	39
固定电话用户	户	49332	41872	224612	31334	39016
二、综合经济						
第一产业增加值	万元	139602	130139	155928	121527	283807
第二产业增加值	万元	467100	779307	371239	594146	273838
地方财政一般预算收入	万元	100247	219553	128366	115676	77628
地方财政一般预算支出	万元	289115	364160	368800	273444	450994
居民储蓄存款余额	万元	410603	531626	476300	351156	377446
年末金融机构各项贷款余额	万元	626546	483890	468200	348785	332929
三、农业、工业及投资						
粮食产量	吨	273389	229875	302248	228725	396321
棉花产量	吨					
油料产量	吨	63454	28786	13676	719	711
肉类总产量	吨	34225	31371	36068	30493	73728
规模以上工业企业个数	个	89	113	39	41	70
规模以上工业总产值(现价)	万元	751405	1434477	290442	852465	629812
固定资产投资(不含农户)	万元	1318300	1727607	1791862	1043452	1414300
四、教育、卫生和社会保障						
普通中学在校学生数	人	57447	39833	70174	58722	119967
小学在校学生数	人	71291	61727	112393	110587	221311
医院、卫生院床位数	床	2543	2600	1223	1886	2104
各种社会福利收养性单位数	个	20		30	25	35
各种社会福利收养性单位床位数	床	965		1041	978	1760

2012 年县(市)社会经济主要指标

贵州省

指　　标	单位	赫章县	碧江区	万山区	江口县	玉屏侗族自治县
一、基本情况						
行政区域土地面积	平方公里	3250	1012	840	1877	524
乡(镇)个数	个	27	9	8	9	6
村民委员会个数	个	456	70	70	148	84
年末总户数	户	199757	97536	56349	75711	51480
其中:乡村户数	户	181228	40950	39289	50758	34527
年末总人口	万人	79	30	15	24	15
乡村人口	万人	72	17	13	21	13
年末单位从业人员数	人	24806	30746	6348	8334	6794
乡村从业人员数	人	385072	112187	69562	114510	84902
其中:农林牧渔业	人	182047	57096	32408	62069	37315
农业机械总动力	万千瓦特	27			7	26
固定电话用户	户	25000	55800	15800	22352	13854
二、综合经济						
第一产业增加值	万元	162839	75411	54491	69115	48760
第二产业增加值	万元	143588	284440	93327	66055	214735
地方财政一般预算收入	万元	38605	61289	12730	15931	23183
地方财政一般预算支出	万元	262808	185388	120609	122006	106808
居民储蓄存款余额	万元	331033	803117	97230	197157	185792
年末金融机构各项贷款余额	万元	185779	1154466	51572	221358	328686
三、农业、工业及投资						
粮食产量	吨	191766	73342	53954	71023	36012
棉花产量	吨		3			
油料产量	吨	519	6173	4388	6660	4610
肉类总产量	吨	32874	12459	11176	14245	9430
规模以上工业企业个数	个	36	36	38	17	65
规模以上工业总产值(现价)	万元	228171	700500	291034	91000	747092
固定资产投资(不含农户)	万元	362735	1219917	362014	565810	656700
四、教育、卫生和社会保障						
普通中学在校学生数	人	63401	34309	7615	14767	8965
小学在校学生数	人	101639	28837	10788	17519	11384
医院、卫生院床位数	床	2169	2318	258	360	504
各种社会福利收养性单位数	个	28	9	8	10	6
各种社会福利收养性单位床位数	床	1120	210	330	470	230

2012年县(市)社会经济主要指标

贵州省

指标	单位	石阡县	思南县	印江土家族苗族自治县	德江县	沿河土家族自治县
一、基本情况						
行政区域土地面积	平方公里	2173	2231	1961	2072	2469
乡(镇)个数	个	18	27	17	20	22
村民委员会个数	个	302	526	365	316	429
年末总户数	户	117525	191344	138447	154140	184996
其中:乡村户数	户	107407	162068	115006	115331	153582
年末总人口	万人	41	67	44	53	66
乡村人口	万人	39	64	41	42	61
年末单位从业人员数	人	13427	18965	13554	18235	14115
乡村从业人员数	人	240756	397373	245035	250786	325526
其中:农林牧渔业	人	137568	194709	107441	121367	186026
农业机械总动力	万千瓦特		16	27	29	30
固定电话用户	户	34186	52251	18241	38266	35066
二、综合经济						
第一产业增加值	万元	119548	194741	155001	173905	164693
第二产业增加值	万元	47969	144259	82381	97360	88148
地方财政一般预算收入	万元	23618	31802	21692	33667	45768
地方财政一般预算支出	万元	175293	237603	181470	204815	236936
居民储蓄存款余额	万元	257113	457716	319930	284810	341215
年末金融机构各项贷款余额	万元	245716	578616	318108	271135	253061
三、农业、工业及投资						
粮食产量	吨	115356	200468	127602	139486	170614
棉花产量	吨					
油料产量	吨	17597	20804	15787	12956	12513
肉类总产量	吨	22575	41885	27805	26429	30856
规模以上工业企业个数	个	40	13	32	44	24
规模以上工业总产值(现价)	万元	82051	253068	174330	187745	93964
固定资产投资(不含农户)	万元	376447	1078219	562165	275583	785720
四、教育、卫生和社会保障						
普通中学在校学生数	人	25580	57758	19822	29207	42546
小学在校学生数	人	35341	61239	38132	56650	80842
医院、卫生院床位数	床	900	1276	922	1560	789
各种社会福利收养性单位数	个	15	15	14	1	22
各种社会福利收养性单位床位数	床	652	856	380	60	786

2012 年县(市)社会经济主要指标

贵州省

指　　标	单位	松桃苗族自治县	兴义市	兴仁县	普安县	晴隆县
一、基本情况						
行政区域土地面积	平方公里	2859	2908	1778	1429	1331
乡(镇)个数	个	28	22	14	14	14
村民委员会个数	个	503	184	134	75	91
年末总户数	户	187298	231552	151761	96290	99879
其中:乡村户数	户	153862	174196	103061	80463	68119
年末总人口	万人	71	83	54	34	34
乡村人口	万人	67	69	42	32	29
年末单位从业人员数	人	22581	169035	15592	10917	9401
乡村从业人员数	人	419742	412795	297501	172006	175713
其中:农林牧渔业	人	227525	263785	206176	101995	110999
农业机械总动力	万千瓦特	38	48	21		16
固定电话用户	户	27124	68680	13566	9580	9832
二、综合经济						
第一产业增加值	万元	183635	205940	101092	60130	55190
第二产业增加值	万元	200550	803965	238572	146457	115971
地方财政一般预算收入	万元	44423	245701	106180	47802	31428
地方财政一般预算支出	万元	264269	410313	246783	137941	149268
居民储蓄存款余额	万元	406467	1222912	278290	197557	166403
年末金融机构各项贷款余额	万元	395081	1932437	368740	210295	142588
三、农业、工业及投资						
粮食产量	吨	226243	207744	152929	64684	73169
棉花产量	吨					
油料产量	吨	14511	11636	7277	2273	2219
肉类总产量	吨	35038	44851	21555	11954	11686
规模以上工业企业个数	个	33	159	47	29	23
规模以上工业总产值(现价)	万元	387853	2780268	549215	405773	248294
固定资产投资(不含农户)	万元	677288	1709920	699956	295463	327885
四、教育、卫生和社会保障						
普通中学在校学生数	人	42439	70840	28703	20771	19412
小学在校学生数	人	60327	76871	59933	35611	35104
医院、卫生院床位数	床	1768	4602	900	589	371
各种社会福利收养性单位数	个	25	23	13	12	6
各种社会福利收养性单位床位数	床	1073	376	281	150	54

2012年县(市)社会经济主要指标

贵州省

指　　标	单位	贞丰县	望谟县	册亨县	安龙县	凯里市
一、基本情况						
行政区域土地面积	平方公里	1512	3005	2598	2237	1306
乡(镇)个数	个	13	17	14	15	9
村民委员会个数	个	156	161	123	173	204
年末总户数	户	110680	79843	64804	141227	155241
其中:乡村户数	户	92849	64569	53790	104207	72774
年末总人口	万人	41	32	24	47	50
乡村人口	万人	38	31	23	42	31
年末单位从业人员数	人	14566	9105	7375	21000	67649
乡村从业人员数	人	228121	166168	135081	308643	178441
其中:农林牧渔业	人	133963	97319	75849	189196	88219
农业机械总动力	万千瓦特	15	12	18	33	25
固定电话用户	户	20585	21654	5637	24900	82490
二、综合经济						
第一产业增加值	万元	90420	68241	58554	113271	85575
第二产业增加值	万元	287172	20037	24304	189751	428070
地方财政一般预算收入	万元	74250	15523	16494	44119	244842
地方财政一般预算支出	万元	186755	187597	122095	165649	297752
居民储蓄存款余额	万元	262759	114193	111324	329316	1253430
年末金融机构各项贷款余额	万元	230013	121655	168038	191147	1758575
三、农业、工业及投资						
粮食产量	吨	103850	74079	48800	153173	85643
棉花产量	吨		1			
油料产量	吨	5465	3670	2498	4481	4966
肉类总产量	吨	14420	16518	10026	25355	21378
规模以上工业企业个数	个	42	5	6	41	48
规模以上工业总产值(现价)	万元	804853	47672	51097	436592	827260
固定资产投资(不含农户)	万元	458000	174562	160927	410588	1722260
四、教育、卫生和社会保障						
普通中学在校学生数	人	23011	18583	14980	23107	41663
小学在校学生数	人	48284	37965	21950	37056	48914
医院、卫生院床位数	床	725	340	389	812	3326
各种社会福利收养性单位数	个	18	18	14	1	10
各种社会福利收养性单位床位数	床	468	780	452	20	269

2012 年县(市)社会经济主要指标

贵州省

指　　标	单位	黄平县	施秉县	三穗县	镇远县	岑巩县
一、基本情况						
行政区域土地面积	平方公里	1668	1531	1036	1878	1487
乡(镇)个数	个	14	8	9	12	11
村民委员会个数	个	243	64	159	110	129
年末总户数	户	104213	47424	70898	77632	65312
其中:乡村户数	户	97119	27211	51646	49872	59466
年末总人口	万人	38	17	22	26	23
乡村人口	万人	37	10	20	18	21
年末单位从业人员数	人	9123	6297	7233	11167	9016
乡村从业人员数	人	223922	61636	125140	121632	126492
其中:农林牧渔业	人	150434	44942	45839	67806	71920
农业机械总动力	万千瓦特	21	15	8	14	20
固定电话用户	户	19100	13442	29201	29132	17256
二、综合经济						
第一产业增加值	万元	80138	48894	39863	84927	49031
第二产业增加值	万元	30524	52402	62256	177471	78685
地方财政一般预算收入	万元	23132	24755	19009	32359	20150
地方财政一般预算支出	万元	134983	95547	103438	121531	110769
居民储蓄存款余额	万元	249022	140126	181116	192241	175122
年末金融机构各项贷款余额	万元	140702	130696	124358	183053	155039
三、农业、工业及投资						
粮食产量	吨	89850	54651	49805	76315	58917
棉花产量	吨		8		4	
油料产量	吨	5674	4959	2391	7904	6607
肉类总产量	吨	11410	6607	11856	9719	9036
规模以上工业企业个数	个	5	3	16	15	40
规模以上工业总产值(现价)	万元	131828	64051	156810	450500	417549
固定资产投资(不含农户)	万元	255653	200329	241356	312994	143396
四、教育、卫生和社会保障						
普通中学在校学生数	人	22669	10326	11223	14650	5849
小学在校学生数	人	31889	14563	15996	21092	19243
医院、卫生院床位数	床	509	369	805	654	680
各种社会福利收养性单位数	个		3	5	1	2
各种社会福利收养性单位床位数	床		25	53	75	63

2012年县(市)社会经济主要指标

贵州省

指标	单位	天柱县	锦屏县	剑河县	台江县	黎平县
一、基本情况						
行政区域土地面积	平方公里	2201	1597	2176	1108	4441
乡(镇)个数	个	16	15	12	8	25
村民委员会个数	个	315	205	301	156	403
年末总户数	户	126020	60360	68380	44349	143911
其中:乡村户数	户	85145	49721	58645	34322	110432
年末总人口	万人	41	23	26	16	53
乡村人口	万人	36	21	24	16	47
年末单位从业人员数	人	9836	8370	8126	6763	17190
乡村从业人员数	人	223550	124469	144866	94840	291201
其中:农林牧渔业	人	102122	58776	77205	44873	153654
农业机械总动力	万千瓦特	11	14	13	7	32
固定电话用户	户	31255	18803	10715	16862	30000
二、综合经济						
第一产业增加值	万元	89363	36938	59109	36150	86594
第二产业增加值	万元	165798	76180	40008	36425	116619
地方财政一般预算收入	万元	39959	19336	21179	14234	27449
地方财政一般预算支出	万元	122466	115486	120158	90172	187209
居民储蓄存款余额	万元	384602	218198	188097	121393	365176
年末金融机构各项贷款余额	万元	207453	117436	125674	251596	298530
三、农业、工业及投资						
粮食产量	吨	108737	53579	60601	40534	122466
棉花产量	吨		113	85	5	607
油料产量	吨	4771	4274	4045	2476	8108
肉类总产量	吨	19838	8368	12413	4519	15388
规模以上工业企业个数	个	21	16	14	12	16
规模以上工业总产值(现价)	万元	349981	1742190	71032	135838	245046
固定资产投资(不含农户)	万元	450743	165452	205313	245596	523029
四、教育、卫生和社会保障						
普通中学在校学生数	人	22191	15426	13755	9656	30770
小学在校学生数	人	22114	14244	20719	14243	34617
医院、卫生院床位数	床	640	759	801	376	1644
各种社会福利收养性单位数	个	2	5	5	4	7
各种社会福利收养性单位床位数	床	10	150	210	26	118

2012年县(市)社会经济主要指标

贵州省

指　　标	单位	榕江县	从江县	雷山县	麻江县	丹寨县
一、基本情况						
行政区域土地面积	平方公里	3296	3244	1204	1226	938
乡(镇)个数	个	19	21	9	9	7
村民委员会个数	个	260	377	154	84	161
年末总户数	户	88245	90920	44795	61555	45129
其中:乡村户数	户	78976	72277	35442	50410	38697
年末总人口	万人	36	35	15	22	17
乡村人口	万人	34	32	15	20	15
年末单位从业人员数	人	10501	9498	8596	7726	6580
乡村从业人员数	人	209223	185149	94738	125910	96090
其中:农林牧渔业	人	120326	124927	51927	80066	40800
农业机械总动力	万千瓦特	11	12	15	12	5
固定电话用户	户	10021	15500	13525	30148	21060
二、综合经济						
第一产业增加值	万元	101230	88167	36023	49889	38358
第二产业增加值	万元	78335	86124	33627	79012	42628
地方财政一般预算收入	万元	26810	24471	15135	18563	17645
地方财政一般预算支出	万元	145654	162083	96251	108761	132212
居民储蓄存款余额	万元	237752	169531	118911	170612	134234
年末金融机构各项贷款余额	万元	286656	153118	116551	152622	86137
三、农业、工业及投资						
粮食产量	吨	76567	100969	44444	61342	41780
棉花产量	吨	42	168			
油料产量	吨	6317	6267	681	5420	1182
肉类总产量	吨	10726	12690	5542	10663	7476
规模以上工业企业个数	个	20	8	3	28	13
规模以上工业总产值(现价)	万元	197126	70289	62572	293664	161143
固定资产投资(不含农户)	万元	398864	329552	122100	259124	255829
四、教育、卫生和社会保障						
普通中学在校学生数	人	19767	15318	10955	9773	9600
小学在校学生数	人	30402	49646	12157	15063	14377
医院、卫生院床位数	床	562	1599	471	641	580
各种社会福利收养性单位数	个	8	11	6	4	4
各种社会福利收养性单位床位数	床	165	340	202	138	32

2012年县(市)社会经济主要指标

贵州省

指　　标	单位	都匀市	福泉市	荔波县	贵定县	瓮安县
一、基本情况						
行政区域土地面积	平方公里	2274	1688	2432	1627	1974
乡(镇)个数	个	18	15	17	20	19
村民委员会个数	个	109	60	94	95	82
年末总户数	户	150226	118277	55274	88429	153056
其中:乡村户数	户	84176	68010	41307	73849	118459
年末总人口	万人	48	33	18	29	47
乡村人口	万人	33	26	16	27	46
年末单位从业人员数	人	47021	20548	8217	10833	17381
乡村从业人员数	人	197254	147623	100471	167795	301349
其中:农林牧渔业	人	104689	90047	57203	81474	130972
农业机械总动力	万千瓦特	30			20	35
固定电话用户	户	82291	29000	16283	23124	25000
二、综合经济						
第一产业增加值	万元	79682	75785	41468	60838	112101
第二产业增加值	万元	446609	404238	91008	196001	257715
地方财政一般预算收入	万元	130391	92300	18881	33200	73512
地方财政一般预算支出	万元	245665	175500	103810	124043	188085
居民储蓄存款余额	万元	988033	343154	175992	253561	432841
年末金融机构各项贷款余额	万元	1144880	586094	151817	167957	344367
三、农业、工业及投资						
粮食产量	吨	99635	107451	45412	78106	167800
棉花产量	吨			112		
油料产量	吨	9689	10240	4128	7179	19316
肉类总产量	吨	23519	13014	8719	9324	37408
规模以上工业企业个数	个	37	30	25	25	53
规模以上工业总产值(现价)	万元	364355	1317684	208290	368288	772452
固定资产投资(不含农户)	万元	740249	671691	226653	331410	712732
四、教育、卫生和社会保障						
普通中学在校学生数	人	30318	19793	11573	15018	30992
小学在校学生数	人	29467	19368	13190	20939	30451
医院、卫生院床位数	床	2445	1086	480	603	1230
各种社会福利收养性单位数	个	4	9	6	2	11
各种社会福利收养性单位床位数	床	180	120	125	56	322

2012年县(市)社会经济主要指标

贵州省

指　　标	单位	独山县	平塘县	罗甸县	长顺县	龙里县
一、基本情况						
行政区域土地面积	平方公里	2442	2825	3013	1543	1521
乡(镇)个数	个	18	19	26	17	14
村民委员会个数	个	133	121	268	75	159
年末总户数	户	100483	91427	93323	73522	72235
其中:乡村户数	户	77762	75112	71480	57867	45260
年末总人口	万人	35	32	34	26	22
乡村人口	万人	32	31	31	25	19
年末单位从业人员数	人	12700	9256	13143	7315	9940
乡村从业人员数	人	205058	195843	175236	136330	113850
其中:农林牧渔业	人	114751	136191	98743	86438	86857
农业机械总动力	万千瓦特	22	15	13	14	16
固定电话用户	户	19000	9569	14500	18370	14455
二、综合经济						
第一产业增加值	万元	83840	76150	78526	56911	51275
第二产业增加值	万元	134007	51903	132647	79305	311434
地方财政一般预算收入	万元	27033	21813	19135	22455	42792
地方财政一般预算支出	万元	148861	140552	153681	59500	125461
居民储蓄存款余额	万元	291609	163213	163988	15980	241244
年末金融机构各项贷款余额	万元	266798	145401	209379	141381	239543
三、农业、工业及投资						
粮食产量	吨	108194	105981	101642	97524	72007
棉花产量	吨			6		
油料产量	吨		9264	3241	5576	4802
肉类总产量	吨	16428	13015	19626	12000	7819
规模以上工业企业个数	个	33	6	15	25	23
规模以上工业总产值(现价)	万元	572284	31394	165285	218772	621450
固定资产投资(不含农户)	万元	248389	281874	285508	309802	381520
四、教育、卫生和社会保障						
普通中学在校学生数	人	22868	19752	19981	12300	12326
小学在校学生数	人	18475	25814	31417	19786	17530
医院、卫生院床位数	床	749	420	679	583	382
各种社会福利收养性单位数	个	4	3	2	1	
各种社会福利收养性单位床位数	床	190	151	300	32	

2012年县(市)社会经济主要指标

贵州省、云南省

指　　标	单位	惠水县	三都水族自治县	呈贡区	晋宁县	富民县
一、基本情况						
行政区域土地面积	平方公里	2470	2400	461	1337	993
乡(镇)个数	个	25	21		6	6
村民委员会个数	个	201	270		129	73
年末总户数	户	124500	101183	62877	113350	51364
其中:乡村户数	户	90241	86488	52456	81823	36822
年末总人口	万人	45	36	19	28	15
乡村人口	万人	42	35	15	23	12
年末单位从业人员数	人	14088	9898	26165	33761	29049
乡村从业人员数	人	267980	195987	94317	149009	84395
其中:农林牧渔业	人	155593	113675	63919	102181	50017
农业机械总动力	万千瓦特	22	14	5	27	12
固定电话用户	户	22541	15364	19684	31000	10723
二、综合经济						
第一产业增加值	万元	103593	66866	58241	162546	81020
第二产业增加值	万元	162828	35860	503761	460373	208802
地方财政一般预算收入	万元	36444	17250	90719	110059	34345
地方财政一般预算支出	万元	160109	143422	122690	203423	84013
居民储蓄存款余额	万元	233594	185564	1227500	616500	300000
年末金融机构各项贷款余额	万元	215371	192030	1795300	563200	292300
三、农业、工业及投资						
粮食产量	吨	137549	89742	5356	53177	64701
棉花产量	吨	3	23			
油料产量	吨	5168	9646	63	1387	845
肉类总产量	吨	18734	15210	1643	33080	21972
规模以上工业企业个数	个	58	13	70	64	35
规模以上工业总产值(现价)	万元	702225	41102	2514272	1184948	429176
固定资产投资(不含农户)	万元	541042	240548	2062676	861000	245400
四、教育、卫生和社会保障						
普通中学在校学生数	人	28875	20826	8674	14185	5292
小学在校学生数	人	38374	38489	15786	21150	11962
医院、卫生院床位数	床	757	487	512	834	619
各种社会福利收养性单位数	个	3	3	8	6	6
各种社会福利收养性单位床位数	床	100	110	284	310	70

2012年县(市)社会经济主要指标

云南省

指标	单位	宜良县	石林彝族自治县	嵩明县	禄劝彝族苗族自治县	寻甸回族彝族自治县
一、基本情况						
行政区域土地面积	平方公里	1913	1680	831	4235	3588
乡(镇)个数	个	6	5	4	15	14
村民委员会个数	个	50	89	40	192	167
年末总户数	户	149976	86380	91012	131227	156165
其中:乡村户数	户	108400	61381	89035	111493	125039
年末总人口	万人	45	24	30	47	54
乡村人口	万人	38	21	34	44	50
年末单位从业人员数	人	35673	20613	32997	15027	22680
乡村从业人员数	人	235740	134508	153588	262009	301209
其中:农林牧渔业	人	157010	102737	78275	207533	223834
农业机械总动力	万千瓦特	32	23	52	32	30
固定电话用户	户	27468	11197	14237	10600	12500
二、综合经济						
第一产业增加值	万元	371000	145618	121949	160021	165365
第二产业增加值	万元	371743	186881	354207	146753	185692
地方财政一般预算收入	万元	56017	61538	73868	48688	59251
地方财政一般预算支出	万元	173604	135189	174993	185106	195662
居民储蓄存款余额	万元	813200	396900	488400	345800	416300
年末金融机构各项贷款余额	万元	581500	581000	578400	423800	439200
三、农业、工业及投资						
粮食产量	吨	174639	138504	139600	210067	235071
棉花产量	吨					
油料产量	吨	743	1000	64	2178	4829
肉类总产量	吨	99364	61413	40501	62666	90924
规模以上工业企业个数	个	44	32	63	21	22
规模以上工业总产值(现价)	万元	843413	291949	1087770	165205	573821
固定资产投资(不含农户)	万元	590294	778900	935600	646428	604223
四、教育、卫生和社会保障						
普通中学在校学生数	人	22361	14452	18246	17433	36973
小学在校学生数	人	32725	21585	24104	34370	41094
医院、卫生院床位数	床	1718	907	1364	1837	2119
各种社会福利收养性单位数	个	5	7	3	8	1
各种社会福利收养性单位床位数	床	544	344	805	157	450

2012年县(市)社会经济主要指标

云南省

指　　标	单位	安宁市	马龙县	陆良县	师宗县	罗平县
一、基本情况						
行政区域土地面积	平方公里	1302	1614	1990	2783	3018
乡(镇)个数	个		8	10	7	12
村民委员会个数	个		64	139	109	124
年末总户数	户	108551	60038	224792	113020	178238
其中:乡村户数	户	42155	46698	159376	98916	138083
年末总人口	万人	27	21	67	42	61
乡村人口	万人	12	18	56	38	54
年末单位从业人员数	人	91277	14010	36893	25098	23618
乡村从业人员数	人	80643	110189	308512	241511	299778
其中:农林牧渔业	人	37394	89511	222037	192973	239252
农业机械总动力	万千瓦特	22	19	45	28	23
固定电话用户	户	48126	8456	25000	13500	25646
二、综合经济						
第一产业增加值	万元	104854	70320	433024	303449	313491
第二产业增加值	万元	1275044	154176	543430	280031	458692
地方财政一般预算收入	万元	240296	35225	54167	44025	50819
地方财政一般预算支出	万元	278813	115000	213755	179550	224825
居民储蓄存款余额	万元	1182700	206900	565700	365200	434800
年末金融机构各项贷款余额	万元	2061900	216400	547900	323500	409400
三、农业、工业及投资						
粮食产量	吨	49236	100859	342488	204974	340026
棉花产量	吨					
油料产量	吨	1393	2252	4134	37076	140334
肉类总产量	吨	64690	50036	187057	105935	139504
规模以上工业企业个数	个	109	21	52	40	27
规模以上工业总产值(现价)	万元	5391352	640908	940639	721190	638397
固定资产投资(不含农户)	万元	1450400	304013	589216	496548	428995
四、教育、卫生和社会保障						
普通中学在校学生数	人	11991	16110	46182	27907	37499
小学在校学生数	人	26740	19551	59092	42703	64278
医院、卫生院床位数	床	2683	699	1744	917	1910
各种社会福利收养性单位数	个	4	6	10	5	1
各种社会福利收养性单位床位数	床	460	560	515	104	36

2012年县(市)社会经济主要指标

云南省

指　　标	单位	富源县	会泽县	沾益县	宣威市	江川县
一、基本情况						
行政区域土地面积	平方公里	3251	5884	2801	6053	850
乡(镇)个数	个	11	21	8	22	6
村民委员会个数	个	159	376	117	331	72
年末总户数	户	205633	303564	125419	482051	96880
其中:乡村户数	户	181204	220207	89382	388656	77654
年末总人口	万人	80	102	43	151	28
乡村人口	万人	71	83	34	134	25
年末单位从业人员数	人	61874	34494	33280	548049	14771
乡村从业人员数	人	364191	568091	213818	789728	160459
其中:农林牧渔业	人	284191	383124	151207	548849	113160
农业机械总动力	万千瓦特	22	23	33	71	24
固定电话用户	户	24368	42110	8986	41368	16417
二、综合经济						
第一产业增加值	万元	274989	331757	300170	441661	123990
第二产业增加值	万元	814984	698189	687787	961634	148148
地方财政一般预算收入	万元	124506	80019	69696	125000	35400
地方财政一般预算支出	万元	322349	356050	169307	493085	115310
居民储蓄存款余额	万元	682400	511100	391600	1164000	464600
年末金融机构各项贷款余额	万元	971700	448900	648900	1082700	445300
三、农业、工业及投资						
粮食产量	吨	358009	453403	305957	737645	39577
棉花产量	吨					
油料产量	吨	18648	1689	293	327	7309
肉类总产量	吨	186114	266325	145249	447969	29555
规模以上工业企业个数	个	109	14	49	85	30
规模以上工业总产值(现价)	万元	1854181	918268	2020389	1257844	262041
固定资产投资(不含农户)	万元	1023415	677734	985941	1459979	255419
四、教育、卫生和社会保障						
普通中学在校学生数	人	59661	55421	28619	108667	18782
小学在校学生数	人	87770	94405	40525	138793	22073
医院、卫生院床位数	床	1615	2267	900	4852	686
各种社会福利收养性单位数	个	12	23	9	9	12
各种社会福利收养性单位床位数	床	23	900	225	414	502

2012 年县(市)社会经济主要指标

云南省

指　　标	单位	澄江县	通海县	华宁县	易门县	峨山彝族自治县
一、基本情况						
行政区域土地面积	平方公里	773	721	1313	1571	1972
乡(镇)个数	个	4	7	4	5	6
村民委员会个数	个	22	52	73	58	75
年末总户数	户	54614	94506	69873	59020	52603
其中:乡村户数	户	47727	75717	54548	40262	34849
年末总人口	万人	14	28	21	17	15
乡村人口	万人	15	25	19	14	13
年末单位从业人员数	人	11532	23666	11875	15353	16226
乡村从业人员数	人	93834	157007	118032	86392	82566
其中:农林牧渔业	人	72896	114107	91964	54415	58830
农业机械总动力	万千瓦特	15	56	30	17	39
固定电话用户	户	11043	29808	12306	14062	14646
二、综合经济						
第一产业增加值	万元	80467	121481	129163	84484	72415
第二产业增加值	万元	232345	271158	161542	208700	206791
地方财政一般预算收入	万元	38785	35420	25107	33353	35592
地方财政一般预算支出	万元	91688	118277	96872	109583	94692
居民储蓄存款余额	万元	315800	661300	277800	283600	265500
年末金融机构各项贷款余额	万元	270400	596600	249400	299000	277800
三、农业、工业及投资						
粮食产量	吨	38756	35091	58659	57779	62628
棉花产量	吨					
油料产量	吨	625	1731	2854	3138	7801
肉类总产量	吨	14397	35564	40481	42337	27042
规模以上工业企业个数	个	20	58	24	24	24
规模以上工业总产值(现价)	万元	326411	667212	137752	478449	412713
固定资产投资(不含农户)	万元	290970	185284	123210	169227	255161
四、教育、卫生和社会保障						
普通中学在校学生数	人	9537	13320	11973	9481	10027
小学在校学生数	人	13949	25263	17343	13107	11873
医院、卫生院床位数	床	403	1199	672	956	682
各种社会福利收养性单位数	个	5	9	5	7	5
各种社会福利收养性单位床位数	床	152	105	160	150	237

2012年县(市)社会经济主要指标

云南省

指　　标	单位	新平彝族傣族自治县	元江哈尼族彝族傣族自治县	施甸县	腾冲县	龙陵县
一、基本情况						
行政区域土地面积	平方公里	4223	2858	2009	5845	2884
乡(镇)个数	个	12	7	13	18	10
村民委员会个数	个	123	57	135	213	116
年末总户数	户	85220	64119	96506	174035	82402
其中:乡村户数	户	64700	47617	84484	153376	64256
年末总人口	万人	27	21	34	66	29
乡村人口	万人	25	18	33	62	26
年末单位从业人员数	人	24034	15386	11789	41569	16101
乡村从业人员数	人	158956	113417	194353	356278	154713
其中:农林牧渔业	人	110996	93815	151378	254178	128844
农业机械总动力	万千瓦特	23	14	25	46	18
固定电话用户	户	14141	12744	13980	35000	7105
二、综合经济						
第一产业增加值	万元	116186	128770	122077	252101	143196
第二产业增加值	万元	546970	113746	85372	370603	174529
地方财政一般预算收入	万元	83180	25526	22856	121002	26720
地方财政一般预算支出	万元	194475	107499	169721	359393	156006
居民储蓄存款余额	万元	342300	219100	250700	1009900	283100
年末金融机构各项贷款余额	万元	371000	226500	200700	1045100	308500
三、农业、工业及投资						
粮食产量	吨	137195	87866	155842	392747	138687
棉花产量	吨					
油料产量	吨	1464	3537	3655	42793	1038
肉类总产量	吨	42175	20487	67383	108475	27961
规模以上工业企业个数	个	16	19	9	26	13
规模以上工业总产值(现价)	万元	1566185	172372	112799	523095	310507
固定资产投资(不含农户)	万元	364193	173849	115775	1021181	315840
四、教育、卫生和社会保障						
普通中学在校学生数	人	10741	12363	18668	44691	16254
小学在校学生数	人	21732	16828	24630	58803	23542
医院、卫生院床位数	床	817	493	464	2119	580
各种社会福利收养性单位数	个	12	10	3	13	7
各种社会福利收养性单位床位数	床	330	308	350	816	97

2012年县(市)社会经济主要指标

云南省

指　　标	单位	昌宁县	昭阳区	鲁甸县	巧家县	盐津县
一、基本情况						
行政区域土地面积	平方公里	3888	2240	1487	3245	2092
乡(镇)个数	个	13	17	11	16	10
村民委员会个数	个	124	123	69	179	78
年末总户数	户	101871	266715	128866	198230	114776
其中:乡村户数	户	92051	195324	94914	148852	83435
年末总人口	万人	35	85	44	59	39
乡村人口	万人	32	71	39	51	36
年末单位从业人员数	人	19551	59961	19394	15548	13185
乡村从业人员数	人	202666	381447	204842	313212	178071
其中:农林牧渔业	人	162307	273077	166166	266187	104253
农业机械总动力	万千瓦特	39	34	17	18	16
固定电话用户	户	19487	63768	12316	15148	17396
二、综合经济						
第一产业增加值	万元	231772	203449	88524	160877	71098
第二产业增加值	万元	210241	879261	200116	128257	156064
地方财政一般预算收入	万元	52110	77073	22566	17153	13809
地方财政一般预算支出	万元	215207	340343	202710	206725	143999
居民储蓄存款余额	万元	251000	961168	162580	262976	220070
年末金融机构各项贷款余额	万元	226600	1688910	218899	174830	120373
三、农业、工业及投资						
粮食产量	吨	188870	308677	161716	232660	153672
棉花产量	吨					
油料产量	吨	5204	169	892	1173	8810
肉类总产量	吨	91785	60658	26856	77786	44376
规模以上工业企业个数	个	18	29	16	9	8
规模以上工业总产值(现价)	万元	297951	417115	338763	114947	182393
固定资产投资(不含农户)	万元	188196	675374	330203	250887	288277
四、教育、卫生和社会保障						
普通中学在校学生数	人	21134	58825	26197	25598	23773
小学在校学生数	人	27357	87486	50334	56603	38814
医院、卫生院床位数	床	1026	3971	920	1126	906
各种社会福利收养性单位数	个	3	7	4	5	4
各种社会福利收养性单位床位数	床	97	1166	232	450	1135

2012年县(市)社会经济主要指标

云南省

指　　标	单位	大关县	永善县	绥江县	镇雄县	彝良县
一、基本情况						
行政区域土地面积	平方公里	1692	2789	777	3696	2799
乡(镇)个数	个	9	15	5	28	15
村民委员会个数	个	76	133	32	234	133
年末总户数	户	89841	145597	47155	417428	164281
其中:乡村户数	户	60525	108173	32936	336687	145808
年末总人口	万人	28	46	17	154	59
乡村人口	万人	25	41	14	142	57
年末单位从业人员数	人	8767	14314	8134	46352	17915
乡村从业人员数	人	128022	216323	66583	684937	321656
其中:农林牧渔业	人	99266	161581	45037	479246	257691
农业机械总动力	万千瓦特	15	15	6	32	14
固定电话用户	户	13255	19118	11568	34240	16142
二、综合经济						
第一产业增加值	万元	52955	104235	32910	191624	157799
第二产业增加值	万元	63688	164859	74078	394494	197836
地方财政一般预算收入	万元	8713	22446	22000	50979	22049
地方财政一般预算支出	万元	130932	167138	97302	462196	322516
居民储蓄存款余额	万元	154377	415809	255304	516914	258967
年末金融机构各项贷款余额	万元	120775	202147	97787	588181	194174
三、农业、工业及投资						
粮食产量	吨	100620	173770	44850	453708	193560
棉花产量	吨					
油料产量	吨	566	7697	2226	8360	4339
肉类总产量	吨	30575	41848	13582	107762	40931
规模以上工业企业个数	个	9	4	7	73	17
规模以上工业总产值(现价)	万元	54237	43164	53111	712462	207213
固定资产投资(不含农户)	万元	143338	109436	288976	512866	340558
四、教育、卫生和社会保障						
普通中学在校学生数	人	11483	25586	9124	105461	35631
小学在校学生数	人	30961	46804	12635	181946	64329
医院、卫生院床位数	床	618	1485	327	2446	1120
各种社会福利收养性单位数	个	2	3	6	10	4
各种社会福利收养性单位床位数	床	650	20	548	942	324

2012 年县(市)社会经济主要指标

云南省

指　　　标	单位	威信县	水富县	玉龙纳西族自治县	永胜县	华坪县
一、基本情况						
行政区域土地面积	平方公里	1400	440	6393	5099	2266
乡(镇)个数	个	10	3	16	15	8
村民委员会个数	个	83	20	102	147	60
年末总户数	户	121586	37900	64586	134370	59924
其中:乡村户数	户	83058	18174	51560	98518	35195
年末总人口	万人	42	10	22	39	16
乡村人口	万人	37	7	20	37	13
年末单位从业人员数	人	14153	14132	13897	16065	20059
乡村从业人员数	人	189637	36898	124648	224087	68954
其中:农林牧渔业	人	126437	22632	101950	177372	55488
农业机械总动力	万千瓦特	10	4	16	30	9
固定电话用户	户	19828	32572	18416	20675	15226
二、综合经济						
第一产业增加值	万元	52370	17683	85260	124978	51183
第二产业增加值	万元	136098	262495	94138	198994	237211
地方财政一般预算收入	万元	19518	21645	45122	28662	52474
地方财政一般预算支出	万元	149288	67890	168021	182506	136656
居民储蓄存款余额	万元	239814	228508	186900	447400	415400
年末金融机构各项贷款余额	万元	176149	624350	157400	270900	304322
三、农业、工业及投资						
粮食产量	吨	183177	25590	115077	174348	73036
棉花产量	吨				633	14
油料产量	吨	6370	925	4779	4247	1075
肉类总产量	吨	23877	7283	42221	42821	12633
规模以上工业企业个数	个	23	8	7	19	27
规模以上工业总产值(现价)	万元	155190	325977	84373	315916	500267
固定资产投资(不含农户)	万元	338682	125208	512479	222927	253084
四、教育、卫生和社会保障						
普通中学在校学生数	人	20987	9650	12202	19734	7745
小学在校学生数	人	42188	9223	12703	27689	12261
医院、卫生院床位数	床	1062	529	583	809	671
各种社会福利收养性单位数	个	7	1	3	3	8
各种社会福利收养性单位床位数	床	494	261	280	250	406

2012年县(市)社会经济主要指标

云南省

指　　标	单位	宁蒗彝族自治县	思茅区	宁洱哈尼族彝族自治县	墨江哈尼族自治县	景东彝族自治县
一、基本情况						
行政区域土地面积	平方公里	6206	4093	3670	5459	4532
乡(镇)个数	个	15	7	9	15	13
村民委员会个数	个	91	60	85	163	166
年末总户数	户	83365	72310	63183	105528	116333
其中:乡村户数	户	62803	34985	40592	69048	91812
年末总人口	万人	27	22	19	37	37
乡村人口	万人	24	13	16	30	33
年末单位从业人员数	人	13522	56959	11258	11813	19529
乡村从业人员数	人	132089	84225	89506	172161	196877
其中:农林牧渔业	人	100238	67469	71024	152270	163295
农业机械总动力	万千瓦特	4	15	23	21	29
固定电话用户	户	11311	93654	26572	41387	26446
二、综合经济						
第一产业增加值	万元	60704	88920	84625	103429	185943
第二产业增加值	万元	71834	335360	118278	128736	119099
地方财政一般预算收入	万元	18711	70966	23626	27247	30466
地方财政一般预算支出	万元	217555	157166	107179	144999	160687
居民储蓄存款余额	万元	165400	776300	219600	232800	257800
年末金融机构各项贷款余额	万元	129531	1655800	214200	222000	245300
三、农业、工业及投资						
粮食产量	吨	81329	57442	82845	142459	167410
棉花产量	吨				4	
油料产量	吨	264	711	2537	3345	1470
肉类总产量	吨	17982	16007	23794	20897	30368
规模以上工业企业个数	个	12	24	14	9	10
规模以上工业总产值(现价)	万元	76341	436175	111510	129834	119780
固定资产投资(不含农户)	万元	331357	1312336	247486	396312	110887
四、教育、卫生和社会保障						
普通中学在校学生数	人	16727	19069	7750	13379	15916
小学在校学生数	人	28580	23809	11068	20678	25958
医院、卫生院床位数	床	653	2572	690	891	920
各种社会福利收养性单位数	个	8	7	9	4	5
各种社会福利收养性单位床位数	床	300	154	336	460	610

2012 年县(市)社会经济主要指标

云南省

指　　标	单位	景谷傣族彝族自治县	镇沅彝族哈尼族拉祜族自治县	江城哈尼族彝族自治县	孟连傣族拉祜族佤族自治县	澜沧拉祜族自治县
一、基本情况						
行政区域土地面积	平方公里	7777	4223	3476	1957	8807
乡(镇)个数	个	10	9	7	6	20
村民委员会个数	个	132	109	48	39	157
年末总户数	户	102099	71453	35197	38752	143777
其中:乡村户数	户	86423	57140	24686	30646	106940
年末总人口	万人	32	21	11	13	50
乡村人口	万人	31	20	10	12	41
年末单位从业人员数	人	17180	10500	10154	8373	13181
乡村从业人员数	人	177522	115750	65678	70327	261850
其中:农林牧渔业	人	148481	95506	55022	67087	235384
农业机械总动力	万千瓦特	24	25	20	16	30
固定电话用户	户	32455	15192	13693	22752	33451
二、综合经济						
第一产业增加值	万元	232390	133100	75931	72742	132098
第二产业增加值	万元	250679	68266	80892	31554	141045
地方财政一般预算收入	万元	42778	22600	10898	9181	36359
地方财政一般预算支出	万元	149130	124305	89366	94963	253322
居民储蓄存款余额	万元	250900	186600	96700	241100	277900
年末金融机构各项贷款余额	万元	222100	165000	132600	117400	242100
三、农业、工业及投资						
粮食产量	吨	170103	104611	41814	57636	223654
棉花产量	吨				2	3
油料产量	吨	4480	2259	436	861	2494
肉类总产量	吨	18579	19736	6880	7054	27510
规模以上工业企业个数	个	26	8	9	3	12
规模以上工业总产值(现价)	万元	340249	70837	82397	31007	151108
固定资产投资(不含农户)	万元	271760	90132	161705	43185	656259
四、教育、卫生和社会保障						
普通中学在校学生数	人	12247	8644	5100	6265	18957
小学在校学生数	人	22984	12986	9362	11255	31753
医院、卫生院床位数	床	735	355	265	239	900
各种社会福利收养性单位数	个	7	9	1	1	14
各种社会福利收养性单位床位数	床	361	211	160	80	559

2012年县(市)社会经济主要指标

云南省

指　　标	单位	西盟佤族自治县	临翔区	凤庆县	云　县	永德县
一、基本情况						
行政区域土地面积	平方公里	1391	2652	3451	3760	3296
乡(镇)个数	个	7	8	13	12	10
村民委员会个数	个	36	90	183	190	116
年末总户数	户	32458	101447	130044	144679	104588
其中:乡村户数	户	22330	59816	102052	99000	74201
年末总人口	万人	10	32	44	45	35
乡村人口	万人	8	24	42	39	31
年末单位从业人员数	人	8596	34191	12664	21488	17662
乡村从业人员数	人	42402	147640	234554	234010	192649
其中:农林牧渔业	人	38543	100393	145363	170199	163439
农业机械总动力	万千瓦特	5	13	22	20	29
固定电话用户	户	9247	47946	26263	26075	18181
二、综合经济						
第一产业增加值	万元	19669	115180	251294	212261	114878
第二产业增加值	万元	12568	205468	341486	337618	137579
地方财政一般预算收入	万元	4508	44917	44605	40603	24423
地方财政一般预算支出	万元	75038	196009	205088	196260	190667
居民储蓄存款余额	万元	48800	474400	234000	280400	182800
年末金融机构各项贷款余额	万元	47600	1307700	435800	243300	202200
三、农业、工业及投资						
粮食产量	吨	40110	89268	166324	192947	168670
棉花产量	吨					
油料产量	吨	209	12807	2436	1671	1259
肉类总产量	吨	3735	21653	63409	59698	49344
规模以上工业企业个数	个	4	18	11	18	8
规模以上工业总产值(现价)	万元	17045	201701	295961	364135	127082
固定资产投资(不含农户)	万元	42524	559159	415000	466900	416400
四、教育、卫生和社会保障						
普通中学在校学生数	人	5001	21622	20779	20139	18116
小学在校学生数	人	7458	26478	29719	34524	30495
医院、卫生院床位数	床	193	2239	831	1125	427
各种社会福利收养性单位数	个	1	6	1	6	3
各种社会福利收养性单位床位数	床	98	472	13	300	104

2012年县(市)社会经济主要指标

云南省

指　　标	单位	镇康县	双江拉祜族佤族布朗族傣族自治县	耿马傣族佤族自治县	沧源佤族自治县	楚雄市
一、基本情况						
行政区域土地面积	平方公里	2642	2292	3937	2539	4512
乡(镇)个数	个	7	6	9	10	15
村民委员会个数	个	71	72	82	90	132
年末总户数	户	51523	49715	88010	56604	167530
其中:乡村户数	户	34777	38252	52849	35217	89095
年末总人口	万人	18	17	29	17	51
乡村人口	万人	16	15	23	14	37
年末单位从业人员数	人	9551	8428	14938	12294	62154
乡村从业人员数	人	88019	80689	147897	82381	228453
其中:农林牧渔业	人	74505	63426	127147	68475	163126
农业机械总动力	万千瓦特	16	16	28	8	48
固定电话用户	户	18593	15492	22053	12272	95306
二、综合经济						
第一产业增加值	万元	62098	74074	206000	65424	221000
第二产业增加值	万元	150030	100016	180322	97711	1281042
地方财政一般预算收入	万元	26701	16200	28040	17211	139306
地方财政一般预算支出	万元	143481	140074	199106	144888	286300
居民储蓄存款余额	万元	150100	131000	256800	122100	1159400
年末金融机构各项贷款余额	万元	136500	107500	164000	92800	1711900
三、农业、工业及投资						
粮食产量	吨	78116	65788	105570	70783	196800
棉花产量	吨					
油料产量	吨	372	1614	1546	1509	9979
肉类总产量	吨	14485	15341	20762	13243	62731
规模以上工业企业个数	个	12	7	6	8	49
规模以上工业总产值(现价)	万元	213989	113900	195388	101487	2078443
固定资产投资(不含农户)	万元	297500	203000	396000	278000	1188806
四、教育、卫生和社会保障						
普通中学在校学生数	人	9733	9155	16230	9422	36184
小学在校学生数	人	16917	12834	28546	13960	42689
医院、卫生院床位数	床	693	464	880	658	4557
各种社会福利收养性单位数	个	2	3	3	3	16
各种社会福利收养性单位床位数	床	230	178	280	158	553

2012 年县(市)社会经济主要指标

云南省

指　　标	单位	双柏县	牟定县	南华县	姚安县	大姚县
一、基本情况						
行政区域土地面积	平方公里	4045	1464	2343	1803	4146
乡(镇)个数	个	8	7	10	9	12
村民委员会个数	个	82	84	123	73	126
年末总户数	户	49331	62357	77105	65665	95245
其中:乡村户数	户	35870	46712	53974	51202	68255
年末总人口	万人	15	20	24	21	28
乡村人口	万人	14	19	22	19	26
年末单位从业人员数	人	9479	9495	12331	8393	17853
乡村从业人员数	人	87860	116805	130562	121207	158818
其中:农林牧渔业	人	76193	85110	104831	80915	122556
农业机械总动力	万千瓦特	26	11	17	14	22
固定电话用户	户	8305	9459	12563	11018	16059
二、综合经济						
第一产业增加值	万元	83532	93305	114370	112000	133406
第二产业增加值	万元	49500	105973	98617	87962	145566
地方财政一般预算收入	万元	14171	18327	24929	14211	28000
地方财政一般预算支出	万元	98040	103766	127308	106028	142241
居民储蓄存款余额	万元	145200	191300	210100	199700	249400
年末金融机构各项贷款余额	万元	97600	167900	208200	122600	254200
三、农业、工业及投资						
粮食产量	吨	77800	98000	114600	93400	135837
棉花产量	吨					
油料产量	吨	1785	6931	4007	6837	3051
肉类总产量	吨	31157	26091	34351	30558	33769
规模以上工业企业个数	个	13	16	13	9	23
规模以上工业总产值(现价)	万元	104859	96390	201668	42869	275628
固定资产投资(不含农户)	万元	160935	259894	222108	152469	306191
四、教育、卫生和社会保障						
普通中学在校学生数	人	6746	9010	12757	10580	14704
小学在校学生数	人	10883	12598	19678	12462	17214
医院、卫生院床位数	床	430	698	777	689	809
各种社会福利收养性单位数	个	9	9	10	10	13
各种社会福利收养性单位床位数	床	384	331	275	381	773

2012年县(市)社会经济主要指标

云南省

指　　标	单位	永仁县	元谋县	武定县	禄丰县	个旧市
一、基本情况						
行政区域土地面积	平方公里	2189	1803	3322	3631	1587
乡(镇)个数	个	7	10	11	14	9
村民委员会个数	个	60	73	126	157	79
年末总户数	户	36081	69504	80168	146500	143340
其中:乡村户数	户	23586	48804	64122	90024	52133
年末总人口	万人	11	21	27	42	39
乡村人口	万人	9	19	25	35	18
年末单位从业人员数	人	7116	12094	13019	28156	82544
乡村从业人员数	人	56813	121581	156026	205999	117479
其中:农林牧渔业	人	48406	102258	127711	155881	78670
农业机械总动力	万千瓦特	15	25	23	34	26
固定电话用户	户	7203	15364	16539	34678	
二、综合经济						
第一产业增加值	万元	68000	118000	127000	233000	94848
第二产业增加值	万元	42870	82145	111013	434815	1136757
地方财政一般预算收入	万元	16284	16193	36823	56056	88858
地方财政一般预算支出	万元	81926	113497	154899	184337	258242
居民储蓄存款余额	万元	108300	211300	254700	527100	1257400
年末金融机构各项贷款余额	万元	79400	115100	251800	501800	1266600
三、农业、工业及投资						
粮食产量	吨	57300	82400	116497	197400	72992
棉花产量	吨					
油料产量	吨	2448	1813	3419	13167	1697
肉类总产量	吨	21282	25833	54836	74367	45164
规模以上工业企业个数	个	9	12	13	25	53
规模以上工业总产值(现价)	万元	55562	131417	153339	1165848	3316441
固定资产投资(不含农户)	万元	183018	161652	266599	574535	720360
四、教育、卫生和社会保障						
普通中学在校学生数	人	5209	10580	13558	22599	13384
小学在校学生数	人	7061	15229	20445	34278	34687
医院、卫生院床位数	床	429	896	1176	1501	3085
各种社会福利收养性单位数	个	7	7	12	15	16
各种社会福利收养性单位床位数	床	221	217	970	862	1139

2012年县(市)社会经济主要指标

云南省

指　　标	单位	开远市	蒙自市	屏边苗族自治县	建水县	石屏县
一、基本情况						
行政区域土地面积	平方公里	1950	2228	1960	3759	3037
乡(镇)个数	个	7	11	7	14	9
村民委员会个数	个	52	86	76	138	112
年末总户数	户	92383	128547	43899	164445	102920
其中:乡村户数	户	45845	71432	30668	127096	91797
年末总人口	万人	28	38	16	53	31
乡村人口	万人	11	29	13	46	28
年末单位从业人员数	人	36758	53465	7523	25949	20905
乡村从业人员数	人	111647	182490	73748	275907	176226
其中:农林牧渔业	人	84361	151898	65255	218169	129138
农业机械总动力	万千瓦特	32	36	4	44	26
固定电话用户	户	48000	47078	5600		25010
二、综合经济						
第一产业增加值	万元	137000	179010	46661	214143	167450
第二产业增加值	万元	629849	529692	62918	353924	107204
地方财政一般预算收入	万元	84165	106363	7362	73497	27069
地方财政一般预算支出	万元	176893	223746	93305	204889	135019
居民储蓄存款余额	万元	730200	878600	110700	870100	431500
年末金融机构各项贷款余额	万元	845200	1794000	95300	570600	249300
三、农业、工业及投资						
粮食产量	吨	119467	158488	72014	208482	122359
棉花产量	吨					
油料产量	吨	1627	2397	938	1910	2254
肉类总产量	吨	37960	66032	25085	121044	82986
规模以上工业企业个数	个	33	25	8	19	19
规模以上工业总产值(现价)	万元	1297766	1851849	73348	566579	116172
固定资产投资(不含农户)	万元	722050	722110	145000	754000	282000
四、教育、卫生和社会保障						
普通中学在校学生数	人	12251	21721	6890	30650	16059
小学在校学生数	人	26194	33751	10100	41547	24765
医院、卫生院床位数	床	4519	2012	333	1901	1459
各种社会福利收养性单位数	个	7	10	5	7	8
各种社会福利收养性单位床位数	床	603	304	170	485	189

2012年县(市)社会经济主要指标

云南省

指　　标	单位	弥勒县	泸西县	元阳县	红河县	金平苗族瑶族傣族自治县
一、基本情况						
行政区域土地面积	平方公里	4004	1674	2212	2029	3677
乡(镇)个数	个	12	8	14	13	13
村民委员会个数	个	129	81	134	88	93
年末总户数	户	163756	125822	102934	77323	95732
其中:乡村户数	户	124014	89206	85255	64341	73624
年末总人口	万人	53	42	44	33	39
乡村人口	万人	46	34	39	29	33
年末单位从业人员数	人	35028	21153	9277	8298	10703
乡村从业人员数	人	279228	206048	218516	156362	189420
其中:农林牧渔业	人	218211	172667	180209	120039	158694
农业机械总动力	万千瓦特	42	40	7	5	14
固定电话用户	户		15300	8500	11857	6816
二、综合经济						
第一产业增加值	万元	202289	121390	100155	83035	77183
第二产业增加值	万元	1521006	216415	75288	42764	126082
地方财政一般预算收入	万元	95021	50704	16110	8278	22021
地方财政一般预算支出	万元	207093	176207	144358	143928	155193
居民储蓄存款余额	万元	662500	484900	193900	123000	182600
年末金融机构各项贷款余额	万元	788700	408000	112900	97700	126100
三、农业、工业及投资						
粮食产量	吨	230684	180065	166831	110650	135607
棉花产量	吨			3	37	5
油料产量	吨	4015	8394	2107	429	1743
肉类总产量	吨	97238	73213	51005	28326	26693
规模以上工业企业个数	个	25	17	3	6	12
规模以上工业总产值(现价)	万元	2002156	430490	47109	30535	172342
固定资产投资(不含农户)	万元	751500	446629	195000	165800	221000
四、教育、卫生和社会保障						
普通中学在校学生数	人	30534	26763	22250	18698	20111
小学在校学生数	人	43690	39552	39613	35649	36844
医院、卫生院床位数	床	2161	920	552	612	575
各种社会福利收养性单位数	个	10	8	3	7	3
各种社会福利收养性单位床位数	床	341	478	130	628	360

2012年县(市)社会经济主要指标

云南省

指　　标	单位	绿春县	河口瑶族自治县	文山市	砚山县	西畴县
一、基本情况						
行政区域土地面积	平方公里	3097	1332	2977	3822	1506
乡(镇)个数	个	9	6	14	11	9
村民委员会个数	个	81	27	137	85	69
年末总户数	户	53297	34241	147817	125844	71656
其中:乡村户数	户	45237	11875	87611	99528	56620
年末总人口	万人	23	9	49	49	26
乡村人口	万人	22	5	37	44	24
年末单位从业人员数	人	8191	10493	56728	21905	7664
乡村从业人员数	人	126172	28898	216581	253878	140869
其中:农林牧渔业	人	104778	26469	166057	204438	97802
农业机械总动力	万千瓦特	5	2	23	55	12
固定电话用户	户	4520		56000	35962	13200
二、综合经济						
第一产业增加值	万元	56624	74700	149922	147190	70556
第二产业增加值	万元	71198	58018	698953	344435	23857
地方财政一般预算收入	万元	11740	14359	107000	40237	7818
地方财政一般预算支出	万元	136827	84530	220856	195890	110979
居民储蓄存款余额	万元	97800	213800	1096521	360441	162628
年末金融机构各项贷款余额	万元	86700	161600	1743171	311674	131616
三、农业、工业及投资						
粮食产量	吨	96233	26172	177662	243952	104449
棉花产量	吨					
油料产量	吨	1671	217	11104	8520	1939
肉类总产量	吨	19769	5510	56795	54001	40154
规模以上工业企业个数	个	4	3	26	28	3
规模以上工业总产值(现价)	万元	50226	24393	1173924	733125	22511
固定资产投资(不含农户)	万元	172000	171000	689558	432546	106091
四、教育、卫生和社会保障						
普通中学在校学生数	人	12820	5080	32678	29435	14042
小学在校学生数	人	22399	8726	46208	46697	21618
医院、卫生院床位数	床	712	769	2235	1174	466
各种社会福利收养性单位数	个	1	1	8		
各种社会福利收养性单位床位数	床	200	250	379		

2012年县(市)社会经济主要指标

云南省

指　　标	单位	麻栗坡县	马关县	丘北县	广南县	富宁县
一、基本情况						
行政区域土地面积	平方公里	2334	2676	4997	7810	5352
乡(镇)个数	个	11	13	12	18	13
村民委员会个数	个	93	124	101	174	141
年末总户数	户	78935	108774	138697	204698	115834
其中:乡村户数	户	61324	79781	100490	164763	86908
年末总人口	万人	29	37	53	85	44
乡村人口	万人	26	33	45	77	39
年末单位从业人员数	人	13883	13874	13320	20173	12921
乡村从业人员数	人	165120	200844	247417	437761	240307
其中:农林牧渔业	人	99848	161611	190577	300414	162303
农业机械总动力	万千瓦特	16	19	21	43	15
固定电话用户	户	5626	23815	36900	47500	26091
二、综合经济						
第一产业增加值	万元	91561	132000	169592	247083	142940
第二产业增加值	万元	158806	217253	90596	155964	173782
地方财政一般预算收入	万元	27033	43077	29069	24000	28680
地方财政一般预算支出	万元	148226	167660	189328	259592	200555
居民储蓄存款余额	万元	235184	352434	242007	393715	253941
年末金融机构各项贷款余额	万元	267434	298455	244298	285312	258902
三、农业、工业及投资						
粮食产量	吨	113546	164885	220247	320026	146733
棉花产量	吨		1			
油料产量	吨	2722	6020	5024	20288	4501
肉类总产量	吨	45493	49078	108016	131082	51640
规模以上工业企业个数	个	10	19	19	17	10
规模以上工业总产值(现价)	万元	176452	350484	131213	274504	198434
固定资产投资(不含农户)	万元	200800	176672	315723	293598	286010
四、教育、卫生和社会保障						
普通中学在校学生数	人	15905	15843	26720	46781	25131
小学在校学生数	人	23087	28669	62810	82068	44530
医院、卫生院床位数	床	905	795	860	1697	549
各种社会福利收养性单位数	个		3	4	2	6
各种社会福利收养性单位床位数	床		20	66	39	430

2012年县(市)社会经济主要指标

云南省

指　　标	单位	景洪市	勐海县	勐腊县	大理市	漾濞彝族自治县
一、基本情况						
行政区域土地面积	平方公里	6959	5511	7081	1815	1957
乡(镇)个数	个	10	11	10	11	9
村民委员会个数	个	85	85	52	111	66
年末总户数	户	125822	82256	72107	205661	37349
其中:乡村户数	户	55724	59218	34061	72944	22164
年末总人口	万人	41	32	23	61	11
乡村人口	万人	24	27	15	26	7
年末单位从业人员数	人	44300	16344	12696	115802	5548
乡村从业人员数	人	156155	169840	87317	149425	51102
其中:农林牧渔业	人	140900	150696	84285	79742	42095
农业机械总动力	万千瓦特	37	42	26	43	9
固定电话用户	户	92400	49100	55000	154066	8500
二、综合经济						
第一产业增加值	万元	292981	147760	227814	194557	44810
第二产业增加值	万元	407981	199243	105657	1283017	72755
地方财政一般预算收入	万元	101823	25062	29082	215186	11922
地方财政一般预算支出	万元	328363	164643	160021	350008	74009
居民储蓄存款余额	万元	1316300	310000	497700	1990100	88700
年末金融机构各项贷款余额	万元	1425800	235000	269900	3058588	70901
三、农业、工业及投资						
粮食产量	吨	113801	260115	78144	174000	63124
棉花产量	吨					
油料产量	吨	579	955	836	1905	1083
肉类总产量	吨	13484	12076	9595	80421	16428
规模以上工业企业个数	个	25	19	8	58	11
规模以上工业总产值(现价)	万元	362792	250076	86497	2364774	92598
固定资产投资(不含农户)	万元	1150493	161708	290235	1659139	106084
四、教育、卫生和社会保障						
普通中学在校学生数	人	25782	13438	12664	38759	4661
小学在校学生数	人	39596	23338	25879	47142	7697
医院、卫生院床位数	床	3423	926	1248	5941	401
各种社会福利收养性单位数	个	6	5	2	6	2
各种社会福利收养性单位床位数	床	153	189	30	439	160

2012年县(市)社会经济主要指标

云南省

指　　标	单位	祥云县	宾川县	弥渡县	南涧彝族自治县	巍山彝族回族自治县
一、基本情况						
行政区域土地面积	平方公里	2425	2627	1523	1732	2200
乡(镇)个数	个	10	10	8	8	10
村民委员会个数	个	132	81	89	80	81
年末总户数	户	150408	105796	98490	67494	94866
其中:乡村户数	户	129387	81800	65560	50130	75662
年末总人口	万人	47	36	33	23	32
乡村人口	万人	45	31	28	17	28
年末单位从业人员数	人	29263	13575	11549	9174	12016
乡村从业人员数	人	346275	188624	174227	129103	176251
其中:农林牧渔业	人	136135	150302	119388	104108	123797
农业机械总动力	万千瓦特	38	44	16	9	17
固定电话用户	户	66060	22708	18640	14000	15741
二、综合经济						
第一产业增加值	万元	239963	309973	99022	95470	130240
第二产业增加值	万元	501125	184977	114104	128441	125131
地方财政一般预算收入	万元	54076	28152	22666	26450	25849
地方财政一般预算支出	万元	215075	153237	147066	111077	138105
居民储蓄存款余额	万元	503300	343500	269400	150200	223600
年末金融机构各项贷款余额	万元	438232	369750	179056	283236	150176
三、农业、工业及投资						
粮食产量	吨	194352	139140	172112	111077	151230
棉花产量	吨					
油料产量	吨	4780	10081	4097	1639	6469
肉类总产量	吨	54698	45002	49916	33679	42065
规模以上工业企业个数	个	33	15	12	11	15
规模以上工业总产值(现价)	万元	1110944	175473	124143	171415	156386
固定资产投资(不含农户)	万元	272534	392466	140341	74179	123530
四、教育、卫生和社会保障						
普通中学在校学生数	人	30703	15960	16323	11678	17355
小学在校学生数	人	39303	27106	24375	18992	26067
医院、卫生院床位数	床	1596	1150	794	479	744
各种社会福利收养性单位数	个	2	2	5	1	3
各种社会福利收养性单位床位数	床	330	43	450	48	220

2012年县(市)社会经济主要指标

云南省

指　　标	单位	永平县	云龙县	洱源县	剑川县	鹤庆县
一、基本情况						
行政区域土地面积	平方公里	2884	4401	2614	2270	2395
乡(镇)个数	个	7	11	9	8	9
村民委员会个数	个	73	86	90	93	113
年末总户数	户	63228	66964	84218	52890	80144
其中:乡村户数	户	49943	62325	70762	37532	67803
年末总人口	万人	18	21	29	18	28
乡村人口	万人	13	20	23	15	26
年末单位从业人员数	人	8275	8140	11592	8995	13243
乡村从业人员数	人	84008	104301	153202	77069	147051
其中:农林牧渔业	人	70024	84583	125753	54012	105840
农业机械总动力	万千瓦特	10	11	18	14	25
固定电话用户	户	17075	10098	21260	14001	13759
二、综合经济						
第一产业增加值	万元	102696	85282	134645	45487	86099
第二产业增加值	万元	77446	217671	130858	99928	250374
地方财政一般预算收入	万元	19975	20703	19518	17728	32248
地方财政一般预算支出	万元	100701	123111	127006	102066	135021
居民储蓄存款余额	万元	143400	155100	230900	175100	319600
年末金融机构各项贷款余额	万元	124151	191086	269769	120812	278601
三、农业、工业及投资						
粮食产量	吨	96720	125459	182120	83826	144575
棉花产量	吨					
油料产量	吨	2584	2132	3010	1387	865
肉类总产量	吨	25200	42766	40438	27211	51494
规模以上工业企业个数	个	7	6	13	8	20
规模以上工业总产值(现价)	万元	49828	163866	382508	161725	430632
固定资产投资(不含农户)	万元	117545	434995	202175	108880	434047
四、教育、卫生和社会保障						
普通中学在校学生数	人	8171	9642	13898	11559	10166
小学在校学生数	人	14386	15002	23586	14558	22512
医院、卫生院床位数	床	626	510	566	446	685
各种社会福利收养性单位数	个	1		1		4
各种社会福利收养性单位床位数	床			54		370

2012 年县(市)社会经济主要指标

云南省

指　　标	单位	瑞丽市	芒市	梁河县	盈江县	陇川县
一、基本情况						
行政区域土地面积	平方公里	1020	2987	1159	4429	1931
乡(镇)个数	个	6	11	9	15	9
村民委员会个数	个	29	80	62	97	68
年末总户数	户	44841	103316	45218	77397	52089
其中:乡村户数	户	28362	74133	37261	60979	40124
年末总人口	万人	13	37	17	29	19
乡村人口	万人	10	32	16	26	16
年末单位从业人员数	人	26591	44970	8582	21105	14023
乡村从业人员数	人	64406	187479	88229	154907	100926
其中:农林牧渔业	人	44937	148817	67176	133517	87452
农业机械总动力	万千瓦特	14	37	12	25	30
固定电话用户	户	62368	49781	10110	34492	20362
二、综合经济						
第一产业增加值	万元	77525	170170	47500	170432	110924
第二产业增加值	万元	77493	204139	38645	277412	81738
地方财政一般预算收入	万元	69524	56613	12513	49480	17038
地方财政一般预算支出	万元	158570	282386	88899	180735	110104
居民储蓄存款余额	万元	1073300	671300	148200	344000	177600
年末金融机构各项贷款余额	万元	882900	858000	125000	338600	177900
三、农业、工业及投资						
粮食产量	吨	93141	223905	64807	207835	145849
棉花产量	吨					
油料产量	吨	1008	1861	2004	3473	7604
肉类总产量	吨	19743	26142	10273	27336	13268
规模以上工业企业个数	个	10	24	8	34	7
规模以上工业总产值(现价)	万元	74453	409718	57608	372721	155886
固定资产投资(不含农户)	万元	444436	590078	89924	349006	105900
四、教育、卫生和社会保障						
普通中学在校学生数	人	8628	21750	7542	13656	9938
小学在校学生数	人	16233	32182	12064	28117	15907
医院、卫生院床位数	床	879	1865	491	802	719
各种社会福利收养性单位数	个	3	5	2	5	4
各种社会福利收养性单位床位数	床	200	580	70	400	200

2012年县(市)社会经济主要指标

云南省

指　　标	单位	泸水县	福贡县	贡山独龙族怒族自治县	兰坪白族普米族自治县	香格里拉县
一、基本情况						
行政区域土地面积	平方公里	2938	2756	4506	4372	11419
乡(镇)个数	个	9	7	5	8	11
村民委员会个数	个	71	57	26	105	63
年末总户数	户	57279	30562	12671	63947	42881
其中:乡村户数	户	40294	23506	8903	47736	28421
年末总人口	万人	18	10	4	21	15
乡村人口	万人	14	9	3	18	12
年末单位从业人员数	人	19318	3695	3586	13331	19227
乡村从业人员数	人	84710	50556	17235		67664
其中:农林牧渔业	人	73415	42295	15435		57094
农业机械总动力	万千瓦特	8	2	2	8	23
固定电话用户	户	46506	2450	1537	12150	25810
二、综合经济						
第一产业增加值	万元	37994	15291	13750	46777	38146
第二产业增加值	万元	94016	24239	19173	162594	296896
地方财政一般预算收入	万元	17177	4731	3826	33568	34950
地方财政一般预算支出	万元	127142	82542	64855	138749	268892
居民储蓄存款余额	万元	208700	44600	32300	195700	368700
年末金融机构各项贷款余额	万元	390400	56100	29600	225600	1025300
三、农业、工业及投资						
粮食产量	吨	65482	34505	11202	87111	71851
棉花产量	吨					
油料产量	吨	423	1058	119	467	2652
肉类总产量	吨	16422	5987	2059	12245	13842
规模以上工业企业个数	个	12	1	2	5	15
规模以上工业总产值(现价)	万元	136257	1990	6991	134359	291173
固定资产投资(不含农户)	万元	217600	85024	68902	264814	782000
四、教育、卫生和社会保障						
普通中学在校学生数	人	5807	5215	1555	10500	5335
小学在校学生数	人	16233	10301	2999	19343	12416
医院、卫生院床位数	床	1025	285	190	645	141
各种社会福利收养性单位数	个	1	2	3	1	2
各种社会福利收养性单位床位数	床	314	95	250	21	30

2012年县(市)社会经济主要指标

云南省、西藏自治区

指　　标	单位	德钦县	维西傈僳族自治县	林周县	当雄县	尼木县
一、基本情况						
行政区域土地面积	平方公里	7290	4477	4512	10234	3266
乡(镇)个数	个	8	10	10	8	8
村民委员会个数	个	41	79	45	28	32
年末总户数	户	14161	44370	12987	11963	7236
其中:乡村户数	户	10858	37364	11206	9179	5734
年末总人口	万人	6	15	6	5	3
乡村人口	万人	5	14	6	5	3
年末单位从业人员数	人	5423	8483	958	1871	1217
乡村从业人员数	人	29132	85613	31367	19390	18202
其中:农林牧渔业	人	24953	72559	28380	9015	9558
农业机械总动力	万千瓦特	3	15	14		7
固定电话用户	户	3876	4050		780	3071
二、综合经济						
第一产业增加值	万元	13431	39302	18044	18578	7488
第二产业增加值	万元	77446	87476	24300	27000	15000
地方财政一般预算收入	万元	12808	18579	5861	12206	2459
地方财政一般预算支出	万元	123832	164994	49572	47495	27671
居民储蓄存款余额	万元	59000	118300	12907	10675	
年末金融机构各项贷款余额	万元	85600	159900	29486	26358	11123
三、农业、工业及投资						
粮食产量	吨	27710	71082	62053		12531
棉花产量	吨					
油料产量	吨	27	1507	2521		1197
肉类总产量	吨	3169	10018	4248	8261	2917
规模以上工业企业个数	个	2	3		3	1
规模以上工业总产值(现价)	万元	52309	32084		41288	3950
固定资产投资(不含农户)	万元	331053	440360	43256	78000	35000
四、教育、卫生和社会保障						
普通中学在校学生数	人	2115	6318	2100	2083	2009
小学在校学生数	人	4005	12063	4658	4929	2624
医院、卫生院床位数	床	216	257	71	80	52
各种社会福利收养性单位数	个	1	1	3	1	1
各种社会福利收养性单位床位数	床	80	16	186	48	97

2012 年县(市)社会经济主要指标

西藏自治区

指　　标	单位	曲水县	堆龙德庆县	达孜县	墨竹工卡县	昌都县
一、基本情况						
行政区域土地面积	平方公里	1624	2704	1373	5492	10794
乡(镇)个数	个	6	7	6	8	15
村民委员会个数	个	17	34	20	40	167
年末总户数	户	9972	14493	7997	10373	29418
其中:乡村户数	户	8147	12196	6823	9466	15983
年末总人口	万人	4	7	3	5	12
乡村人口	万人	3	4	3	5	8
年末单位从业人员数	人	1538	8876	1798	1357	3417
乡村从业人员数	人	20735	25715	15591	20121	36143
其中:农林牧渔业	人	3015	13765	6722	11316	26961
农业机械总动力	万千瓦特	11	19	23	19	3
固定电话用户	户	8353	11884	4500	450	2393
二、综合经济						
第一产业增加值	万元	11260	13403	11013	19546	24810
第二产业增加值	万元	40200	99300	34400	87700	101450
地方财政一般预算收入	万元	5434	22304	5512	14258	5250
地方财政一般预算支出	万元	38754	76631	38891	56463	60013
居民储蓄存款余额	万元	14882				8392
年末金融机构各项贷款余额	万元	53591	38002	18729	25975	12617
三、农业、工业及投资						
粮食产量	吨	25092	24732	24080	23524	18589
棉花产量	吨					
油料产量	吨	2021	2368	1520	2874	348
肉类总产量	吨	3303	3811	2711	6829	10517
规模以上工业企业个数	个	3	29	5	19	12
规模以上工业总产值(现价)	万元	33836	135446	24362	104700	1365
固定资产投资(不含农户)	万元	5900	34660	66000	123328	182040
四、教育、卫生和社会保障						
普通中学在校学生数	人	1673	1512	1181	2044	2036
小学在校学生数	人	2693	3922	2241	4234	8497
医院、卫生院床位数	床	68	56	45	82	192
各种社会福利收养性单位数	个	4	28	1	3	
各种社会福利收养性单位床位数	床	224	191	120	295	

2012 年县(市)社会经济主要指标

西藏自治区

指　　标	单位	江达县	贡觉县	类乌齐县	丁青县	察雅县
一、基本情况						
行政区域土地面积	平方公里	13164	6323	6355	12408	8251
乡(镇)个数	个	13	12	10	13	13
村民委员会个数	个	95	149	82	64	138
年末总户数	户	14197	7907	10100	13409	10249
其中:乡村户数	户	12384	6158	8710	11711	8982
年末总人口	万人	8	4	5	8	6
乡村人口	万人	8	4	5	7	5
年末单位从业人员数	人	3515	1134	1732	1876	1683
乡村从业人员数	人	44046	17692	17535	30522	24396
其中:农林牧渔业	人	33413	15168	14811	28203	19098
农业机械总动力	万千瓦特	4	3	10	20	3
固定电话用户	户	3207	2773	3455	2380	952
二、综合经济						
第一产业增加值	万元	21215	8197	14023	22751	12937
第二产业增加值	万元	59302	9248	14382	14038	30062
地方财政一般预算收入	万元	3678	1462	1869	3737	1525
地方财政一般预算支出	万元	48510	37647	35984	47022	43164
居民储蓄存款余额	万元	6	968	12736	8703	9384
年末金融机构各项贷款余额	万元	11635	16801	8466	16465	7938
三、农业、工业及投资						
粮食产量	吨	12900	12581	7942	23785	13279
棉花产量	吨					
油料产量	吨	350	185		804	253
肉类总产量	吨	13283	6354	5996	7483	6804
规模以上工业企业个数	个	2	1	1	1	1
规模以上工业总产值(现价)	万元	4547	451		910	113
固定资产投资(不含农户)	万元	238077	29392	30477	66557	44747
四、教育、卫生和社会保障						
普通中学在校学生数	人	3902	2110	2172	3673	3082
小学在校学生数	人	7405	3936	5360	7869	5959
医院、卫生院床位数	床	92	111	99	122	152
各种社会福利收养性单位数	个			2		4
各种社会福利收养性单位床位数	床			41		69

2012 年县(市)社会经济主要指标

西藏自治区

指　　标	单位	八宿县	左贡县	芒康县	洛隆县	边坝县
一、基本情况						
行政区域土地面积	平方公里	12336	11837	11576	8048	8774
乡(镇)个数	个	14	10	16	11	11
村民委员会个数	个	110	128	61	66	82
年末总户数	户	8623	8872	13373	9383	8032
其中:乡村户数	户	6987	7806	10958	8481	6325
年末总人口	万人	4	5	9	5	4
乡村人口	万人	4	4	8	5	4
年末单位从业人员数	人	1701	7492	3506	1215	1519
乡村从业人员数	人	19658	21866	50670	15538	19235
其中:农林牧渔业	人	16289	20604	43983	12971	16461
农业机械总动力	万千瓦特	4	3	8	3	6
固定电话用户	户	1862	5814	6600	2959	2423
二、综合经济						
第一产业增加值	万元	10017	14326	20894	14363	12553
第二产业增加值	万元	10266	12560	42963	19132	10297
地方财政一般预算收入	万元	1788	1649	3142	1814	1250
地方财政一般预算支出	万元	39004	36199	50788	38566	31567
居民储蓄存款余额	万元	5715	4055	12537	6808	3393
年末金融机构各项贷款余额	万元	7271	12143	12281	10928	7048
三、农业、工业及投资						
粮食产量	吨	10830	16805	26018	21255	10570
棉花产量	吨					
油料产量	吨	241	249	620	680	515
肉类总产量	吨	5539	8606	7556	6493	8373
规模以上工业企业个数	个	1		3	2	2
规模以上工业总产值(现价)	万元	208		1323	437	
固定资产投资(不含农户)	万元	48436	23868	153337	41508	17578
四、教育、卫生和社会保障						
普通中学在校学生数	人	2019	1907	3959	2228	1959
小学在校学生数	人	4605	4825	7955	4877	3521
医院、卫生院床位数	床	57	87	143	87	84
各种社会福利收养性单位数	个	1	2	7	2	2
各种社会福利收养性单位床位数	床	18	13	73	39	23

2012 年县(市)社会经济主要指标

西藏自治区

指　　标	单位	乃东县	扎囊县	贡嘎县	桑日县	琼结县
一、基本情况						
行政区域土地面积	平方公里	2211	2157	2386	2635	1030
乡(镇)个数	个	7	5	8	4	4
村民委员会个数	个	47	62	41	42	20
年末总户数	户	24365	9717	14320	4925	6215
其中:乡村户数	户	11354	8111	11348	4134	4610
年末总人口	万人	6	4	5	2	2
乡村人口	万人	4	4	5	2	2
年末单位从业人员数	人	1900	1364	1786	950	1347
乡村从业人员数	人	20620	15893	23610	7291	8835
其中:农林牧渔业	人	8223	6291	16428	4050	2642
农业机械总动力	万千瓦特	10	5	8	3	3
固定电话用户	户		617	910	1800	700
二、综合经济						
第一产业增加值	万元	8582	5000	5142	3308	2121
第二产业增加值	万元	64104	13985	25354	57191	9826
地方财政一般预算收入	万元	5279	1154	5440	5275	1000
地方财政一般预算支出	万元	35816	28524	37659	31134	18995
居民储蓄存款余额	万元	40579	13900	23302		8509
年末金融机构各项贷款余额	万元	14500	12100	14383	11688	6362
三、农业、工业及投资						
粮食产量	吨	21310	21277	29049	7991	11109
棉花产量	吨					
油料产量	吨	1789	2555	1386	1124	1267
肉类总产量	吨	3879	3045	2400	2110	881
规模以上工业企业个数	个		3	4	6	3
规模以上工业总产值(现价)	万元		2068	849	57000	2350
固定资产投资(不含农户)	万元	60725	37031	78438	60792	29376
四、教育、卫生和社会保障						
普通中学在校学生数	人	1038	1662	2592	807	637
小学在校学生数	人	2230	2763	3873	1400	1229
医院、卫生院床位数	床	99	54	102	45	31
各种社会福利收养性单位数	个	9	8	1		1
各种社会福利收养性单位床位数	床	147	83	45		106

2012年县(市)社会经济主要指标

西藏自治区

指　　标	单位	曲松县	措美县	洛扎县	加查县	隆子县
一、基本情况						
行政区域土地面积	平方公里	2070	4178	5031	7982	4385
乡(镇)个数	个	5	4	7	7	11
村民委员会个数	个	21	16	26	77	80
年末总户数	户	5394	4791	6165	6850	12046
其中:乡村户数	户	4152	3750	4689	5652	10130
年末总人口	万人	2	2	2	2	4
乡村人口	万人	2	1	2	2	3
年末单位从业人员数	人	864	837	989	1101	1464
乡村从业人员数	人	7277	6852	9240	8371	17491
其中:农林牧渔业	人	2780	3475	6114	5692	10317
农业机械总动力	万千瓦特	2	2	2	5	9
固定电话用户	户	1504	807	480	875	5100
二、综合经济						
第一产业增加值	万元	2512	2106	3753	5066	4301
第二产业增加值	万元	27650	6836	10970	51357	39519
地方财政一般预算收入	万元	2712	828	1008	5539	3686
地方财政一般预算支出	万元	21807	18201	23551	28960	36747
居民储蓄存款余额	万元	8972	8350	12656	26296	17385
年末金融机构各项贷款余额	万元	6762	6072	6532	20651	7624
三、农业、工业及投资						
粮食产量	吨	7179	3200	9578	7750	16952
棉花产量	吨					
油料产量	吨	975	405	838	404	999
肉类总产量	吨	1834	2035	915	1955	2610
规模以上工业企业个数	个	2			2	1
规模以上工业总产值(现价)	万元	17050			384	30155
固定资产投资(不含农户)	万元	28063	12010	33407	176124	27875
四、教育、卫生和社会保障						
普通中学在校学生数	人	767	663	700	887	1484
小学在校学生数	人	1327	1105	1689	2020	2824
医院、卫生院床位数	床	46	29	82	78	85
各种社会福利收养性单位数	个	3	1	3	2	1
各种社会福利收养性单位床位数	床	126	30	47	64	86

2012年县(市)社会经济主要指标

西藏自治区

指　　标	单位	错那县	浪卡子县	日喀则市	南木林县	江孜县
一、基本情况						
行政区域土地面积	平方公里	9894	34979	3654	8113	3859
乡(镇)个数	个	10	10	12	17	19
村民委员会个数	个	24	98	171	146	155
年末总户数	户	5839	9975	28514	13747	12321
其中:乡村户数	户	5371	8397	11358	13593	11363
年末总人口	万人	2	4	11	8	7
乡村人口	万人	1	4	7	8	6
年末单位从业人员数	人	895	1380	4053	1888	3330
乡村从业人员数	人	7423	19836	42536	42284	31907
其中:农林牧渔业	人	5251	9148	26669	36431	26642
农业机械总动力	万千瓦特	1	6	28	18	20
固定电话用户	户	2600	2146	24000	5370	6800
二、综合经济						
第一产业增加值	万元	1905	3786	38606	26618	25457
第二产业增加值	万元	15065	14742	181440	10566	20349
地方财政一般预算收入	万元	1000	1583	7505	1056	1882
地方财政一般预算支出	万元	23717	30904	66766	41535	46914
居民储蓄存款余额	万元	13556	4145	48460	9967	29644
年末金融机构各项贷款余额	万元	5355	11949	19958	16286	15426
三、农业、工业及投资						
粮食产量	吨	4179	7519	72054	20796	61187
棉花产量	吨					
油料产量	吨	369	701	3479	2411	6073
肉类总产量	吨	1119	2852	2592	2673	2748
规模以上工业企业个数	个	2		2		
规模以上工业总产值(现价)	万元	669		5415		
固定资产投资(不含农户)	万元	42845	21000	7250	23000	36374
四、教育、卫生和社会保障						
普通中学在校学生数	人	586	1919	3884	4764	4880
小学在校学生数	人	990	3797	6981	6841	5508
医院、卫生院床位数	床	52	45	87	165	195
各种社会福利收养性单位数	个	1	1	2	1	3
各种社会福利收养性单位床位数	床	34	55	139	12	83

2012年县(市)社会经济主要指标

西藏自治区

指　　标	单位	定日县	萨迦县	拉孜县	昂仁县	谢通门县
一、基本情况						
行政区域土地面积	平方公里	13858	7510	4505	20105	13960
乡(镇)个数	个	13	11	11	17	19
村民委员会个数	个	175	107	98	185	95
年末总户数	户	11233	11050	11604	11110	10511
其中:乡村户数	户	10607	10033	10504	11045	8930
年末总人口	万人	5	5	6	5	5
乡村人口	万人	5	5	5	5	4
年末单位从业人员数	人	1592	1463	1816	1658	2039
乡村从业人员数	人	29625	24845	29364	24051	24369
其中:农林牧渔业	人	18328	16610	13225	21543	21153
农业机械总动力	万千瓦特	6	11	12	9	7
固定电话用户	户	1482	1813	5573	3867	2998
二、综合经济						
第一产业增加值	万元	15088	14125	18081	13966	15029
第二产业增加值	万元	11799	11835	10128	13917	31603
地方财政一般预算收入	万元	2711	1019	1000	1022	6830
地方财政一般预算支出	万元	41275	29650	35565	36747	44711
居民储蓄存款余额	万元	4000	6227	10308	6817	1840
年末金融机构各项贷款余额	万元	10000	10157	14501	17900	10977
三、农业、工业及投资						
粮食产量	吨	26325	26358	36540	18189	14825
棉花产量	吨					
油料产量	吨	1324	2552	4520	958	1155
肉类总产量	吨	2317	2448	1898	3606	3877
规模以上工业企业个数	个					1
规模以上工业总产值(现价)	万元					32200
固定资产投资(不含农户)	万元	42490	35900	24451	44515	21990
四、教育、卫生和社会保障						
普通中学在校学生数	人	2467	1905	2560	2177	2007
小学在校学生数	人	5647	4353	4968	5757	3997
医院、卫生院床位数	床	161	61	162	170	195
各种社会福利收养性单位数	个	2	2	1	2	1
各种社会福利收养性单位床位数	床	35	24	34	20	15

2012年县(市)社会经济主要指标

西藏自治区

指　　标	单位	白朗县	仁布县	康马县	定结县	仲巴县
一、基本情况						
行政区域土地面积	平方公里	2759	2124	6165	5816	43594
乡(镇)个数	个	11	9	9	10	13
村民委员会个数	个	111	73	47	70	58
年末总户数	户	7155	5722	4290	5526	5811
其中:乡村户数	户	7086	4962	3839	3842	5198
年末总人口	万人	5	3	2	2	2
乡村人口	万人	5	3	2	2	2
年末单位从业人员数	人	1288	1220	1571	1433	1360
乡村从业人员数	人	25252	17348	10049	11636	11292
其中:农林牧渔业	人	16381	9950	7360	9243	9200
农业机械总动力	万千瓦特	15	8	7	3	15
固定电话用户	户	3607	5000	2873	1605	1000
二、综合经济						
第一产业增加值	万元	18249	6725	6948	5395	15462
第二产业增加值	万元	13472	9314	4655	6210	8421
地方财政一般预算收入	万元	907	1682	456	469	1864
地方财政一般预算支出	万元	30414	27555	23187	25773	34442
居民储蓄存款余额	万元	8374	3652	8339	5424	18043
年末金融机构各项贷款余额	万元	11337	7496	6758	5880	4424
三、农业、工业及投资						
粮食产量	吨	41358	8497	9477	6081	
棉花产量	吨					
油料产量	吨	2360	916	738	881	
肉类总产量	吨	1319	960	1181	1030	4977
规模以上工业企业个数	个					
规模以上工业总产值(现价)	万元					
固定资产投资(不含农户)	万元	7690	10863	8387	5585	2191
四、教育、卫生和社会保障						
普通中学在校学生数	人	1672	1080	743	854	1313
小学在校学生数	人	3824	2790	2193	2022	2588
医院、卫生院床位数	床	71	45	78	62	195
各种社会福利收养性单位数	个	1	1	1	2	1
各种社会福利收养性单位床位数	床	8	14	30	8	30

2012年县(市)社会经济主要指标

西藏自治区

指　　标	单位	亚东县	吉隆县	聂拉木县	萨嘎县	岗巴县
一、基本情况						
行政区域土地面积	平方公里	4306	9009	7903	12411	4198
乡(镇)个数	个	7	5	7	8	5
村民委员会个数	个	25	41	44	38	29
年末总户数	户	3917	3879	4169	3980	3303
其中:乡村户数	户	3023	2996	3426	3030	2179
年末总人口	万人	1	2	2	2	1
乡村人口	万人	1	1	2	1	1
年末单位从业人员数	人	1052	1030	1107	869	1083
乡村从业人员数	人	6520	6706	8559	6360	5773
其中:农林牧渔业	人	5193	5697	6738	6298	5017
农业机械总动力	万千瓦特	4	3	4	2	2
固定电话用户	户	1815	263	3952	912	582
二、综合经济						
第一产业增加值	万元	4495	4904	7289	4778	2842
第二产业增加值	万元	12156	11496	7527	4500	4794
地方财政一般预算收入	万元	3501	712	1270	490	501
地方财政一般预算支出	万元	31805	23397	25692	22222	20791
居民储蓄存款余额	万元	17348		2895	5947	4916
年末金融机构各项贷款余额	万元	4809		5100	5371	2299
三、农业、工业及投资						
粮食产量	吨	1231	4551	6153	1308	3203
棉花产量	吨					
油料产量	吨	38	726	507	69	255
肉类总产量	吨	957	1374	634	1880	1118
规模以上工业企业个数	个		1			
规模以上工业总产值(现价)	万元		380			
固定资产投资(不含农户)	万元	23320	13285	2589	2084	12983
四、教育、卫生和社会保障						
普通中学在校学生数	人	399	899	898	885	396
小学在校学生数	人	948	1902	1906	1546	1017
医院、卫生院床位数	床	51	67	80	68	43
各种社会福利收养性单位数	个	1	1		2	3
各种社会福利收养性单位床位数	床	10	18		33	48

2012年县(市)社会经济主要指标

西藏自治区

指　　标	单位	那曲县	嘉黎县	比如县	聂荣县	安多县
一、基本情况						
行政区域土地面积	平方公里	16195	13056	11680	9017	43411
乡(镇)个数	个	12	10	10	10	13
村民委员会个数	个	141	122	175	142	74
年末总户数	户	18583	7174	14686	7916	10358
其中:乡村户数	户	16754	5950	12331	7379	9375
年末总人口	万人	8	3	6	4	4
乡村人口	万人	8	3	6	3	4
年末单位从业人员数	人		1993	1813	1340	1847
乡村从业人员数	人	40957	13812	23877	16338	16924
其中:农林牧渔业	人	29473	11518	20735	11795	12548
农业机械总动力	万千瓦特	5	6	4		2
固定电话用户	户		1157	2492	667	1230
二、综合经济						
第一产业增加值	万元	18991	12045	20304	7016	7414
第二产业增加值	万元	21402	15737	12964	8798	11151
地方财政一般预算收入	万元	2435	2907	744	572	1744
地方财政一般预算支出	万元	45555	31717	38926	26268	28782
居民储蓄存款余额	万元		8067	17956	5750	5000
年末金融机构各项贷款余额	万元	22213	12891	22074	11521	14513
三、农业、工业及投资						
粮食产量	吨		979	3290		
棉花产量	吨					
油料产量	吨					
肉类总产量	吨	11863	5948	7239	8698	12480
规模以上工业企业个数	个		2			
规模以上工业总产值(现价)	万元		11640			
固定资产投资(不含农户)	万元	3244	36745	33236	23461	6592
四、教育、卫生和社会保障						
普通中学在校学生数	人	2400	1328	2370	1960	2428
小学在校学生数	人	9900	3720	5875	4300	4584
医院、卫生院床位数	床	83	95	84	91	102
各种社会福利收养性单位数	个			4	3	
各种社会福利收养性单位床位数	床			65	61	

2012年县(市)社会经济主要指标

西藏自治区

指　　标	单位	申扎县	索　县	班戈县	巴青县	尼玛县
一、基本情况						
行政区域土地面积	平方公里	25546	5744	2838	10326	72499
乡(镇)个数	个	8	10	10	10	14
村民委员会个数	个	62	124	86	156	77
年末总户数	户	4394	9815	9663	10801	7989
其中:乡村户数	户		8692	9663	9406	7048
年末总人口	万人	2	5	4	6	3
乡村人口	万人	2	5	4	5	3
年末单位从业人员数	人		17666	19116	1267	1065
乡村从业人员数	人	8719	17666	19719	19024	14582
其中:农林牧渔业	人	7158	15159	17769	4999	13626
农业机械总动力	万千瓦特		3	5		6
固定电话用户	户	687	1076		3500	
二、综合经济						
第一产业增加值	万元	4307	9776	8405	14730	9699
第二产业增加值	万元	4608	10050	1354	8624	8370
地方财政一般预算收入	万元	669	1136	841	593	902
地方财政一般预算支出	万元	20106	33519	26499	29080	23682
居民储蓄存款余额	万元	5979	8200		7326	9771
年末金融机构各项贷款余额	万元	8038	14200	9020	25391	8053
三、农业、工业及投资						
粮食产量	吨		6449		104	174
棉花产量	吨					
油料产量	吨		87			
肉类总产量	吨	5721	4885	5322	6645	8347
规模以上工业企业个数	个				1	
规模以上工业总产值(现价)	万元				2630	
固定资产投资(不含农户)	万元	9109	34105	22229	16227	19331
四、教育、卫生和社会保障						
普通中学在校学生数	人	1204	1800	1687	1347	1508
小学在校学生数	人	2136	5100	4069	4190	3541
医院、卫生院床位数	床	60	50	40	77	117
各种社会福利收养性单位数	个	1	4	3	1	1
各种社会福利收养性单位床位数	床		46	26	18	32

2012年县(市)社会经济主要指标

西藏自治区

指　　标	单位	普兰县	札达县	噶尔县	日土县	革吉县
一、基本情况						
行政区域土地面积	平方公里	13179	24601	10083	77096	46117
乡(镇)个数	个	3	7	5	5	5
村民委员会个数	个	9	15	12	13	19
年末总户数	户	2674	2921	7767	2831	4625
其中:乡村户数	户	1798	1518	1940	2029	3947
年末总人口	万人	1	1	2	1	2
乡村人口	万人	1	1	1	1	2
年末单位从业人员数	人	739	941	3741	1025	727
乡村从业人员数	人	4312	2934	4012	4938	13168
其中:农林牧渔业	人	3106	2699	3028	3942	9088
农业机械总动力	万千瓦特	1	1	3	4	2
固定电话用户	户	760	824	371	300	1240
二、综合经济						
第一产业增加值	万元	3281	2097	3780	5636	7503
第二产业增加值	万元	3592	3936	5145	3171	3244
地方财政一般预算收入	万元	1052	646	3047	1140	1527
地方财政一般预算支出	万元	20432	20786	23205	21122	23802
居民储蓄存款余额	万元	6266	5855	17015	9357	
年末金融机构各项贷款余额	万元	2063	3170	3762	2311	3691
三、农业、工业及投资						
粮食产量	吨	2634	819	707	965	
棉花产量	吨					
油料产量	吨	152	43	17	22	
肉类总产量	吨	543	473	1311	2097	4059
规模以上工业企业个数	个	1	1	6	1	
规模以上工业总产值(现价)	万元	746	499	8263	476	
固定资产投资(不含农户)	万元	11860	17775	147937	10492	25318
四、教育、卫生和社会保障						
普通中学在校学生数	人	430	292	924	391	630
小学在校学生数	人	861	655	1575	1211	1515
医院、卫生院床位数	床	35	29	236	51	53
各种社会福利收养性单位数	个	1	1			
各种社会福利收养性单位床位数	床	14	4		1	

2012年县(市)社会经济主要指标

西藏自治区

指　　标	单位	改则县	措勤县	林芝县	工布江达县	米林县
一、基本情况						
行政区域土地面积	平方公里	135025	22980	8536	12960	9507
乡(镇)个数	个	7	5	7	9	8
村民委员会个数	个	47	20	67	79	66
年末总户数	户	6779	3981	19147	8348	5853
其中:乡村户数	户	5424	3296	3754	5463	3867
年末总人口	万人	2	2	6	3	2
乡村人口	万人	2	1	2	3	2
年末单位从业人员数	人	1168	701	12058	1980	2072
乡村从业人员数	人	11625	6615	7116	14354	8006
其中:农林牧渔业	人	9156	5678	4439	12754	7358
农业机械总动力	万千瓦特	4	2	10	20	13
固定电话用户	户	1693	470	6315	7284	1823
二、综合经济						
第一产业增加值	万元	14994	5887	10562	13494	10799
第二产业增加值	万元	3974	2876	135881	23292	29220
地方财政一般预算收入	万元	1007	775	7930	37580	4343
地方财政一般预算支出	万元	26954	21123	36807	118200	32961
居民储蓄存款余额	万元	7174		65000	16412	37431
年末金融机构各项贷款余额	万元	6475		22083	12234	12676
三、农业、工业及投资						
粮食产量	吨			11787	6629	9806
棉花产量	吨					
油料产量	吨			868	814	518
肉类总产量	吨	5415	2033	2435	2221	1441
规模以上工业企业个数	个	2	1	2		
规模以上工业总产值(现价)	万元	613	57	51094		
固定资产投资(不含农户)	万元	14640	15443	350307	56869	71737
四、教育、卫生和社会保障						
普通中学在校学生数	人	1082	800	6595	967	874
小学在校学生数	人	3041	1763	4064	2951	2989
医院、卫生院床位数	床	93	90	248	53	80
各种社会福利收养性单位数	个		1	3	6	4
各种社会福利收养性单位床位数	床		16	74	57	50

2012年县(市)社会经济主要指标

西藏自治区、陕西省

指　　标	单位	墨脱县	波密县	察隅县	朗县	长安区
一、基本情况						
行政区域土地面积	平方公里	31395	16768	31305	4200	1580
乡(镇)个数	个	8	10	6	6	
村民委员会个数	个	46	84	96	51	667
年末总户数	户	3102	8239	5546	5140	290231
其中:乡村户数	户	1829	4971	5072	3990	187275
年末总人口	万人	1	3	3	2	102
乡村人口	万人	1	3	3	1	85
年末单位从业人员数	人	1265	2017	2185	1536	60474
乡村从业人员数	人	4916	11965	11705	7823	409502
其中:农林牧渔业	人	4702	9235	10660	7260	178450
农业机械总动力	万千瓦特		10	7	1	41
固定电话用户	户	1130	1542	1710	2494	220389
二、综合经济						
第一产业增加值	万元	2275	17221	9350	6799	300600
第二产业增加值	万元	13097	33405	16829	9376	1819000
地方财政一般预算收入	万元	8073	4898	2171	1005	247228
地方财政一般预算支出	万元	36979	34582	34144	23131	365362
居民储蓄存款余额	万元	5968	34000	19817	3154	2597465
年末金融机构各项贷款余额	万元	5041	10500	6515	8954	1032180
三、农业、工业及投资						
粮食产量	吨	4975	17297	18625	6091	368814
棉花产量	吨					14
油料产量	吨	25	614	325	315	2783
肉类总产量	吨	329	1537	1370	2079	20472
规模以上工业企业个数	个					31
规模以上工业总产值(现价)	万元					216700
固定资产投资(不含农户)	万元	40231	54958	67385	16910	2989528
四、教育、卫生和社会保障						
普通中学在校学生数	人	734	1463	1580	618	44936
小学在校学生数	人	1087	3431	2741	1350	46924
医院、卫生院床位数	床	117	130	90	86	3226
各种社会福利收养性单位数	个		2	1	3	17
各种社会福利收养性单位床位数	床		45	6	27	1836

2012年县(市)社会经济主要指标

陕西省

指　　标	单位	蓝田县	周至县	户　县	高陵县	耀州区
一、基本情况						
行政区域土地面积	平方公里	1969	2949	1282	294	1614
乡(镇)个数	个	22	22	16	5	11
村民委员会个数	个	519	376	518	88	219
年末总户数	户	185836	174212	182921	96673	103773
其中:乡村户数	户	156278	139277	119448	48488	63335
年末总人口	万人	65	67	60	31	32
乡村人口	万人	58	60	48	18	24
年末单位从业人员数	人	21936	20772	35402	32062	32520
乡村从业人员数	人	334373	346603	284676	89749	133679
其中:农林牧渔业	人	200356	192729	163572	49858	71012
农业机械总动力	万千瓦特	29	42	43	25	21
固定电话用户	户	49922	55948	98300	56763	153500
二、综合经济						
第一产业增加值	万元	244500	253940	253700	203300	89020
第二产业增加值	万元	352100	210700	756600	1841400	940700
地方财政一般预算收入	万元	26721	21001	55773	95341	59676
地方财政一般预算支出	万元	169720	252265	213234	162754	186149
居民储蓄存款余额	万元	703364	710802	1227961	855320	766209
年末金融机构各项贷款余额	万元	378646	196831	482518	288702	445281
三、农业、工业及投资						
粮食产量	吨	289759	243158	313700	200246	84401
棉花产量	吨	324		3		
油料产量	吨	4081	1414	839		4455
肉类总产量	吨	18719	27951	18694	7628	4981
规模以上工业企业个数	个	23	28	55	79	66
规模以上工业总产值(现价)	万元	362466	170836	935538	6533773	2628676
固定资产投资(不含农户)	万元	770858	618134	1032834	2023579	964444
四、教育、卫生和社会保障						
普通中学在校学生数	人	37088	40449	35574	12439	25661
小学在校学生数	人	35010	36191	32320	13958	19953
医院、卫生院床位数	床	1182	1235	1910	1115	1007
各种社会福利收养性单位数	个	5	3	6	1	8
各种社会福利收养性单位床位数	床	340	765	235	274	79

2012年县(市)社会经济主要指标

陕西省

指　　标	单位	宜君县	陈仓区	凤翔县	岐山县	扶风县
一、基本情况						
行政区域土地面积	平方公里	1531	2472	1179	856	705
乡(镇)个数	个	9	15	12	10	8
村民委员会个数	个	178	332	233	144	169
年末总户数	户	31643	163175	156343	138863	119619
其中:乡村户数	户	20011	125044	117307	101224	95819
年末总人口	万人	9	60	52	47	44
乡村人口	万人	5	50	45	38	39
年末单位从业人员数	人	6517	34376	20527	25913	21288
乡村从业人员数	人	43702	274748	253032	184250	207778
其中:农林牧渔业	人	31563	123014	113240	78865	80113
农业机械总动力	万千瓦特	9	34	38	24	40
固定电话用户	户	12493	92500	55400	58600	45000
二、综合经济						
第一产业增加值	万元	52817	215351	209002	205104	176378
第二产业增加值	万元	110200	853403	909503	816435	392380
地方财政一般预算收入	万元	14418	28268	34760	23086	20063
地方财政一般预算支出	万元	82938	148600	159456	141263	153399
居民储蓄存款余额	万元	102005	964788	707170	988144	735176
年末金融机构各项贷款余额	万元	34834	620125	384231	320068	382681
三、农业、工业及投资						
粮食产量	吨	97446	240560	270408	275099	280526
棉花产量	吨		7		17	63
油料产量	吨	3204	2541	6257	3103	1395
肉类总产量	吨	4621	52018	20780	28316	28444
规模以上工业企业个数	个	5	64	51	40	38
规模以上工业总产值(现价)	万元	167176	1407200	1449435	1427800	717800
固定资产投资(不含农户)	万元	157459	1017330	1288659	921486	799000
四、教育、卫生和社会保障						
普通中学在校学生数	人	3139	29093	29450	25397	24717
小学在校学生数	人	4450	27806	22971	21771	23873
医院、卫生院床位数	床	309	1254	1283	1784	1442
各种社会福利收养性单位数	个	1	7	17	15	4
各种社会福利收养性单位床位数	床	160	510	379	463	500

2012 年县(市)社会经济主要指标

陕西省

指　　标	单位	眉　县	陇　县	千阳县	麟游县	凤　县
一、基本情况						
行政区域土地面积	平方公里	863	2277	996	1704	3187
乡(镇)个数	个	8	12	8	7	9
村民委员会个数	个	123	158	98	100	100
年末总户数	户	92279	77616	41891	26371	33431
其中:乡村户数	户	66419	54902	30561	19975	20081
年末总人口	万人	32	27	13	9	10
乡村人口	万人	26	21	11	7	7
年末单位从业人员数	人	18423	10582	10243	7958	12100
乡村从业人员数	人	132766	131914	55444	33818	53972
其中:农林牧渔业	人	77455	71249	25339	21566	13885
农业机械总动力	万千瓦特	19	15	12	6	10
固定电话用户	户	45720	25000	9150	29593	23410
二、综合经济						
第一产业增加值	万元	151823	162519	88356	62375	56348
第二产业增加值	万元	432137	149110	116488	310560	857947
地方财政一般预算收入	万元	20022	19163	7132	12960	38095
地方财政一般预算支出	万元	141403	124368	77806	72355	91572
居民储蓄存款余额	万元	533922	363148	198300	113518	215941
年末金融机构各项贷款余额	万元	235928	133194	94800	57809	114307
三、农业、工业及投资						
粮食产量	吨	134187	110803	61280	63284	28714
棉花产量	吨	2				
油料产量	吨	1145	2463	878	849	538
肉类总产量	吨	14227	9214	6900	7619	8422
规模以上工业企业个数	个	36	11	13	6	48
规模以上工业总产值(现价)	万元	723700	215700	221100	549800	2186414
固定资产投资(不含农户)	万元	1042800	641552	446789	659295	1010810
四、教育、卫生和社会保障						
普通中学在校学生数	人	17875	16018	6153	5535	4883
小学在校学生数	人	15986	16760	7704	5794	5083
医院、卫生院床位数	床	1168	1125	490	596	531
各种社会福利收养性单位数	个	5	2	5	4	2
各种社会福利收养性单位床位数	床	416	300	310	170	607

2012年县(市)社会经济主要指标

陕西省

指　　标	单位	太白县	三原县	泾阳县	乾　县	礼泉县
一、基本情况						
行政区域土地面积	平方公里	2698	577	792	1003	1011
乡(镇)个数	个	7	11	13	16	12
村民委员会个数	个	66	208	231	256	317
年末总户数	户	17497	142886	151414	175095	161622
其中:乡村户数	户	8978	83110	101065	115218	104541
年末总人口	万人	5	42	53	60	50
乡村人口	万人	3	32	43	48	43
年末单位从业人员数	人	8773	21573	20047	22711	22148
乡村从业人员数	人	25568	195174	210787	242643	247315
其中:农林牧渔业	人	16626	147442	108162	147674	188767
农业机械总动力	万千瓦特	3	24	39	32	32
固定电话用户	户	4610	37800	33341	38000	67960
二、综合经济						
第一产业增加值	万元	46102	261160	386382	254753	426842
第二产业增加值	万元	61700	625730	440150	465400	360980
地方财政一般预算收入	万元	6326	30201	25339	18622	21565
地方财政一般预算支出	万元	59973	158501	159800	172992	168364
居民储蓄存款余额	万元	95593	671758	622047	582734	576816
年末金融机构各项贷款余额	万元	62971	253581	282972	300269	210084
三、农业、工业及投资						
粮食产量	吨	7331	206504	257271	268199	128485
棉花产量	吨			140		
油料产量	吨	335	3800	2820	8758	4190
肉类总产量	吨	2757	16218	23877	16484	8352
规模以上工业企业个数	个	8	91	57	44	27
规模以上工业总产值(现价)	万元	93800	1737356	1164369	1008583	776500
固定资产投资(不含农户)	万元	167120	772224	822207	802900	848554
四、教育、卫生和社会保障						
普通中学在校学生数	人	3408	29653	32154	51069	40733
小学在校学生数	人	3537	21605	26763	49775	39484
医院、卫生院床位数	床	353	1342	1574	1368	1115
各种社会福利收养性单位数	个	1	2	2	3	5
各种社会福利收养性单位床位数	床	108	166	515	60	72

2012年县(市)社会经济主要指标

陕西省

指　　标	单位	永寿县	彬县	长武县	旬邑县	淳化县
一、基本情况						
行政区域土地面积	平方公里	889	1181	567	1811	982
乡(镇)个数	个	11	13	9	11	12
村民委员会个数	个	249	247	160	187	204
年末总户数	户	60895	98029	51990	86743	62617
其中:乡村户数	户	43903	71916	43140	57239	46383
年末总人口	万人	21	36	19	29	20
乡村人口	万人	18	29	16	23	17
年末单位从业人员数	人	12256	27057	13220	19904	12249
乡村从业人员数	人	73880	143432	78972	110929	104431
其中:农林牧渔业	人	37433	86352	43996	62675	66401
农业机械总动力	万千瓦特	14	10	12	10	19
固定电话用户	户	7653	21946	16230	12261	12925
二、综合经济						
第一产业增加值	万元	123842	144544	126011	232570	217400
第二产业增加值	万元	127570	1033510	249630	543570	128190
地方财政一般预算收入	万元	10538	86362	23554	27596	8001
地方财政一般预算支出	万元	101489	209539	90846	132368	107593
居民储蓄存款余额	万元	213531	638919	283417	362568	195944
年末金融机构各项贷款余额	万元	101806	677024	91563	116091	75926
三、农业、工业及投资						
粮食产量	吨	84735	129983	62665	126735	124294
棉花产量	吨					
油料产量	吨	3088	9652	1658	1674	5636
肉类总产量	吨	9476	5736	4522	26164	13732
规模以上工业企业个数	个	15	20	10	15	22
规模以上工业总产值(现价)	万元	312082	1975874	525967	1038400	258932
固定资产投资(不含农户)	万元	374526	1071036	641658	477695	231771
四、教育、卫生和社会保障						
普通中学在校学生数	人	12808	22376	9756	17907	12074
小学在校学生数	人	13650	26246	9389	16084	21658
医院、卫生院床位数	床	515	1512	622	771	557
各种社会福利收养性单位数	个	4	5	3	10	2
各种社会福利收养性单位床位数	床	433	535	340	484	450

2012年县(市)社会经济主要指标

陕西省

指　　标	单位	武功县	兴平市	华　县	潼关县	大荔县
一、基本情况						
行政区域土地面积	平方公里	398	508	1139	526	1776
乡(镇)个数	个	8	8	10	6	18
村民委员会个数	个	212	223	242	83	415
年末总户数	户	138120	163625	110044	51457	208826
其中:乡村户数	户	87698	91875	69580	27396	157106
年末总人口	万人	46	61	35	17	73
乡村人口	万人	33	37	26	12	58
年末单位从业人员数	人	30091	41560	25840	15454	24811
乡村从业人员数	人	172254	202048	143520	73397	366183
其中:农林牧渔业	人	87134	135994	114735	42434	255350
农业机械总动力	万千瓦特	24	28	27	9	89
固定电话用户	户	67284	60147	79900	22115	88612
二、综合经济						
第一产业增加值	万元	185150	209999	79438	29940	266338
第二产业增加值	万元	317100	790750	863270	181530	293470
地方财政一般预算收入	万元	10927	36600	39306	19230	13311
地方财政一般预算支出	万元	141676	177113	195794	100518	213522
居民储蓄存款余额	万元	573713	979507	573793	293995	646300
年末金融机构各项贷款余额	万元	208152	508882	275633	201479	462000
三、农业、工业及投资						
粮食产量	吨	210562	222957	119562	46481	290151
棉花产量	吨	8		1887	961	16883
油料产量	吨	2567	739	1650	4014	26568
肉类总产量	吨	22576	41797	7738	6130	37836
规模以上工业企业个数	个	28	78	18	16	38
规模以上工业总产值(现价)	万元	691340	2292732	2164236	478055	380005
固定资产投资(不含农户)	万元	350200	1251912	998743	317032	577220
四、教育、卫生和社会保障						
普通中学在校学生数	人	31269	37687	12896	10485	34119
小学在校学生数	人	36203	37131	14330	8856	34874
医院、卫生院床位数	床	1472	1518	1351	545	1866
各种社会福利收养性单位数	个	2	1	1	2	10
各种社会福利收养性单位床位数	床	100	42	100	55	870

2012年县(市)社会经济主要指标

陕西省

指　　标	单位	合阳县	澄城县	蒲城县	白水县	富平县
一、基本情况						
行政区域土地面积	平方公里	1437	1121	1584	960	1242
乡(镇)个数	个	12	10	17	10	17
村民委员会个数	个	353	266	359	194	337
年末总户数	户	134572	145760	226165	109100	256614
其中:乡村户数	户	98543	79977	148120	55273	168123
年末总人口	万人	45	40	79	30	80
乡村人口	万人	38	30	59	22	68
年末单位从业人员数	人	30606	30777	31332	15572	30498
乡村从业人员数	人	215773	199744	325270	110527	356046
其中:农林牧渔业	人	128787	146880	235210	70542	210065
农业机械总动力	万千瓦特	27	29	63	35	53
固定电话用户	户	54100	56878	166470	32000	93720
二、综合经济						
第一产业增加值	万元	151269	175310	213420	181008	230181
第二产业增加值	万元	184900	394930	676350	183520	454500
地方财政一般预算收入	万元	17908	28869	45500	17700	28693
地方财政一般预算支出	万元	169800	166968	237162	140294	251983
居民储蓄存款余额	万元	513400	712159	996093	400000	815275
年末金融机构各项贷款余额	万元	226600	308642	891453	170200	437976
三、农业、工业及投资						
粮食产量	吨	220180	177655	360256	117880	380052
棉花产量	吨	6149	7892	16253		555
油料产量	吨	3566	7450	4232	6573	5068
肉类总产量	吨	10680	51472	14640	15167	18874
规模以上工业企业个数	个	16	22	34	11	40
规模以上工业总产值(现价)	万元	305249	624034	1401410	332333	1153300
固定资产投资(不含农户)	万元	565700	905132	1311893	380276	681463
四、教育、卫生和社会保障						
普通中学在校学生数	人	30331	26790	44463	19142	23106
小学在校学生数	人	26581	18406	39161	14208	39187
医院、卫生院床位数	床	1078	1270	1700	522	2200
各种社会福利收养性单位数	个	5	2	5	3	
各种社会福利收养性单位床位数	床	240	100	125	180	

2012年县(市)社会经济主要指标

陕西省

指　　标	单位	韩城市	华阴市	延长县	延川县	子长县
一、基本情况						
行政区域土地面积	平方公里	1621	817	2368	1984	2396
乡(镇)个数	个	10	7	9	10	10
村民委员会个数	个	275	186	288	346	358
年末总户数	户	126160	84999	62501	71474	90189
其中:乡村户数	户	45617	42653	26422	32299	47270
年末总人口	万人	40	26	16	20	28
乡村人口	万人	25	19	11	14	20
年末单位从业人员数	人	49395	21900	9342	9807	15784
乡村从业人员数	人	122256	97931	47091	58769	76259
其中:农林牧渔业	人	60384	75544	40847	36600	55646
农业机械总动力	万千瓦特	28	6	9	7	12
固定电话用户	户	85573	39889	15829	21392	30571
二、综合经济						
第一产业增加值	万元	129383	50360	73084	47951	66050
第二产业增加值	万元	1781740	389380	158700	648000	522300
地方财政一般预算收入	万元	153156	28844	30543	20224	64380
地方财政一般预算支出	万元	211518	123223	103868	131695	158537
居民储蓄存款余额	万元	1241053	488887	201344	244246	271340
年末金融机构各项贷款余额	万元	1300294	423761	103390	763476	193377
三、农业、工业及投资						
粮食产量	吨	83268	80480	38374	43263	77259
棉花产量	吨	275	1359	470	438	
油料产量	吨	1141	1218	3133	1318	5262
肉类总产量	吨	12481	3880	3106	2968	8572
规模以上工业企业个数	个	81	12	3	6	22
规模以上工业总产值(现价)	万元	5537572	766480	9899	26485	526253
固定资产投资(不含农户)	万元	1436492	676336	344507	167027	764434
四、教育、卫生和社会保障						
普通中学在校学生数	人	23105	5224	5244	8470	15071
小学在校学生数	人	22365	12497	7426	12328	19842
医院、卫生院床位数	床	1558	1143	321	329	651
各种社会福利收养性单位数	个	2	1	2	10	1
各种社会福利收养性单位床位数	床	200	60	45	143	40

2012年县(市)社会经济主要指标

陕西省

指　　标	单位	安塞县	志丹县	吴起县	甘泉县	富　县
一、基本情况						
行政区域土地面积	平方公里	2949	3794	3789	2272	4180
乡(镇)个数	个	9	8	9	6	10
村民委员会个数	个	211	200	164	117	240
年末总户数	户	64120	61653	46849	34193	52031
其中:乡村户数	户	36792	23413	26754	11255	30357
年末总人口	万人	19	16	14	9	16
乡村人口	万人	15	11	11	5	12
年末单位从业人员数	人	13154	16137	16612	9524	11776
乡村从业人员数	人	63595	52603	52866	26966	62978
其中:农林牧渔业	人	36931	34618	22442	23123	56983
农业机械总动力	万千瓦特	7	13	16	8	15
固定电话用户	户	18241	16748	18551	12167	18326
二、综合经济						
第一产业增加值	万元	64749	44490	42944	36319	103689
第二产业增加值	万元	869000	1547600	1821000	104500	89300
地方财政一般预算收入	万元	107262	200275	263388	34607	22508
地方财政一般预算支出	万元	173037	235356	283187	76656	100397
居民储蓄存款余额	万元	223385	317212	322658	123681	212737
年末金融机构各项贷款余额	万元	127647	205406	197104	71682	212450
三、农业、工业及投资						
粮食产量	吨	68568	55146	58662	41577	37304
棉花产量	吨					
油料产量	吨	2688	2880	450	103	551
肉类总产量	吨	2963	3075	5432	4304	2865
规模以上工业企业个数	个	6	6	4	6	1
规模以上工业总产值(现价)	万元	66314	20134	8740	121886	10927
固定资产投资(不含农户)	万元	829918	1292650	1400536	106647	300393
四、教育、卫生和社会保障						
普通中学在校学生数	人	9532	7024	8959	4205	8239
小学在校学生数	人	13918	12315	11491	5977	11379
医院、卫生院床位数	床	466	480	335	249	524
各种社会福利收养性单位数	个	3	2	2	1	2
各种社会福利收养性单位床位数	床	43	60	58	200	252

2012 年县(市)社会经济主要指标

陕西省

指　　标	单位	洛川县	宜川县	黄龙县	黄陵县	南郑县
一、基本情况						
行政区域土地面积	平方公里	1792	2934	2746	2287	2824
乡(镇)个数	个	12	9	7	7	22
村民委员会个数	个	371	202	87	191	398
年末总户数	户	77123	35957	19437	44986	187068
其中:乡村户数	户	41975	26683	9567	20491	143158
年末总人口	万人	22	12	5	13	56
乡村人口	万人	17	9	3	8	47
年末单位从业人员数	人	16678	6935	5538	24224	25018
乡村从业人员数	人	95684	42227	14914	39122	254292
其中:农林牧渔业	人	87112	37823	12815	25299	148021
农业机械总动力	万千瓦特	25	24	5	24	18
固定电话用户	户	24925	14585	8058	21486	47596
二、综合经济						
第一产业增加值	万元	191341	93491	37205	62257	185892
第二产业增加值	万元	1794100	11200	8900	825700	642530
地方财政一般预算收入	万元	21031	8258	2410	94946	44944
地方财政一般预算支出	万元	127912	100650	73906	150580	218682
居民储蓄存款余额	万元	363415	171169	80642	425573	809056
年末金融机构各项贷款余额	万元	690223	65243	23622	174328	328161
三、农业、工业及投资						
粮食产量	吨	94413	37083	77375	46616	147416
棉花产量	吨		11			
油料产量	吨	898	1000	147	2484	33124
肉类总产量	吨	23208	2432	2473	2916	34652
规模以上工业企业个数	个	1	1		34	39
规模以上工业总产值(现价)	万元	15589	2609		1308924	892383
固定资产投资(不含农户)	万元	493777	123603	61109	823193	383500
四、教育、卫生和社会保障						
普通中学在校学生数	人	16287	8753	2572	8785	30053
小学在校学生数	人	16428	6101	2496	8520	29787
医院、卫生院床位数	床	550	346	159	720	965
各种社会福利收养性单位数	个	1	1	4	1	13
各种社会福利收养性单位床位数	床	280	90	410	350	690

2012 年县(市)社会经济主要指标

陕西省

指标	单位	城固县	洋县	西乡县	勉县	宁强县
一、基本情况						
行政区域土地面积	平方公里	2265	3206	3265	2382	3260
乡(镇)个数	个	18	20	18	19	21
村民委员会个数	个	392	362	267	233	269
年末总户数	户	182710	137974	144848	142057	110777
其中:乡村户数	户	124596	107140	103712	100683	86299
年末总人口	万人	54	45	42	43	33
乡村人口	万人	43	37	34	32	29
年末单位从业人员数	人	30004	20722	14910	32140	17204
乡村从业人员数	人	200126	172058	179221	187563	155982
其中:农林牧渔业	人	86789	96408	88285	88131	79535
农业机械总动力	万千瓦特	20	19	32	13	14
固定电话用户	户	48271	58500	54321	80000	34800
二、综合经济						
第一产业增加值	万元	360177	191251	152579	169529	152006
第二产业增加值	万元	445820	316940	159860	549510	147760
地方财政一般预算收入	万元	16519	17798	16006	25574	11701
地方财政一般预算支出	万元	182600	169489	164500	164777	157816
居民储蓄存款余额	万元	890155	670082	560557	807673	398476
年末金融机构各项贷款余额	万元	359238	542009	340005	511686	185558
三、农业、工业及投资						
粮食产量	吨	139827	155658	98264	132994	82208
棉花产量	吨			3		
油料产量	吨	23008	27333	23901	27603	11514
肉类总产量	吨	45711	42703	48202	41142	31775
规模以上工业企业个数	个	41	27	31	34	33
规模以上工业总产值(现价)	万元	970494	618000	279293	1697625	245456
固定资产投资(不含农户)	万元	661480	529700	339454	568411	371317
四、教育、卫生和社会保障						
普通中学在校学生数	人	26964	20230	12710	24610	20855
小学在校学生数	人	30732	25144	23918	20068	20461
医院、卫生院床位数	床	1494	1430	1397	1543	1261
各种社会福利收养性单位数	个	17	11	1	19	2
各种社会福利收养性单位床位数	床	1473	540	15	479	400

2012年县(市)社会经济主要指标

陕西省

指　　标	单位	略阳县	镇巴县	留坝县	佛坪县	神木县
一、基本情况						
行政区域土地面积	平方公里	2831	3414	1854	1279	7635
乡(镇)个数	个	18	21	8	8	15
村民委员会个数	个	183	202	98	59	631
年末总户数	户	66450	85384	14902	11356	155351
其中:乡村户数	户	37381	63116	10048	7450	99826
年末总人口	万人	20	29	4	3	45
乡村人口	万人	14	24	4	3	29
年末单位从业人员数	人	20486	11546	4073	2961	63304
乡村从业人员数	人	75359	104563	19255	10018	140350
其中:农林牧渔业	人	32689	51448	13957	6012	70654
农业机械总动力	万千瓦特	23	9	2	2	29
固定电话用户	户	30746	38913	7988	4039	76645
二、综合经济						
第一产业增加值	万元	74647	129472	24832	9868	106316
第二产业增加值	万元	329440	113770	22580	15420	7616490
地方财政一般预算收入	万元	18091	8085	2886	1759	535610
地方财政一般预算支出	万元	120616	129086	53101	46501	678458
居民储蓄存款余额	万元	350870	246001	61245	45789	2983787
年末金融机构各项贷款余额	万元	280076	119588	58566	28578	3493352
三、农业、工业及投资						
粮食产量	吨	46939	86517	11748	8550	121133
棉花产量	吨					
油料产量	吨	4608	10837	924	430	6760
肉类总产量	吨	15202	29555	3532	2355	20198
规模以上工业企业个数	个	22	6	5	3	239
规模以上工业总产值(现价)	万元	806254	100810	16779	7027	11969000
固定资产投资(不含农户)	万元	283208	238370	45336	57355	2978168
四、教育、卫生和社会保障						
普通中学在校学生数	人	7459	14560	2554	1520	23147
小学在校学生数	人	8952	17781	2044	1707	30312
医院、卫生院床位数	床	749	766	230	175	1186
各种社会福利收养性单位数	个	7	2	3	6	3
各种社会福利收养性单位床位数	床	1400	125	55	360	820

2012年县(市)社会经济主要指标

陕西省

指标	单位	府谷县	横山县	靖边县	定边县	绥德县
一、基本情况						
行政区域土地面积	平方公里	3229	4282	5088	6920	1853
乡(镇)个数	个	15	14	17	20	16
村民委员会个数	个	232	361	214	335	661
年末总户数	户	96112	106387	103371	97916	134535
其中:乡村户数	户	43420	61450	60080	60569	87835
年末总人口	万人	26	37	35	34	37
乡村人口	万人	17	32	25	27	30
年末单位从业人员数	人	17262	16736	26562	21706	19490
乡村从业人员数	人	94116	149799	154034	160384	168400
其中:农林牧渔业	人	40420	119899	81956	125222	68644
农业机械总动力	万千瓦特	31	24	45	50	15
固定电话用户	户	44005	25429	45200	36025	38905
二、综合经济						
第一产业增加值	万元	52134	121600	166500	143396	90860
第二产业增加值	万元	3960500	617600	2594800	2408500	93500
地方财政一般预算收入	万元	274226	37381	152115	160039	6198
地方财政一般预算支出	万元	290961	198881	282473	277248	192100
居民储蓄存款余额	万元	1666200	240795	453900	560976	303147
年末金融机构各项贷款余额	万元	2415600	306269	855900	475341	368894
三、农业、工业及投资						
粮食产量	吨	68411	152742	229713	282210	87932
棉花产量	吨	54				
油料产量	吨	2692	3941	6582	15484	20870
肉类总产量	吨	5922	19376	27203	18454	4107
规模以上工业企业个数	个	236	20	27	9	7
规模以上工业总产值(现价)	万元	5985035	863502	4127000	590454	25795
固定资产投资(不含农户)	万元	3266662	1462859	1927676	867889	298915
四、教育、卫生和社会保障						
普通中学在校学生数	人	7571	16703	22567	20703	20684
小学在校学生数	人	16985	18350	28952	18986	17151
医院、卫生院床位数	床	1280	891	1256	1171	2262
各种社会福利收养性单位数	个	5	2	8	3	5
各种社会福利收养性单位床位数	床	433	118	200	355	389

2012 年县(市)社会经济主要指标

陕西省

指　　标	单位	米脂县	佳　县	吴堡县	清涧县	子洲县
一、基本情况						
行政区域土地面积	平方公里	1212	2029	418	1881	2040
乡(镇)个数	个	10	16	6	12	14
村民委员会个数	个	396	653	221	639	550
年末总户数	户	80366	98642	34760	64689	115680
其中:乡村户数	户	45842	56083	19046	51010	75470
年末总人口	万人	23	26	8	22	32
乡村人口	万人	19	23	7	19	29
年末单位从业人员数	人	10860	9978	7467	14331	10301
乡村从业人员数	人	87643	174566	26600	86315	152432
其中:农林牧渔业	人	46598	56520	8400	71887	81839
农业机械总动力	万千瓦特	14	10	7	14	10
固定电话用户	户	30110	30450	13460	16850	19528
二、综合经济						
第一产业增加值	万元	52844	89100	22083	114101	88166
第二产业增加值	万元	129700	97300	58100	77200	158904
地方财政一般预算收入	万元	4876	7625	2441	4149	4550
地方财政一般预算支出	万元	140089	157239	83721	145274	158170
居民储蓄存款余额	万元	188981	92695	65618	114538	51421
年末金融机构各项贷款余额	万元	126686	81200	107500	98244	97143
三、农业、工业及投资						
粮食产量	吨	83438	70730	17754	71759	110985
棉花产量	吨			30	37	
油料产量	吨	4506	2949	1361	7649	10467
肉类总产量	吨	4519	4271	894	5069	6116
规模以上工业企业个数	个	11	15	6	15	5
规模以上工业总产值(现价)	万元	171682	96900	47494	114800	279005
固定资产投资(不含农户)	万元	189084	271893	98081	206312	131450
四、教育、卫生和社会保障						
普通中学在校学生数	人	9251	11352	5102	4112	12476
小学在校学生数	人	8124	13493	4740	6472	13609
医院、卫生院床位数	床	588	449	423	622	553
各种社会福利收养性单位数	个	7	4	1	3	1
各种社会福利收养性单位床位数	床	170	233	30	378	265

2012年县(市)社会经济主要指标

陕西省

指　　标	单位	汉阴县	石泉县	宁陕县	紫阳县	岚皋县
一、基本情况						
行政区域土地面积	平方公里	1365	1516	3667	2240	1957
乡(镇)个数	个	14	11	12	21	15
村民委员会个数	个	179	193	98	210	188
年末总户数	户	103780	66364	25766	108448	65222
其中:乡村户数	户	75937	45049	17361	72408	42754
年末总人口	万人	31	18	7	34	17
乡村人口	万人	26	15	6	28	15
年末单位从业人员数	人	10685	9700	5569	11462	8010
乡村从业人员数	人	159474	86660	32789	163486	83213
其中:农林牧渔业	人	73369	41387	17823	62923	36624
农业机械总动力	万千瓦特	18	12	5	14	8
固定电话用户	户	28503	26225	10535	25576	18354
二、综合经济						
第一产业增加值	万元	98234	56071	35313	100901	52235
第二产业增加值	万元	244250	267270	106400	220830	127910
地方财政一般预算收入	万元	14469	9378	5307	18409	7628
地方财政一般预算支出	万元	135000	121498	68973	155396	98712
居民储蓄存款余额	万元	361348	278965	108384	297249	137000
年末金融机构各项贷款余额	万元	171483	169441	52147	131343	104596
三、农业、工业及投资						
粮食产量	吨	100027	66459	19848	106868	64013
棉花产量	吨	12				
油料产量	吨	27064	12300	805	11623	6040
肉类总产量	吨	31599	19730	4263	31110	20620
规模以上工业企业个数	个	47	41	15	24	20
规模以上工业总产值(现价)	万元	580685	543556	171662	355867	213546
固定资产投资(不含农户)	万元	292934	294630	142303	317747	186763
四、教育、卫生和社会保障						
普通中学在校学生数	人	14798	9198	3794	15382	7440
小学在校学生数	人	20694	10111	3610	20972	9433
医院、卫生院床位数	床	789	534	275	619	587
各种社会福利收养性单位数	个	83	1	10	22	39
各种社会福利收养性单位床位数	床	3180	60	1000	2831	2120

2012年县(市)社会经济主要指标

陕西省

指　　标	单位	平利县	镇坪县	旬阳县	白河县	商州区
一、基本情况						
行政区域土地面积	平方公里	2648	1502	3541	1453	2672
乡(镇)个数	个	11	9	22	12	23
村民委员会个数	个	190	78	266	124	385
年末总户数	户	94045	20603	145836	63842	151075
其中:乡村户数	户	50706	13882	105135	48572	117891
年末总人口	万人	24	6	46	21	53
乡村人口	万人	19	5	37	18	42
年末单位从业人员数	人	9789	3712	19566	8550	46776
乡村从业人员数	人	95958	26291	197698	109993	199071
其中:农林牧渔业	人	49337	15126	116577	46576	121232
农业机械总动力	万千瓦特	11	4	23	12	15
固定电话用户	户	26761	8655	42590	22645	82055
二、综合经济						
第一产业增加值	万元	84331	25484	104974	59980	120164
第二产业增加值	万元	235450	55310	466140	183240	441900
地方财政一般预算收入	万元	9299	4380	39292	9725	33502
地方财政一般预算支出	万元	122745	58781	212079	126000	198269
居民储蓄存款余额	万元	266034	60752	563868	224073	1211550
年末金融机构各项贷款余额	万元	120984	31297	462947	124589	1088689
三、农业、工业及投资						
粮食产量	吨	73628	27180	120091	56326	107590
棉花产量	吨					
油料产量	吨	11969	1534	19383	6075	332
肉类总产量	吨	28507	14680	42024	14088	18746
规模以上工业企业个数	个	41	12	39	28	17
规模以上工业总产值(现价)	万元	509695	86053	811792	463813	831400
固定资产投资(不含农户)	万元	263193	84989	560247	222827	783560
四、教育、卫生和社会保障						
普通中学在校学生数	人	11632	3708	28554	12798	32020
小学在校学生数	人	12331	3997	22287	11445	37560
医院、卫生院床位数	床	560	218	1265	534	2938
各种社会福利收养性单位数	个	59	4	30	22	11
各种社会福利收养性单位床位数	床	3244	780	3147	2454	382

2012年县(市)社会经济主要指标

陕西省

指　　标	单位	洛南县	丹凤县	商南县	山阳县	镇安县
一、基本情况						
行政区域土地面积	平方公里	2830	2438	2307	3535	3487
乡(镇)个数	个	19	16	13	23	19
村民委员会个数	个	351	196	164	318	202
年末总户数	户	141637	97739	89652	140965	85961
其中:乡村户数	户	94166	67028	54944	103948	64109
年末总人口	万人	46	31	24	47	30
乡村人口	万人	34	25	19	40	24
年末单位从业人员数	人	20083	11337	13000	23134	17703
乡村从业人员数	人	157174	121473	106405	159979	121862
其中:农林牧渔业	人	94060	69544	43763	63179	53575
农业机械总动力	万千瓦特	15	6	7	17	13
固定电话用户	户	53000	38000	23925	48398	22679
二、综合经济						
第一产业增加值	万元	172150	103381	111230	128900	105658
第二产业增加值	万元	326700	233200	203000	301300	296300
地方财政一般预算收入	万元	35388	22376	26371	25116	18900
地方财政一般预算支出	万元	206015	156801	151406	197743	165662
居民储蓄存款余额	万元	582196	395186	307012	522736	334390
年末金融机构各项贷款余额	万元	230680	152117	177279	276945	189120
三、农业、工业及投资						
粮食产量	吨	163415	65152	61733	110726	92502
棉花产量	吨					2
油料产量	吨	1025	1305	11722	2731	5923
肉类总产量	吨	34315	21903	20429	22150	14751
规模以上工业企业个数	个	29	15	20	27	23
规模以上工业总产值(现价)	万元	632079	241500	322389	452742	307256
固定资产投资(不含农户)	万元	580022	469000	436761	475030	445779
四、教育、卫生和社会保障						
普通中学在校学生数	人	25506	14042	14879	26440	20553
小学在校学生数	人	27822	18864	15681	32539	17736
医院、卫生院床位数	床	984	881	743	1477	1000
各种社会福利收养性单位数	个	10	10	13	22	13
各种社会福利收养性单位床位数	床	904	1386	1150	1903	957

2012年县(市)社会经济主要指标

陕西省、甘肃省

指　　标	单位	柞水县	永登县	皋兰县	榆中县	永昌县
一、基本情况						
行政区域土地面积	平方公里	2277	6090	2556	3302	5877
乡(镇)个数	个	13	18	7	20	10
村民委员会个数	个	120	240	71	268	111
年末总户数	户	51436	158178	59785	121171	73700
其中:乡村户数	户	37648	113300	43235	97500	49278
年末总人口	万人	17	53	18	44	24
乡村人口	万人	13	46	15	38	19
年末单位从业人员数	人	78625	23687	10386	21603	21016
乡村从业人员数	人	63800	253600	90930	202600	111385
其中:农林牧渔业	人	34133	138300	46700	130500	71970
农业机械总动力	万千瓦特	7	33	33	38	70
固定电话用户	户	22500	39391	13000	22215	21738
二、综合经济						
第一产业增加值	万元	52765	104196	58300	123050	106118
第二产业增加值	万元	315900	453707	223599	445019	252780
地方财政一般预算收入	万元	21616	23614	19754	28364	21952
地方财政一般预算支出	万元	120330	148336	98611	161863	123683
居民储蓄存款余额	万元	229186	661600	389634	707660	445148
年末金融机构各项贷款余额	万元	142987	539300	387274	701007	525784
三、农业、工业及投资						
粮食产量	吨	41842	198400	50000	164300	282032
棉花产量	吨					
油料产量	吨	379	11306	6227	7354	12289
肉类总产量	吨	8907	11787	3684	8979	8881
规模以上工业企业个数	个	17	43	30	30	25
规模以上工业总产值(现价)	万元	691608	1415300	702703	1156828	885094
固定资产投资(不含农户)	万元	424735	2807181	252959	666427	444098
四、教育、卫生和社会保障						
普通中学在校学生数	人	8339	24540	13310	25347	16858
小学在校学生数	人	11689	22328	8958	23818	15933
医院、卫生院床位数	床	455	900	320	1004	826
各种社会福利收养性单位数	个	15	12	7	3	2
各种社会福利收养性单位床位数	床	225	152	20	285	282

2012年县(市)社会经济主要指标

甘肃省

指　　标	单位	靖远县	会宁县	景泰县	清水县	秦安县
一、基本情况						
行政区域土地面积	平方公里	5809	6439	5483	2012	1602
乡(镇)个数	个	18	28	11	18	17
村民委员会个数	个	175	284	135	260	428
年末总户数	户	154611	160483	68440	73079	160607
其中:乡村户数	户	108716	115389	48807	63040	124608
年末总人口	万人	47	56	24	32	61
乡村人口	万人	44	55	19	30	57
年末单位从业人员数	人	16048	18668	14304	10870	14925
乡村从业人员数	人	224089	293441	107283	151363	296078
其中:农林牧渔业	人	170386	213085	71518	103244	201532
农业机械总动力	万千瓦特	61	49	52	13	24
固定电话用户	户	38048	38000	20400	19568	61752
二、综合经济						
第一产业增加值	万元	178803	138381	93874	89663	150248
第二产业增加值	万元	155941	147958	243762	61834	102186
地方财政一般预算收入	万元	56108	9344	16214	9906	11794
地方财政一般预算支出	万元	242166	243849	100422	149620	189549
居民储蓄存款余额	万元	340076	391665	288240	218430	502989
年末金融机构各项贷款余额	万元	239899	299587	407833	111658	283964
三、农业、工业及投资						
粮食产量	吨	187000	330000	147000	171275	206994
棉花产量	吨	110				
油料产量	吨	3474	2977	14194	16914	8434
肉类总产量	吨	19027	36542	15239	14020	14027
规模以上工业企业个数	个	17	18	37	7	12
规模以上工业总产值(现价)	万元	162178	170171	614831	66710	79631
固定资产投资(不含农户)	万元	352074	285321	537626	418036	340658
四、教育、卫生和社会保障						
普通中学在校学生数	人	43127	54979	19316	14712	39100
小学在校学生数	人	30545	46174	16385	29465	61300
医院、卫生院床位数	床	943	1440	756	754	876
各种社会福利收养性单位数	个	9	2	1	15	4
各种社会福利收养性单位床位数	床	298	290	250	157	60

2012年县(市)社会经济主要指标

甘肃省

指　　标	单位	甘谷县	武山县	张家川回族自治县	凉州区	民勤县
一、基本情况						
行政区域土地面积	平方公里	1573	2011	1312	5081	15907
乡(镇)个数	个	15	15	15	37	18
村民委员会个数	个	405	344	255	449	249
年末总户数	户	154033	125384	70587	303500	70264
其中:乡村户数	户	120542	90781	62616	184900	57266
年末总人口	万人	63	48	33	103	28
乡村人口	万人	57	43	31	78	24
年末单位从业人员数	人	20038	12782	10787	71758	10824
乡村从业人员数	人	302931	232723	185900	437700	118200
其中:农林牧渔业	人	157767	133076	115700	228900	91300
农业机械总动力	万千瓦特	20	22	11	152	118
固定电话用户	户	118405	47346	27397	216000	15286
二、综合经济						
第一产业增加值	万元	126733	148805	49265	466208	194932
第二产业增加值	万元	152938	93230	49977	959747	170509
地方财政一般预算收入	万元	20790	9185	8521	55230	18383
地方财政一般预算支出	万元	196273	165678	155806	406388	191816
居民储蓄存款余额	万元	473905	321035	211556	210504	558869
年末金融机构各项贷款余额	万元	232629	216254	90549	1883077	434686
三、农业、工业及投资						
粮食产量	吨	182561	130801	114386	666075	126403
棉花产量	吨					20664
油料产量	吨	9995	6763	4988	20623	46033
肉类总产量	吨	15530	10045	5929	83865	15892
规模以上工业企业个数	个	11	7	5	55	20
规模以上工业总产值(现价)	万元	191579	104246	30440	2331554	255915
固定资产投资(不含农户)	万元	631454	535940	338222	2602850	1127250
四、教育、卫生和社会保障						
普通中学在校学生数	人	54584	30196	26040	43618	24414
小学在校学生数	人	78043	45385	36177	78912	14731
医院、卫生院床位数	床	1078	1034	1200	3646	754
各种社会福利收养性单位数	个	9	12	8	18	5
各种社会福利收养性单位床位数	床	76	128	178	825	733

2012年县(市)社会经济主要指标

甘肃省

指　　　标	单位	古浪县	天祝藏族自治县	甘州区	肃南裕固族自治县	民乐县
一、基本情况						
行政区域土地面积	平方公里	5130	7147	4240	23887	3687
乡(镇)个数	个	19	19	18	8	10
村民委员会个数	个	251	176	245	101	172
年末总户数	户	90082	49389	173323	14554	63986
其中:乡村户数	户	78779	41292	98188	8196	55023
年末总人口	万人	40	22	51	4	25
乡村人口	万人	36	17	35	3	22
年末单位从业人员数	人	13954	10081	56395	6487	12523
乡村从业人员数	人	201542	95842	225760	13577	128444
其中:农林牧渔业	人	140518	64313	118492	7779	97966
农业机械总动力	万千瓦特	64	26	68	7	50
固定电话用户	户	35000	35873	139600	5578	67387
二、综合经济						
第一产业增加值	万元	107846	47635	331749	32508	113912
第二产业增加值	万元	141005	233113	364056	161058	117122
地方财政一般预算收入	万元	12851	23233	33567	23899	16816
地方财政一般预算支出	万元	221038	229588	198730	112443	125485
居民储蓄存款余额	万元	324283	254190	1246386	68924	222355
年末金融机构各项贷款余额	万元	205020	209753	1269735	66458	205320
三、农业、工业及投资						
粮食产量	吨	186244	39279	409320	24827	257123
棉花产量	吨					
油料产量	吨	26069	3130	3788	184	13643
肉类总产量	吨	17523	13542	45908	9600	14566
规模以上工业企业个数	个	17	22	64	24	17
规模以上工业总产值(现价)	万元	274464	383708	637545	325912	273524
固定资产投资(不含农户)	万元	654110	722010	739349	403210	270654
四、教育、卫生和社会保障						
普通中学在校学生数	人	22063	13654	34832	1478	21172
小学在校学生数	人	52336	12372	33164	2101	21774
医院、卫生院床位数	床	848	674	2631	404	1177
各种社会福利收养性单位数	个	7	1	19	2	4
各种社会福利收养性单位床位数	床	25	364	550	77	269

2012年县(市)社会经济主要指标

甘肃省

指　　标	单位	临泽县	高台县	山丹县	崆峒区	泾川县
一、基本情况						
行政区域土地面积	平方公里	2729	4426	5402	1936	1409
乡(镇)个数	个	7	9	8	17	14
村民委员会个数	个	71	136	110	252	215
年末总户数	户	52684	54979	69313	139477	103635
其中:乡村户数	户	34098	37074	38800	78159	75722
年末总人口	万人	15	16	20	54	36
乡村人口	万人	12	13	15	33	32
年末单位从业人员数	人	9639	9725	29432	40117	13128
乡村从业人员数	人	71876	80782	88000	178518	172529
其中:农林牧渔业	人	37050	44334	35900	95869	91597
农业机械总动力	万千瓦特	38	29	34	23	12
固定电话用户	户	23642	34896	32400	86061	25970
二、综合经济						
第一产业增加值	万元	121019	141122	78433	121367	141681
第二产业增加值	万元	134263	141800	124731	422928	129630
地方财政一般预算收入	万元	11060	12249	13600	27695	10719
地方财政一般预算支出	万元	91890	106734	114655	177113	129507
居民储蓄存款余额	万元	255136	269397	297038	1023300	420651
年末金融机构各项贷款余额	万元	220901	262682	177156	1176500	241561
三、农业、工业及投资						
粮食产量	吨	151426	158705	169542	212923	161308
棉花产量	吨	640	4468			
油料产量	吨	368	1114	14535	10281	8215
肉类总产量	吨	14714	15170	7974	15085	13873
规模以上工业企业个数	个	14	24	15	41	11
规模以上工业总产值(现价)	万元	318523	235537	204504	771867	88684
固定资产投资(不含农户)	万元	250540	220080	246096	1319600	446621
四、教育、卫生和社会保障						
普通中学在校学生数	人	10890	12045	10472	30568	20378
小学在校学生数	人	7673	7849	11863	42677	22256
医院、卫生院床位数	床	795	765	909	3063	1173
各种社会福利收养性单位数	个	8	10	9	15	10
各种社会福利收养性单位床位数	床	219	526	366	101	340

2012 年县(市)社会经济主要指标

甘肃省

指　　标	单位	灵台县	崇信县	华亭县	庄浪县	静宁县
一、基本情况						
行政区域土地面积	平方公里	2038	850	1182	1553	2194
乡(镇)个数	个	13	6	10	18	24
村民委员会个数	个	184	79	114	293	333
年末总户数	户	73989	31331	62254	106113	133942
其中:乡村户数	户	52400	19446	34442	90600	96000
年末总人口	万人	23	10	19	44	48
乡村人口	万人	21	8	14	41	45
年末单位从业人员数	人	8979	15126	35749	17088	23028
乡村从业人员数	人	113200	51095	69234	221400	225900
其中:农林牧渔业	人	64700	25137	31076	116300	163700
农业机械总动力	万千瓦特	18	5	7	18	24
固定电话用户	户	16800	7228	17780	16700	41720
二、综合经济						
第一产业增加值	万元	97444	50223	58891	98266	117373
第二产业增加值	万元	61100	224776	585520	71955	104635
地方财政一般预算收入	万元	8251	26833	69247	7504	8531
地方财政一般预算支出	万元	149371	91318	136527	185523	206202
居民储蓄存款余额	万元	262636	148637	431788	335181	334462
年末金融机构各项贷款余额	万元	141445	135213	648984	177303	285210
三、农业、工业及投资						
粮食产量	吨	183700	61106	90239	151027	181089
棉花产量	吨					
油料产量	吨	20401	7617	4150	8063	13709
肉类总产量	吨	7936	7395	11166	13350	10776
规模以上工业企业个数	个	6	9	22	12	12
规模以上工业总产值(现价)	万元	44338	444160	1131335	85598	171354
固定资产投资(不含农户)	万元	283926	382042	958500	314289	474477
四、教育、卫生和社会保障						
普通中学在校学生数	人	15417	6778	11340	38043	40201
小学在校学生数	人	13521	6067	14331	36713	37568
医院、卫生院床位数	床	698	306	825	1198	1512
各种社会福利收养性单位数	个	20	7	12	11	1
各种社会福利收养性单位床位数	床	518	205	262	241	16

2012 年县(市)社会经济主要指标

甘肃省

指　　　标	单位	肃州区	金塔县	瓜州县	肃北蒙古族自治县	阿克塞哈萨克自治县
一、基本情况						
行政区域土地面积	平方公里	3386	18798	24130	66748	31241
乡(镇)个数	个	15	9	13	4	3
村民委员会个数	个	122	89	74	26	11
年末总户数	户	131444	49369	40298	4985	3421
其中:乡村户数	户	60854	30099	26979	2300	1176
年末总人口	万人	43	15	15	2	1
乡村人口	万人	22	11	11	1	
年末单位从业人员数	人	40395	10061	8522	3066	2210
乡村从业人员数	人	121574	62858	60100	4100	1788
其中:农林牧渔业	人	64559	43989	45188	3500	1323
农业机械总动力	万千瓦特	77	45	33	4	3
固定电话用户	户	95900	17979	22600	3239	2100
二、综合经济						
第一产业增加值	万元	228272	157509	82362	3971	4382
第二产业增加值	万元	1019624	205096	343877	325789	73713
地方财政一般预算收入	万元	30281	9908	25820	28531	6185
地方财政一般预算支出	万元	171446	92899	116279	66565	43588
居民储蓄存款余额	万元	1400195	280861	283703	33599	30796
年末金融机构各项贷款余额	万元	1637984	351321	704223	22382	42393
三、农业、工业及投资						
粮食产量	吨	167798	70088	25992	4209	1194
棉花产量	吨		14558	11098		
油料产量	吨	1826	3848	1727	500	8
肉类总产量	吨	28878	15106	6515	1876	1498
规模以上工业企业个数	个	63	25	40	18	9
规模以上工业总产值(现价)	万元	2526757	229250	591305	469959	169317
固定资产投资(不含农户)	万元	1699198	647073	2235805	434338	181145
四、教育、卫生和社会保障						
普通中学在校学生数	人	19840	7902	10824	643	540
小学在校学生数	人	26611	12136	11418	717	767
医院、卫生院床位数	床	2348	498	452	115	82
各种社会福利收养性单位数	个	6	3	2	1	1
各种社会福利收养性单位床位数	床	880	90	50	30	40

2012年县(市)社会经济主要指标

甘肃省

指　　标	单位	玉门市	敦煌市	西峰区	庆城县	环　县
一、基本情况						
行政区域土地面积	平方公里	13496	31200	996	2692	9236
乡(镇)个数	个	12	8	7	15	20
村民委员会个数	个	59	56	100	153	251
年末总户数	户	53866	63775	113586	89387	96941
其中:乡村户数	户	26243	27300	62139	55900	71721
年末总人口	万人	16	19	37	29	35
乡村人口	万人	10	10	26	24	33
年末单位从业人员数	人	30233	13799	231200	9567	13445
乡村从业人员数	人	58996	54900	140714	126860	170800
其中:农林牧渔业	人	37568	32100	89836	82825	84000
农业机械总动力	万千瓦特	34	31	28	20	14
固定电话用户	户	18027	40237	95900	66157	10895
二、综合经济						
第一产业增加值	万元	79092	133029	108778	77090	88486
第二产业增加值	万元	856890	253836	1041886	602562	341142
地方财政一般预算收入	万元	27452	26734	63500	32061	34588
地方财政一般预算支出	万元	138154	120392	209800	147841	231291
居民储蓄存款余额	万元	432882	1020292	1069800	497744	411200
年末金融机构各项贷款余额	万元	522492	418901	978968	281100	191684
三、农业、工业及投资						
粮食产量	吨	51563	4881	132726	149989	410989
棉花产量	吨	2283	20027			
油料产量	吨	1753		16305	9806	11170
肉类总产量	吨	8141	7158	5831	5639	13688
规模以上工业企业个数	个	50	36	20	19	5
规模以上工业总产值(现价)	万元	2629975	350326	2357589	193940	75723
固定资产投资(不含农户)	万元	1712542	929919	1790100	660850	854738
四、教育、卫生和社会保障						
普通中学在校学生数	人	8357	9903	33024	14850	25600
小学在校学生数	人	10977	11681	31162	17600	26400
医院、卫生院床位数	床	893	625	2337	600	509
各种社会福利收养性单位数	个	9	6	9	14	2
各种社会福利收养性单位床位数	床	200	218	690	263	520

2012年县(市)社会经济主要指标

甘肃省

指标	单位	华池县	合水县	正宁县	宁县	镇原县
一、基本情况						
行政区域土地面积	平方公里	3791	2942	1320	2653	3500
乡(镇)个数	个	15	12	10	18	19
村民委员会个数	个	111	80	94	257	215
年末总户数	户	41754	52600	73768	156142	148116
其中:乡村户数	户	26234	36700	50508	114400	111262
年末总人口	万人	13	17	24	55	52
乡村人口	万人	12	15	22	51	48
年末单位从业人员数	人	7623	6778	19545	22977	14053
乡村从业人员数	人	64782	81400	118785	261800	211176
其中:农林牧渔业	人	53600	52000	75650	144100	120504
农业机械总动力	万千瓦特	14	13	15	24	27
固定电话用户	户	4000	12600	21000	61143	25800
二、综合经济						
第一产业增加值	万元	43748	63641	76662	132005	139582
第二产业增加值	万元	658022	250346	20109	175895	150220
地方财政一般预算收入	万元	20700	13066	10270	18400	22152
地方财政一般预算支出	万元	125185	122280	105586	189000	193392
居民储蓄存款余额	万元	159973	201630	299996	509200	428228
年末金融机构各项贷款余额	万元	98835	143431	127586	340300	274803
三、农业、工业及投资						
粮食产量	吨	123329	105636	90137	244667	300028
棉花产量	吨					
油料产量	吨	8864	11381	14992	31301	27879
肉类总产量	吨	5198	4307	2962	12644	12299
规模以上工业企业个数	个	4	3	3	9	12
规模以上工业总产值(现价)	万元	13520	29360	11537	84089	238714
固定资产投资(不含农户)	万元	725835	681466	909000	1311800	625782
四、教育、卫生和社会保障						
普通中学在校学生数	人	9252	10999	14041	30200	36767
小学在校学生数	人	8737	11888	13334	32437	35422
医院、卫生院床位数	床	573	468	543	853	959
各种社会福利收养性单位数	个		2	1	16	
各种社会福利收养性单位床位数	床		155	150	132	

2012年县(市)社会经济主要指标

甘肃省

指　　标	单位	安定区	通渭县	陇西县	渭源县	临洮县
一、基本情况						
行政区域土地面积	平方公里	3638	2913	2409	2066	2851
乡(镇)个数	个	19	18	17	16	18
村民委员会个数	个	306	332	215	217	323
年末总户数	户	143718	99492	142673	86239	157399
其中:乡村户数	户	90467	88803	98100	78092	126508
年末总人口	万人	46	43	51	35	53
乡村人口	万人	36	40	44	32	49
年末单位从业人员数	人	27786	17762	21317	9495	19461
乡村从业人员数	人	199250	227135	235029	170316	262774
其中:农林牧渔业	人	124723	139061	159001	120483	179421
农业机械总动力	万千瓦特	73	30	33	28	48
固定电话用户	户	73582	24805	41500	5856	21700
二、综合经济						
第一产业增加值	万元	98570	88333	130879	91825	125073
第二产业增加值	万元	131091	31362	177988	24204	149650
地方财政一般预算收入	万元	22428	7457	25892	10098	21516
地方财政一般预算支出	万元	211624	185036	214500	156615	195606
居民储蓄存款余额	万元	664149	211326	524405	219240	603916
年末金融机构各项贷款余额	万元	805479	165695	596205	132041	394575
三、农业、工业及投资						
粮食产量	吨	351000	370340	170065	130015	211030
棉花产量	吨					
油料产量	吨	1852	13982	4565	721	3736
肉类总产量	吨	16470	10028	12353	8487	20008
规模以上工业企业个数	个	12	8	13	2	15
规模以上工业总产值(现价)	万元	86083	41445	307349	9930	228792
固定资产投资(不含农户)	万元	856954	327637	840555	382078	732370
四、教育、卫生和社会保障						
普通中学在校学生数	人	35359	38641	46378	23178	14560
小学在校学生数	人	23538	31270	32818	23986	30178
医院、卫生院床位数	床	793	1125	1995	1386	1944
各种社会福利收养性单位数	个	15	9	8	7	6
各种社会福利收养性单位床位数	床	52	268	120	184	137

2012年县(市)社会经济主要指标

甘肃省

指　　标	单位	漳　县	岷县	武都区	成　县	文　县
一、基本情况						
行政区域土地面积	平方公里	2164	3500	4683	1677	4994
乡(镇)个数	个	13	18	36	17	20
村民委员会个数	个	136	300	684	245	305
年末总户数	户	45304	115682	132372	73693	81000
其中:乡村户数	户	41300	97400	123800	55700	56600
年末总人口	万人	21	48	59	27	24
乡村人口	万人	19	44	50	22	21
年末单位从业人员数	人	6214	11285	20370	17283	16720
乡村从业人员数	人	93500	226800	257100	115100	117500
其中:农林牧渔业	人	45200	162900	188800	67100	71500
农业机械总动力	万千瓦特	13	17	33	23	22
固定电话用户	户	14358	27931	18760	37600	33100
二、综合经济						
第一产业增加值	万元	52770	89616	116871	77783	43859
第二产业增加值	万元	26964	60586	146100	163232	63582
地方财政一般预算收入	万元	7101	15682	28800	28452	15407
地方财政一般预算支出	万元	98500	252687	207100	120504	114625
居民储蓄存款余额	万元	126294	292132	633234	405175	230798
年末金融机构各项贷款余额	万元	83658	216802	834700	319151	306642
三、农业、工业及投资						
粮食产量	吨	62304	78780	168005	144744	68328
棉花产量	吨			9		
油料产量	吨	1911	396	3001	7150	3424
肉类总产量	吨	5984	11535	15975	9086	7782
规模以上工业企业个数	个	2	6	8	7	18
规模以上工业总产值(现价)	万元	31875	55228	71043	308177	148352
固定资产投资(不含农户)	万元	293086	484924	1051000	380222	600700
四、教育、卫生和社会保障						
普通中学在校学生数	人	9716	27516	27928	13109	11183
小学在校学生数	人	23529	40584	68668	20659	15801
医院、卫生院床位数	床	396	958	2240	903	698
各种社会福利收养性单位数	个	5	1	1	1	2
各种社会福利收养性单位床位数	床	43	30	14	55	11

2012 年县(市)社会经济主要指标

甘肃省

指　　标	单位	宕昌县	康　县	西和县	礼　县	徽　县
一、基本情况						
行政区域土地面积	平方公里	3331	2985	1856	4300	2722
乡(镇)个数	个	25	21	20	29	15
村民委员会个数	个	336	350	384	568	213
年末总户数	户	68675	61926	109330	130103	66916
其中:乡村户数	户	62000	46600	80500	104300	47300
年末总人口	万人	32	20	43	53	22
乡村人口	万人	28	17	39	47	18
年末单位从业人员数	人	9924	6871	15089	15318	9363
乡村从业人员数	人	160400	102100	201687	246800	102200
其中:农林牧渔业	人	106900	71100	129500	152600	48100
农业机械总动力	万千瓦特	13	11	20	18	21
固定电话用户	户	13210	26839	20397	30117	18300
二、综合经济						
第一产业增加值	万元	40862	36239	55920	81475	102853
第二产业增加值	万元	41715	39183	57400	62633	140465
地方财政一般预算收入	万元	10229	9033	12316	13004	23290
地方财政一般预算支出	万元	146030	100122	155251	205105	108654
居民储蓄存款余额	万元	198595	157033	345617	363013	279830
年末金融机构各项贷款余额	万元	120823	117288	198251	171925	304633
三、农业、工业及投资						
粮食产量	吨	82701	67030	171097	146063	160085
棉花产量	吨					
油料产量	吨	2517	647	5783	6113	8550
肉类总产量	吨	6835	5435	7821	15231	13849
规模以上工业企业个数	个	4	2	8	11	11
规模以上工业总产值(现价)	万元	29260	80417	90192	115675	247645
固定资产投资(不含农户)	万元	285366	434066	493000	395973	315001
四、教育、卫生和社会保障						
普通中学在校学生数	人	12719	8931	21056	26244	9156
小学在校学生数	人	30257	12400	57668	59234	13688
医院、卫生院床位数	床	839	664	653	583	531
各种社会福利收养性单位数	个	2			16	
各种社会福利收养性单位床位数	床	8			120	

2012 年县(市)社会经济主要指标

甘肃省

指　　标	单位	两当县	临夏市	临夏县	康乐县	永靖县
一、基本情况						
行政区域土地面积	平方公里	1374	89	1213	1083	1894
乡(镇)个数	个	12	4	25	15	17
村民委员会个数	个	118	41	219	152	140
年末总户数	户	16888	69400	82528	59300	53080
其中:乡村户数	户	10000	20000	78262	51214	37804
年末总人口	万人	5	24	39	27	21
乡村人口	万人	4	9	36	25	16
年末单位从业人员数	人	4167	31298	10782	9070	14567
乡村从业人员数	人	21900	46200	185521	127316	86974
其中:农林牧渔业	人	15400	26300	96835	95779	54360
农业机械总动力	万千瓦特	6	5	13	11	15
固定电话用户	户	12300	45635	38198	5880	29690
二、综合经济						
第一产业增加值	万元	17719	32226	59150	44327	50386
第二产业增加值	万元	6474	85010	34657	16922	208848
地方财政一般预算收入	万元	2884	22909	7531	4178	22368
地方财政一般预算支出	万元	56223	172280	189567	126678	147851
居民储蓄存款余额	万元	68165	48969	197567	147974	309901
年末金融机构各项贷款余额	万元	64196	201864	126069	109688	366053
三、农业、工业及投资						
粮食产量	吨	35187	22896	145050	97520	110030
棉花产量	吨					
油料产量	吨	446	75	5711	7234	4182
肉类总产量	吨	2372	4200	8342	5424	9058
规模以上工业企业个数	个	1	5	7	2	19
规模以上工业总产值(现价)	万元	500	79616	40432	17748	432671
固定资产投资(不含农户)	万元	140280	390232	190250	140968	450971
四、教育、卫生和社会保障						
普通中学在校学生数	人	2513	20853	20053	14339	14117
小学在校学生数	人	2531	20373	27872	27062	15348
医院、卫生院床位数	床	266	1849	1072	527	700
各种社会福利收养性单位数	个	61	8	3	1	6
各种社会福利收养性单位床位数	床	305	240	145	35	78

2012年县(市)社会经济主要指标

甘肃省

指　　标	单位	广河县	和政县	东乡族自治县	积石山保安族东乡族撒拉族自治县	合作市
一、基本情况						
行政区域土地面积	平方公里	538	960	1512	910	2291
乡(镇)个数	个	9	13	24	17	6
村民委员会个数	个	102	122	229	145	38
年末总户数	户	55936	46734	55574	47287	27949
其中:乡村户数	户	37540	36261	53312	45200	5663
年末总人口	万人	25	21	32	26	9
乡村人口	万人	21	16	28	24	4
年末单位从业人员数	人	7332	6861	10033	8673	15689
乡村从业人员数	人	109809	101309	135277	124000	20841
其中:农林牧渔业	人	77968	67178	89853	77100	17923
农业机械总动力	万千瓦特	15	8	15	6	3
固定电话用户	户	12000	38200	2580	19868	21230
二、综合经济						
第一产业增加值	万元	27278	34303	40584	28887	15883
第二产业增加值	万元	38197	21912	25243	11401	58061
地方财政一般预算收入	万元	6271	7708	5519	6639	10971
地方财政一般预算支出	万元	120348	121765	197341	142518	91797
居民储蓄存款余额	万元	128138	132657	65000	108660	235200
年末金融机构各项贷款余额	万元	145328	91885	78245	90363	484100
三、农业、工业及投资						
粮食产量	吨	96908	59364	79125	89250	8904
棉花产量	吨					
油料产量	吨	2418	23150	435	15600	2432
肉类总产量	吨	2285	5856	12684	3697	4255
规模以上工业企业个数	个	2	5	4	2	7
规模以上工业总产值(现价)	万元	87365	26527	40798	12475	118808
固定资产投资(不含农户)	万元	262909	249549	175524	160698	346860
四、教育、卫生和社会保障						
普通中学在校学生数	人	13432	10557	17646	13839	8885
小学在校学生数	人	29938	18302	31977	32806	8751
医院、卫生院床位数	床	485	713	415	301	645
各种社会福利收养性单位数	个	1	2	2	1	
各种社会福利收养性单位床位数	床	96	34	245	42	

2012年县(市)社会经济主要指标

甘肃省

指　　标	单位	临潭县	卓尼县	舟曲县	迭部县	玛曲县
一、基本情况						
行政区域土地面积	平方公里	1558	5420	3010	5108	10191
乡(镇)个数	个	16	15	19	11	8
村民委员会个数	个	141	97	210	52	36
年末总户数	户	45474	20375	41857	16900	12611
其中:乡村户数	户	30785	18459	29754	8501	7887
年末总人口	万人	16	11	14	6	5
乡村人口	万人	13	9	13	4	4
年末单位从业人员数	人	7791	9116	8648	7736	5127
乡村从业人员数	人	75948	50611	69797	21600	20200
其中:农林牧渔业	人	52782	42735	35649	17500	18715
农业机械总动力	万千瓦特	9	5	15	3	
固定电话用户	户	8700	11015	30525	2998	2236
二、综合经济						
第一产业增加值	万元	26561	30376	30653	18504	36942
第二产业增加值	万元	19837	31172	22018	25549	45373
地方财政一般预算收入	万元	3669	5687	10575	6057	13943
地方财政一般预算支出	万元	123790	125069	161517	97716	95001
居民储蓄存款余额	万元	131700	85225	208406	88294	25690
年末金融机构各项贷款余额	万元	99600	95714	121013	123437	45127
三、农业、工业及投资						
粮食产量	吨	13283	12265	31478	8009	
棉花产量	吨					
油料产量	吨	5731	4255	3134	142	
肉类总产量	吨	5942	9866	5343	3550	15376
规模以上工业企业个数	个	2	2	3	2	3
规模以上工业总产值(现价)	万元	17970	34691	16249	13559	76742
固定资产投资(不含农户)	万元	160549	145129	483960	206803	83173
四、教育、卫生和社会保障						
普通中学在校学生数	人	8326	9017	11275	4017	1983
小学在校学生数	人	19215	11109	18436	5854	6352
医院、卫生院床位数	床	400	246	374	204	218
各种社会福利收养性单位数	个	1	3	2	3	1
各种社会福利收养性单位床位数	床	40	43	81	160	30

2012年县(市)社会经济主要指标

甘肃省、青海省

指　　标	单位	碌曲县	夏河县	大通回族土族自治县	湟中县	湟源县
一、基本情况						
行政区域土地面积	平方公里	5299	6274	3090	2700	1509
乡(镇)个数	个	7	13	20	15	9
村民委员会个数	个	24	65	289	393	146
年末总户数	户	9608	22088	121926	136126	42198
其中:乡村户数	户	5335	12700	85496	101587	26327
年末总人口	万人	4	9	46	48	14
乡村人口	万人	3	7	36	43	11
年末单位从业人员数	人	3905	4913	41970	28576	9964
乡村从业人员数	人	15786	38000	212079	259172	58430
其中:农林牧渔业	人	14488	28500	83393	108846	46536
农业机械总动力	万千瓦特		3	45	65	18
固定电话用户	户	3084	11430	42605	33865	21315
二、综合经济						
第一产业增加值	万元	21682	34339	111847	133206	39169
第二产业增加值	万元	27218	31049	765164	1107310	94380
地方财政一般预算收入	万元	5505	5137	43363	11316	10400
地方财政一般预算支出	万元	69461	119862	293348	253205	146787
居民储蓄存款余额	万元	34584	80798	499415	336112	169620
年末金融机构各项贷款余额	万元	32120	80484	752174	288566	95729
三、农业、工业及投资						
粮食产量	吨	2850	9659	83438	129644	23255
棉花产量	吨					
油料产量	吨	335	2934	44758	40512	3532
肉类总产量	吨	6793	11907	32462	28097	10667
规模以上工业企业个数	个	1	1	27	35	10
规模以上工业总产值(现价)	万元	14776	455577	1750967	2838140	216402
固定资产投资(不含农户)	万元	79953	248478	406362	1440423	174268
四、教育、卫生和社会保障						
普通中学在校学生数	人	1747	5132	25578	24211	7512
小学在校学生数	人	4344	8877	37111	34711	9254
医院、卫生院床位数	床	195	405	1479	839	526
各种社会福利收养性单位数	个	1	3	3	8	13
各种社会福利收养性单位床位数	床	48	56	225	614	534

2012 年县(市)社会经济主要指标

青海省

指　　标	单位	平安县	民和回族土族自治县	乐都县	互助土族自治县	化隆回族自治县
一、基本情况						
行政区域土地面积	平方公里	769	1891	3050	3324	2740
乡(镇)个数	个	8	22	19	19	17
村民委员会个数	个	111	312	354	294	362
年末总户数	户	42465	110519	89459	111408	76054
其中:乡村户数	户	21445	75719	61137	84611	48460
年末总人口	万人	13	43	29	39	29
乡村人口	万人	8	37	24	34	21
年末单位从业人员数	人	11169	14097	13170	18430	6594
乡村从业人员数	人	46945	177051	129146	177168	115331
其中:农林牧渔业	人	16987	75256	55107	101960	64020
农业机械总动力	万千瓦特	7	41	23	46	21
固定电话用户	户	8855	22979	35852	29155	14621
二、综合经济						
第一产业增加值	万元	33891	81417	94222	147873	50522
第二产业增加值	万元	204481	278391	250218	307711	250175
地方财政一般预算收入	万元	10424	23082	17849	21302	8214
地方财政一般预算支出	万元	133132	281836	221977	286337	169896
居民储蓄存款余额	万元	334816	271508	366207	325811	160425
年末金融机构各项贷款余额	万元	395117	155344	232271	185551	95763
三、农业、工业及投资						
粮食产量	吨	47260	219242	55447	116407	71498
棉花产量	吨					
油料产量	吨	12079	13080	6319	70316	26595
肉类总产量	吨	6351	14776	23296	30145	7393
规模以上工业企业个数	个	11	15	18	21	13
规模以上工业总产值(现价)	万元	361832	393275	521594	488000	401973
固定资产投资(不含农户)	万元	463267	363651	407383	368442	56780
四、教育、卫生和社会保障						
普通中学在校学生数	人	9236	29796	17752	22270	8042
小学在校学生数	人	5968	40215	18347	28634	34120
医院、卫生院床位数	床	390	1140	1530	751	396
各种社会福利收养性单位数	个	2		4	2	2
各种社会福利收养性单位床位数	床	86		240	295	10

2012年县(市)社会经济主要指标

青海省

指　　标	单位	循化撒拉族自治县	门源回族自治县	祁连县	海晏县	刚察县
一、基本情况						
行政区域土地面积	平方公里	1818	6902	14681	4443	8138
乡(镇)个数	个	9	12	7	6	5
村民委员会个数	个	154	109	45	29	31
年末总户数	户	41489	44687	16334	12223	15584
其中:乡村户数	户	24396	30015	9924	5389	6995
年末总人口	万人	15	16	5	4	5
乡村人口	万人	12	13	4	2	3
年末单位从业人员数	人	6257	8379	3979	12603	3012
乡村从业人员数	人	61883	74223	20770	13425	12135
其中:农林牧渔业	人	21835	43084	14717	7341	10089
农业机械总动力	万千瓦特	9	30	5	5	3
固定电话用户	户	12429	8593	5569	6470	2938
二、综合经济						
第一产业增加值	万元	35021	58863	35366	13445	32166
第二产业增加值	万元	65414	114498	80386	279132	109209
地方财政一般预算收入	万元	5110	9221	7371	20508	11901
地方财政一般预算支出	万元	135154	161230	95465	177838	110954
居民储蓄存款余额	万元	161303	117915	66025	84495	37044
年末金融机构各项贷款余额	万元	81360	78619	39857	96369	39988
三、农业、工业及投资						
粮食产量	吨	32405	40372	2714	4332	1252
棉花产量	吨					
油料产量	吨	7306	36258	1072	797	8292
肉类总产量	吨	4925	12236	13134	6302	11695
规模以上工业企业个数	个	6	14	10	13	3
规模以上工业总产值(现价)	万元	58718	104929	73721	508871	179639
固定资产投资(不含农户)	万元	88872	153808	115706	169642	108867
四、教育、卫生和社会保障						
普通中学在校学生数	人	6950	9357	3132	3126	1401
小学在校学生数	人	14575	14829	4393	3790	4106
医院、卫生院床位数	床	348	241	158	285	164
各种社会福利收养性单位数	个	4	1	4	1	1
各种社会福利收养性单位床位数	床	133	60	65	35	50

2012年县(市)社会经济主要指标

青海省

指　　标	单位	同仁县	尖扎县	泽库县	河南蒙古族自治县	共和县
一、基本情况						
行政区域土地面积	平方公里	3275	2174	6773	6700	17209
乡(镇)个数	个	11	9	7	5	11
村民委员会个数	个	72	86	64	39	99
年末总户数	户	30491	20350	20866	11336	43282
其中:乡村户数	户	13078	10025	15363	6947	21250
年末总人口	万人	9	6	7	4	14
乡村人口	万人	6	4	7	3	9
年末单位从业人员数	人	9205	5006	2177	2571	13061
乡村从业人员数	人	35480	21799	29522	16271	46715
其中:农林牧渔业	人	26999	15213	27027	14897	35075
农业机械总动力	万千瓦特	5	7	2		16
固定电话用户	户			1008	1500	12165
二、综合经济						
第一产业增加值	万元	35717	17518	60815	54265	60508
第二产业增加值	万元	27338	158974	14754	17032	170072
地方财政一般预算收入	万元	3392	5861	1367	1542	10497
地方财政一般预算支出	万元	116218	96550	97464	92215	161507
居民储蓄存款余额	万元	109631	72214	22997	27613	184033
年末金融机构各项贷款余额	万元	80576	74187	34730	23961	248606
三、农业、工业及投资						
粮食产量	吨	15151	14207	13		29691
棉花产量	吨					
油料产量	吨	3748	896	1925		12080
肉类总产量	吨	4963	2578	16465	18087	15586
规模以上工业企业个数	个		6		1	10
规模以上工业总产值(现价)	万元		217322		33959	229078
固定资产投资(不含农户)	万元	88931	92469	38894	57960	188111
四、教育、卫生和社会保障						
普通中学在校学生数	人	6872	3562	3234	1701	9835
小学在校学生数	人	10126	5010	8919	3827	12012
医院、卫生院床位数	床	58	265	126	162	851
各种社会福利收养性单位数	个	1	3	1	1	3
各种社会福利收养性单位床位数	床	130	445	42	56	211

2012年县(市)社会经济主要指标

青海省

指　　标	单位	同德县	贵德县	兴海县	贵南县	玛沁县
一、基本情况						
行政区域土地面积	平方公里	5001	3504	12182	6650	13500
乡(镇)个数	个	5	7	7	6	8
村民委员会个数	个	73	119	57	75	35
年末总户数	户	16653	34762	20542	22627	15820
其中:乡村户数	户	11736	21281	13698	13014	8341
年末总人口	万人	6	11	8	8	5
乡村人口	万人	5	9	6	6	3
年末单位从业人员数	人	3897	3960	3935	5579	6971
乡村从业人员数	人	26194	42509	26024	26296	15709
其中:农林牧渔业	人	22850	17675	24413	21063	15141
农业机械总动力	万千瓦特	4	9	3	10	1
固定电话用户	户	2216	8629	3165	2611	6600
二、综合经济						
第一产业增加值	万元	52213	22649	53656	58277	16393
第二产业增加值	万元	19442	217002	93910	26301	119800
地方财政一般预算收入	万元	2827	10885	7697	2956	3999
地方财政一般预算支出	万元	102250	133491	107318	116990	87862
居民储蓄存款余额	万元	25334	106697	56100	48173	89671
年末金融机构各项贷款余额	万元	19023	31677	32367	18586	64330
三、农业、工业及投资						
粮食产量	吨	10790	26064	10154	45783	57
棉花产量	吨					
油料产量	吨	2107	9720	4829	11207	64
肉类总产量	吨	10059	4470	13498	9617	6066
规模以上工业企业个数	个		2	4		2
规模以上工业总产值(现价)	万元		278098	63240		150360
固定资产投资(不含农户)	万元	38042	135842	85191	47723	161971
四、教育、卫生和社会保障						
普通中学在校学生数	人	3120	7424	2342	3753	1975
小学在校学生数	人	8093	9041	8183	7812	6327
医院、卫生院床位数	床	210	690	243	390	75
各种社会福利收养性单位数	个		1	3	2	4
各种社会福利收养性单位床位数	床		70	180	40	120

2012 年县(市)社会经济主要指标

青海省

指　　标	单位	班玛县	甘德县	达日县	久治县	玛多县
一、基本情况						
行政区域土地面积	平方公里	6139	7046	14485	8708	24494
乡(镇)个数	个	9	7	10	6	4
村民委员会个数	个	32	36	33	22	27
年末总户数	户	7819	10429	11625	6300	5477
其中:乡村户数	户	5703	7899	6404	5057	3788
年末总人口	万人	3	4	4	3	1
乡村人口	万人	2	3	3	2	1
年末单位从业人员数	人	1559	1289	1325	1316	1237
乡村从业人员数	人	9757	14072	11055	9794	6130
其中:农林牧渔业	人	9102	13556	10710	9181	6130
农业机械总动力	万千瓦特	1				1
固定电话用户	户	1300	800	1200	1200	900
二、综合经济						
第一产业增加值	万元	8417	7137	7005	8635	4739
第二产业增加值	万元	7106	6269	7088	5936	4098
地方财政一般预算收入	万元	977	874	996	875	872
地方财政一般预算支出	万元	57683	65177	67036	56785	57124
居民储蓄存款余额	万元	15781	13353	20571	17125	8952
年末金融机构各项贷款余额	万元	483	3048	1200	233	1631
三、农业、工业及投资						
粮食产量	吨	1262				
棉花产量	吨					
油料产量	吨	66				
肉类总产量	吨	6018	2773	4559	5190	1619
规模以上工业企业个数	个					
规模以上工业总产值(现价)	万元					
固定资产投资(不含农户)	万元	34341	37054	34281	30120	41093
四、教育、卫生和社会保障						
普通中学在校学生数	人	1266	1084	1343	1150	923
小学在校学生数	人	3013	3647	3123	2925	1463
医院、卫生院床位数	床	52	80	91	80	49
各种社会福利收养性单位数	个	8	10	3	5	2
各种社会福利收养性单位床位数	床	144	220	141	240	110

2012年县(市)社会经济主要指标

青海省

指标	单位	玉树县	杂多县	称多县	治多县	囊谦县
一、基本情况						
行政区域土地面积	平方公里	15400	35500	14744	80600	12741
乡(镇)个数	个	9	8	7	6	10
村民委员会个数	个	62	31	57	20	69
年末总户数	户	32583	13224	17347	11583	25766
其中:乡村户数	户	21996	12096	13263	8763	20947
年末总人口	万人	11	6	6	4	10
乡村人口	万人	9	5	5	3	10
年末单位从业人员数	人	7623	1700	2467	2107	2349
乡村从业人员数	人	42386	30526	18703	15374	33978
其中:农林牧渔业	人	38844	30526	17787	15274	33659
农业机械总动力	万千瓦特	4	1	2	1	4
固定电话用户	户	2510	1590	1620	1687	1980
二、综合经济						
第一产业增加值	万元	43806	62041	21038	34920	39365
第二产业增加值	万元	62039	7934	59605	9539	9938
地方财政一般预算收入	万元	6554	710	992	1839	1535
地方财政一般预算支出	万元	91354	74762	70915	64095	101895
居民储蓄存款余额	万元	231646	34343	26898	19449	25047
年末金融机构各项贷款余额	万元	66614	2268	4311	429	2794
三、农业、工业及投资						
粮食产量	吨	4290		2993		8583
棉花产量	吨					
油料产量	吨	52		96		327
肉类总产量	吨	7734	5374	3787	6375	7564
规模以上工业企业个数	个					
规模以上工业总产值(现价)	万元					
固定资产投资(不含农户)	万元	1343358	37333	67976	45288	14197
四、教育、卫生和社会保障						
普通中学在校学生数	人	3104	1795	2231	1029	1988
小学在校学生数	人	14544	7081	6869	5002	10485
医院、卫生院床位数	床	58	125	165	120	180
各种社会福利收养性单位数	个	1	11	4	2	7
各种社会福利收养性单位床位数	床	24	309	116	200	102

2012年县(市)社会经济主要指标

青海省

指　　标	单位	曲麻莱县	格尔木市	德令哈市	乌兰县	都兰县
一、基本情况						
行政区域土地面积	平方公里	47516	119174	27765	12200	45264
乡(镇)个数	个	6	4	4	4	8
村民委员会个数	个	19	41	51	38	107
年末总户数	户	10122	49493	27233	13652	24125
其中:乡村户数	户	7308	12245	9389	6441	14506
年末总人口	万人	3	13	8	4	7
乡村人口	万人	3	5	4	2	6
年末单位从业人员数	人	1646	32846	16239	3815	4077
乡村从业人员数	人	12295	25160	18067	14479	32263
其中:农林牧渔业	人	9876	12769	12309	10381	26099
农业机械总动力	万千瓦特	1	11	8	5	13
固定电话用户	户	800	63100	19807	6393	7645
二、综合经济						
第一产业增加值	万元	29566	25284	28770	20663	72020
第二产业增加值	万元	8540	2267626	260376	287005	83925
地方财政一般预算收入	万元	782	148437	20931	11474	13520
地方财政一般预算支出	万元	68031	288627	156589	98663	136892
居民储蓄存款余额	万元	16403	861842	275409	64709	74633
年末金融机构各项贷款余额	万元	2331	2262711	759938	62755	75382
三、农业、工业及投资						
粮食产量	吨		10857	21157	12312	46960
棉花产量	吨					
油料产量	吨		245	2597	1269	7148
肉类总产量	吨	5752	4374	3800	5648	6640
规模以上工业企业个数	个		41	11	2	10
规模以上工业总产值(现价)	万元		2008148	370989	635655	85616
固定资产投资(不含农户)	万元	12949	1780624	662026	173194	141983
四、教育、卫生和社会保障						
普通中学在校学生数	人	1177	11291	3359	2154	2628
小学在校学生数	人	4480	19261	6133	2409	6306
医院、卫生院床位数	床	96	1040	399	180	289
各种社会福利收养性单位数	个	3	2	1	1	2
各种社会福利收养性单位床位数	床	139	26	70	41	65

2012 年县(市)社会经济主要指标

青海省、宁夏回族自治区

指　　标	单位	天峻县	永宁县	贺兰县	灵武市	平罗县
一、基本情况						
行政区域土地面积	平方公里	25500	1179	1599	4539	2086
乡(镇)个数	个	10	6	5	8	13
村民委员会个数	个	62	69	59	72	143
年末总户数	户	7473	75012	78616	92646	115697
其中:乡村户数	户	4012	38282	42019	37744	56805
年末总人口	万人	2	22	21	24	30
乡村人口	万人	2	15	14	16	18
年末单位从业人员数	人	4094	19590	19527	19693	18977
乡村从业人员数	人	8091	90482	79786	86856	116725
其中:农林牧渔业	人	7786	51242	51964	39292	76390
农业机械总动力	万千瓦特	1	45	44	49	63
固定电话用户	户	2712	28800	24992	68420	56581
二、综合经济						
第一产业增加值	万元	25943	120003	131524	88019	162360
第二产业增加值	万元	669706	544283	492967	2140840	659176
地方财政一般预算收入	万元	58260	91101	112730	172667	76568
地方财政一般预算支出	万元	125402	206078	225419	342965	227143
居民储蓄存款余额	万元	48800	587604	599389	753549	638864
年末金融机构各项贷款余额	万元		775940	620847	1660082	701986
三、农业、工业及投资						
粮食产量	吨		248061	246254	167375	365926
棉花产量	吨					
油料产量	吨		760	1641	2862	18084
肉类总产量	吨	6377	12909	7320	18772	14418
规模以上工业企业个数	个	6	34	96	73	105
规模以上工业总产值(现价)	万元	1161675	1087063	1115540	3085870	1941473
固定资产投资(不含农户)	万元	130614	1052734	1032052	3186717	977680
四、教育、卫生和社会保障						
普通中学在校学生数	人	1251	14267	12757	14893	10926
小学在校学生数	人	2342	21146	18042	19145	21797
医院、卫生院床位数	床	107	358	343	661	807
各种社会福利收养性单位数	个	1	1	2	1	10
各种社会福利收养性单位床位数	床	75	210	285	178	1058

2012年县(市)社会经济主要指标

宁夏回族自治区

指标	单位	盐池县	同心县	青铜峡市	西吉县	隆德县
一、基本情况						
行政区域土地面积	平方公里	8861	4486	2525	3135	992
乡(镇)个数	个	8	11	8	19	13
村民委员会个数	个	96	170	82	303	118
年末总户数	户	61675	115735	101198	132317	53924
其中:乡村户数	户	31346	86152	47122	96230	38540
年末总人口	万人	17	39	28	51	18
乡村人口	万人	10	35	19	41	15
年末单位从业人员数	人	7975	10915	28496	13592	7043
乡村从业人员数	人	61613	134504	100287	196108	70961
其中:农林牧渔业	人	33444	72102	61956	115498	49205
农业机械总动力	万千瓦特	42	25	61	54	22
固定电话用户	户	17110	23193	45000	23674	7975
二、综合经济						
第一产业增加值	万元	52065	90951	141354	106234	39540
第二产业增加值	万元	228665	141671	787781	80383	38888
地方财政一般预算收入	万元	57956	17014	79102	9505	6378
地方财政一般预算支出	万元	209130	300557	259627	316371	174467
居民储蓄存款余额	万元	270656	203455	644000	225880	174110
年末金融机构各项贷款余额	万元	258488	176230	1253000	181266	119929
三、农业、工业及投资						
粮食产量	吨	88964	277812	279980	273174	95100
棉花产量	吨					
油料产量	吨	11070	22375	1397	16430	7370
肉类总产量	吨	16502	20236	19951	17359	9719
规模以上工业企业个数	个	27	15	74	5	3
规模以上工业总产值(现价)	万元	299014	175821	2928372	52470	9364
固定资产投资(不含农户)	万元	663240	384892	792822	252765	207187
四、教育、卫生和社会保障						
普通中学在校学生数	人	7222	27110	15904	29414	17905
小学在校学生数	人	13569	41252	21507	51135	15323
医院、卫生院床位数	床	589	768	960	718	419
各种社会福利收养性单位数	个	3		3	7	6
各种社会福利收养性单位床位数	床	232		210	410	512

2012年县(市)社会经济主要指标

宁夏回族自治区、新疆维吾尔自治区

指　　标	单位	泾源县	彭阳县	中宁县	海原县	乌鲁木齐县
一、基本情况						
行政区域土地面积	平方公里	1431	2529	4327	6472	4141
乡(镇)个数	个	7	12	11	17	6
村民委员会个数	个	109	156	120	168	41
年末总户数	户	35426	75165	102416	129867	20800
其中:乡村户数	户	27824	55658	80137	78710	12000
年末总人口	万人	13	26	34	46	6
乡村人口	万人	12	22	27	37	4
年末单位从业人员数	人	4796	10908	16102	11588	3174
乡村从业人员数	人	44240	115897	156952	199471	22376
其中:农林牧渔业	人	22983	78327	93141	77794	17014
农业机械总动力	万千瓦特	19	43	47	52	5
固定电话用户	户	4807	22000	25070	20372	2360
二、综合经济						
第一产业增加值	万元	24454	99440	145395	90625	53306
第二产业增加值	万元	29167	99480	570884	59296	44395
地方财政一般预算收入	万元	4597	20269	65420	8581	36843
地方财政一般预算支出	万元	117078	228598	312803	323743	76186
居民储蓄存款余额	万元	95558	147764	635235	176140	116687
年末金融机构各项贷款余额	万元	80137	143257	1341492	104958	174072
三、农业、工业及投资						
粮食产量	吨	29810	220419	298462	217926	
棉花产量	吨					
油料产量	吨	1796	4060	5461	24546	885
肉类总产量	吨	9502	17605	25076	14137	10810
规模以上工业企业个数	个	3	4	35	5	4
规模以上工业总产值(现价)	万元	26369	121407	1708223	48174	34793
固定资产投资(不含农户)	万元	175440	308487	1080929	331908	191847
四、教育、卫生和社会保障						
普通中学在校学生数	人	6169	21156	17872	26052	1092
小学在校学生数	人	12098	21231	36381	55331	2203
医院、卫生院床位数	床	240	643	874	950	78
各种社会福利收养性单位数	个	5	6	2	2	1
各种社会福利收养性单位床位数	床	197	582	270	280	60

2012年县(市)社会经济主要指标

新疆维吾尔自治区

指　　标	单位	吐鲁番市	鄯善县	托克逊县	哈密市	巴里坤哈萨克自治县
一、基本情况						
行政区域土地面积	平方公里	13589	39548	16561	85587	36901
乡(镇)个数	个	9	10	8	17	12
村民委员会个数	个	60	65	45	91	47
年末总户数	户	76487	77061	36394	163158	37859
其中:乡村户数	户	44941	39526	25540	34860	18586
年末总人口	万人	28	23	12	47	10
乡村人口	万人	19	17	9	15	6
年末单位从业人员数	人	29878	31460	27461	74540	10033
乡村从业人员数	人	106315	98334	56630	67150	33211
其中:农林牧渔业	人	79086	84326	45289	52663	20901
农业机械总动力	万千瓦特	21	21	10	18	13
固定电话用户	户	75384	59783	26977	152208	12203
二、综合经济						
第一产业增加值	万元	143780	123380	72500	206609	85133
第二产业增加值	万元	241673	1070307	263700	1026957	180929
地方财政一般预算收入	万元	49222	100028	49370	222574	28388
地方财政一般预算支出	万元	156270	203595	135015	311838	125521
居民储蓄存款余额	万元	447194	452538	160412	1800296	108325
年末金融机构各项贷款余额	万元	388627	335970	213800	1799688	93052
三、农业、工业及投资						
粮食产量	吨					
棉花产量	吨	5047	9942	15279	36097	447
油料产量	吨			892	653	226
肉类总产量	吨	21050	10542	9261	24442	20080
规模以上工业企业个数	个	24	34	25	53	11
规模以上工业总产值(现价)	万元	437841	1777627	497992	1303479	140369
固定资产投资(不含农户)	万元	325683	988142	102792	1717919	400146
四、教育、卫生和社会保障						
普通中学在校学生数	人	14440	11651	5871	32597	3320
小学在校学生数	人	21940	19904	8947	32058	4811
医院、卫生院床位数	床	1012	876	418	3024	275
各种社会福利收养性单位数	个	2	4	1	8	2
各种社会福利收养性单位床位数	床	60	55	420	1155	308

2012年县(市)社会经济主要指标

新疆维吾尔自治区

指　　标	单位	伊吾县	昌吉市	阜康市	呼图壁县	玛纳斯县
一、基本情况						
行政区域土地面积	平方公里	19519	8215	8529	9721	11067
乡(镇)个数	个	7	10	6	7	11
村民委员会个数	个	32	84	60	50	85
年末总户数	户	8021	125714	57321	77742	63317
其中:乡村户数	户	5591	35245	19225	20762	27265
年末总人口	万人	2	37	17	22	18
乡村人口	万人	2	12	7	8	10
年末单位从业人员数	人	3228	68397	23038	71418	14809
乡村从业人员数	人	9542	66420	38768	45217	52772
其中:农林牧渔业	人	8568	48404	27278	37808	39242
农业机械总动力	万千瓦特	3	33	15	32	30
固定电话用户	户	7387	225355	40000	28730	33461
二、综合经济						
第一产业增加值	万元	39411	331988	223475	405211	578916
第二产业增加值	万元	130834	1302587	743827	367087	578390
地方财政一般预算收入	万元	24315	205355	110723	53359	54634
地方财政一般预算支出	万元	79214	311473	193288	130456	142355
居民储蓄存款余额	万元	49286	1553857	495778	500301	437751
年末金融机构各项贷款余额	万元	16132	2407390	571888	516152	447748
三、农业、工业及投资						
粮食产量	吨					
棉花产量	吨	14	62700	1101	57520	80849
油料产量	吨	790	12145	18637	1960	6351
肉类总产量	吨	8207	103608	68317	92004	67985
规模以上工业企业个数	个	3	113	48	47	27
规模以上工业总产值(现价)	万元	107773	2511013	1059009	396254	1190788
固定资产投资(不含农户)	万元	549882	1024302	1021500	472946	304440
四、教育、卫生和社会保障						
普通中学在校学生数	人	1052	34538	8189	9359	7381
小学在校学生数	人	1483	27888	8129	11055	8901
医院、卫生院床位数	床	205	4500	550	919	597
各种社会福利收养性单位数	个	2	8	4	5	1
各种社会福利收养性单位床位数	床	200	669	167	133	450

2012年县(市)社会经济主要指标

新疆维吾尔自治区

指　　标	单位	奇台县	吉木萨尔县	木垒哈萨克自治县	博乐市	精河县
一、基本情况						
行政区域土地面积	平方公里	19300	8144	22171	7956	11187
乡(镇)个数	个	15	9	11	5	5
村民委员会个数	个	60	55	60	107	55
年末总户数	户	76225	48926	29075	94797	49373
其中:乡村户数	户	35401	28885	22446	23518	22565
年末总人口	万人	24	14	9	27	14
乡村人口	万人	15	9	7	9	7
年末单位从业人员数	人	13454	8303	5585	17160	16368
乡村从业人员数	人	83514	56972	42531	46798	31092
其中:农林牧渔业	人	66662	45343	38097	33168	22817
农业机械总动力	万千瓦特	47	19	15	24	22
固定电话用户	户	48616	21000	16690		
二、综合经济						
第一产业增加值	万元	368810	149957	102929	164867	204842
第二产业增加值	万元	282008	214214	34865	178763	98837
地方财政一般预算收入	万元	58501	64925	19250	53848	19464
地方财政一般预算支出	万元	185744	141005	110106	155704	106617
居民储蓄存款余额	万元	414147	237075	107369	544270	264435
年末金融机构各项贷款余额	万元	375325	223740	99940	637671	295028
三、农业、工业及投资						
粮食产量	吨					
棉花产量	吨		535		57513	80515
油料产量	吨	20936	13935	5188	667	
肉类总产量	吨	124758	47464	26032	10369	5823
规模以上工业企业个数	个	26	26	5	12	13
规模以上工业总产值(现价)	万元	376323	529300	47679	158275	75413
固定资产投资(不含农户)	万元	1079000	1789355	16709	594408	296189
四、教育、卫生和社会保障						
普通中学在校学生数	人	12930	6344	3432	10715	6404
小学在校学生数	人	11652	6715	4683	13583	9254
医院、卫生院床位数	床	886	512	366	1108	478
各种社会福利收养性单位数	个	4	3	2	4	2
各种社会福利收养性单位床位数	床	300	106	63	483	270

2012年县(市)社会经济主要指标

新疆维吾尔自治区

指　　标	单位	温泉县	库尔勒市	轮台县	尉犁县	若羌县
一、基本情况						
行政区域土地面积	平方公里	5886	7267	14182	59700	202298
乡(镇)个数	个	5	12	11	8	8
村民委员会个数	个	65	59	65	50	26
年末总户数	户	28718	174688	33116	38235	11268
其中:乡村户数	户	12881	19415	18527	13479	5644
年末总人口	万人	8	55	12	11	3
乡村人口	万人	4	8	7	5	2
年末单位从业人员数	人	9418	91242	7045	6256	5636
乡村从业人员数	人	22795	39709	33624	21036	16724
其中:农林牧渔业	人	17422	32550	30494	19347	8430
农业机械总动力	万千瓦特	12	43	14	24	5
固定电话用户	户		181782	31029	23980	7907
二、综合经济						
第一产业增加值	万元	70297	353995	162341	215081	159077
第二产业增加值	万元	31461	4692684	144110	92097	398971
地方财政一般预算收入	万元	6468	261012	70065	17554	66489
地方财政一般预算支出	万元	83794	368606	129126	98729	109488
居民储蓄存款余额	万元	82604	2522416	267245	209414	111601
年末金融机构各项贷款余额	万元	76770	2704879	339902	225504	171973
三、农业、工业及投资						
粮食产量	吨					
棉花产量	吨		113694	75988	90238	7445
油料产量	吨	13405		58		17
肉类总产量	吨	5818	18818	8783	4972	2013
规模以上工业企业个数	个	1	40	15	5	5
规模以上工业总产值(现价)	万元	2864	5879998	292697	149694	445291
固定资产投资(不含农户)	万元	132325	2903793	309981	114774	439139
四、教育、卫生和社会保障						
普通中学在校学生数	人	1727	24653	5546	3921	1225
小学在校学生数	人	3663	43141	10441	5702	2308
医院、卫生院床位数	床	251	3344	719	301	218
各种社会福利收养性单位数	个	2	14	8	4	2
各种社会福利收养性单位床位数	床	280	1050	273	780	105

2012 年县(市)社会经济主要指标

新疆维吾尔自治区

指　　标	单位	且末县	焉耆回族自治县	和静县	和硕县	博湖县
一、基本情况						
行政区域土地面积	平方公里	138645	2571	34975	12753	3581
乡(镇)个数	个	12	8	12	7	7
村民委员会个数	个	53	49	55	26	26
年末总户数	户	18782	44221	67587	25797	19326
其中:乡村户数	户	8790	20622	20148	10236	8269
年末总人口	万人	10	16	20	8	6
乡村人口	万人	4	8	8	4	3
年末单位从业人员数	人	5241	8206	20475	6751	5415
乡村从业人员数	人	17915	41562	46532	17105	17740
其中:农林牧渔业	人	15065	30567	35381	14746	15736
农业机械总动力	万千瓦特	9	21	19	13	15
固定电话用户	户	12973	35980	25500	15000	16060
二、综合经济						
第一产业增加值	万元	80667	122779	180312	139628	79302
第二产业增加值	万元	34133	132856	290431	32696	33743
地方财政一般预算收入	万元	23484	21532	68700	10644	9839
地方财政一般预算支出	万元	100447	105593	210973	83727	73939
居民储蓄存款余额	万元	81161	245412	273946	126550	102373
年末金融机构各项贷款余额	万元	107958	219496	269698	74525	204737
三、农业、工业及投资						
粮食产量	吨					
棉花产量	吨	29878	5689	7710	31931	9511
油料产量	吨	31	2208	2446	196	1403
肉类总产量	吨	7619	10866	19821	6005	5080
规模以上工业企业个数	个	3	9	20	6	4
规模以上工业总产值(现价)	万元	2510	65084	945990	22818	9319
固定资产投资(不含农户)	万元	158478	171490	632957	104958	54451
四、教育、卫生和社会保障						
普通中学在校学生数	人	3543	6241	7280	3092	2182
小学在校学生数	人	4611	8944	10711	4304	3219
医院、卫生院床位数	床	539	674	596	217	249
各种社会福利收养性单位数	个	1	9	3	1	1
各种社会福利收养性单位床位数	床	72	170	270	100	134

2012年县(市)社会经济主要指标

新疆维吾尔自治区

指　　标	单位	阿克苏市	温宿县	库车县	沙雅县	新和县
一、基本情况						
行政区域土地面积	平方公里	13564	14336	14603	31955	5818
乡(镇)个数	个	6	10	14	10	8
村民委员会个数	个	122	104	210	150	110
年末总户数	户	141833	64840	114477	68842	48061
其中:乡村户数	户	35950	47234	73490	49921	34065
年末总人口	万人	50	25	48	26	17
乡村人口	万人	16	18	31	21	13
年末单位从业人员数	人	50228	25320	31631	13214	9604
乡村从业人员数	人	68190	97581	173564	98384	67973
其中:农林牧渔业	人	47438	89235	139190	63684	60541
农业机械总动力	万千瓦特	23	36	32	28	18
固定电话用户	户	140259	25556	62462	15220	12429
二、综合经济						
第一产业增加值	万元	166189	157096	176366	126287	99606
第二产业增加值	万元	380195	90700	755459	89307	52974
地方财政一般预算收入	万元	126066	31018	280650	100959	41729
地方财政一般预算支出	万元	231077	176041	372756	183832	129837
居民储蓄存款余额	万元	1560648	289443	656884	277190	163632
年末金融机构各项贷款余额	万元	1880219	379211	535808	296128	211098
三、农业、工业及投资						
粮食产量	吨					
棉花产量	吨	96200	66900	89555	112200	63824
油料产量	吨		1366	969	640	115
肉类总产量	吨	49142	20324	50412	11261	7241
规模以上工业企业个数	个	35	18	38	14	9
规模以上工业总产值(现价)	万元	727400	102125	2610164	199553	95166
固定资产投资(不含农户)	万元	953166	267621	907506	270597	201004
四、教育、卫生和社会保障						
普通中学在校学生数	人	27322	11976	30424	11521	6922
小学在校学生数	人	45680	18845	42259	24469	17154
医院、卫生院床位数	床	3455	756	1913	718	685
各种社会福利收养性单位数	个	5	9	6	4	4
各种社会福利收养性单位床位数	床	133	277	1004	136	220

2012年县(市)社会经济主要指标

新疆维吾尔自治区

指　　标	单位	拜城县	乌什县	阿瓦提县	柯坪县	阿图什市
一、基本情况						
行政区域土地面积	平方公里	19100	8889	13018	8912	16151
乡(镇)个数	个	14	9	8	5	7
村民委员会个数	个	150	107	119	33	77
年末总户数	户	69160	54107	55089	12092	59760
其中:乡村户数	户	39693	42843	37647	7764	38983
年末总人口	万人	23	22	25	5	25
乡村人口	万人	17	17	18	4	18
年末单位从业人员数	人	19297	8773	11164	4366	20693
乡村从业人员数	人	74509	112500	84658	17491	81889
其中:农林牧渔业	人	66969	100200	75839	15548	56893
农业机械总动力	万千瓦特	35	21	36	4	10
固定电话用户	户	19321	12442	20451	4210	57173
二、综合经济						
第一产业增加值	万元	85345	66945	139401	18046	44560
第二产业增加值	万元	210029	22619	53508	14000	65594
地方财政一般预算收入	万元	89751	10151	12417	4073	20013
地方财政一般预算支出	万元	187880	135916	154910	72985	171621
居民储蓄存款余额	万元	273677	119996	241757	32440	287552
年末金融机构各项贷款余额	万元	389640	121491	232823	22324	208836
三、农业、工业及投资						
粮食产量	吨					
棉花产量	吨		7091	129930	11030	3226
油料产量	吨	7037	1169			95
肉类总产量	吨	21141	17215	13430	2715	14743
规模以上工业企业个数	个	21	4	5	2	11
规模以上工业总产值(现价)	万元	397167	18639	24662	32860	124096
固定资产投资(不含农户)	万元	950004	132316	139969	55654	190742
四、教育、卫生和社会保障						
普通中学在校学生数	人	13280	11359	12778	2860	18590
小学在校学生数	人	18238	20639	22427	5040	25087
医院、卫生院床位数	床	865	556	625	180	1764
各种社会福利收养性单位数	个	7	7	9	1	2
各种社会福利收养性单位床位数	床	721	810	577	100	220

2012年县(市)社会经济主要指标

新疆维吾尔自治区

指　　标	单位	阿克陶县	阿合奇县	乌恰县	喀什市	疏附县
一、基本情况						
行政区域土地面积	平方公里	24176	12737	22000	555	3126
乡(镇)个数	个	13	6	11	8	13
村民委员会个数	个	109	18	34	106	165
年末总户数	户	52622	11598	18855	138900	81707
其中:乡村户数	户	42408	8566	9266	37275	63114
年末总人口	万人	20	4	6	55	34
乡村人口	万人	18	3	4	18	28
年末单位从业人员数	人	10242	8090	7201	67367	11296
乡村从业人员数	人	73391	8018	14750	66050	96500
其中:农林牧渔业	人	63020	7056	11863	32100	71894
农业机械总动力	万千瓦特	19	2	2	7	30
固定电话用户	户	9400	6700	6016	158000	22000
二、综合经济						
第一产业增加值	万元	43177	8102	8681	52000	185372
第二产业增加值	万元	55554	15863	42035	455086	47100
地方财政一般预算收入	万元	19672	6613	17727	131406	25632
地方财政一般预算支出	万元	198412	92392	124773	410178	122435
居民储蓄存款余额	万元	91634	31000	44752	1219653	314835
年末金融机构各项贷款余额	万元	113237	18630	20159	1284598	118150
三、农业、工业及投资						
粮食产量	吨					
棉花产量	吨	6990		14		7155
油料产量	吨	22	704	334		300
肉类总产量	吨	13257	4576	5423	24324	40218
规模以上工业企业个数	个	7	1	3	21	1
规模以上工业总产值(现价)	万元	64170	17466	13741	437666	2847
固定资产投资(不含农户)	万元	208601	74457	141524	926807	347705
四、教育、卫生和社会保障						
普通中学在校学生数	人	12650	1732	2004	38987	21914
小学在校学生数	人	21784	4669	4827	55551	32487
医院、卫生院床位数	床	781	220	385	4801	874
各种社会福利收养性单位数	个	4	3	2	9	13
各种社会福利收养性单位床位数	床	300	230	185	378	350

2012年县(市)社会经济主要指标

新疆维吾尔自治区

指　　标	单位	疏勒县	英吉沙县	泽普县	莎车县	叶城县
一、基本情况						
行政区域土地面积	平方公里	2398	3425	988	8957	28928
乡(镇)个数	个	14	14	12	29	21
村民委员会个数	个	223	163	138	502	320
年末总户数	户	87014	64556	64526	179092	114368
其中:乡村户数	户	58979	53984	27631	131503	73196
年末总人口	万人	35	28	21	80	47
乡村人口	万人	29	25	12	66	32
年末单位从业人员数	人	13200	9782	8005	26012	21274
乡村从业人员数	人	218212	116285	36785	246813	193626
其中:农林牧渔业	人	195514	108150	30192	203664	158217
农业机械总动力	万千瓦特	37	14	17	51	20
固定电话用户	户	15400	13920	18500	42892	13008
二、综合经济						
第一产业增加值	万元	165188	94784	102098	306161	267116
第二产业增加值	万元	246490	52869	74400	83887	100639
地方财政一般预算收入	万元	28006	12550	20503	43384	31049
地方财政一般预算支出	万元	176544	179983	163919	444960	312851
居民储蓄存款余额	万元	12324	100481	280818	476835	317896
年末金融机构各项贷款余额	万元	12812	93790	122197	355863	194132
三、农业、工业及投资						
粮食产量	吨					
棉花产量	吨	33903	10604	11134	68250	10966
油料产量	吨		2336	92	5227	4860
肉类总产量	吨	36948	19839	23622	54003	51727
规模以上工业企业个数	个	13	3	6	8	10
规模以上工业总产值(现价)	万元	53641	54490	31996	111886	94201
固定资产投资(不含农户)	万元	780096	317402	254800	309117	415150
四、教育、卫生和社会保障						
普通中学在校学生数	人	20861	13331	13500	39930	31608
小学在校学生数	人	35158	26491	17859	78559	57911
医院、卫生院床位数	床	365	726	786	3300	1957
各种社会福利收养性单位数	个	4	12	13	23	18
各种社会福利收养性单位床位数	床	190	565	311	800	409

2012 年县(市)社会经济主要指标

新疆维吾尔自治区

指　　标	单位	麦盖提县	岳普湖县	伽师县	巴楚县	塔什库尔干塔吉克自治县
一、基本情况						
行政区域土地面积	平方公里	15200	3023	6528	21700	25000
乡(镇)个数	个	10	9	13	12	12
村民委员会个数	个	129	87	297	186	45
年末总户数	户	64868	43503	94266	89810	11922
其中:乡村户数	户	34693	28118	77338	63146	6885
年末总人口	万人	26	16	40	34	4
乡村人口	万人	17	12	36	27	3
年末单位从业人员数	人	9659	6257	12020	14508	2982
乡村从业人员数	人	57082	53138	137988	131632	10595
其中:农林牧渔业	人	49990	44776	125369	117552	8471
农业机械总动力	万千瓦特	21	12	22	32	
固定电话用户	户	11973	11520	8588	27020	1029
二、综合经济						
第一产业增加值	万元	109058	70353	195000	170388	10447
第二产业增加值	万元	37485	71146	141517	82000	33463
地方财政一般预算收入	万元	15030	10073	30710	22858	10150
地方财政一般预算支出	万元	123942	133870	249802	103753	95039
居民储蓄存款余额	万元	173050	96313	147838	326097	14122
年末金融机构各项贷款余额	万元	118408	86326	97097	269300	16048
三、农业、工业及投资						
粮食产量	吨					
棉花产量	吨	70455	22031	35952	99592	397
油料产量	吨	220	240			
肉类总产量	吨	20728	14993	41177	30621	5139
规模以上工业企业个数	个	6	2	2	8	3
规模以上工业总产值(现价)	万元	42891	10820	133831	120721	31205
固定资产投资(不含农户)	万元	160585	218232	340876	31195	183000
四、教育、卫生和社会保障						
普通中学在校学生数	人	12547	7937	24928	14135	2270
小学在校学生数	人	20563	12294	38372	30965	4348
医院、卫生院床位数	床	705	735	1130	635	206
各种社会福利收养性单位数	个	10	6	3	10	1
各种社会福利收养性单位床位数	床	200	232	360	200	40

2012年县(市)社会经济主要指标

新疆维吾尔自治区

指　　标	单位	和田市	和田县	墨玉县	皮山县	洛浦县
一、基本情况						
行政区域土地面积	平方公里	510	41080	25624	39464	14287
乡(镇)个数	个	8	12	16	16	9
村民委员会个数	个	111	206	364	169	207
年末总户数	户	86591	68956	138728	70771	54541
其中:乡村户数	户	43343	62954	112012	47975	54541
年末总人口	万人	33	28	54	27	25
乡村人口	万人	19	27	48	19	22
年末单位从业人员数	人	19676	10042	14279	8960	9189
乡村从业人员数	人	61385	95740	158538	74533	97877
其中:农林牧渔业	人	38523	71766	113855	59182	81584
农业机械总动力	万千瓦特	7	9	16	7	10
固定电话用户	户	71608		15620	15200	6000
二、综合经济						
第一产业增加值	万元	35984	77576	109736	79802	59301
第二产业增加值	万元	126200	41538	21840	23951	26641
地方财政一般预算收入	万元	38113	12166	15001	10423	7565
地方财政一般预算支出	万元	201614	172567	279574	167506	161094
居民储蓄存款余额	万元	657917	11624	161564	110479	130542
年末金融机构各项贷款余额	万元	181765	13272	130975	109167	97092
三、农业、工业及投资						
粮食产量	吨					
棉花产量	吨	2093	5652	7524	5078	4696
油料产量	吨	400	789	289	2711	2241
肉类总产量	吨	12390	13280	22291	10051	9585
规模以上工业企业个数	个	5	4		1	2
规模以上工业总产值(现价)	万元	78313	40576		4716	9501
固定资产投资(不含农户)	万元	396796	210856	245108	116825	135616
四、教育、卫生和社会保障						
普通中学在校学生数	人	18490	15843	30068	14542	10146
小学在校学生数	人	29963	30012	55542	22570	20041
医院、卫生院床位数	床	3697	1121	2444	894	8121
各种社会福利收养性单位数	个	9	10	17	15	8
各种社会福利收养性单位床位数	床	392	416	559	186	185

2012年县(市)社会经济主要指标

新疆维吾尔自治区

指标	单位	策勒县	于田县	民丰县	伊宁市	奎屯市
一、基本情况						
行政区域土地面积	平方公里	31592	39500	57575	676	1110
乡(镇)个数	个	8	15	7	9	1
村民委员会个数	个	123	170	34	46	4
年末总户数	户	49920	76337	12645	165476	56666
其中:乡村户数	户	40309	58408	7577	33734	426
年末总人口	万人	16	26	4	52	16
乡村人口	万人	13	22	3	15	
年末单位从业人员数	人	8229	9650	3279	70314	17172
乡村从业人员数	人	60410	101913	7936	73643	936
其中:农林牧渔业	人	51849	79669	5454	37645	860
农业机械总动力	万千瓦特	7	10	3	8	1
固定电话用户	户	4800	16318	4120	94382	66398
二、综合经济						
第一产业增加值	万元	41934	55214	12420	63567	57238
第二产业增加值	万元	14346	14689	13455	363570	565341
地方财政一般预算收入	万元	6282	8369	6592	172123	133614
地方财政一般预算支出	万元	125306	190148	69768	326906	190875
居民储蓄存款余额	万元	63519	94051	32557	1472897	834664
年末金融机构各项贷款余额	万元	83835	95575	26073	1686846	943156
三、农业、工业及投资						
粮食产量	吨					
棉花产量	吨	5646	7852			2617
油料产量	吨	2074	2089		1667	200
肉类总产量	吨	7642	17263	4690	12680	4262
规模以上工业企业个数	个	1			27	30
规模以上工业总产值(现价)	万元	1940			409649	823450
固定资产投资(不含农户)	万元	112967	165015	53285	1583255	786109
四、教育、卫生和社会保障						
普通中学在校学生数	人	4825	13378	2037	36253	18889
小学在校学生数	人	12635	19991	2881	47711	12643
医院、卫生院床位数	床	758	2033	276	3445	2465
各种社会福利收养性单位数	个	9	13	2	7	7
各种社会福利收养性单位床位数	床	257	495	60	410	695

2012年县(市)社会经济主要指标

新疆维吾尔自治区

指　　标	单位	伊宁县	察布查尔锡伯自治县	霍城县	巩留县	新源县
一、基本情况						
行政区域土地面积	平方公里	4682	4472	5430	4327	6814
乡(镇)个数	个	18	13	10	8	11
村民委员会个数	个	130	64	75	53	77
年末总户数	户	115253	64403	139764	62062	99756
其中:乡村户数	户	72488	33843	52480	25332	39386
年末总人口	万人	43	19	41	20	32
乡村人口	万人	34	13	21	12	21
年末单位从业人员数	人	24475	10487	12913	9060	22188
乡村从业人员数	人	169979	64250	123630	43229	85526
其中:农林牧渔业	人	128529	53700	97700	37384	62783
农业机械总动力	万千瓦特	28	19	20	19	24
固定电话用户	户	32500	30768	50843	35000	45000
二、综合经济						
第一产业增加值	万元	211759	157752	250206	105469	208466
第二产业增加值	万元	169983	76855	163856	105579	331048
地方财政一般预算收入	万元	38764	26000	45001	14400	51228
地方财政一般预算支出	万元	202435	150828	188656	148600	192487
居民储蓄存款余额	万元	215291	163800	360670	121800	316400
年末金融机构各项贷款余额	万元	484887	196000	214614	130600	291100
三、农业、工业及投资						
粮食产量	吨					
棉花产量	吨	98	9740	3132		
油料产量	吨	9919	6330	8884	5049	6635
肉类总产量	吨	46448	18163	34474	28729	38038
规模以上工业企业个数	个	28	9	19	10	11
规模以上工业总产值(现价)	万元	285054	151771	133204	138268	528067
固定资产投资(不含农户)	万元	688476	628801	479873	151446	384315
四、教育、卫生和社会保障						
普通中学在校学生数	人	22174	8849	15303	9731	19031
小学在校学生数	人	37759	12574	24132	16400	26257
医院、卫生院床位数	床	1300	644	1057	590	1014
各种社会福利收养性单位数	个	3	1	5	3	5
各种社会福利收养性单位床位数	床	131	155	220	300	350

2012年县(市)社会经济主要指标

新疆维吾尔自治区

指　　标	单位	昭苏县	特克斯县	尼勒克县	塔城市	乌苏市
一、基本情况						
行政区域土地面积	平方公里	11128	7764	10130	4353	13729
乡(镇)个数	个	10	8	11	6	14
村民委员会个数	个	73	59	75	115	134
年末总户数	户	64787	55601	53817	51475	73966
其中:乡村户数	户	26883	22208	29791	29594	31667
年末总人口	万人	19	17	19	17	23
乡村人口	万人	11	11	13	7	12
年末单位从业人员数	人	10165	9066	11573	24983	29890
乡村从业人员数	人	44031	57728	55315	42717	63585
其中:农林牧渔业	人	34180	43470	40458	33975	52893
农业机械总动力	万千瓦特	14	10	13	26	57
固定电话用户	户	23000	20262	18755	43000	39330
二、综合经济						
第一产业增加值	万元	135005	76736	102597	108247	251335
第二产业增加值	万元	53901	24330	187067	164147	771165
地方财政一般预算收入	万元	10017	13099	36137	29407	80073
地方财政一般预算支出	万元	127879	142895	146444	150396	199352
居民储蓄存款余额	万元	113874	94601	141488	376500	591887
年末金融机构各项贷款余额	万元	149810	93818	118907	427200	654684
三、农业、工业及投资						
粮食产量	吨					
棉花产量	吨					105427
油料产量	吨	52900	11964	2639	1677	4534
肉类总产量	吨	24616	17784	29523	13714	35666
规模以上工业企业个数	个	7	4	7	5	30
规模以上工业总产值(现价)	万元	34145	36737	191582	112969	857830
固定资产投资(不含农户)	万元	229268	140309	281844	149708	509366
四、教育、卫生和社会保障						
普通中学在校学生数	人	9502	7935	8233	9928	15879
小学在校学生数	人	13046	15593	15223	10087	15698
医院、卫生院床位数	床	483	571	697	949	1261
各种社会福利收养性单位数	个	3	1	4	3	1
各种社会福利收养性单位床位数	床	95	50	300	236	98

2012年县(市)社会经济主要指标

新疆维吾尔自治区

指　　标	单位	额敏县	沙湾县	托里县	裕民县	和布克赛尔蒙古自治县
一、基本情况						
行政区域土地面积	平方公里	9532	13110	19670	6220	33460
乡(镇)个数	个	12	12	7	6	6
村民委员会个数	个	139	227	66	50	55
年末总户数	户	59368	73390	28843	18829	19635
其中:乡村户数	户	40979	48436	16148	7925	7998
年末总人口	万人	22	22	10	5	5
乡村人口	万人	8	17	6	3	2
年末单位从业人员数	人	23968	16272	8967	1984	11425
乡村从业人员数	人	48298	92452	32220	20556	15594
其中:农林牧渔业	人	42905	75776	27653	18572	11500
农业机械总动力	万千瓦特	26	57	10	14	4
固定电话用户	户	44324	37351	7500	15000	12659
二、综合经济						
第一产业增加值	万元	133983	345136	42799	36744	30908
第二产业增加值	万元	196984	271042	242450	28079	176198
地方财政一般预算收入	万元	24372	50117	25453	4738	100035
地方财政一般预算支出	万元	154839	162837	126817	87044	158361
居民储蓄存款余额	万元	220369	429370	89445	90891	111445
年末金融机构各项贷款余额	万元	179482	450581	71538	43715	96644
三、农业、工业及投资						
粮食产量	吨					
棉花产量	吨		131685	396		12848
油料产量	吨	3935	9267	2138	6242	4725
肉类总产量	吨	26494	44972	19138	11558	12925
规模以上工业企业个数	个	7	35	12		7
规模以上工业总产值(现价)	万元	59877	325184	98017		108695
固定资产投资(不含农户)	万元	291073	444927	206684	29470	488982
四、教育、卫生和社会保障						
普通中学在校学生数	人	8863	15408	4465	3341	3211
小学在校学生数	人	11813	14644	8798	3699	3859
医院、卫生院床位数	床	490	772	247	180	445
各种社会福利收养性单位数	个	1	5	1	1	3
各种社会福利收养性单位床位数	床	100	300	66	102	286

2012年县(市)社会经济主要指标

新疆维吾尔自治区

指　　标	单位	阿勒泰市	布尔津县	富蕴县	福海县	哈巴河县
一、基本情况						
行政区域土地面积	平方公里	11481	10357	32186	33251	8186
乡(镇)个数	个	11	7	10	6	7
村民委员会个数	个	102	63	71	62	114
年末总户数	户	62389	24168	27545	20484	18640
其中:乡村户数	户	24098	15175	16179	11440	8874
年末总人口	万人	20	7	10	7	8
乡村人口	万人	10	5	6	4	7
年末单位从业人员数	人	33134	11176	22498	7168	6569
乡村从业人员数	人	49795	23858	32750	21406	18400
其中:农林牧渔业	人	38666	17359	20381	16671	13012
农业机械总动力	万千瓦特	15	9	12	13	5
固定电话用户	户	89612	12128	29017	19807	10991
二、综合经济						
第一产业增加值	万元	71260	29231	61502	66669	27395
第二产业增加值	万元	90685	53000	355480	27404	272503
地方财政一般预算收入	万元	33717	19180	88577	21489	13700
地方财政一般预算支出	万元	182813	96992	192049	110450	121464
居民储蓄存款余额	万元	432695	105141	143380	144324	58775
年末金融机构各项贷款余额	万元	450095	95236	139792	112415	72154
三、农业、工业及投资						
粮食产量	吨					
棉花产量	吨					
油料产量	吨	27807	26066	17396	54634	5065
肉类总产量	吨	16860	11219	15077	11260	6099
规模以上工业企业个数	个	11	7	17	7	3
规模以上工业总产值(现价)	万元	106591	59683	480492	36912	29210
固定资产投资(不含农户)	万元	322358	228176	441597	155254	202268
四、教育、卫生和社会保障						
普通中学在校学生数	人	10813	3421	4897	3324	1897
小学在校学生数	人	11184	4984	8855	4930	5388
医院、卫生院床位数	床	1464	287	400	307	230
各种社会福利收养性单位数	个	1	4	3	2	4
各种社会福利收养性单位床位数	床	256	68	200	120	152

2012年县(市)社会经济主要指标

新疆维吾尔自治区

指标	单位	青河县	吉木乃县	石河子市	阿拉尔市	图木舒克市
一、基本情况						
行政区域土地面积	平方公里	15743	7146	6007	4196	1927
乡(镇)个数	个	7	7	2	1	10
村民委员会个数	个	52	41	17	8	120
年末总户数	户	18640	13814	230369	54411	46478
其中:乡村户数	户	8874	9980	5009	1124	20310
年末总人口	万人	6	4	62	17	16
乡村人口	万人	4	3	2		7
年末单位从业人员数	人	6569	5831	164409	43297	58124
乡村从业人员数	人	18400	13464	7678	1125	29757
其中:农林牧渔业	人	13012	11984	6468	985	29103
农业机械总动力	万千瓦特	5	2	76	41	12
固定电话用户	户	10991	9500	231400	63815	14783
二、综合经济						
第一产业增加值	万元	27395	12671	710018	589184	163893
第二产业增加值	万元	30355	19292	1254075	166479	108986
地方财政一般预算收入	万元	13700	4102	217520	32269	14252
地方财政一般预算支出	万元	121464	86778	313218	48056	27441
居民储蓄存款余额	万元	58775	53615	2756447	489850	129366
年末金融机构各项贷款余额	万元	72154	48708	2492061	229248	42344
三、农业、工业及投资						
粮食产量	吨					
棉花产量	吨			390177	207248	85133
油料产量	吨	5065	174	4726		2160
肉类总产量	吨	6099	4548	50728	13295	9077
规模以上工业企业个数	个	3	1	114	33	8
规模以上工业总产值(现价)	万元	29210	7192	3870663	208595	100291
固定资产投资(不含农户)	万元	202268	121113	2416970	656175	295920
四、教育、卫生和社会保障						
普通中学在校学生数	人	1897	1788	41215	10419	7985
小学在校学生数	人	5388	2881	36973	11291	16699
医院、卫生院床位数	床	230	110	3830	740	594
各种社会福利收养性单位数	个	4	1	23		2
各种社会福利收养性单位床位数	床	115	60	2350		165

2012年县(市)社会经济主要指标

新疆维吾尔自治区

指　　标	单位	五家渠市	北屯市
一、基本情况			
行政区域土地面积	平方公里	710	911
乡(镇)个数	个		
村民委员会个数	个		
年末总户数	户	44100	21134
其中:乡村户数	户		
年末总人口	万人	12	6
乡村人口	万人		
年末单位从业人员数	人	30700	20165
乡村从业人员数	人		
其中:农林牧渔业	人		
农业机械总动力	万千瓦特	8	10
固定电话用户	户	32128	15400
二、综合经济			
第一产业增加值	万元	76416	34111
第二产业增加值	万元	561675	77398
地方财政一般预算收入	万元	68623	9563
地方财政一般预算支出	万元	85556	9383
居民储蓄存款余额	万元	411500	
年末金融机构各项贷款余额	万元	772500	253300
三、农业、工业及投资			
粮食产量	吨		
棉花产量	吨	18350	
油料产量	吨	1833	12894
肉类总产量	吨	12681	6834
规模以上工业企业个数	个	42	9
规模以上工业总产值(现价)	万元	1709876	61610
固定资产投资(不含农户)	万元	1360714	189135
四、教育、卫生和社会保障			
普通中学在校学生数	人	8162	6397
小学在校学生数	人	6770	5168
医院、卫生院床位数	床	795	505
各种社会福利收养性单位数	个	3	2
各种社会福利收养性单位床位数	床	178	370

2

分区域县（市）社会经济基本情况

丘陵县(市)社会经济基本情况

指　　标	单位	2011 年	2012 年	2012 年为 2011 年%
一、基本情况				
县(市)个数	个	534	534	100.0
行政区域土地面积	平方公里		2030250	
乡(镇)个数	个	7982	7986	100.1
村民委员会个数	个	146703	146285	99.7
年末总户数	户	94574056	95755869	101.2
其中:乡村户数	户	66431012	66966016	100.8
年末总人口	万人	29808	29851	100.1
乡村人口	万人	23928	23985	100.2
年末单位从业人员数	人	20308312	21443247	105.6
乡村从业人员数	人	133590370	134388932	100.6
其中:农林牧渔业	人	69153806	68096928	98.5
农业机械总动力	万千瓦特	22225	23347	105.0
固定电话用户	户	40971845	37002122	90.3
二、综合经济				
第一产业增加值	万元	121526786	134944751	111.0
第二产业增加值	万元	460245506	516699707	112.3
地方财政一般预算收入	万元	44543925	55014199	123.5
地方财政一般预算支出	万元	106248728	126561046	119.1
居民储蓄存款余额	万元	406733455	484210909	119.0
年末金融机构各项贷款余额	万元	356350378	433330560	121.6
三、农业、工业及投资				
粮食产量	吨			
棉花产量	吨	415364	421038	101.4
油料产量	吨	8828357	9341318	105.8
肉类总产量	吨	26934233	28533276	105.9
规模以上工业企业个数	个	59747	62205	104.1
规模以上工业总产值(现价)	万元	1288108378	1442961322	112.0
固定资产投资(不含农户)	万元	459533830	620999583	135.1
四、教育、卫生和社会保障				
普通中学在校学生数	人	15323661	14417395	94.1
小学在校学生数	人	20355709	19707107	96.8
医院、卫生院床位数	床	735120	818286	111.3
各种社会福利收养性单位数	个	9735	10002	102.7
各种社会福利收养性单位床位数	床	701884	773514	110.2

山区县(市)社会经济基本情况

指　　标	单位	2011 年	2012 年	2012 年为 2011 年%
一、基本情况				
县(市)个数	个	894	894	100.0
行政区域土地面积	平方公里		4232731	
乡(镇)个数	个	13178	13230	100.4
村民委员会个数	个	187246	186533	99.6
年末总户数	户	96543719	98348363	101.9
其中:乡村户数	户	70699521	71378573	101.0
年末总人口	万人	31928	32026	100.3
乡村人口	万人	26330	26333	100.0
年末单位从业人员数	人	20344326	21592628	106.1
乡村从业人员数	人	147759624	148755373	100.7
其中:农林牧渔业	人	84959544	84356745	99.3
农业机械总动力	万千瓦特	19224	20914	108.8
固定电话用户	户	37875229	35082505	92.6
二、综合经济				
第一产业增加值	万元	104090208	117896516	113.3
第二产业增加值	万元	318607779	360091713	113.0
地方财政一般预算收入	万元	37248970	45962900	123.4
地方财政一般预算支出	万元	122053576	150257795	123.1
居民储蓄存款余额	万元	352978424	425067432	120.4
年末金融机构各项贷款余额	万元	315076252	384053202	121.9
三、农业、工业及投资				
粮食产量	吨			
棉花产量	吨	145014	152974	105.5
油料产量	吨	7495724	7750182	103.4
肉类总产量	吨	23190475	26016552	112.2
规模以上工业企业个数	个	42339	45812	108.2
规模以上工业总产值(现价)	万元	798072430	901900487	113.0
固定资产投资(不含农户)	万元	349595146	500417268	143.1
四、教育、卫生和社会保障				
普通中学在校学生数	人	17433964	16701244	95.8
小学在校学生数	人	24646540	23721175	96.2
医院、卫生院床位数	床	824442	929796	112.8
各种社会福利收养性单位数	个	10144	10314	101.7
各种社会福利收养性单位床位数	床	666126	701611	105.3

平原县(市)社会经济基本情况

指　　标	单位	2011 年	2012 年	2012 年为 2011 年%
一、基本情况				
县(市)个数	个	650	650	100.0
行政区域土地面积	平方公里		2606695	
乡(镇)个数	个	8567	8513	99.4
村民委员会个数	个	184327	184872	100.3
年末总户数	户	118769800	119428998	100.6
其中:乡村户数	户	85136727	85381908	100.3
年末总人口	万人	39294	39406	100.3
乡村人口	万人	31430	31411	99.9
年末单位从业人员数	人	26639141	27223421	102.2
乡村从业人员数	人	174196888	174347203	100.1
其中:农林牧渔业	人	83399332	82742540	99.2
农业机械总动力	万千瓦特	41768	43155	103.3
固定电话用户	户	66168521	61612134	93.1
二、综合经济				
第一产业增加值	万元	172397275	188891308	109.6
第二产业增加值	万元	676658322	748957410	110.7
地方财政一般预算收入	万元	72588053	85725842	118.1
地方财政一般预算支出	万元	141839418	168347918	118.7
居民储蓄存款余额	万元	659982959	778623992	118.0
年末金融机构各项贷款余额	万元	699414870	820306605	117.3
三、农业、工业及投资				
粮食产量	吨			
棉花产量	吨	5800012	5615923	96.8
油料产量	吨	13506947	13729913	101.7
肉类总产量	吨	33840940	35685290	105.5
规模以上工业企业个数	个	108081	114174	105.6
规模以上工业总产值(现价)	万元	2234574853	2528903658	113.2
固定资产投资(不含农户)	万元	582394262	803114431	137.9
四、教育、卫生和社会保障				
普通中学在校学生数	人	20909177	19838677	94.9
小学在校学生数	人	28828620	29534598	102.4
医院、卫生院床位数	床	1029434	1138474	110.6
各种社会福利收养性单位数	个	10437	11136	106.7
各种社会福利收养性单位床位数	床	975933	1081043	110.8

民族县(市)社会经济基本情况

指　　　标	单位	2011年	2012年	2012年为2011年%
一、基本情况				
县(市)个数	个	633	633	100.0
行政区域土地面积	平方公里		5826374	
乡(镇)个数	个	7570	7688	101.6
村民委员会个数	个	82227	81955	99.7
年末总户数	户	49952872	50909204	101.9
其中:乡村户数	户	32586880	33087529	101.5
年末总人口	万人	16704	16777	100.4
乡村人口	万人	12964	13023	100.5
年末单位从业人员数	人	9666246	10266753	106.2
乡村从业人员数	人	72758967	73448716	100.9
其中:农林牧渔业	人	49862984	49932162	100.1
农业机械总动力	万千瓦特	12488	13701	109.7
固定电话用户	户	17318676	16124113	93.1
二、综合经济				
第一产业增加值	万元	66929768	75429964	112.7
第二产业增加值	万元	171983211	199954619	116.3
地方财政一般预算收入	万元	21347860	26823834	125.7
地方财政一般预算支出	万元	80495527	97710229	121.4
居民储蓄存款余额	万元	164737411	205215255	124.6
年末金融机构各项贷款余额	万元	174506554	212743904	121.9
三、农业、工业及投资				
粮食产量	吨			
棉花产量	吨	2587592	2748416	106.2
油料产量	吨	4136337	4255467	102.9
肉类总产量	吨	14679541	15660962	106.7
规模以上工业企业个数	个	14191	14995	105.7
规模以上工业总产值(现价)	万元	324022171	372489020	115.0
固定资产投资(不含农户)	万元	227793098	315471217	138.5
四、教育、卫生和社会保障				
普通中学在校学生数	人	8600461	8374120	97.4
小学在校学生数	人	13257816	12909120	97.4
医院、卫生院床位数	床	469955	529387	112.6
各种社会福利收养性单位数	个	4657	4689	100.7
各种社会福利收养性单位床位数	床	215479	232851	108.1

陆地边境县(市)社会经济基本情况

指　　标	单位	2011年	2012年	2012年为2011年%
一、基本情况				
县(市)个数	个	129	129	100.0
行政区域土地面积	平方公里		1905830	
乡(镇)个数	个	1127	1168	103.6
村民委员会个数	个	10205	10158	99.5
年末总户数	户	6499037	6600539	101.6
其中:乡村户数	户	3660630	3732655	102.0
年末总人口	万人	2115	2100	99.3
乡村人口	万人	1432	1442	100.7
年末单位从业人员数	人	1657333	1707156	103.0
乡村从业人员数	人	7998956	8187251	102.4
其中:农林牧渔业	人	6167457	6245520	101.3
农业机械总动力	万千瓦特	2034	2183	107.3
固定电话用户	户	3171846	3064719	96.6
二、综合经济				
第一产业增加值	万元	10869454	12592530	115.9
第二产业增加值	万元	25569614	30004905	117.3
地方财政一般预算收入	万元	3661778	4740872	129.5
地方财政一般预算支出	万元	15115243	17795566	117.7
居民储蓄存款余额	万元	28600824	36179124	126.5
年末金融机构各项贷款余额	万元	25312397	31807253	125.7
三、农业、工业及投资				
粮食产量	吨			
棉花产量	吨	212995	224608	105.5
油料产量	吨	730906	762101	104.3
肉类总产量	吨	1867684	1994258	106.8
规模以上工业企业个数	个	2388	2380	99.7
规模以上工业总产值(现价)	万元	44161843	49033818	111.0
固定资产投资(不含农户)	万元	35738842	49850389	139.5
四、教育、卫生和社会保障				
普通中学在校学生数	人	1040844	1012192	97.2
小学在校学生数	人	1566922	1527148	97.5
医院、卫生院床位数	床	72184	79633	110.3
各种社会福利收养性单位数	个	562	585	104.1
各种社会福利收养性单位床位数	床	31622	33092	104.6

牧区、半牧区县(市)社会经济基本情况

指　　标	单位	2011 年	2012 年	2012 年为 2011 年%
一、基本情况				
县(市)个数	个	264	264	100.0
行政区域土地面积	平方公里		3889981	
乡(镇)个数	个	3368	3417	101.5
村民委员会个数	个	31228	31198	99.9
年末总户数	户	15316052	15556327	101.6
其中:乡村户数	户	9079322	9210132	101.4
年末总人口	万人	4620	4633	100.3
乡村人口	万人	3404	3418	100.4
年末单位从业人员数	人	2933403	3070577	104.7
乡村从业人员数	人	18244438	18418795	101.0
其中:农林牧渔业	人	13674420	13608857	99.5
农业机械总动力	万千瓦特	5521	6159	111.6
固定电话用户	户	5569228	4931100	88.5
二、综合经济				
第一产业增加值	万元	25857966	29306830	113.3
第二产业增加值	万元	77086981	91454828	118.6
地方财政一般预算收入	万元	9031305	11112522	123.0
地方财政一般预算支出	万元	30444445	37337226	122.6
居民储蓄存款余额	万元	48132071	60426301	125.5
年末金融机构各项贷款余额	万元	63581201	75687416	119.0
三、农业、工业及投资				
粮食产量	吨			
棉花产量	吨	540178	576169	106.7
油料产量	吨	2647670	2725207	102.9
肉类总产量	吨	5907457	6233750	105.5
规模以上工业企业个数	个	5254	5435	103.4
规模以上工业总产值(现价)	万元	142794839	160350546	112.3
固定资产投资(不含农户)	万元	98863659	130219735	131.7
四、教育、卫生和社会保障				
普通中学在校学生数	人	2250609	2154773	95.7
小学在校学生数	人	3324049	3179448	95.6
医院、卫生院床位数	床	129289	142252	110.0
各种社会福利收养性单位数	个	1368	1400	102.4
各种社会福利收养性单位床位数	床	93911	97994	104.3

九大农区县(市)社会经济基本情况

东北区

指　　标	单位	2011 年	2012 年	2012 年为 2011 年%
一、基本情况				
县(市)个数	个	153	153	100.0
行政区域土地面积	平方公里		834865	
乡(镇)个数	个	2019	2005	99.3
村民委员会个数	个	24784	24708	99.7
年末总户数	户	22899544	22986011	100.4
其中:乡村户数	户	13152824	13161698	100.1
年末总人口	万人	6586	6521	99.0
乡村人口	万人	4595	4575	99.6
年末单位从业人员数	人	3975086	4039381	101.6
乡村从业人员数	人	24000795	23926033	99.7
其中:农林牧渔业	人	15877987	15558682	98.0
农业机械总动力	万千瓦特	7142	7723	108.1
固定电话用户	户	11705330	11444313	97.8
二、综合经济				
第一产业增加值	万元	45137599	51853779	114.9
第二产业增加值	万元	102673548	118692108	115.6
地方财政一般预算收入	万元	11025271	13834750	125.5
地方财政一般预算支出	万元	28005298	34359739	122.7
居民储蓄存款余额	万元	89126214	103835805	116.5
年末金融机构各项贷款余额	万元	68824722	81146592	117.9
三、农业、工业及投资				
粮食产量	吨			
棉花产量	吨	12144	8424	69.4
油料产量	吨	2145620	2346478	109.4
肉类总产量	吨	10771935	12022752	111.6
规模以上工业企业个数	个	13471	14183	105.3
规模以上工业总产值(现价)	万元	247568490	313727208	126.7
固定资产投资(不含农户)	万元	119730549	145275532	121.3
四、教育、卫生和社会保障				
普通中学在校学生数	人	2643495	2516941	95.2
小学在校学生数	人	3449990	3331413	96.6
医院、卫生院床位数	床	181229	188597	104.1
各种社会福利收养性单位数	个	1989	2098	105.5
各种社会福利收养性单位床位数	床	175892	188183	107.0

九大农区县(市)社会经济基本情况

内蒙古及长城沿线

指　　标	单位	2011 年	2012 年	2012 年为 2011 年%
一、基本情况				
县(市)个数	个	119	119	100.0
行政区域土地面积	平方公里		759239	
乡(镇)个数	个	1377	1419	103.1
村民委员会个数	个	24356	24356	100.0
年末总户数	户	11541099	11751558	101.8
其中:乡村户数	户	7168473	7333262	102.3
年末总人口	万人	3218	3207	99.7
乡村人口	万人	2372	2386	100.6
年末单位从业人员数	人	2158018	2235426	103.6
乡村从业人员数	人	12401736	12431145	100.2
其中:农林牧渔业	人	8339296	8308414	99.6
农业机械总动力	万千瓦特	3294	3440	104.4
固定电话用户	户	3726282	3831858	102.8
二、综合经济				
第一产业增加值	万元	14634853	16546088	113.1
第二产业增加值	万元	72887695	85470618	117.3
地方财政一般预算收入	万元	7910910	9665171	122.2
地方财政一般预算支出	万元	18967356	23037333	121.5
居民储蓄存款余额	万元	51715003	61668858	119.2
年末金融机构各项贷款余额	万元	56330997	65767143	116.8
三、农业、工业及投资				
粮食产量	吨			
棉花产量	吨	655	564	86.1
油料产量	吨	668411	696266	104.2
肉类总产量	吨	3368917	3509230	104.2
规模以上工业企业个数	个	4474	4786	107.0
规模以上工业总产值(现价)	万元	137135622	155671668	113.5
固定资产投资(不含农户)	万元	73188659	101539377	138.7
四、教育、卫生和社会保障				
普通中学在校学生数	人	1594070	1508345	94.6
小学在校学生数	人	1967917	1929627	98.1
医院、卫生院床位数	床	89824	99986	111.3
各种社会福利收养性单位数	个	1086	1028	94.7
各种社会福利收养性单位床位数	床	76229	81798	107.3

九大农区县(市)社会经济基本情况

黄淮海区

指　　标	单位	2011 年	2012 年	2012 年为 2011 年%
一、基本情况				
县(市)个数	个	319	319	100.0
行政区域土地面积	平方公里		370658	
乡(镇)个数	个	4491	4461	99.3
村民委员会个数	个	143200	144496	100.9
年末总户数	户	66731625	67197860	100.7
其中:乡村户数	户	51478935	51605916	100.2
年末总人口	万人	22998	23100	100.4
乡村人口	万人	19096	19103	100.0
年末单位从业人员数	人	13296392	14122743	106.2
乡村从业人员数	人	108421155	108428210	100.0
其中:农林牧渔业	人	53442816	51860119	97.0
农业机械总动力	万千瓦特	31059	31770	102.3
固定电话用户	户	30876389	27928107	90.5
二、综合经济				
第一产业增加值	万元	92573436	99413786	107.4
第二产业增加值	万元	340971006	377275184	110.6
地方财政一般预算收入	万元	29160818	36021675	123.5
地方财政一般预算支出	万元	65450409	79394436	121.3
居民储蓄存款余额	万元	301306377	359497935	119.3
年末金融机构各项贷款余额	万元	243818287	292746756	120.1
三、农业、工业及投资				
粮食产量	吨			
棉花产量	吨	2141187	1829758	85.5
油料产量	吨	8700755	8898531	102.3
肉类总产量	吨	19328282	20163475	104.3
规模以上工业企业个数	个	53139	56299	105.9
规模以上工业总产值(现价)	万元	1205969153	1416404465	117.4
固定资产投资(不含农户)	万元	309200478	409825615	132.5
四、教育、卫生和社会保障				
普通中学在校学生数	人	11853664	11305054	95.4
小学在校学生数	人	17979959	19149554	106.5
医院、卫生院床位数	床	587865	654444	111.3
各种社会福利收养性单位数	个	5378	5696	105.9
各种社会福利收养性单位床位数	床	583892	615668	105.4

九大农区县(市)社会经济基本情况

黄土高原区

指　　标	单位	2011年	2012年	2012年为2011年%
一、基本情况				
县(市)个数	个	211	211	100.0
行政区域土地面积	平方公里		386852	
乡(镇)个数	个	2664	2656	99.7
村民委员会个数	个	54416	54392	100.0
年末总户数	户	22029755	22578833	102.5
其中:乡村户数	户	15891744	16033138	100.9
年末总人口	万人	7269	7293	100.3
乡村人口	万人	6013	5992	99.7
年末单位从业人员数	人	4620073	4817085	104.3
乡村从业人员数	人	31863943	31671143	99.4
其中:农林牧渔业	人	18289066	17950368	98.1
农业机械总动力	万千瓦特	6025	6088	101.0
固定电话用户	户	9452400	8576503	90.7
二、综合经济				
第一产业增加值	万元	20078524	22604865	112.6
第二产业增加值	万元	109791537	122479377	111.6
地方财政一般预算收入	万元	8667030	10465800	120.8
地方财政一般预算支出	万元	28079789	34244333	122.0
居民储蓄存款余额	万元	93741507	112688361	120.2
年末金融机构各项贷款余额	万元	66607456	78501660	117.9
三、农业、工业及投资				
粮食产量	吨			
棉花产量	吨	116908	101092	86.5
油料产量	吨	1229733	1278833	104.0
肉类总产量	吨	2721029	2887861	106.1
规模以上工业企业个数	个	7394	8035	108.7
规模以上工业总产值(现价)	万元	249644549	286004194	114.6
固定资产投资(不含农户)	万元	109743705	150911372	137.5
四、教育、卫生和社会保障				
普通中学在校学生数	人	4630183	4315969	93.2
小学在校学生数	人	5541201	5242847	94.6
医院、卫生院床位数	床	199077	215963	108.5
各种社会福利收养性单位数	个	1484	1533	103.3
各种社会福利收养性单位床位数	床	85992	92721	107.8

九大农区县(市)社会经济基本情况

长江中下游区

指　　标	单位	2011 年	2012 年	2012 年为 2011 年%
一、基本情况				
县(市)个数	个	453	453	100.0
行政区域土地面积	平方公里		869740	
乡(镇)个数	个	6745	6648	98.6
村民委员会个数	个	124030	123214	99.3
年末总户数	户	86724176	87098157	100.4
其中:乡村户数	户	63224258	63473044	100.4
年末总人口	万人	27624	27673	100.2
乡村人口	万人	22510	22551	100.2
年末单位从业人员数	人	21284634	22348283	105.0
乡村从业人员数	人	125487783	126477829	100.8
其中:农林牧渔业	人	53882296	54620712	101.4
农业机械总动力	万千瓦特	19057	20123	105.6
固定电话用户	户	48843178	43877859	89.8
二、综合经济				
第一产业增加值	万元	109201009	120157400	110.0
第二产业增加值	万元	479699213	531129857	110.7
地方财政一般预算收入	万元	58371528	68628617	117.6
地方财政一般预算支出	万元	104405625	123337402	118.1
居民储蓄存款余额	万元	470926868	554093688	117.7
年末金融机构各项贷款余额	万元	572536310	667991285	116.7
三、农业、工业及投资				
粮食产量	吨			
棉花产量	吨	1407264	1409105	100.1
油料产量	吨	9558408	9881380	103.4
肉类总产量	吨	20604700	21636817	105.0
规模以上工业企业个数	个	86971	92432	106.3
规模以上工业总产值(现价)	万元	1582717190	1770813671	111.9
固定资产投资(不含农户)	万元	406884005	594083215	146.0
四、教育、卫生和社会保障				
普通中学在校学生数	人	13717164	12835963	93.6
小学在校学生数	人	18815893	18243364	97.0
医院、卫生院床位数	床	647727	729436	112.6
各种社会福利收养性单位数	个	10071	10405	103.3
各种社会福利收养性单位床位数	床	870876	949656	109.0

九大农区县(市)社会经济基本情况

西南区

指　　标	单位	2011 年	2012 年	2012 年为 2011 年%
一、基本情况				
县(市)个数	个	385	385	100.0
行政区域土地面积	平方公里		934885	
乡(镇)个数	个	7645	7688	100.6
村民委员会个数	个	92968	92237	99.2
年末总户数	户	60473903	61831984	102.2
其中:乡村户数	户	44499439	44837232	100.8
年末总人口	万人	19041	19103	100.3
乡村人口	万人	16053	15992	99.6
年末单位从业人员数	人	10851490	11181360	103.0
乡村从业人员数	人	92702085	92787366	100.1
其中:农林牧渔业	人	52144041	51320409	98.4
农业机械总动力	万千瓦特	8095	9151	113.0
固定电话用户	户	18299364	16730742	91.4
二、综合经济				
第一产业增加值	万元	55485045	63178543	113.9
第二产业增加值	万元	143210844	167742549	117.1
地方财政一般预算收入	万元	18101509	22316485	123.3
地方财政一般预算支出	万元	64059043	78035550	121.8
居民储蓄存款余额	万元	190990948	234128025	122.6
年末金融机构各项贷款余额	万元	152556336	196003452	128.5
三、农业、工业及投资				
粮食产量	吨			
棉花产量	吨	22746	22823	100.3
油料产量	吨	4826730	5016138	103.9
肉类总产量	吨	16394318	18560846	113.2
规模以上工业企业个数	个	17287	19495	112.8
规模以上工业总产值(现价)	万元	335155132	356283219	106.3
固定资产投资(不含农户)	万元	195960331	267553899	136.5
四、教育、卫生和社会保障				
普通中学在校学生数	人	10294731	9877774	95.9
小学在校学生数	人	14216907	13553121	95.3
医院、卫生院床位数	床	498443	570873	114.5
各种社会福利收养性单位数	个	6700	6914	103.2
各种社会福利收养性单位床位数	床	412164	469915	114.0

九大农区县(市)社会经济基本情况

华南区

指　　标	单位	2011 年	2012 年	2012 年为 2011 年%
一、基本情况				
县(市)个数	个	171	171	100.0
行政区域土地面积	平方公里		410322	
乡(镇)个数	个	2051	2088	101.8
村民委员会个数	个	30080	29932	99.5
年末总户数	户	29137050	29486116	101.2
其中:乡村户数	户	21276503	21592608	101.5
年末总人口	万人	10788	10800	100.1
乡村人口	万人	8738	8783	100.5
年末单位从业人员数	人	8116067	8400330	103.5
乡村从业人员数	人	48948101	49670761	101.5
其中:农林牧渔业	人	26588649	26437065	99.4
农业机械总动力	万千瓦特	4520	4797	106.1
固定电话用户	户	16823105	16099840	95.7
二、综合经济				
第一产业增加值	万元	42936828	47505209	110.6
第二产业增加值	万元	157329402	164994768	104.9
地方财政一般预算收入	万元	15046767	18129495	120.5
地方财政一般预算支出	万元	35080856	41861474	119.3
居民储蓄存款余额	万元	177912043	206538769	116.1
年末金融机构各项贷款余额	万元	155956719	187827624	120.4
三、农业、工业及投资				
粮食产量	吨			
棉花产量	吨	493	447	90.7
油料产量	吨	1195104	1259197	105.4
肉类总产量	吨	7388223	7921684	107.2
规模以上工业企业个数	个	23961	23710	99.0
规模以上工业总产值(现价)	万元	476085956	481007823	101.0
固定资产投资(不含农户)	万元	112350576	154753900	137.7
四、教育、卫生和社会保障				
普通中学在校学生数	人	6956581	6682415	96.1
小学在校学生数	人	8865592	8617175	97.2
医院、卫生院床位数	床	247668	271927	109.8
各种社会福利收养性单位数	个	2615	2744	104.9
各种社会福利收养性单位床位数	床	88611	101159	114.2

九大农区县(市)社会经济基本情况

甘新区

指　　标	单位	2011 年	2012 年	2012 年为 2011 年%
一、基本情况				
县(市)个数	个	125	125	100.0
行政区域土地面积	平方公里		2328437	
乡(镇)个数	个	1194	1219	102.1
村民委员会个数	个	12771	12687	99.3
年末总户数	户	8329280	8506206	102.1
其中:乡村户数	户	4185952	4259022	101.7
年末总人口	万人	2738	2806	102.5
乡村人口	万人	1686	1713	101.6
年末单位从业人员数	人	2441215	2550026	104.5
乡村从业人员数	人	8385527	8710191	103.9
其中:农林牧渔业	人	6297355	6491856	103.1
农业机械总动力	万千瓦特	3218	3441	106.9
固定电话用户	户	4591296	4515601	98.4
二、综合经济				
第一产业增加值	万元	15456739	17637960	114.1
第二产业增加值	万元	41393373	48703230	117.7
地方财政一般预算收入	万元	5272812	6603034	125.2
地方财政一般预算支出	万元	18202431	21158552	116.2
居民储蓄存款余额	万元	38524187	48209478	125.1
年末金融机构各项贷款余额	万元	46311399	57415735	124.0
三、农业、工业及投资				
粮食产量	吨			
棉花产量	吨	2658992	2817722	106.0
油料产量	吨	1312046	1253782	95.6
肉类总产量	吨	2615572	2717291	103.9
规模以上工业企业个数	个	3102	2779	89.6
规模以上工业总产值(现价)	万元	76908735	83772416	108.9
固定资产投资(不含农户)	万元	52962888	81372675	153.6
四、教育、卫生和社会保障				
普通中学在校学生数	人	1596407	1541473	96.6
小学在校学生数	人	2198077	2162003	98.4
医院、卫生院床位数	床	115651	131319	113.5
各种社会福利收养性单位数	个	637	656	103.0
各种社会福利收养性单位床位数	床	37073	43172	116.5

九大农区县(市)社会经济基本情况

青藏高原区

指　　标	单位	2011 年	2012 年	2012 年为 2011 年%
一、基本情况				
县(市)个数	个	143	143	100.0
行政区域土地面积	平方公里		1974677	
乡(镇)个数	个	1541	1545	100.3
村民委员会个数	个	11671	11668	100.0
年末总户数	户	2021143	2096505	103.7
其中:乡村户数	户	1389132	1430577	103.0
年末总人口	万人	768	782	101.9
乡村人口	万人	625	635	101.6
年末单位从业人员数	人	548804	564662	102.9
乡村从业人员数	人	3335757	3388830	101.6
其中:农林牧渔业	人	2651176	2648588	99.9
农业机械总动力	万千瓦特	806	883	109.6
固定电话用户	户	698251	691938	99.1
二、综合经济				
第一产业增加值	万元	2510236	2834944	112.9
第二产业增加值	万元	7554989	9261140	122.6
地方财政一般预算收入	万元	824304	1037914	125.9
地方财政一般预算支出	万元	7890915	9737941	123.4
居民储蓄存款余额	万元	5451691	7241414	132.8
年末金融机构各项贷款余额	万元	7899274	10290120	130.3
三、农业、工业及投资				
粮食产量	吨			
棉花产量	吨			
油料产量	吨	194221	190808	98.2
肉类总产量	吨	772671	815163	105.5
规模以上工业企业个数	个	368	472	128.3
规模以上工业总产值(现价)	万元	9570834	10080805	105.3
固定资产投资(不含农户)	万元	11502046	19215697	167.1
四、教育、卫生和社会保障				
普通中学在校学生数	人	380507	373382	98.1
小学在校学生数	人	795333	733776	92.3
医院、卫生院床位数	床	21512	24011	111.6
各种社会福利收养性单位数	个	356	378	106.2
各种社会福利收养性单位床位数	床	13214	13896	105.2

沿海开放县(市)社会经济基本情况

指　　　标	单位	2011 年	2012 年	2012 年为 2011 年%
一、基本情况				
县(市)个数	个	201	201	100.0
行政区域土地面积	平方公里		321862	
乡(镇)个数	个	2623	2583	98.5
村民委员会个数	个	65272	64935	99.5
年末总户数	户	45928605	45838877	99.8
其中:乡村户数	户	34772325	34736383	99.9
年末总人口	万人	14898	14925	100.2
乡村人口	万人	11934	11943	100.1
年末单位从业人员数	人	16214212	17102449	105.5
乡村从业人员数	人	66196640	66668097	100.7
其中:农林牧渔业	人	25338749	24968489	98.5
农业机械总动力	万千瓦特	10400	10685	102.7
固定电话用户	户	39667634	36866728	92.9
二、综合经济				
第一产业增加值	万元	69814442	76810513	110.0
第二产业增加值	万元	462542635	498477423	107.8
地方财政一般预算收入	万元	55379076	64275031	116.1
地方财政一般预算支出	万元	73093003	85185277	116.5
居民储蓄存款余额	万元	426144642	490911686	115.2
年末金融机构各项贷款余额	万元	538008467	627188316	116.6
三、农业、工业及投资				
粮食产量	吨			
棉花产量	吨	323289	283102	87.6
油料产量	吨	3462709	3501641	101.1
肉类总产量	吨	11389219	11852583	104.1
规模以上工业企业个数	个	81657	83407	102.1
规模以上工业总产值(现价)	万元	1692472263	1841498123	108.8
固定资产投资(不含农户)	万元	306721983	447946165	146.0
四、教育、卫生和社会保障				
普通中学在校学生数	人	8319186	7915448	95.1
小学在校学生数	人	10006888	9876376	98.7
医院、卫生院床位数	床	445016	487987	109.7
各种社会福利收养性单位数	个	4271	4752	111.3
各种社会福利收养性单位床位数	床	387601	460389	118.8

棉花生产大县(市)社会经济基本情况

指　　标	单位	2011 年	2012 年	2012 年为 2011 年%
一、基本情况				
县(市)个数	个	130	130	100.0
行政区域土地面积	平方公里		374835	
乡(镇)个数	个	2202	2178	98.9
村民委员会个数	个	56315	57078	101.4
年末总户数	户	33671552	33809052	100.4
其中:乡村户数	户	24471949	24509952	100.2
年末总人口	万人	11152	11169	100.1
乡村人口	万人	8987	8992	100.1
年末单位从业人员数	人	7071488	6922817	97.9
乡村从业人员数	人	50038232	50321834	100.6
其中:农林牧渔业	人	23671193	24255097	102.5
农业机械总动力	万千瓦特	12126	12602	103.9
固定电话用户	户	14806799	13595577	91.8
二、综合经济				
第一产业增加值	万元	46456454	50912434	109.6
第二产业增加值	万元	146850036	164276938	111.9
地方财政一般预算收入	万元	15623649	18624070	119.2
地方财政一般预算支出	万元	33095287	40002902	120.9
居民储蓄存款余额	万元	145851981	175321917	120.2
年末金融机构各项贷款余额	万元	137532905	162554039	118.2
三、农业、工业及投资				
粮食产量	吨			
棉花产量	吨	2861058	2765796	96.7
油料产量	吨	5254113	5211570	99.2
肉类总产量	吨	9220204	9579682	103.9
规模以上工业企业个数	个	26579	28001	105.4
规模以上工业总产值(现价)	万元	522601031	612028657	117.1
固定资产投资(不含农户)	万元	125003894	177530464	142.0
四、教育、卫生和社会保障				
普通中学在校学生数	人	5612831	5227550	93.1
小学在校学生数	人	8070589	9152058	113.4
医院、卫生院床位数	床	268185	299254	111.6
各种社会福利收养性单位数	个	3147	3252	103.3
各种社会福利收养性单位床位数	床	323153	355754	110.1

长江三角洲经济区县(市)社会经济基本情况

指　　标	单位	2011 年	2012 年	2012 年为 2011 年%
一、基本情况				
县(市)个数	个	79	79	100.0
行政区域土地面积	平方公里		101095	
乡(镇)个数	个	926	902	97.4
村民委员会个数	个	24038	23855	99.2
年末总户数	户	20474691	20393141	99.6
其中:乡村户数	户	15956408	15822648	99.2
年末总人口	万人	5911	5931	100.3
乡村人口	万人	4766	4750	99.6
年末单位从业人员数	人	8088295	8651020	107.0
乡村从业人员数	人	28238836	28222106	99.9
其中:农林牧渔业	人	6507118	6357069	97.7
农业机械总动力	万千瓦特	3152	3265	103.6
固定电话用户	户	21458296	19310028	90.0
二、综合经济				
第一产业增加值	万元	23897305	26156284	109.5
第二产业增加值	万元	251540507	271178401	107.8
地方财政一般预算收入	万元	34925282	39079830	111.9
地方财政一般预算支出	万元	39209844	43945575	112.1
居民储蓄存款余额	万元	237395128	274757853	115.7
年末金融机构各项贷款余额	万元	381503542	438517035	114.9
三、农业、工业及投资				
粮食产量	吨			
棉花产量	吨	163978	159623	97.3
油料产量	吨	1176941	1205150	102.4
肉类总产量	吨	2987685	3029030	101.4
规模以上工业企业个数	个	49467	51918	105.0
规模以上工业总产值(现价)	万元	969269045	1046467514	108.0
固定资产投资(不含农户)	万元	144814649	241075674	166.5
四、教育、卫生和社会保障				
普通中学在校学生数	人	2755029	2620954	95.1
小学在校学生数	人	3617843	3634258	100.5
医院、卫生院床位数	床	189809	208561	109.9
各种社会福利收养性单位数	个	2073	2434	117.4
各种社会福利收养性单位床位数	床	262585	329249	125.4

环渤海经济区县(市)社会经济基本情况

指　　标	单位	2011年	2012年	2012年为2011年%
一、基本情况				
县(市)个数	个	81	81	100.0
行政区域土地面积	平方公里		141176	
乡(镇)个数	个	1223	1203	98.4
村民委员会个数	个	38251	38124	99.7
年末总户数	户	16503541	16562657	100.4
其中:乡村户数	户	12490944	12478880	99.9
年末总人口	万人	5007	5023	100.3
乡村人口	万人	3972	3979	100.2
年末单位从业人员数	人	4758981	5221537	109.7
乡村从业人员数	人	21499447	21664789	100.8
其中:农林牧渔业	人	10541747	10337889	98.1
农业机械总动力	万千瓦特	6765	6918	102.3
固定电话用户	户	11604312	11271887	97.1
二、综合经济				
第一产业增加值	万元	28497575	31560508	110.7
第二产业增加值	万元	140725242	157863344	112.2
地方财政一般预算收入	万元	14408083	17923900	124.4
地方财政一般预算支出	万元	23189612	28397113	122.5
居民储蓄存款余额	万元	125395393	147184917	117.4
年末金融机构各项贷款余额	万元	109297103	132492354	121.2
三、农业、工业及投资				
粮食产量	吨			
棉花产量	吨	172083	153129	89.0
油料产量	吨	1847524	1840297	99.6
肉类总产量	吨	7201440	7751559	107.6
规模以上工业企业个数	个	20469	20868	101.9
规模以上工业总产值(现价)	万元	483144323	569492233	117.9
固定资产投资(不含农户)	万元	120287037	158496363	131.8
四、教育、卫生和社会保障				
普通中学在校学生数	人	2320099	2247611	96.9
小学在校学生数	人	2774095	2783835	100.4
医院、卫生院床位数	床	184686	199967	108.3
各种社会福利收养性单位数	个	1239	1295	104.5
各种社会福利收养性单位床位数	床	149945	153601	102.4

南部沿海经济区县(市)社会经济基本情况

指　　标	单位	2011 年	2012 年	2012 年为 2011 年%
一、基本情况				
县(市)个数	个	102	102	100.0
行政区域土地面积	平方公里		182545	
乡(镇)个数	个	1337	1339	100.1
村民委员会个数	个	22167	22057	99.5
年末总户数	户	20069131	20040547	99.9
其中:乡村户数	户	14828959	14996690	101.1
年末总人口	万人	7556	7554	100.0
乡村人口	万人	5997	6028	100.5
年末单位从业人员数	人	6729840	6894051	102.4
乡村从业人员数	人	32522151	33076945	101.7
其中:农林牧渔业	人	14876516	14674218	98.6
农业机械总动力	万千瓦特	2578	2677	103.8
固定电话用户	户	14407093	13818726	95.9
二、综合经济				
第一产业增加值	万元	32000286	35320365	110.4
第二产业增加值	万元	139716074	143784911	102.9
地方财政一般预算收入	万元	13107071	15569967	118.8
地方财政一般预算支出	万元	24514678	29191067	119.1
居民储蓄存款余额	万元	155184022	176306520	113.6
年末金融机构各项贷款余额	万元	133522347	157612528	118.0
三、农业、工业及投资				
粮食产量	吨			
棉花产量	吨			
油料产量	吨	880755	920156	104.5
肉类总产量	吨	4474508	4640646	103.7
规模以上工业企业个数	个	22668	22123	97.6
规模以上工业总产值(现价)	万元	445757316	442107451	99.2
固定资产投资(不含农户)	万元	80595468	110554339	137.2
四、教育、卫生和社会保障				
普通中学在校学生数	人	5261253	4992730	94.9
小学在校学生数	人	5984736	5799214	96.9
医院、卫生院床位数	床	166292	182352	109.7
各种社会福利收养性单位数	个	1999	2139	107.0
各种社会福利收养性单位床位数	床	64558	79050	122.4

国家扶贫工作重点县（市）社会经济基本情况

指　　标	单位	2011 年	2012 年	2012 年为 2011 年%
一、基本情况				
县(市)个数	个	580	580	100.0
行政区域土地面积	平方公里		2495694	
乡(镇)个数	个	9129	9202	100.8
村民委员会个数	个	138210	137874	99.8
年末总户数	户	71543278	73222300	102.3
其中:乡村户数	户	52697760	53114094	100.8
年末总人口	万人	24142	24239	100.4
乡村人口	万人	20535	20524	99.9
年末单位从业人员数	人	10364282	10816721	104.4
乡村从业人员数	人	113292000	113603309	100.3
其中:农林牧渔业	人	68418814	66924733	97.8
农业机械总动力	万千瓦特	16519	17733	107.4
固定电话用户	户	20524916	18861889	91.9
二、综合经济				
第一产业增加值	万元	70812066	80364758	113.5
第二产业增加值	万元	125652489	146922553	116.9
地方财政一般预算收入	万元	14494175	18469310	127.4
地方财政一般预算支出	万元	82428333	102815511	124.7
居民储蓄存款余额	万元	184004940	226846737	123.3
年末金融机构各项贷款余额	万元	127783827	160013362	125.2
三、农业、工业及投资				
粮食产量	吨			
棉花产量	吨	733750	690937	94.2
油料产量	吨	6300645	6532748	103.7
肉类总产量	吨	16259960	17694596	108.8
规模以上工业企业个数	个	15652	17437	111.4
规模以上工业总产值(现价)	万元	255494382	302892420	118.6
固定资产投资(不含农户)	万元	197673815	279600304	141.4
四、教育、卫生和社会保障				
普通中学在校学生数	人	13456131	12683401	94.3
小学在校学生数	人	20282296	20598648	101.6
医院、卫生院床位数	床	518793	597598	115.2
各种社会福利收养性单位数	个	7536	7666	101.7
各种社会福利收养性单位床位数	床	481281	500185	103.9

3

按主要经济指标分组县（市）资料

按地方财政一般预算收入分组的社会经济基本情况

指　　标	单　位	地方财政一般预算收入(2012 年)				
		0.5 亿元以下	0.5—1 亿元	1—2 亿元	2—5 亿元	5 亿元以上
一、基本情况						
县(市)个数	个	107	105	246	649	971
行政区域土地面积	平方公里	1403141	603853	1331011	2372393	3159279
乡(镇)个数	个	1097	1199	3007	9465	14961
村民委员会个数	个	10095	15486	40182	154659	297268
年末总户数	户	1622988	5720320	18865159	85931550	201393213
其中:乡村户数	户	1172614	3993358	13223484	61756410	143580631
年末总人口	万人	592	1940	6179	28329	64245
乡村人口	万人	513	1622	5050	23417	51127
年末单位从业人员数	人	341542	885157	2969923	13800439	52262235
乡村从业人员数	人	2593502	8471214	27197587	131148871	288080334
其中:农林牧渔业	人	2000384	5500842	17507252	75391191	134796544
农业机械总动力	万千瓦特	555	1688	5879	25649	53645
固定电话用户	户	389407	1602088	5373493	27220525	99111248
二、综合经济						
第一产业增加值	万元	2102506	6814198	25347530	120619797	286848545
第二产业增加值	万元	2026212	8613350	36032879	225861223	1353215166
地方财政一般预算收入	万元	235941	776133	3721752	21472344	160496771
地方财政一般预算支出	万元	6082387	11592329	30328604	106370522	290792917
居民储蓄存款余额	万元	3254775	15983144	63730218	321956198	1282977999
年末金融机构各项贷款余额	万元	2575860	11477053	45202790	218639312	1359795353
三、农业、工业及投资						
粮食总产量	吨					
棉花产量	吨	11421	78858	808079	1685433	3606144
油料产量	吨	120099	504189	1641004	9631766	18924355
肉类总产量	吨	553976	1080646	4544676	23570933	60484888
规模以上工业企业个数	个	138	1032	4799	31308	184914
规模以上工业总产值(现价)	万元	1253137	13055180	74318460	537996528	4247142163
固定资产投资(不含农户)	万元	6397624	23843883	77704870	364914267	1451670638
四、教育、卫生和社会保障						
普通中学在校学生数	人	263900	1040580	3018858	14141658	32492320
小学在校学生数	人	524441	1552613	4543459	22249333	44093034
医院、卫生院床位数	床	15580	59774	170175	722944	1918083
各种社会福利收养性单位数	个	344	671	2028	8770	19639
各种社会福利收养性单位床位数	床	10919	33087	114112	583316	1814734

地方财政一般预算收入达5亿元的县(市)分布

(2012年)

单位:万元

省(区、市)	县(市)	地方财政一般预算收入
北京市	大兴区	455108
	怀柔区	234591
	平谷区	210124
	密云县	221785
	延庆县	89398
天津市	宝坻区	330943
	宁河县	201300
	静海县	336021
	蓟县	202804
河北省	正定县	81036
	栾城县	57985
	平山县	95602
	辛集市	84901
	藁城市	145523
	晋州市	55344
	鹿泉市	109058
	丰南区	230304
	丰润区	158951
	曹妃甸区	245945
	滦县	122767
	滦南县	89880
	乐亭县	81295
	迁西县	103690
	玉田县	83742
	遵化市	144156
	迁安市	390400
	青龙满族自治县	73481
	昌黎县	69157
	抚宁县	54034
	邯郸县	63070
	涉县	128759
	磁县	160833
	永年县	106427
	武安市	313608
	邢台县	53952
	宁晋县	57437
	沙河市	89003
	徐水县	66367
	涞源县	69343
	涿州市	154407
	定州市	133480
	高碑店市	61521
	怀来县	91974
	赤城县	52838
	承德县	64370
	平泉县	71540
	滦平县	57647
	宽城满族自治县	65721
	沧县	61799
	肃宁县	74154
	泊头市	56500
	任丘市	196335
	黄骅市	94534
	河间市	77294
	固安县	120654
	永清县	51130
	香河县	145000
	文安县	60247
	大厂回族自治县	56279
	霸州市	167891
	三河市	432480
山西省	清徐县	100162
	娄烦县	53264
	古交市	76413
	平定县	54905
	盂县	92834
	长治县	200308
	襄垣县	171121
	屯留县	54565
	长子县	87506
	武乡县	50410
	沁源县	117604
	沁水县	90532
	阳城县	88005
	泽州县	124862
	高平市	119094
	山阴县	106135
	怀仁县	85357
	和顺县	53152
	寿阳县	98523
	平遥县	54453
	灵石县	138283
	介休市	122919
	河津市	62632
	宁武县	50097
	河曲县	54691
	保德县	60736
	原平市	87988
	翼城县	54725
	襄汾县	70001
	洪洞县	94635
	古县	56282
	乡宁县	155529
	蒲县	75965
	霍州市	72108
	离石区	111466
	交城县	55609
	兴县	73274
	临县	59321
	柳林县	253529
	岚县	73675
	中阳县	65577
	交口县	56528
	孝义市	248180
	汾阳市	73458
内蒙古自治区	土默特左旗	96208
	托克托县	101441
	和林格尔县	100613
	土默特右旗	151929
	固阳县	99972
	达尔罕茂明安联合旗	118119
	克什克腾旗	78612
	开鲁县	61057
	扎鲁特旗	72850
	霍林郭勒市	184630
	东胜区	1025217

续表 1　　　　　　　　　　　　　　　　　　　　　　　　　　　　单位：万元

省(区、市)	县(市)	地方财政一般预算收入	省(区、市)	县(市)	地方财政一般预算收入
	达拉特旗	212231		北票市	200100
	准格尔旗	913269		凌源市	130144
	鄂托克前旗	115508		绥中县	154107
	鄂托克旗	223888		建昌县	57088
	杭锦旗	76421		兴城市	117541
	乌审旗	157471	吉林省	农安县	123768
	伊金霍洛旗	809617		九台市	151235
	海拉尔区	88830		榆树市	100206
	鄂温克族自治旗	60709		德惠市	117731
	新巴尔虎右旗	60785		永吉县	66015
	满洲里市	116771		蛟河市	63384
	牙克石市	66115		桦甸市	128331
	临河区	132121		舒兰市	55058
	乌拉特前旗	76671		磐石市	109117
	乌拉特中旗	69415		梨树县	64305
	乌拉特后旗	55862		公主岭市	146916
	集宁区	120164		通化县	87201
	乌兰浩特市	54243		辉南县	65981
	锡林浩特市	160114		柳河县	75824
	东乌珠穆沁旗	100163		梅河口市	156292
	西乌珠穆沁旗	130249		集安市	73687
	阿拉善左旗	238747		江源区	70731
辽宁省	辽中县	245074		抚松县	102158
	康平县	140017		临江市	54335
	法库县	240104		前郭尔罗斯蒙古族自治县	113396
	新民市	254000		乾安县	73028
	瓦房店市	641174		大安市	77295
	普兰店市	419964		延吉市	201770
	庄河市	482357		敦化市	105607
	台安县	100098		珲春市	107899
	岫岩满族自治县	105226	黑龙江省	呼兰区	61333
	海城市	360018		阿城区	53101
	抚顺县	83266		依兰县	64419
	新宾满族自治县	102029		宾县	76983
	清原满族自治县	134689		双城市	100369
	本溪满族自治县	185001		尚志市	55968
	桓仁满族自治县	140012		五常市	68998
	宽甸满族自治县	177966		宝清县	51158
	东港市	300006		肇州县	71968
	凤城市	277588		肇源县	62305
	黑山县	120000		东宁县	75007
	义县	116889		绥芬河市	90168
	凌海市	215050		海林市	72277
	北镇市	121000		宁安市	62828
	盖州市	210617		宁安市	62828
	大石桥市	401981		嫩江县	64035
	阜新蒙古族自治县	105731		安达市	147730
	彰武县	83159		肇东市	165005
	辽阳县	177177	上海市	奉贤区	584139
	灯塔市	253103		崇明县	566430
	大洼县	356980	江苏省	浦口区	634125
	盘山县	207483		江宁区	1358088
	铁岭县	205559		六合区	496609
	西丰县	67418		溧水县	291998
	昌图县	100277		高淳县	220018
	调兵山市	149566		锡山区	500222
	开原市	353168		江阴市	1671918
	朝阳县	120820		宜兴市	783811
	建平县	226003		铜山区	500800
	喀喇沁左翼蒙古族自治县	76318		丰县	249166

续表 2 单位:万元

省(区、市)	县(市)	地方财政一般预算收入	省(区、市)	县(市)	地方财政一般预算收入
	沛县	389620		临安市	236616
	睢宁县	255645		鄞州区	1362224
	新沂市	328492		象山县	272793
	邳州市	421211		宁海县	298439
	武进区	1170475		余姚市	616855
	溧阳市	404988		慈溪市	813852
	金坛市	231104		奉化市	243728
	吴中区	854051		永嘉县	184454
	吴江区	1193202		平阳县	171174
	常熟市	1281504		苍南县	193273
	张家港市	1496131		瑞安市	406484
	昆山市	2202750		乐清市	457238
	太仓市	901516		嘉善县	273084
	通州区	525194		海盐县	223273
	海安县	375279		海宁市	442890
	如东县	321681		平湖市	380180
	启东市	522149		桐乡市	417644
	如皋市	536012		德清县	271938
	海门市	516092		长兴县	355087
	赣榆县	292104		安吉县	210821
	东海县	274607		绍兴县	704424
	灌云县	258598		新昌县	200008
	灌南县	255941		诸暨市	526188
	淮安区	234640		上虞市	391888
	淮阴区	286251		嵊州市	197498
	涟水县	216161		武义县	124297
	洪泽县	171008		浦江县	115353
	盱眙县	231523		兰溪市	161533
	金湖县	153541		义乌市	574188
	盐都区	330866		东阳市	301057
	响水县	197301		永康市	301229
	滨海县	249441		衢江区	52909
	阜宁县	254766		常山县	57160
	射阳县	208036		龙游县	80506
	建湖县	329366		江山市	111408
	东台市	436725		岱山县	97712
	大丰市	400066		玉环县	251128
	邗江区	444596		三门县	106818
	江都区	345433		天台县	110722
	宝应县	207118		仙居县	79028
	仪征市	246578		温岭市	388678
	高邮市	217246		临海市	286066
	丹徒区	180355		青田县	105442
	丹阳市	500876		缙云县	74401
	扬中市	225741	安徽省	长丰县	176931
	句容市	250158		肥东县	196668
	兴化市	294622		肥西县	242873
	靖江市	440139		庐江县	124313
	泰兴市	326121		巢湖市	149059
	姜堰市	235406		芜湖县	168285
	宿豫区	176340		繁昌县	184485
	沭阳县	487877		南陵县	115704
	泗阳县	217642		无为县	141080
	泗洪县	197594		怀远县	113086
浙江省	萧山区	1226789		五河县	80203
	余杭区	1046537		固镇县	66811
	桐庐县	195063		凤台县	196578
	淳安县	112098		当涂县	267126
	建德市	160046		含山县	75346
	富阳市	420063		和县	78440

续表 3　　单位：万元

省（区、市）	县（市）	地方财政一般预算收入	省（区、市）	县（市）	地方财政一般预算收入
	濉溪县	118457		武平县	50779
	铜陵县	114685		漳平市	69103
	怀宁县	114421		霞浦县	59717
	枞阳县	79047		古田县	50750
	桐城市	126284		福安市	158350
	歙县	78504		福鼎市	137565
	休宁县	51273	江西省	南昌县	353669
	来安县	92086		新建县	152344
	全椒县	92498		安义县	50466
	定远县	79563		进贤县	94874
	凤阳县	112070		浮梁县	72523
	天长市	175095		乐平市	200498
	明光市	65363		上栗县	108992
	太和县	69222		芦溪县	72289
	颍上县	129839		九江县	76594
	界首市	65423		武宁县	73802
	萧县	69978		修水县	96337
	霍邱县	132269		永修县	87648
	舒城县	63368		德安县	63275
	霍山县	77498		星子县	53977
	涡阳县	92668		都昌县	59330
	蒙城县	95196		湖口县	105226
	利辛县	66528		彭泽县	62125
	东至县	79717		瑞昌市	121332
	青阳县	83809		共青城市	61778
	郎溪县	91693		分宜县	196862
	广德县	132877		余江县	98854
	泾县	65616		贵溪市	244570
	绩溪县	60515		赣县	70100
	宁国市	178634		信丰县	67001
福建省	闽侯县	385271		龙南县	65208
	连江县	207185		宁都县	50461
	罗源县	94816		于都县	72593
	平潭县	104152		兴国县	51861
	福清市	390257		会昌县	53623
	长乐市	234240		瑞金市	73208
	仙游县	112861		南康市	109528
	大田县	67006		吉安县	122664
	尤溪县	59156		吉水县	66501
	沙县	80026		新干县	81073
	永安市	142728		永丰县	71498
	惠安县	245194		泰和县	82693
	安溪县	161107		遂川县	66217
	永春县	100500		安福县	99345
	德化县	75643		井冈山市	53958
	石狮市	306932		奉新县	95311
	晋江市	812123		万载县	85121
	南安市	343789		上高县	100046
	漳浦县	140901		宜丰县	62537
	长泰县	85623		丰城市	292915
	东山县	83008		樟树市	186536
	南靖县	62601		高安市	150738
	龙海市	352123		南城县	80732
	邵武市	81599		黎川县	59989
	武夷山市	75768		南丰县	64725
	建瓯市	52089		崇仁县	63236
	建阳市	71672		金溪县	55229
	长汀县	55820		东乡县	111735
	永定县	102467		上饶县	86423
	上杭县	135868		广丰县	177089

续表 4　　　　单位:万元

省(区、市)	县(市)	地方财政一般预算收入	省(区、市)	县(市)	地方财政一般预算收入
	玉山县	92255		郯城县	63917
	铅山县	75037		沂水县	137197
	横峰县	72673		苍山县	80689
	弋阳县	61551		费县	84086
	余干县	70149		平邑县	72581
	鄱阳县	77090		莒南县	101018
	万年县	72968		蒙阴县	54190
	婺源县	67437		临沭县	72305
	德兴市	174044		陵县	67593
山东省	长清区	73675		临邑县	80821
	平阴县	80045		齐河县	143682
	济阳县	100230		夏津县	51507
	商河县	52978		禹城市	100344
	章丘市	398608		阳谷县	60718
	胶州市	450617		莘县	50250
	即墨市	506206		茌平县	188081
	平度市	358383		东阿县	50188
	莱西市	289816		冠县	54246
	桓台县	250344		高唐县	91222
	高青县	89079		临清市	106406
	沂源县	141345		惠民县	60249
	滕州市	543700		阳信县	50757
	垦利县	145696		无棣县	126525
	利津县	74638		沾化县	84208
	广饶县	272059		博兴县	208856
	龙口市	585686		邹平县	513343
	莱阳市	80337		曹县	153573
	莱州市	360007		单县	144084
	蓬莱市	236098		成武县	73687
	招远市	338100		巨野县	160989
	栖霞市	63222		郓城县	172288
	海阳市	175116		鄄城县	62178
	临朐县	71578		定陶县	61104
	昌乐县	152690		东明县	132909
	青州市	271057	河南省	中牟县	271777
	诸城市	472730		巩义市	260515
	寿光市	550006		荥阳市	165023
	安丘市	100089		新密市	244227
	高密市	281720		新郑市	269588
	昌邑市	186618		登封市	239554
	微山县	205096		尉氏县	71712
	鱼台县	65776		兰考县	67046
	金乡县	70066		孟津县	80905
	嘉祥县	100200		新安县	133379
	汶上县	90006		栾川县	141689
	泗水县	50438		嵩县	55598
	梁山县	65097		宜阳县	61818
	曲阜市	162396		洛宁县	56317
	兖州市	300800		伊川县	107958
	邹城市	414840		偃师市	127613
	宁阳县	90400		宝丰县	92410
	东平县	75936		叶县	57526
	新泰市	383732		鲁山县	57063
	肥城市	318667		郏县	64567
	文登市	325084		舞钢市	86448
	荣成市	426588		汝州市	136862
	乳山市	200018		安阳县	113989
	五莲县	55921		汤阴县	53345
	莒县	70058		林州市	114217
	沂南县	80016		新乡县	62991

续表 5　　　　　　　　　　　　　　　　　　　　　　　　单位：万元

省（区、市）	县（市）	地方财政一般预算收入	省（区、市）	县（市）	地方财政一般预算收入
	长垣县	80049		浠水县	51606
	卫辉市	55003		蕲春县	70408
	辉县市	192056		黄梅县	64709
	修武县	66861		麻城市	75481
	博爱县	56278		武穴市	84039
	武陟县	72066		嘉鱼县	56863
	沁阳市	112600		赤壁市	108000
	孟州市	81588		广水市	64331
	濮阳县	58744		恩施市	115178
	许昌县	65036		利川市	65700
	鄢陵县	56009		仙桃市	171365
	襄城县	86026		潜江市	160169
	禹州市	243369		天门市	110000
	长葛市	130026	湖南省	望城区	228554
	临颍县	51336		长沙县	535004
	渑池县	143618		宁乡县	244886
	陕县	93196		浏阳市	247313
	义马市	91219		株洲县	50704
	灵宝市	130188		攸县	153334
	方城县	52101		茶陵县	62019
	西峡县	76639		醴陵市	260257
	镇平县	51816		湘潭县	123656
	淅川县	135387		湘乡市	97559
	唐河县	58199		衡阳县	59766
	邓州市	74418		衡南县	80491
	永城市	236099		衡东县	54225
	固始县	62420		耒阳市	153518
	沈丘县	55540		常宁市	76986
	郸城县	50689		邵东县	77160
	太康县	50109		湘阴县	52053
	鹿邑县	60136		汨罗市	106855
	项城市	52201		澧县	70961
	济源市	288668		桃源县	71008
湖北省	阳新县	69366		石门县	54833
	大冶市	280089		沅江市	50945
	郧县	65435		桂阳县	130924
	丹江口市	275883		宜章县	75040
	夷陵区	202800		永兴县	129450
	远安县	70016		资兴市	155596
	宜都市	202622		宁远县	51424
	当阳市	150218		沅陵县	67740
	枝江市	145332		洪江市	62395
	襄州区	125088		新化县	57647
	南漳县	55763		冷水江市	105416
	谷城县	85240		涟源市	70745
	保康县	56102	广东省	增城市	529310
	老河口市	115033		从化市	261777
	枣阳市	149360		曲江区	55398
	宜城市	106705		斗门区	176374
	京山县	84118		潮阳区	130733
	钟祥市	110866		澄海区	146323
	孝昌县	55218		禅城区	609643
	大悟县	54356		南海区	1291768
	云梦县	70175		顺德区	1365184
	应城市	95118		三水区	246266
	安陆市	56004		高明区	194423
	汉川市	113141		新会区	319240
	公安县	61726		台山市	176125
	松滋市	63980		开平市	164891
	红安县	56068		鹤山市	159483

续表 6　　　　　　　　　　　　　　　　　　　　　　　　　　　　单位:万元

省(区、市)	县(市)	地方财政一般预算收入	省(区、市)	县(市)	地方财政一般预算收入
	恩平市	70528		东方市	83115
	遂溪县	52230		澄迈县	157343
	廉江市	67338		昌江黎族自治县	86275
	雷州市	53210		乐东黎族自治县	58688
	电白县	101450		陵水黎族自治县	205682
	高州市	93071	重庆市	綦江区	360192
	化州市	80746		大足区	237221
	信宜市	62600		长寿区	252376
	广宁县	58367		江津区	307143
	怀集县	90078		合川区	254533
	封开县	56307		永川区	305658
	德庆县	64427		南川区	140680
	高要市	192203		潼南县	100970
	四会市	269036		铜梁县	175527
	惠阳区	441473		荣昌县	153560
	博罗县	220340		璧山县	326148
	惠东县	172029		梁平县	110731
	龙门县	60638		丰都县	85221
	梅县	116805		垫江县	103801
	海丰县	113459		武隆县	86876
	陆丰市	121358		武隆县	86876
	阳东县	85301		开县	117092
	阳春市	83542		云阳县	80003
	佛冈县	80413		奉节县	109642
	清新县	110027		巫山县	102322
	英德市	153975		石柱土家族自治县	71426
	连州市	55614		秀山土家族苗族自治县	100782
	潮安县	124424		酉阳土家族苗族自治县	86489
	揭东县	103201		彭水苗族土家族自治县	75517
	普宁市	152332	四川省	新都区	346741
	新兴县	88211		温江区	250296
	罗定市	66626		金堂县	115689
广西壮族自治区	武鸣县	64684		双流县	598958
	宾阳县	90351		郫县	303641
	横县	89328		大邑县	85795
	柳江县	58297		新津县	133665
	临桂县	125961		都江堰市	175282
	灵川县	86259		彭州市	130592
	兴安县	80605		邛崃市	86322
	苍梧县	87315		崇州市	90358
	藤县	100654		富顺县	52507
	岑溪市	102407		米易县	76768
	东兴市	79154		盐边县	73626
	平南县	53180		泸县	74536
	桂平市	54236		合江县	53545
	容县	59057		古蔺县	132378
	陆川县	65936		中江县	50959
	博白县	74336		广汉市	114700
	北流市	88183		什邡市	123038
	田阳县	50589		绵竹市	122175
	田东县	74975		三台县	55224
	平果县	126808		江油市	117049
	靖西县	79779		射洪县	66367
	八步区	82253		威远县	72483
	兴宾区	60059		资中县	53371
	扶绥县	71231		峨眉山市	124600
	大新县	62370		南部县	57083
	凭祥市	57530		阆中市	53846
海南省	琼海市	153406		仁寿县	106360
	儋州市	93070		彭山县	74056
	文昌市	104467		洪雅县	52569
	万宁市	91577		宜宾县	60168

续表 7　　　　单位:万元

省(区、市)	县(市)	地方财政一般预算收入
	岳池县	52073
	武胜县	50577
	达县	72934
	宣汉县	81118
	大竹县	78860
	渠县	53765
	汉源县	57117
	安岳县	78707
	乐至县	52251
	简阳市	124590
	西昌市	234545
	盐源县	70061
	会理县	148065
	会东县	81466
	冕宁县	50066
贵州省	开阳县	128024
	息烽县	60009
	修文县	54229
	清镇市	99495
	六枝特区	76227
	水城县	162768
	盘县	410554
	遵义县	136196
	桐梓县	57105
	习水县	60125
	仁怀市	231827
	平坝县	51292
	七星关区	100071
	大方县	116051
	黔西县	100247
	金沙县	219553
	织金县	128366
	纳雍县	115676
	威宁彝族回族苗族自治县	77628
	碧江区	61289
	兴义市	245701
	兴仁县	106180
	贞丰县	74250
	凯里市	244842
	都匀市	130391
	福泉市	92300
	瓮安县	73512
云南省	呈贡区	90719
	晋宁县	110059
	宜良县	56017
	石林彝族自治县	61538
	嵩明县	73868
	寻甸回族彝族自治县	59251
	安宁市	240296
	陆良县	54167
	罗平县	50819
	富源县	124506
	会泽县	80019
	沾益县	69696
	宣威市	125000
	新平彝族傣族自治县	83180
	腾冲县	121002
	昌宁县	52110
	昭阳区	77073
	镇雄县	50979
	华坪县	52474
	思茅区	70966
	楚雄市	139306
	禄丰县	56056
	个旧市	88858
	开远市	84165
	蒙自市	106363
	建水县	73497
	弥勒县	95021
	泸西县	50704
	文山市	107000
	景洪市	101823
	大理市	215186
	祥云县	54076
	瑞丽市	69524
	芒市	56613
陕西省	长安区	247228
	户县	55773
	高陵县	95341
	耀州区	59676
	彬县	86362
	韩城市	153156
	子长县	64380
	安塞县	107262
	志丹县	200275
	吴起县	263388
	黄陵县	94946
	神木县	535610
	府谷县	274226
	靖边县	152115
	定边县	160039
甘肃省	靖远县	56108
	凉州区	55230
	华亭县	69247
	西峰区	63500
青海省	格尔木市	148437
	天峻县	58260
宁夏回族自治区	永宁县	91101
	贺兰县	112730
	灵武市	172667
	平罗县	76568
	盐池县	57956
	青铜峡市	79102
	中宁县	65420
新疆维吾尔自治区	鄯善县	100028
	哈密市	222574
	昌吉市	205355
	阜康市	110723
	呼图壁县	53359
	玛纳斯县	54634
	奇台县	58501
	吉木萨尔县	64925
	博乐市	53848
	库尔勒市	261012
	轮台县	70065
	若羌县	66489
	和静县	68700
	阿克苏市	126066
	库车县	280650
	沙雅县	100959
	拜城县	89751
	喀什市	131406
	伊宁市	172123
	奎屯市	133614
	新源县	51228
	乌苏市	80073
	沙湾县	50117
	和布克赛尔蒙古自治县	100035
	富蕴县	88577
	石河子市	217520
	五家渠市	68623

按农民人均纯收入分组的社会经济基本情况

指　　标	单　位	农民人均纯收入(2012 年)				
		3000 元以下	3000—6000 元	6000—8000 元	8000—10000 元	10000 元以上
一、基本情况						
县(市)个数	个	33	683	438	520	404
行政区域土地面积	平方公里	148676	3379950	1579312	1858846	1902892
乡(镇)个数	个	381	10327	6598	7486	4937
村民委员会个数	个	5148	145773	106242	144412	116115
年末总户数	户	1900583	73909936	70824223	90057185	76841303
其中:乡村户数	户	1258730	53972594	50323790	62729708	55441675
年末总人口	万人	648	24540	23069	29189	23839
乡村人口	万人	487	20825	18980	23017	18420
年末单位从业人员数	人	405139	12276256	11077386	18707722	27792793
乡村从业人员数	人	2533871	116151227	106280845	126928968	105596597
其中:农林牧渔业	人	1735235	70135717	57627956	65138465	40558840
农业机械总动力	万千瓦特	394	17467	19845	27934	21777
固定电话用户	户	568364	19593674	21916675	36632699	54985349
二、综合经济						
第一产业增加值	万元	1842969	78184750	95089534	140700196	125915126
第二产业增加值	万元	6367227	147480826	208347743	428633348	834919686
地方财政一般预算收入	万元	1557268	20366385	21337948	43567347	99873993
地方财政一般预算支出	万元	4574189	106542876	82670340	110023868	141355486
居民储蓄存款余额	万元	11480599	241025885	265726765	426488774	743180311
年末金融机构各项贷款余额	万元	19530347	182077000	188544916	329170677	918367427
三、农业、工业及投资						
粮食总产量	吨					
棉花产量	吨	7454	825339	1090756	1982710	2283676
油料产量	吨	112112	6213718	8028817	9792887	6673880
肉类总产量	吨	384767	18802589	19199788	28139602	23708372
规模以上工业企业个数	个	442	18142	24512	57345	121750
规模以上工业总产值(现价)	万元	10656290	303741244	494392213	1209877039	2855098681
固定资产投资(不含农户)	万元	14802072	289247419	314668156	508686358	797127277
四、教育、卫生和社会保障						
普通中学在校学生数	人	328987	12911815	11893129	14313516	11509869
小学在校学生数	人	580289	21077331	17068482	19319521	14917257
医院、卫生院床位数	床	21613	643673	594043	781736	845491
各种社会福利收养性单位数	个	224	7589	7321	8820	7498
各种社会福利收养性单位床位数	床	7979	472427	535628	728257	811877

农民人均纯收入达1万元的县(市)分布

（2012年）

单位:元

省(区、市)	县(市)	农民人均纯收入
北京市	大兴区	15329
	怀柔区	14585
	平谷区	15067
	密云县	14590
	延庆县	14078
天津市	宝坻区	12426
	宁河县	13105
	静海县	12920
	蓟县	12580
河北省	正定县	10996
	栾城县	10619
	辛集市	10073
	藁城市	11714
	晋州市	11555
	新乐市	10059
	鹿泉市	11245
	丰南区	10378
	丰润区	10269
	曹妃甸区	11618
	滦县	10297
	乐亭县	10458
	迁西县	10502
	玉田县	10122
	遵化市	10087
	迁安市	14468
	涿州市	10588
	香河县	11722
	文安县	10511
	大厂回族自治县	11203
	霸州市	11108
	三河市	11989
山西省	清徐县	11633
	长治县	10557
	山阴县	10110
	太谷县	10952
	祁县	10129
	灵石县	10516
	孝义市	10797
内蒙古自治区	土默特左旗	12331
	托克托县	12104
	和林格尔县	10149
	土默特右旗	11477
	霍林郭勒市	20000
	达拉特旗	11394
	准格尔旗	11452
	鄂托克前旗	11468
	鄂托克旗	11365
	杭锦旗	11334
	乌审旗	11446
	伊金霍洛旗	11452
	海拉尔区	16720
	鄂温克族自治旗	12765
	陈巴尔虎旗	13159
	新巴尔虎左旗	12468
	新巴尔虎右旗	12523
	额尔古纳市	15250
	临河区	11148
	五原县	11112
	磴口县	10536
	乌拉特前旗	10121
	杭锦后旗	11114
	集宁区	10204
	二连浩特市	14993
	锡林浩特市	14786
	阿巴嘎旗	14463
	东乌珠穆沁旗	16800
	西乌珠穆沁旗	14398
	阿拉善右旗	11418
	额济纳旗	12158
辽宁省	辽中县	12595
	康平县	10544
	法库县	11012
	新民市	12432
	长海县	25000
	瓦房店市	13340
	普兰店市	13250
	庄河市	13350
	台安县	12115
	海城市	13399
	抚顺县	10408
	本溪满族自治县	10309
	宽甸满族自治县	10445
	东港市	12381
	凤城市	11254
	黑山县	10720
	凌海市	12120
	北镇市	11596
	盖州市	10841
	大石桥市	12979
	辽阳县	10417
	灯塔市	11224
	大洼县	12842
	盘山县	12852
	铁岭县	11575
	昌图县	10045
	调兵山市	11606
	开原市	11575
吉林省	延吉市	10041
黑龙江省	依兰县	10923
	尚志市	11289
	五常市	10286
	鸡东县	10533

续表 1

单位:元

省(区、市)	县(市)	农民人均纯收入	省(区、市)	县(市)	农民人均纯收入
	虎林市	11981		宝应县	11670
	密山市	10797		仪征市	12244
	萝北县	11482		高邮市	11828
	宝清县	11360		丹徒区	13249
	富锦市	12022		丹阳市	15171
	东宁县	15136		扬中市	16631
	绥芬河市	13381		句容市	13235
	海林市	11656		兴化市	11827
	宁安市	11656		靖江市	13715
	穆棱市	11423		泰兴市	12505
	漠河县	11876		姜堰市	12228
上海市	奉贤区	16681	浙江省	萧山区	20790
	崇明县	13675		余杭区	20304
江苏省	浦口区	14907		桐庐县	15237
	江宁区	15018		建德市	13059
	六合区	14359		富阳市	17397
	溧水县	14356		临安市	15764
	高淳县	14816		鄞州区	20831
	锡山区	18963		象山县	16388
	江阴市	19660		宁海县	16547
	宜兴市	16863		余姚市	17977
	铜山区	12421		慈溪市	20383
	沛县	11351		奉化市	17675
	邳州市	11282		洞头县	11858
	武进区	18436		永嘉县	11549
	溧阳市	15261		平阳县	11827
	金坛市	15608		苍南县	11568
	吴中区	19307		瑞安市	15987
	吴江区	19277		乐清市	17454
	常熟市	19467		嘉善县	18496
	张家港市	19460		海盐县	18726
	昆山市	19563		海宁市	19364
	太仓市	19411		平湖市	18547
	通州区	14090		桐乡市	18386
	海安县	12663		德清县	17669
	如东县	12156		长兴县	17462
	启东市	14127		安吉县	15836
	如皋市	11663		绍兴县	21813
	海门市	15162		新昌县	14609
	赣榆县	10310		诸暨市	19107
	淮安区	10035		上虞市	17686
	洪泽县	10838		嵊州市	14909
	盱眙县	10031		浦江县	11191
	金湖县	10624		义乌市	19147
	盐都区	12837		东阳市	15008
	滨海县	10429		永康市	14566
	阜宁县	10545		衢江区	10261
	射阳县	11726		常山县	10361
	建湖县	11705		龙游县	11306
	东台市	13647		江山市	12131
	大丰市	13517		岱山县	18774
	邗江区	14180		嵊泗县	17832
	江都区	13570		玉环县	18257

续表 2 单位：元

省(区、市)	县(市)	农民人均纯收入	省(区、市)	县(市)	农民人均纯收入
	三门县	11440		龙口市	15201
	天台县	11333		莱阳市	10853
	仙居县	10460		莱州市	14387
	温岭市	16639		蓬莱市	14519
	临海市	13915		招远市	14456
安徽省	芜湖县	11134		栖霞市	10742
	繁昌县	10888		海阳市	12733
	南陵县	10588		临朐县	10512
	当涂县	12383		昌乐县	11576
	天长市	10369		青州市	11797
	广德县	10629		诸城市	12804
	宁国市	11451		寿光市	12805
福建省	闽侯县	10827		安丘市	10773
	连江县	10334		高密市	11774
	福清市	13500		昌邑市	11842
	长乐市	13312		微山县	10297
	沙县	10379		金乡县	10786
	永安市	10002		汶上县	10078
	惠安县	12261		兖州市	11620
	安溪县	10777		邹城市	11094
	石狮市	16043		新泰市	11391
	晋江市	13504		肥城市	11421
	南安市	12315		文登市	14559
	漳浦县	10636		荣成市	15777
	长泰县	10625		乳山市	12052
	东山县	11587		无棣县	10003
	平和县	10142		沾化县	10101
	华安县	10544		博兴县	10246
	龙海市	10405		邹平县	11693
	邵武市	10469	河南省	中牟县	11632
	武夷山市	10209		巩义市	12953
	建瓯市	10263		荥阳市	12326
	永定县	10184		新密市	12325
	古田县	10176		新郑市	12895
江西省	南昌县	10020		登封市	11121
	进贤县	10012		偃师市	11147
	芦溪县	10221		林州市	11222
	共青城市	10010		新乡县	10812
	南丰县	12367		长垣县	10072
山东省	长清区	11329		武陟县	10155
	济阳县	10749		温县	10126
	章丘市	13587		沁阳市	10826
	胶州市	13939		孟州市	10540
	即墨市	13923		禹州市	10207
	平度市	13593		长葛市	10002
	莱西市	13623		郾城区	10505
	桓台县	13413		济源市	10648
	沂源县	10950	湖北省	宜都市	10415
	滕州市	10633		当阳市	10445
	垦利县	11411		枝江市	10496
	利津县	10483	湖南省	望城区	16495
	广饶县	12055		长沙县	17070
	长岛县	15048		宁乡县	13763

续表 3

单位:元

省(区、市)	县(市)	农民人均纯收入	省(区、市)	县(市)	农民人均纯收入
	浏阳市	15719		铜梁县	10010
	株洲县	11407		璧山县	10237
	攸县	13021	四川省	新都区	12256
	醴陵市	13347		温江区	13628
	湘潭县	10135	云南省	呈贡区	10618
	韶山市	14916	陕西省	长安区	11107
	衡阳县	10313		高陵县	10673
	衡山县	10619		神木县	12537
	衡东县	10829		府谷县	11783
	耒阳市	10611		靖边县	11413
	邵东县	10089	甘肃省	肃北蒙古族自治县	14025
	岳阳县	10377		阿克塞哈萨克族自治县	15000
	华容县	10367		敦煌市	10254
	沅江市	10060	新疆维吾尔自治区	乌鲁木齐县	10045
	桂阳县	10271		昌吉市	12136
	资兴市	10838		阜康市	12236
	冷水江市	10441		呼图壁县	13178
广东省	增城市	14037		玛纳斯县	14580
	从化市	11234		奇台县	11333
	斗门区	12623		吉木萨尔县	10855
	澄海区	11118		博乐市	10003
	禅城区	16829		库尔勒市	13356
	南海区	16672		轮台县	10879
	顺德区	16062		尉犁县	11782
	三水区	13254		若羌县	21695
	高明区	10743		且末县	11057
	新会区	12893		焉耆回族自治县	11513
	开平市	10326		和静县	10881
	鹤山市	10741		和硕县	10809
	遂溪县	10122		博湖县	10053
	廉江市	10235		阿克苏市	10142
	德庆县	12665		温宿县	10339
	高要市	12976		伊宁市	10157
	四会市	12277		奎屯市	10030
	惠阳区	14886		塔城市	10850
	博罗县	12269		乌苏市	13124
	惠东县	12151		额敏县	10039
	梅县	11476		沙湾县	13195
	蕉岭县	10163		石河子市	11760
	阳东县	10065		图木舒克市	11247
重庆市	永川区	10002		五家渠市	12200

4

镇综合情况

(一)全部镇

镇基本情况

单位:个

地区	居民委员会个数	村民委员会个数	通宽带的村	通有线电视的村	通自来水的村	垃圾集中处理的村
北京	434	3444	3281	3430	3440	3415
天津	192	3323	3212	3118	3237	2260
河北	1139	28603	26601	19662	25765	12228
山西	474	14729	12200	10703	12790	8813
内蒙古	902	8127	3838	4984	4999	529
辽宁	556	7163	6603	6884	4843	1971
吉林	1052	6532	5652	5876	4098	1880
黑龙江	991	5002	4872	4926	4133	2536
上海	1339	1472	1472	1472	1472	1472
江苏	3436	12375	12124	12328	12114	9471
浙江	1429	19038	18514	18769	18377	18295
安徽	1808	10874	10026	8355	6874	4696
福建	872	9922	9044	9419	8955	7894
江西	1466	10717	9506	9756	5960	5676
山东	5824	70110	67581	67786	66405	44648
河南	1010	25647	24571	22353	18292	10404
湖北	1395	18998	16489	15678	11126	8275
湖南	2368	27223	19950	20339	13297	8832
广东	2195	17733	17304	16300	13530	10498
广西	896	9783	7007	6941	6080	1651
海南	341	2445	1422	1746	1930	946
重庆	1133	6123	5710	5567	4418	1211
四川	3502	26077	10835	22076	12650	9215
贵州	890	9684	6997	4383	7224	2315
云南	747	6694	4528	4153	6323	1846
西藏	76	1365		841	888	219
陕西	780	22796	10562	13250	18398	7443
甘肃	480	7303	4729	3278	5315	1140
青海	196	2051	579	697	1718	278
宁夏	184	1311	1248	1038	847	534
新疆	534	2321	1679	1487	2092	634
东部地区	17201	168465	160555	154030	155225	111127
中部地区	8521	108188	92742	87184	68339	46696
西部地区	10320	103635	57712	68695	70952	27015
东北地区	2599	18697	17127	17686	13074	6387

镇土地和用电情况

单位:平方公里、亿千瓦时

地 区	行政区域面积	耕地面积	用电总量
北 京	13024.73	2067.83	130.96
天 津	8127.21	3475.96	75.33
河 北	92648.33	32825.07	456.11
山 西	74496.80	17050.83	61.75
内蒙古	613467.79	56128.78	65.68
辽 宁	92145.76	25770.06	202.31
吉 林	135713.26	38345.46	55.99
黑龙江	178394.33	55087.53	59.39
上 海	5402.23	1699.78	298.01
江 苏	72176.49	33122.34	1840.59
浙 江	66560.10	10459.84	1087.42
安 徽	101891.31	34127.73	242.95
福 建	77050.01	7967.38	454.28
江 西	98073.25	14946.93	86.81
山 东	146996.77	63868.89	1092.08
河 南	90614.64	39328.30	384.26
湖 北	133681.88	25475.83	204.63
湖 南	128728.15	24693.18	145.77
广 东	158253.45	21714.38	1613.95
广 西	140192.48	23584.60	67.94
海 南	26605.34	3690.92	22.98
重 庆	54869.99	14492.26	80.69
四 川	140935.37	24064.59	155.82
贵 州	94818.89	11493.77	82.00
云 南	184729.30	15649.43	86.76
西 藏	146717.38	592.43	2.39
陕 西	179020.36	25245.22	65.86
甘 肃	194858.00	15398.62	33.89
青 海	296685.28	2671.72	3.02
宁 夏	28742.73	5605.26	11.35
新 疆	243882.20	9463.06	38.64
东部地区	666844.69	180892.42	7071.75
中部地区	627486.05	155622.83	1126.22
西部地区	2318919.82	204389.78	694.11
东北地区	406253.36	119203.05	317.72

镇人口与就业情况

单位：万户、万人

地　区	总户数	总人口	从业人员数	第二产业	第三产业
北　京	228.26	610.58	332.17	106.56	172.21
天　津	138.99	433.31	187.67	81.91	46.26
河　北	1191.63	3965.03	1799.65	615.01	391.49
山　西	576.16	1680.55	749.80	177.49	186.28
内蒙古	462.08	1466.12	725.81	119.17	149.44
辽　宁	517.04	1627.86	799.19	159.32	196.75
吉　林	424.38	1346.14	634.06	111.44	150.10
黑龙江	433.70	1407.31	695.40	114.68	183.85
上　海	427.55	1240.88	680.50	388.94	246.71
江　苏	1711.59	5479.66	3045.27	1411.18	951.80
浙　江	948.46	2925.92	1879.95	896.24	551.38
安　徽	1368.73	4797.33	2569.50	755.18	630.67
福　建	703.01	2625.13	1173.73	415.48	301.57
江　西	816.78	2900.94	1453.78	436.66	393.32
山　东	2824.35	9017.52	4819.20	1583.78	1304.63
河　南	1322.79	5078.00	3019.32	936.56	738.73
湖　北	1077.31	3754.62	1892.68	565.40	563.08
湖　南	1286.21	4454.96	2428.36	548.02	574.80
广　东	1713.72	7007.22	3633.42	1347.08	864.81
广　西	997.37	3710.32	1947.68	403.50	365.88
海　南	168.01	699.42	321.71	33.22	73.87
重　庆	701.17	2064.69	1147.47	338.47	311.24
四　川	1877.13	5551.56	2983.15	725.97	938.75
贵　州	675.71	2429.78	1311.16	189.24	365.85
云　南	732.90	2544.64	1337.25	155.51	233.86
西　藏	16.52	70.79	33.66	4.23	7.19
陕　西	837.00	2794.57	1301.96	267.47	301.26
甘　肃	324.89	1256.39	638.18	89.49	157.26
青　海	74.54	269.61	121.17	30.17	26.82
宁　夏	108.72	359.97	168.83	41.80	44.01
新　疆	158.76	554.03	242.71	33.54	65.89
东部地区	10055.58	34004.68	17873.27	6879.41	4904.74
中部地区	6447.98	22666.40	12113.45	3419.31	3086.89
西部地区	6966.78	23072.48	11959.03	2398.55	2967.45
东北地区	1375.12	4381.31	2128.65	385.44	530.70

镇农业生产情况

单位:平方公里

地　　区	年末有效灌溉面积	农作物播种面积	粮食播种面积
北　　京	1492.95	2682.04	1838.49
天　　津	2768.11	4378.66	3058.60
河　　北	25477.40	50584.82	36496.65
山　　西	6114.10	19908.12	17532.60
内 蒙 古	22548.91	53572.20	42696.15
辽　　宁	7690.98	29203.02	22794.04
吉　　林	9474.75	40120.64	35977.27
黑 龙 江	18138.71	55507.12	52296.59
上　　海	1699.78	2915.52	1491.04
江　　苏	28264.45	64391.04	46868.60
浙　　江	8507.00	19817.26	11219.85
安　　徽	28961.34	71769.20	53527.85
福　　建	5593.54	15351.07	8027.56
江　　西	12265.29	36774.43	24921.27
山　　东	47161.93	111033.50	79646.17
河　　南	30338.09	77885.44	55259.14
湖　　北	17188.98	60408.75	36249.39
湖　　南	19857.82	59356.96	36029.16
广　　东	12823.63	42372.71	23819.49
广　　西	10584.34	44205.32	22710.69
海　　南	1663.30	7366.67	3889.98
重　　庆	5271.68	25044.64	16749.60
四　　川	14324.82	61308.95	41887.22
贵　　州	3955.27	30720.47	18716.08
云　　南	6979.36	39263.81	24408.03
西　　藏	489.48	704.73	468.31
陕　　西	10164.92	36889.19	27114.54
甘　　肃	6314.26	18148.58	12164.01
青　　海	1027.64	2782.33	1349.47
宁　　夏	3012.41	6289.56	4084.14
新　　疆	8884.71	10840.60	5224.77
东部地区	135452.10	320893.31	216356.43
中部地区	114725.62	326102.90	223519.41
西部地区	93557.81	329770.38	217573.02
东北地区	35304.44	124830.78	111067.90

镇企业情况

单位:万个、万人

地　区	企业个数	工业企业	企业从业人员	工业企业
北　京	5.74	1.72	119.66	56.61
天　津	7.87	3.10	124.32	87.05
河　北	80.09	29.85	821.61	511.71
山　西	8.14	2.36	153.41	98.00
内蒙古	4.44	1.40	100.30	60.86
辽　宁	8.85	3.88	198.26	126.06
吉　林	5.22	1.69	91.57	44.52
黑龙江	9.91	3.05	90.66	50.51
上　海	15.17	4.87	415.34	247.42
江　苏	73.56	43.30	1626.12	1133.39
浙　江	71.17	43.17	949.70	756.10
安　徽	20.07	7.78	422.65	249.40
福　建	29.48	10.50	559.75	387.58
江　西	32.25	10.78	310.68	183.06
山　东	71.18	31.77	1919.17	1239.81
河　南	41.35	19.94	801.04	533.23
湖　北	30.64	11.61	445.22	262.00
湖　南	36.08	12.54	480.78	254.67
广　东	72.58	28.30	1365.96	1024.00
广　西	28.86	7.57	253.17	139.55
海　南	2.12	0.42	29.30	11.08
重　庆	4.45	2.40	207.02	124.17
四　川	26.90	7.41	448.21	251.24
贵　州	10.14	2.44	123.50	67.59
云　南	16.35	2.81	147.36	77.12
西　藏	0.02	0.01	0.51	0.23
陕　西	31.43	6.70	240.34	109.70
甘　肃	8.12	1.93	103.79	43.21
青　海	1.92	0.78	12.93	7.78
宁　夏	0.97	0.43	26.07	15.75
新　疆	2.07	0.47	26.62	16.85
东部地区	428.96	197.01	7930.93	5454.76
中部地区	168.53	65.02	2613.78	1580.36
西部地区	135.68	34.35	1689.81	914.05
东北地区	23.98	8.62	380.49	221.09

镇固定资产投资与社区建设情况

单位:亿元、个、公里

地　　区	固定资产投资完成额	农业投资完成额	储蓄所	公路里程	市场个数	公园个数
北　　京	1865.44	15.44	514	15889	299	209
天　　津	1821.29	97.56	394	7215	282	71
河　　北	7361.94	289.73	3529	78997	3965	891
山　　西	1040.62	94.05	1941	44630	1145	529
内 蒙 古	2549.89	152.67	1770	65110	960	180
辽　　宁	4106.12	59.98	1821	42873	1523	156
吉　　林	1466.33	79.34	1257	43081	943	54
黑 龙 江	1293.01	75.94	1134	38871	858	182
上　　海	1765.74	11.67	860	8424	646	112
江　　苏	15416.13	692.24	5124	147807	3663	980
浙　　江	4733.05	178.92	3685	63886	2746	2662
安　　徽	5190.60	341.51	3384	109056	2993	545
福　　建	5491.40	121.58	2128	55508	1299	742
江　　西	2998.11	148.88	2656	70109	1554	349
山　　东	22344.84	824.61	9591	217262	11027	1798
河　　南	8530.46	725.29	4200	148415	4922	1413
湖　　北	5723.17	484.08	2660	163521	2399	272
湖　　南	3275.01	320.85	3380	125437	2480	233
广　　东	6112.15	169.96	5749	103452	3903	2129
广　　西	3683.46	179.47	2335	53051	1635	154
海　　南	176.73	14.08	594	13573	391	32
重　　庆	2765.87	226.00	2002	65518	1279	127
四　　川	4068.17	284.97	5517	247904	4011	465
贵　　州	2635.43	145.03	1769	83484	1417	98
云　　南	899.51	108.41	1944	104296	1738	228
西　　藏	43.46	6.22	95	10109	59	9
陕　　西	3221.16	164.24	2704	129321	1688	256
甘　　肃	915.37	46.30	1220	30647	827	125
青　　海	216.63	12.14	270	9855	182	17
宁　　夏	382.88	22.06	393	9286	163	51
新　　疆	267.24	22.19	576	16200	432	93
东部地区	67088.76	2415.84	32168	712016	28221	9626
中部地区	26758.00	2114.70	18221	661169	15493	3341
西部地区	21649.13	1369.76	20595	824786	14391	1803
东北地区	6865.47	215.28	4212	124826	3324	392

镇农业技术情况

单位：个、人、户

地　区	农技推广服务机构	农技推广服务从业人员	农业专业合作经济组织个数	农业专业合作经济组织成员
北　京	279	2407	4238	233319
天　津	237	1359	761	22719
河　北	4195	15623	7280	351297
山　西	1394	5064	16698	212493
内蒙古	771	5884	4832	234629
辽　宁	1695	8616	7345	362264
吉　林	1890	9966	6053	194396
黑龙江	786	7055	9484	267084
上　海	193	2857	3286	148082
江　苏	2195	27824	31519	5039846
浙　江	1510	15110	18918	462729
安　徽	1761	12942	15277	707472
福　建	1233	7590	4536	148121
江　西	1343	8584	5525	232464
山　东	5298	33089	38505	2252412
河　南	6407	52883	13489	721906
湖　北	1378	9487	12284	870669
湖　南	1832	11774	6589	795551
广　东	1686	8978	7227	396079
广　西	1349	8779	3496	173023
海　南	253	1610	3787	58271
重　庆	700	8063	7172	757187
四　川	3622	16400	11418	1337854
贵　州	939	8120	3623	171392
云　南	1143	13211	6202	523509
西　藏	43	186	137	11013
陕　西	1997	12518	8393	340637
甘　肃	1779	17648	2674	185961
青　海	143	765	1308	40779
宁　夏	142	807	1262	77600
新　疆	481	3564	2031	113343
东部地区	17079	116447	120057	9112875
中部地区	14115	100734	69862	3540555
西部地区	13109	95945	52548	3966928
东北地区	4371	25637	22882	823744

镇教育情况

单位:个、万人

地　区	小学校数	小学在校学生数	小学教师数	中学校数	中学在校学生数	中学教师数	幼儿园、托儿所
北　京	504	21.15	1.98	238	14.34	2.01	1421
天　津	542	24.58	1.88	206	14.64	1.56	1053
河　北	7876	277.22	17.97	1562	168.59	13.97	8276
山　西	5986	116.84	9.20	1131	96.02	7.81	5210
内蒙古	1853	68.64	7.42	524	48.53	4.91	2025
辽　宁	2850	79.34	6.91	684	51.30	5.03	4202
吉　林	3307	66.01	7.25	697	39.46	4.39	2800
黑龙江	2517	62.81	6.14	681	49.62	4.70	2918
上　海	357	37.67	2.55	313	25.32	2.51	647
江　苏	4026	288.20	19.50	1803	224.04	20.27	6728
浙　江	2358	156.32	8.62	1158	100.38	8.33	6392
安　徽	11329	290.87	17.16	2314	203.25	14.39	6250
福　建	4659	149.72	10.02	1118	109.20	9.77	6091
江　西	9302	252.96	13.09	1347	154.58	10.67	8116
山　东	11317	554.95	35.92	2994	415.75	34.00	22148
河　南	16747	490.67	25.74	2464	274.73	18.76	13061
湖　北	5764	183.23	12.09	1306	125.96	11.41	4320
湖　南	9682	267.75	15.29	2182	176.90	14.68	6932
广　东	12763	491.37	28.12	2428	349.56	22.43	8403
广　西	10002	305.83	17.09	1408	172.89	11.46	7016
海　南	2083	56.82	4.22	319	37.82	2.80	1114
重　庆	2958	114.96	7.19	715	93.84	6.41	3150
四　川	6608	332.88	19.01	2776	324.74	20.87	9197
贵　州	8056	215.28	11.74	1248	145.75	8.37	2017
云　南	8253	227.42	13.34	1089	151.94	9.92	4035
西　藏	302	8.97	0.60	60	7.39	0.52	101
陕　西	6934	160.70	12.40	1632	150.07	12.26	4295
甘　肃	5866	100.88	6.95	732	71.69	5.14	1325
青　海	816	25.01	1.40	192	18.39	1.28	545
宁　夏	1043	35.11	1.90	167	20.92	1.49	268
新　疆	963	46.70	3.52	598	37.06	3.29	837
东部地区	46485	2058.06	130.84	12139	1459.70	117.70	62273
中部地区	58810	1602.35	92.59	10744	1031.47	77.75	43889
西部地区	53654	1642.43	102.63	11141	1243.28	86.00	34811
东北地区	8674	208.17	20.32	2062	140.40	14.13	9920

镇文化、体育情况

单位：个

地　　区	图书馆、文化站	影剧院	体育场馆
北　　京	156	19	31
天　　津	238	10	15
河　　北	3407	156	162
山　　西	2678	159	783
内 蒙 古	958	60	96
辽　　宁	1219	70	70
吉　　林	572	44	43
黑 龙 江	841	37	95
上　　海	219	95	79
江　　苏	2003	632	935
浙　　江	2557	294	266
安　　徽	2728	209	641
福　　建	1089	148	110
江　　西	1502	194	329
山　　东	5892	497	803
河　　南	4772	332	1259
湖　　北	1643	329	365
湖　　南	1674	256	339
广　　东	2054	378	632
广　　西	885	129	194
海　　南	302	39	41
重　　庆	677	45	48
四　　川	3295	239	336
贵　　州	1068	40	97
云　　南	858	90	182
西　　藏	296		17
陕　　西	1771	106	126
甘　　肃	564	125	106
青　　海	126	6	15
宁　　夏	117	27	28
新　　疆	393	49	77
东部地区	17917	2268	3074
中部地区	14997	1479	3716
西部地区	11008	916	1322
东北地区	2632	151	208

镇卫生及社会保障情况

单位:个、人、床

地　　区	医院、卫生院	医生数	病床数	敬老院、福利院	现收养人数
北　　京	234	11271	19252	183	14115
天　　津	173	4683	8881	109	2887
河　　北	1754	50019	110027	814	47018
山　　西	1163	26959	45975	428	11347
内 蒙 古	1081	21471	32421	462	15703
辽　　宁	865	19882	39118	499	26039
吉　　林	694	20189	27754	492	22304
黑 龙 江	900	20814	28999	292	17684
上　　海	222	16439	28505	245	31357
江　　苏	2295	106540	160287	1339	89889
浙　　江	1395	38770	46229	917	42514
安　　徽	2379	56477	89455	1534	85928
福　　建	832	22389	49871	521	7567
江　　西	1248	40404	59116	930	56064
山　　东	3302	190230	354836	1951	132952
河　　南	1748	85141	155216	1684	93269
湖　　北	1236	73773	98855	1278	89575
湖　　南	1984	72250	117132	1413	112945
广　　东	1689	58832	103970	1778	39226
广　　西	1093	37000	66996	2582	28252
海　　南	363	8236	15536	183	2440
重　　庆	757	21581	41214	1047	30991
四　　川	3139	98156	165849	1856	103376
贵　　州	1232	24153	48574	553	9221
云　　南	1244	32125	82052	359	11486
西　　藏	171	1902	1907	58	1151
陕　　西	2017	39458	79012	642	25972
甘　　肃	712	23107	31548	275	4969
青　　海	261	4123	8279	61	2207
宁　　夏	191	5415	13066	55	3236
新　　疆	412	10594	27499	143	5472
东部地区	12259	507409	897394	8040	409965
中部地区	9758	355004	565749	7267	449128
西部地区	12310	319086	598417	8093	242036
东北地区	2459	60885	95871	1283	66027

镇镇区情况

单位:万户、万人、平方公里

地　区	镇区总户数	镇区总人口	镇区占地面积	镇区绿化面积
北　京	61.72	167.64	849.45	89.84
天　津	36.51	111.31	657.95	10.03
河　北	393.34	1300.79	7254.42	306.95
山　西	168.28	518.09	1216.64	103.21
内蒙古	145.13	428.75	3709.44	161.61
辽　宁	146.37	429.75	3680.57	115.14
吉　林	129.09	373.18	1572.28	53.17
黑龙江	163.32	489.48	2346.25	102.74
上　海	171.69	484.67	671.77	131.46
江　苏	658.62	2090.91	5487.15	1146.28
浙　江	330.67	1028.38	3973.20	182.09
安　徽	336.21	1130.16	3906.40	357.46
福　建	204.40	731.79	2443.11	107.13
江　西	228.51	747.14	2583.07	236.50
山　东	906.83	2910.69	9415.48	1112.76
河　南	342.40	1306.68	4722.28	336.07
湖　北	303.37	1008.47	3821.46	284.24
湖　南	373.95	1211.68	5499.31	472.50
广　东	470.03	1712.44	5993.27	610.66
广　西	204.28	702.55	2005.17	93.76
海　南	50.26	193.84	468.63	48.47
重　庆	166.93	490.86	1083.33	74.99
四　川	506.53	1455.42	3635.67	203.09
贵　州	185.26	624.59	3345.53	197.00
云　南	173.60	547.50	2368.36	125.66
西　藏	16.51	70.79	379.99	24.53
陕　西	155.09	551.00	2948.48	243.27
甘　肃	92.07	340.26	1652.98	39.75
青　海	23.72	82.30	2722.43	4.75
宁　夏	32.22	100.89	528.24	42.02
新　疆	56.19	179.94	2259.45	100.32
东部地区	3284.11	10732.52	37214.45	3745.70
中部地区	1752.74	5922.26	21749.17	1789.98
西部地区	1757.60	5574.91	26639.11	1310.78
东北地区	438.80	1292.42	7599.10	271.05

(二)平原镇

平原镇基本情况

单位:个

地　区	居民委员会个数	村民委员会个数	通宽带的村	通有线电视的村	通自来水的村	垃圾集中处理的村
北　京	332	2005	1933	1994	2005	1983
天　津	192	3011	2901	2806	2993	1994
河　北	863	20682	19861	14259	19597	8767
山　西	189	3697	3454	3221	3434	2710
内蒙古	356	3144	1174	2140	2420	251
辽　宁	284	2874	2762	2784	2133	732
吉　林	411	2932	2448	2469	1501	683
黑龙江	584	3227	3134	3179	2546	1575
上　海	1339	1472	1472	1472	1472	1472
江　苏	3285	11335	11084	11288	11081	8634
浙　江	767	6112	6052	6091	5960	6086
安　徽	734	5084	4678	3628	2443	1448
福　建	217	1428	1275	1408	1377	1246
江　西	247	912	892	889	431	595
山　东	3955	45181	42903	43142	42681	24803
河　南	757	17759	17351	15755	12117	6544
湖　北	595	6377	6057	6078	4602	3580
湖　南	270	1971	1559	1385	1085	1294
广　东	561	2860	2815	2775	2508	2276
广　西	87	388	257	254	247	68
海　南	108	819	531	644	676	367
重　庆						
四　川	699	1931	1519	1749	1485	1627
贵　州						
云　南	125	620	538	511	587	236
西　藏	12	170		69	76	12
陕　西	229	5404	3635	4574	4613	2880
甘　肃	128	1419	1218	929	1319	377
青　海						
宁　夏	157	745	682	570	520	423
新　疆	439	2023	1481	1287	1847	563
东部地区	11619	94905	90827	85879	90350	57628
中部地区	2792	35800	33991	30956	24112	16171
西部地区	2232	15844	10504	12083	13114	6437
东北地区	1279	9033	8344	8432	6180	2990

平原镇土地和用电情况

单位:平方公里、亿千瓦时

地　区	行政区域面积	耕地面积	用电总量
北　京	4307.45	1361.47	103.09
天　津	7459.83	3355.07	73.68
河　北	48320.61	25803.80	387.84
山　西	12642.87	5618.57	25.83
内蒙古	185456.29	16554.28	27.26
辽　宁	24206.38	12085.85	87.67
吉　林	44179.61	24394.36	25.24
黑龙江	72632.54	38058.53	34.38
上　海	5402.23	1699.78	298.01
江　苏	64525.48	30389.14	1736.14
浙　江	14967.00	5005.77	748.54
安　徽	35543.76	18816.44	96.73
福　建	4818.70	851.97	129.90
江　西	4830.93	1671.05	13.59
山　东	87321.54	44558.02	724.85
河　南	47124.43	29064.77	255.17
湖　北	28069.25	10114.45	72.61
湖　南	7880.55	3450.41	15.72
广　东	13415.96	3000.76	608.86
广　西	4391.73	1174.72	2.98
海　南	7673.87	1204.93	11.69
重　庆			
四　川	8197.32	3079.74	47.68
贵　州			
云　南	11451.22	1630.58	15.15
西　藏	19504.74	75.09	0.11
陕　西	19927.39	8057.80	32.08
甘　肃	72422.01	4234.29	17.75
青　海			
宁　夏	13824.18	2539.06	8.25
新　疆	178401.52	7916.57	34.06
东部地区	258212.70	117230.74	4822.63
中部地区	136091.81	68735.71	479.67
西部地区	513576.41	45262.15	185.37
东北地区	141018.54	74538.74	147.31

平原镇人口与就业情况

单位:万户、万人

地区	总户数	总人口	从业人员数	第二产业	第三产业
北京	168.86	465.73	254.53	85.15	140.13
天津	131.02	407.74	175.89	77.56	42.55
河北	859.08	2965.56	1371.14	497.66	310.08
山西	204.88	632.44	284.98	68.86	73.28
内蒙古	173.88	561.85	279.20	46.54	57.93
辽宁	225.94	691.71	334.85	65.82	82.48
吉林	223.17	738.57	342.56	56.36	72.67
黑龙江	292.34	953.91	478.61	73.38	123.17
上海	427.55	1240.88	680.50	388.94	246.71
江苏	1594.18	5118.22	2848.24	1316.45	894.90
浙江	439.22	1418.11	897.61	498.22	248.90
安徽	698.55	2540.08	1350.47	392.29	333.96
福建	145.68	571.77	237.58	102.32	57.03
江西	102.28	352.56	177.62	52.28	61.11
山东	1868.59	6115.22	3200.45	1030.67	901.74
河南	932.71	3637.13	2167.03	675.71	550.09
湖北	382.34	1400.10	693.76	217.41	218.53
湖南	133.65	449.02	234.15	48.13	57.62
广东	408.28	1768.87	964.72	453.21	247.62
广西	58.67	224.00	121.51	22.17	36.89
海南	56.35	237.27	115.00	10.82	27.72
重庆					
四川	282.03	761.69	429.66	138.98	132.07
贵州					
云南	97.75	322.32	169.43	27.08	36.38
西藏	1.98	8.58	3.28	0.34	0.61
陕西	298.94	1049.84	497.60	109.59	112.83
甘肃	79.08	296.14	158.89	24.98	42.22
青海					
宁夏	74.32	239.38	116.88	32.35	36.10
新疆	136.49	481.12	207.80	26.48	56.72
东部地区	6098.81	20309.38	10745.68	4461.01	3117.40
中部地区	2454.40	9011.31	4908.01	1454.68	1294.58
西部地区	1203.13	3944.92	1984.24	428.50	511.74
东北地区	741.45	2384.19	1156.02	195.56	278.33

平原镇农业生产情况

单位:平方公里

地　区	年末有效灌溉面积	农作物播种面积	粮食播种面积
北　京	1176.01	1927.77	1245.93
天　津	2691.17	4215.83	2912.32
河　北	21698.01	42026.14	29914.13
山　西	3890.28	7443.96	6323.30
内蒙古	13369.24	17189.74	12436.69
辽　宁	5157.89	14135.49	11078.12
吉　林	7204.10	25348.29	22350.99
黑龙江	15322.13	38197.78	36174.16
上　海	1699.78	2915.52	1491.04
江　苏	26161.50	59576.33	43475.39
浙　江	4486.21	9544.98	5429.87
安　徽	16785.07	39509.53	30873.25
福　建	551.72	1628.75	781.44
江　西	1474.77	3971.14	2716.77
山　东	36526.78	82027.78	60030.78
河　南	25075.43	58126.21	41169.18
湖　北	8488.81	22464.82	12727.62
湖　南	3258.70	8891.91	4906.28
广　东	2136.84	6438.24	3190.63
广　西	648.14	2440.15	1078.14
海　南	601.66	2551.87	1344.44
重　庆			
四　川	2808.37	7147.03	4136.80
贵　州			
云　南	1099.95	3629.13	2168.18
西　藏	73.06	134.61	47.11
陕　西	6167.03	12640.46	9497.17
甘　肃	3175.46	4715.50	2729.17
青　海			
宁　夏	2246.65	3153.04	2232.74
新　疆	7717.55	9132.38	3914.98
东部地区	977.30	2128.53	1498.16
中部地区	589.73	1404.08	987.16
西部地区	373.05	601.82	382.41
东北地区	276.84	776.82	696.03

平原镇企业情况

单位:万个、万人

地　区	企业个数	工业企业	企业从业人员	工业企业
北　京	4.80	1.39	93.08	46.07
天　津	7.77	3.01	121.62	84.79
河　北	61.95	25.71	632.37	410.94
山　西	3.31	1.03	63.02	42.41
内蒙古	2.16	0.67	39.24	23.70
辽　宁	4.15	1.78	94.74	59.34
吉　林	3.10	0.97	50.46	22.96
黑龙江	6.14	1.98	60.57	32.20
上　海	15.17	4.87	415.34	247.42
江　苏	69.77	40.88	1520.84	1056.65
浙　江	37.48	22.60	566.89	451.04
安　徽	8.34	2.95	165.93	98.16
福　建	5.66	2.03	145.19	106.20
江　西	4.78	1.18	44.55	23.19
山　东	48.26	20.98	1281.94	813.30
河　南	29.11	14.03	561.68	365.70
湖　北	8.99	3.46	170.60	101.03
湖　南	3.93	1.18	44.82	23.18
广　东	28.15	11.31	502.18	384.42
广　西	1.83	0.39	24.68	13.24
海　南	0.85	0.17	10.51	3.00
重　庆				
四　川	5.42	1.38	122.04	74.56
贵　州				
云　南	3.06	0.50	23.71	9.72
西　藏	0.00	0.00	0.08	0.03
陕　西	12.37	3.10	102.65	47.49
甘　肃	2.95	0.55	35.24	13.51
青　海				
宁　夏	0.82	0.37	21.21	13.05
新　疆	1.79	0.39	21.22	13.02
东部地区	279.87	132.96	5289.96	3603.84
中部地区	58.46	23.83	1050.59	653.66
西部地区	30.41	7.34	390.07	208.31
东北地区	13.39	4.73	205.78	114.50

平原镇固定资产投资与社区建设情况

单位:亿元、个、公里

地区	固定资产投资完成额	农业投资完成额	储蓄所	公路里程	市场个数	公园个数
北京	1453.77	8.59	347	9794	200	102
天津	1741.74	93.96	377	6549	262	70
河北	5320.21	203.23	2534	56337	3101	550
山西	298.64	22.95	683	11569	427	135
内蒙古	1114.98	58.29	725	21983	349	55
辽宁	2127.98	29.46	804	17368	492	73
吉林	573.82	18.38	530	19253	415	24
黑龙江	844.03	57.44	698	24057	521	101
上海	1765.74	11.67	860	8424	646	112
江苏	14147.72	637.18	4816	135967	3411	904
浙江	2828.74	71.16	1767	22013	1426	1006
安徽	1759.18	135.01	1469	45480	1610	215
福建	1474.31	11.22	438	4351	281	156
江西	744.66	17.40	371	6785	206	40
山东	13824.37	528.51	6652	149435	7397	1080
河南	4959.14	427.59	2936	95333	3622	872
湖北	2150.45	119.34	990	33562	932	75
湖南	241.36	30.91	375	11264	248	14
广东	2260.69	30.62	1881	15290	1010	815
广西	309.38	11.68	189	1677	121	11
海南	27.45	3.53	221	4773	126	12
重庆						
四川	1333.15	38.21	837	25131	555	92
贵州						
云南	80.03	12.39	321	5983	202	35
西藏	1.40	0.32	6	955	7	1
陕西	1093.59	89.35	878	24233	541	56
甘肃	274.82	25.30	289	8614	192	26
青海						
宁夏	285.39	14.22	306	5505	115	42
新疆	223.43	20.03	480	12126	355	80
东部地区	44844.78	1599.73	19893	412935	17860	4807
中部地区	10153.46	753.22	6824	203995	7045	1351
西部地区	4716.20	269.82	4031	106209	2437	398
东北地区	3545.85	105.30	2032	60678	1428	198

平原镇农业技术情况

单位:个、人、户

地　区	农技推广服务机构	农技推广服务从业人员	农业专业合作经济组织个数	农业专业合作经济组织成员
北　京	152	1409	1429	85223
天　津	224	1314	716	19491
河　北	3181	12028	5430	257383
山　西	587	2135	4940	58642
内蒙古	273	1805	1436	107674
辽　宁	576	3235	3300	135618
吉　林	768	4461	2305	94097
黑龙江	506	4388	6754	200267
上　海	193	2857	3286	148082
江　苏	2072	25785	28243	4534763
浙　江	411	6612	5507	148009
安　徽	753	4998	8664	349588
福　建	163	979	372	17712
江　西	126	1040	848	24159
山　东	3503	21546	23779	1351241
河　南	4646	36860	9477	486440
湖　北	459	2824	3671	267598
湖　南	129	1012	893	124709
广　东	275	1823	876	63654
广　西	66	409	182	9532
海　南	67	482	879	19167
重　庆				
四　川	568	2292	1907	210188
贵　州				
云　南	116	1713	825	131548
西　藏	3	6	5	1486
陕　西	707	3872	2626	129055
甘　肃	527	5333	967	103214
青　海				
宁　夏	97	519	843	55833
新　疆	395	2994	1696	99391
东部地区	10241	74835	70517	6644725
中部地区	6700	48869	28493	1311136
西部地区	2752	18943	10487	847921
东北地区	1850	12084	12359	429982

平原镇教育情况

单位:个、万人

地　　区	小学校数	小学在校学生数	小学教师数	中学校数	中学在校学生数	中学教师数	幼儿园、托儿所
北　　京	332	16.29	1.36	153	10.90	1.49	1143
天　　津	493	23.47	1.78	188	13.75	1.44	959
河　　北	5997	206.08	13.34	1109	123.51	10.21	5690
山　　西	1952	47.04	3.37	430	44.15	3.19	2104
内 蒙 古	773	26.71	2.67	198	19.08	1.84	852
辽　　宁	937	34.18	2.71	286	23.69	2.31	2002
吉　　林	1896	38.52	3.87	340	23.26	2.50	1518
黑 龙 江	1684	41.69	4.11	441	34.46	3.19	1799
上　　海	357	37.67	2.55	313	25.32	2.51	647
江　　苏	3748	269.94	18.17	1663	209.96	18.92	6236
浙　　江	931	79.17	4.02	459	43.57	3.61	2682
安　　徽	5981	170.19	9.39	1095	104.71	6.93	2828
福　　建	893	37.02	1.98	224	25.08	2.01	1242
江　　西	839	27.40	1.45	131	20.81	1.38	1033
山　　东	7950	411.31	25.17	2035	293.22	23.11	15442
河　　南	11335	365.34	18.50	1753	203.97	13.41	8641
湖　　北	1556	65.74	4.29	421	47.67	4.42	1712
湖　　南	648	19.35	1.46	198	16.87	1.62	699
广　　东	2540	132.66	7.01	562	93.84	5.96	2865
广　　西	449	20.63	1.09	101	12.04	0.84	559
海　　南	700	19.08	1.36	97	12.26	0.80	380
重　　庆							
四　　川	433	33.36	2.36	304	40.67	2.95	1082
贵　　州							
云　　南	760	26.51	1.57	130	19.68	1.33	648
西　　藏	23	0.94	0.07	12	1.81	0.15	10
陕　　西	2388	59.25	4.58	572	63.23	5.08	1759
甘　　肃	1016	19.17	1.53	145	15.19	1.09	429
青　　海							
宁　　夏	496	22.51	1.24	115	12.94	0.97	188
新　　疆	846	40.72	2.99	541	32.51	2.89	713
东部地区	23941	1232.74	76.80	6803	851.47	70.11	37286
中部地区	22311	695.09	38.48	4028	438.22	30.98	17017
西部地区	7184	249.84	18.12	2118	217.18	17.19	6240
东北地区	4517	114.40	10.70	1067	81.42	8.01	5319

平原镇文化、体育情况

单位:个

地区	图书馆、文化站	影剧院	体育场馆
北京	85	11	24
天津	233	10	15
河北	1815	111	111
山西	886	39	213
内蒙古	440	25	36
辽宁	439	27	32
吉林	254	23	21
黑龙江	571	24	56
上海	219	95	79
江苏	1818	596	825
浙江	1065	115	131
安徽	1201	79	256
福建	184	23	21
江西	233	28	22
山东	4120	305	513
河南	3213	173	902
湖北	510	127	152
湖南	157	42	21
广东	425	95	249
广西	39	9	10
海南	65	17	15
重庆			
四川	596	36	71
贵州			
云南	77	13	18
西藏	55		2
陕西	510	39	30
甘肃	136	41	37
青海			
宁夏	79	17	24
新疆	326	39	60
东部地区	10029	1378	1983
中部地区	6200	488	1566
西部地区	2258	219	288
东北地区	1264	74	109

平原镇卫生及社会保障情况

单位:个、人、床

地　　区	医院、卫生院	医生数	病床数	敬老院、福利院	现收养人数
北　　京	140	8234	14906	104	9439
天　　津	162	4518	8535	100	2789
河　　北	1188	36773	78535	570	30495
山　　西	358	10281	16957	130	3353
内 蒙 古	369	7542	12808	156	5666
辽　　宁	312	9078	16624	180	10374
吉　　林	301	11234	13472	213	9781
黑 龙 江	605	14816	18634	212	13748
上　　海	222	16439	28505	245	31357
江　　苏	2126	100603	151801	1253	81766
浙　　江	453	18112	20800	322	18207
安　　徽	1049	25089	43575	710	39572
福　　建	152	6209	9567	64	2129
江　　西	117	4606	8958	71	3153
山　　东	2268	138666	252852	1256	83640
河　　南	1238	65225	118648	1112	66970
湖　　北	406	27306	37768	361	29793
湖　　南	187	8262	12530	154	8369
广　　东	360	16997	29369	306	9997
广　　西	86	3316	6465	121	1596
海　　南	118	2873	4045	51	563
重　　庆					
四　　川	417	15726	30393	169	13309
贵　　州					
云　　南	159	4945	15391	38	1701
西　　藏	18	210	235	4	86
陕　　西	582	15245	33246	106	3269
甘　　肃	174	6289	9364	81	1875
青　　海					
宁　　夏	132	3925	10327	38	1773
新　　疆	336	9171	23953	121	4734
东部地区	7189	349424	598915	4271	270382
中部地区	3355	140769	238436	2538	151210
西部地区	2273	66369	142182	834	34009
东北地区	1218	35128	48730	605	33903

平原镇镇区情况

单位:万户、万人、平方公里

地　区	镇区总户数	镇区总人口	镇区占地面积	镇区绿化面积
北　京	47.86	133.69	538.76	70.20
天　津	35.73	108.58	624.15	9.90
河　北	275.86	950.28	4798.24	228.28
山　西	64.17	198.30	452.38	33.06
内蒙古	52.50	153.45	1639.35	46.92
辽　宁	70.03	199.47	1194.17	49.78
吉　林	62.79	184.52	737.04	33.13
黑龙江	108.39	324.15	1408.42	54.25
上　海	171.69	484.67	671.77	131.46
江　苏	623.65	1980.24	5170.33	1082.87
浙　江	161.65	529.37	1535.70	95.14
安　徽	150.74	525.89	1698.55	115.48
福　建	42.14	143.34	419.83	27.25
江　西	33.59	104.12	275.84	21.22
山　东	604.87	1964.34	5658.83	706.56
河　南	243.91	931.56	3318.68	213.85
湖　北	107.78	370.93	1308.94	71.06
湖　南	47.03	147.68	847.01	71.47
广　东	133.10	525.33	1436.73	211.16
广　西	16.05	56.70	127.12	12.00
海　南	15.45	57.26	139.03	10.21
重　庆				
四　川	92.64	267.52	650.20	41.60
贵　州				
云　南	24.53	72.01	287.05	24.57
西　藏	1.97	8.57	92.21	3.00
陕　西	54.09	198.45	747.70	34.56
甘　肃	24.13	80.93	475.56	16.09
青　海				
宁　夏	24.56	74.08	340.40	28.03
新　疆	47.95	153.33	1331.44	68.41
东部地区	2112.05	6877.15	20993.39	2573.07
中部地区	647.25	2278.50	7901.42	526.15
西部地区	338.48	1065.08	5691.04	275.20
东北地区	241.23	708.15	3339.63	137.16

（三）丘陵镇

丘陵镇基本情况

单位：个

地区	居民委员会个数	村民委员会个数	通宽带的村	通有线电视的村	通自来水的村	垃圾集中处理的村
北京	59	713	703	711	712	713
天津						
河北	125	3195	2803	2017	2451	1398
山西	99	4378	3687	2887	3888	2328
内蒙古	461	4462	2336	2547	2291	252
辽宁	131	2652	2396	2498	1512	597
吉林	184	1802	1554	1638	993	487
黑龙江	216	1058	1028	1044	937	484
上海						
江苏	151	1040	1040	1040	1033	837
浙江	361	7281	7131	7146	6933	7060
安徽	988	4719	4323	3743	3505	2626
福建	460	4893	4466	4680	4272	4215
江西	1030	8220	7204	7388	4444	4162
山东	1572	19669	19511	19577	18683	15320
河南	178	5334	5039	4522	4122	2861
湖北	496	6674	6097	5652	3756	3393
湖南	1517	19803	14901	15161	9300	5888
广东	1033	7681	7556	7022	5710	4322
广西	569	6711	5039	4836	4103	1206
海南	208	1248	775	935	991	472
重庆	744	4158	4013	4012	3145	952
四川	2074	18437	7380	16292	7510	5889
贵州	78	688	498	397	537	260
云南	246	1516	1278	1310	1422	684
西藏	11	63		17	2	20
陕西	183	5622	2556	3124	4367	1731
甘肃	69	1207	885	484	866	213
青海						
宁夏	2	60	60	41	39	29
新疆	32	67	58	47	66	27
东部地区	3969	45720	43985	43128	40785	34337
中部地区	4308	49128	41251	39353	29015	21258
西部地区	4469	42991	24103	33107	24348	11263
东北地区	531	5512	4978	5180	3442	1568

丘陵镇土地和用电情况

单位:平方公里、亿千瓦时

地　区	行政区域面积	耕地面积	用电总量
北　京	2864.59	456.75	19.75
天　津			
河　北	12046.51	3605.24	30.84
山　西	20196.27	5047.37	15.64
内蒙古	339653.63	35867.04	33.70
辽　宁	33295.58	9915.17	75.45
吉　林	23225.76	8394.73	18.35
黑龙江	37431.66	11012.82	11.30
上　海			
江　苏	7651.01	2733.20	104.45
浙　江	22827.60	3467.96	256.76
安　徽	49122.50	14008.85	137.62
福　建	30501.93	3772.73	258.91
江　西	69425.71	11540.91	64.98
山　东	44385.70	15218.25	325.07
河　南	22884.68	7662.95	110.72
湖　北	42955.62	9397.91	103.30
湖　南	80235.83	16800.47	105.59
广　东	62321.06	11327.31	941.62
广　西	83778.56	15722.26	49.92
海　南	11904.37	2096.38	10.70
重　庆	29263.71	9988.31	67.60
四　川	61573.44	16906.15	81.97
贵　州	5151.02	777.55	5.87
云　南	37873.38	3588.23	34.56
西　藏	20977.04	3.16	0.11
陕　西	36401.82	5995.87	16.77
甘　肃	14815.89	2987.76	5.96
青　海			
宁　夏	2563.38	421.54	0.20
新　疆	25460.65	661.73	1.12
东部地区	194502.78	42677.85	1948.12
中部地区	284820.62	64458.48	537.88
西部地区	657512.55	92919.63	297.83
东北地区	93953.00	29322.72	105.12

丘陵镇人口与就业情况

单位:万户、万人

地　　区	总户数	总人口	从业人员数	第二产业	第三产业
北　　京	36.81	94.61	49.96	15.19	21.76
天　　津					
河　　北	140.27	434.64	179.25	43.30	35.78
山　　西	157.46	444.57	197.63	45.52	49.70
内 蒙 古	251.14	788.04	395.77	63.96	80.25
辽　　宁	180.77	584.43	298.44	63.88	69.62
吉　　林	104.14	333.89	161.36	31.75	40.54
黑 龙 江	86.36	279.35	129.27	21.36	34.77
上　　海					
江　　苏	117.41	361.44	197.03	94.73	56.90
浙　　江	339.27	995.93	646.85	291.76	192.07
安　　徽	588.34	1987.43	1079.37	328.90	264.71
福　　建	382.84	1433.76	648.10	244.76	168.55
江　　西	621.22	2217.33	1116.10	343.56	295.88
山　　东	770.82	2325.55	1282.80	450.30	320.45
河　　南	282.21	1058.01	628.61	199.63	139.01
湖　　北	395.24	1377.82	703.27	218.41	209.08
湖　　南	920.62	3187.08	1762.93	415.41	418.93
广　　东	849.56	3442.78	1836.27	721.04	426.24
广　　西	723.62	2691.92	1416.81	308.90	259.18
海　　南	93.39	388.51	175.11	20.85	41.36
重　　庆	513.75	1471.80	821.82	261.41	222.47
四　　川	1288.25	3825.28	2043.82	497.48	647.24
贵　　州	49.55	172.30	87.63	10.99	28.67
云　　南	199.98	663.11	358.35	45.98	71.38
西　　藏	0.86	3.43	1.45	0.15	0.20
陕　　西	194.92	638.51	300.35	55.73	69.25
甘　　肃	62.20	231.71	112.02	18.69	25.06
青　　海					
宁　　夏	4.65	16.65	7.27	1.12	0.74
新　　疆	7.49	24.39	12.32	2.48	3.27
东部地区	2730.38	9477.22	5015.37	1881.92	1263.11
中部地区	2965.08	10272.24	5487.92	1551.43	1377.31
西部地区	3296.41	10527.14	5557.61	1266.90	1407.72
东北地区	371.27	1197.67	589.07	117.00	144.93

丘陵镇农业生产情况

单位:平方公里

地　区	年末有效灌溉面积	农作物播种面积	粮食播种面积
北　京	252.00	437.00	332.00
天　津			
河　北	2047.24	4292.69	3282.40
山　西	1360.99	5681.62	5086.29
内蒙古	8631.13	32630.58	27124.59
辽　宁	1902.34	10991.73	8232.33
吉　林	1662.55	8772.06	8258.36
黑龙江	1677.98	11227.49	10659.84
上　海			
江　苏	2102.95	4814.71	3393.21
浙　江	2731.23	6307.31	3596.66
安　徽	11170.35	29993.28	21363.71
福　建	2535.94	6968.51	3587.05
江　西	9410.41	29220.37	19757.47
山　东	8837.12	23478.80	15994.98
河　南	4276.89	14783.50	10901.50
湖　北	6665.16	22946.60	14292.79
湖　南	13460.57	41028.87	25705.37
广　东	6126.44	20523.98	11340.10
广　西	7840.81	31913.20	16824.34
海　南	869.34	3949.24	2079.61
重　庆	4084.02	16620.22	11005.49
四　川	9697.78	44019.83	30607.03
贵　州	335.57	1932.84	1078.45
云　南	2043.83	9184.82	5333.93
西　藏	2.27	4.33	3.04
陕　西	2236.19	8512.43	6164.36
甘　肃	948.06	3445.43	2371.22
青　海			
宁　夏	192.14	402.99	297.88
新　疆	450.26	727.02	604.72
东部地区	25503.04	70773.06	43606.06
中部地区	46344.37	143654.24	97107.12
西部地区	36462.06	149393.68	101415.06
东北地区	5242.87	30991.28	27150.53

丘陵镇企业情况

单位:万个、万人

地　区	企业个数	工业企业	企业从业人员	工业企业
北　京	0.80	0.26	21.01	8.03
天　津				
河　北	9.00	1.78	89.72	45.15
山　西	1.92	0.50	42.15	25.76
内蒙古	2.06	0.67	53.60	33.29
辽　宁	3.43	1.49	68.57	45.57
吉　林	1.11	0.36	21.38	10.90
黑龙江	1.80	0.55	13.29	6.88
上　海				
江　苏	3.79	2.42	105.28	76.74
浙　江	24.03	15.19	287.40	230.08
安　徽	9.16	3.78	227.28	133.43
福　建	16.38	6.43	336.49	231.60
江　西	24.69	8.74	239.99	144.15
山　东	19.60	9.08	548.99	367.52
河　南	9.00	4.59	181.18	133.50
湖　北	14.25	5.45	184.48	111.70
湖　南	26.39	9.66	368.08	198.70
广　东	34.42	13.74	756.37	573.02
广　西	23.23	6.32	197.46	109.57
海　南	1.22	0.24	18.06	7.79
重　庆	3.66	2.05	180.43	109.61
四　川	17.80	4.94	270.35	147.20
贵　州	0.87	0.12	8.78	3.44
云　南	5.02	0.83	47.14	22.81
西　藏				
陕　西	8.29	1.76	54.67	24.72
甘　肃	1.03	0.25	20.86	9.91
青　海				
宁　夏	0.01	0.00	0.27	0.17
新　疆	0.14	0.03	1.86	1.14
东部地区	109.25	49.14	2163.32	1539.94
中部地区	85.41	32.73	1243.16	747.24
西部地区	62.11	16.97	835.42	461.85
东北地区	6.35	2.40	103.24	63.35

丘陵镇固定资产投资与社区建设情况

单位:亿元、个、公里

地区	固定资产投资完成额	农业投资完成额	储蓄所	公路里程	市场个数	公园个数
北京	260.84	5.20	103	3212	63	56
天津						
河北	620.61	39.60	359	7254	309	85
山西	291.50	25.31	475	13228	310	121
内蒙古	1289.66	90.14	884	37679	526	105
辽宁	1155.26	26.84	601	14860	620	55
吉林	456.88	30.16	361	12190	264	10
黑龙江	189.38	7.87	224	8397	207	37
上海						
江苏	1268.41	55.05	308	11840	252	76
浙江	1496.39	71.38	1247	22864	903	1111
安徽	3074.24	169.12	1605	53706	1204	272
福建	3164.17	60.96	1138	25858	708	371
江西	2048.96	109.26	1934	49955	1134	263
山东	7456.61	226.38	2516	51225	2851	565
河南	2803.15	183.31	864	37940	944	387
湖北	2539.22	251.80	963	53582	873	104
湖南	2668.48	251.91	2271	86854	1771	161
广东	3250.83	85.89	2788	46130	2130	1125
广西	2802.31	134.75	1582	33622	1106	106
海南	98.83	8.44	300	7155	227	17
重庆	2380.12	178.99	1454	39449	894	95
四川	2219.27	208.46	3507	156941	2628	247
贵州	281.02	21.74	130	4912	97	9
云南	324.09	39.44	591	19032	401	79
西藏	0.07	0.00	5		1	
陕西	526.72	31.04	582	23703	361	60
甘肃	346.21	9.19	250	4445	138	33
青海						
宁夏	9.52	1.74	14	510	5	
新疆	12.69	0.64	35	905	25	4
东部地区	17616.72	552.94	8759	175539	7443	3406
中部地区	13425.59	990.74	8112	295267	6236	1308
西部地区	10191.74	716.20	9034	321202	6182	738
东北地区	1801.53	64.89	1186	35448	1091	102

丘陵镇农业技术情况

单位:个、人、户

地区	农技推广服务机构	农技推广服务从业人员	农业专业合作经济组织个数	农业专业合作经济组织成员
北京	62	506	1490	66096
天津				
河北	401	1579	780	35928
山西	343	1212	5825	68972
内蒙古	431	3634	3133	119145
辽宁	712	3396	2240	139265
吉林	524	2928	1576	39749
黑龙江	135	1549	1602	47817
上海				
江苏	123	2039	3276	505083
浙江	639	5909	8443	176957
安徽	854	7018	5221	294668
福建	648	4147	2083	62335
江西	1000	6352	3905	168805
山东	1435	9499	10618	623027
河南	1303	12819	2973	166995
湖北	529	3377	4615	329893
湖南	1260	8262	4371	556194
广东	723	4367	3307	187643
广西	979	6582	2587	136338
海南	151	987	2474	34972
重庆	442	5889	5053	576364
四川	2193	10802	7124	904046
贵州	59	571	450	16290
云南	276	3538	1933	167166
西藏	1	22	3	683
陕西	351	2192	1898	79786
甘肃	322	4119	453	23089
青海				
宁夏	2	5	21	2593
新疆	27	142	136	9152
东部地区	4182	29033	32471	1692041
中部地区	5289	39040	26910	1585527
西部地区	5083	37496	22791	2034653
东北地区	1371	7873	5418	226831

丘陵镇教育情况

单位:个、万人

地　　区	小学校数	小学在校学生数	小学教师数	中学校数	中学在校学生数	中学教师数	幼儿园、托儿所
北　　京	112	3.59	0.42	57	2.45	0.37	196
天　　津							
河　　北	777	30.42	2.03	183	16.37	1.49	951
山　　西	1630	27.91	2.32	283	20.56	1.85	1380
内 蒙 古	914	37.27	4.07	268	25.65	2.59	1005
辽　　宁	1210	28.28	2.65	231	16.12	1.63	1440
吉　　林	860	16.36	1.93	159	9.69	0.98	669
黑 龙 江	528	12.27	1.18	131	7.97	0.75	695
上　　海							
江　　苏	278	18.25	1.32	140	14.07	1.35	492
浙　　江	828	52.49	2.89	419	37.26	3.07	2373
安　　徽	4199	107.74	6.80	1036	84.45	6.45	2961
福　　建	2538	81.07	5.34	597	60.85	5.40	3517
江　　西	7078	198.47	10.17	1023	118.48	8.15	6200
山　　东	2502	115.27	8.44	761	100.18	8.85	5370
河　　南	3557	92.46	5.17	519	53.75	4.09	3248
湖　　北	2306	69.12	4.54	494	44.93	4.10	1659
湖　　南	7111	196.36	10.64	1532	125.97	10.08	4943
广　　东	5534	243.70	13.36	1122	165.77	10.15	3806
广　　西	6928	223.34	12.25	993	126.46	8.24	5007
海　　南	1110	31.82	2.32	177	21.47	1.60	666
重　　庆	1743	74.03	4.75	485	59.34	4.40	2273
四　　川	3928	221.40	12.26	1864	212.08	13.45	6273
贵　　州	506	14.09	0.83	84	10.13	0.60	175
云　　南	1734	57.17	3.36	292	44.60	2.92	1240
西　　藏	12	0.41	0.03	1	0.24	0.01	3
陕　　西	1612	36.56	2.77	375	32.00	2.75	1108
甘　　肃	937	15.19	1.13	139	12.24	0.88	276
青　　海							
宁　　夏	77	1.74	0.06	6	0.97	0.05	11
新　　疆	36	2.12	0.17	20	2.08	0.15	44
东部地区	13679	576.66	36.16	3456	418.47	32.32	17371
中部地区	25881	692.09	39.67	4887	448.17	34.75	20391
西部地区	18427	683.38	41.72	4527	525.86	36.08	17415
东北地区	2598	56.92	5.77	521	33.80	3.37	2804

丘陵镇文化、体育情况

单位：个

地　区	图书馆、文化站	影剧院	体育场馆
北　京	43	7	5
天　津			
河　北	835	18	16
山　西	805	40	227
内蒙古	452	32	51
辽　宁	582	29	19
吉　林	157	7	6
黑龙江	178	5	25
上　海			
江　苏	185	36	110
浙　江	780	99	87
安　徽	1197	109	297
福　建	629	74	60
江　西	1049	127	210
山　东	1556	178	256
河　南	1271	130	258
湖　北	724	144	168
湖　南	1040	160	238
广　东	1042	196	262
广　西	622	101	155
海　南	202	20	22
重　庆	451	37	36
四　川	2032	146	168
贵　州	64	3	11
云　南	249	23	34
西　藏	9		5
陕　西	400	26	28
甘　肃	110	27	30
青　海			
宁　夏	3	1	
新　疆	22	3	3
东部地区	5272	628	818
中部地区	6086	710	1398
西部地区	4414	399	521
东北地区	917	41	50

丘陵镇卫生及社会保障情况

单位:个、人、床

地　区	医院、卫生院	医生数	病床数	敬老院、福利院	现收养人数
北　京	57	2247	3416	43	3537
天　津					
河　北	261	5943	14066	121	4035
山　西	324	6913	11491	128	3732
内蒙古	617	11576	16638	263	8534
辽　宁	363	7067	13388	206	9480
吉　林	180	3755	6630	124	6844
黑龙江	153	2666	5303	38	2412
上　海					
江　苏	169	5937	8486	86	8123
浙　江	494	13979	16549	355	16339
安　徽	1068	26124	38025	677	39252
福　建	396	11383	27413	248	3045
江　西	917	30958	43866	700	44402
山　东	842	44369	84743	553	39236
河　南	355	15272	28412	395	17583
湖　北	468	28207	35944	484	34316
湖　南	1262	50124	80643	943	94173
广　东	694	28326	51300	914	17784
广　西	686	25467	44610	1921	20911
海　南	179	4326	9493	105	1641
重　庆	507	14701	29705	763	24670
四　川	1829	59782	98017	1381	76060
贵　州	86	1535	4127	34	751
云　南	364	10017	25641	105	3173
西　藏	11	41	48		
陕　西	410	9342	14861	130	4937
甘　肃	114	4976	5671	44	539
青　海					
宁　夏	6	177	348	3	111
新　疆	25	439	1488	4	169
东部地区	3092	116510	215466	2425	93740
中部地区	4394	157598	238381	3327	233458
西部地区	4655	138053	241154	4648	139855
东北地区	696	13488	25321	368	18736

丘陵镇镇区情况

单位：万户、万人、平方公里

地　区	镇区总户数	镇区总人口	镇区占地面积	镇区绿化面积
北　京	8.85	22.34	203.33	13.26
天　津				
河　北	47.25	141.33	674.42	37.39
山　西	42.47	129.67	300.16	25.12
内蒙古	75.06	224.37	1710.21	102.67
辽　宁	42.29	131.96	1616.43	48.28
吉　林	27.31	78.78	371.59	8.04
黑龙江	28.42	84.87	243.02	21.24
上　海				
江　苏	34.96	110.67	316.82	63.41
浙　江	118.24	349.06	1309.30	61.53
安　徽	162.28	531.03	1799.55	174.95
福　建	109.14	408.75	1368.12	58.91
江　西	171.52	565.72	1897.28	168.35
山　东	254.39	789.67	3107.20	363.92
河　南	70.56	275.07	1029.18	94.87
湖　北	116.54	387.95	1356.70	107.77
湖　南	260.28	841.33	3448.27	313.49
广　东	249.51	898.14	3178.86	345.71
广　西	138.84	486.37	1248.34	62.95
海　南	29.68	118.68	292.67	34.98
重　庆	122.13	341.52	705.37	56.63
四　川	319.33	903.84	1999.72	128.39
贵　州	15.46	50.65	107.60	4.86
云　南	53.01	164.52	499.04	55.99
西　藏	0.86	3.43	1.40	
陕　西	33.25	113.02	541.21	25.08
甘　肃	18.07	68.86	305.58	8.80
青　海				
宁　夏	1.63	5.33	32.81	4.30
新　疆	2.17	7.49	52.48	8.09
东部地区	852.05	2838.67	10450.75	979.13
中部地区	823.68	2730.78	9831.15	884.57
西部地区	779.87	2369.45	7203.78	457.80
东北地区	98.04	295.63	2231.05	77.56

(四)山区镇

山区镇基本情况

单位:个

地区	居民委员会个数	村民委员会个数	通宽带的村	通有线电视的村	通自来水的村	垃圾集中处理的村
北京	43	726	645	725	723	719
天津		312	311	312	244	266
河北	151	4726	3937	3386	3717	2063
山西	186	6654	5059	4595	5468	3775
内蒙古	85	521	328	297	288	26
辽宁	141	1637	1445	1602	1198	642
吉林	457	1798	1650	1769	1604	710
黑龙江	191	717	710	703	650	477
上海						
江苏						
浙江	301	5645	5331	5532	5484	5149
安徽	86	1071	1025	984	926	622
福建	195	3601	3303	3331	3306	2433
江西	189	1585	1410	1479	1085	919
山东	297	5260	5167	5067	5041	4525
河南	75	2554	2181	2076	2053	999
湖北	304	5947	4335	3948	2768	1302
湖南	581	5449	3490	3793	2912	1650
广东	601	7192	6933	6503	5312	3900
广西	240	2684	1711	1851	1730	377
海南	25	378	116	167	263	107
重庆	389	1965	1697	1555	1273	259
四川	729	5709	1936	4035	3655	1699
贵州	812	8996	6499	3986	6687	2055
云南	376	4558	2712	2332	4314	926
西藏	53	1132		755	810	187
陕西	368	11770	4371	5552	9418	2832
甘肃	283	4677	2626	1865	3130	550
青海	196	2051	579	697	1718	278
宁夏	25	506	506	427	288	82
新疆	63	231	140	153	179	44
东部地区	1613	27840	25743	25023	24090	19162
中部地区	1421	23260	17500	16875	15212	9267
西部地区	3619	44800	23105	23505	33490	9315
东北地区	789	4152	3805	4074	3452	1829

山区镇土地和用电情况

单位：平方公里、亿千瓦时

地　　区	行政区域面积	耕地面积	用电总量
北　　京	5852.69	249.61	8.11
天　　津	667.38	120.89	1.64
河　　北	32281.21	3416.03	37.42
山　　西	41657.66	6384.89	20.28
内 蒙 古	88357.87	3707.46	4.72
辽　　宁	34643.79	3769.03	39.18
吉　　林	68307.89	5556.37	12.39
黑 龙 江	68330.13	6016.18	13.70
上　　海			
江　　苏			
浙　　江	28765.50	1986.10	82.11
安　　徽	17225.04	1302.43	8.59
福　　建	41729.38	3342.67	65.46
江　　西	23816.61	1734.96	8.24
山　　东	15289.52	4092.61	42.16
河　　南	20605.53	2600.57	18.36
湖　　北	62657.01	5963.46	28.72
湖　　南	40611.77	4442.30	24.45
广　　东	82516.42	7386.30	63.46
广　　西	52022.19	6687.62	15.03
海　　南	7027.10	389.60	0.59
重　　庆	25606.28	4503.94	13.08
四　　川	71164.61	4078.69	26.16
贵　　州	89667.87	10716.21	76.13
云　　南	135404.70	10430.62	37.04
西　　藏	106235.60	514.18	2.16
陕　　西	122691.15	11191.55	17.00
甘　　肃	107620.09	8176.56	10.18
青　　海	296685.28	2671.72	3.02
宁　　夏	12355.17	2644.66	2.89
新　　疆	40020.02	884.74	3.44
东部地区	214129.21	20983.83	300.99
中部地区	206573.63	22428.63	108.67
西部地区	1147830.86	66208.00	210.91
东北地区	171281.82	15341.59	65.28

山区镇人口与就业情况

单位:万户、万人

地　区	总户数	总人口	从业人员数	第二产业	第三产业
北　京	22.58	50.23	27.67	6.21	10.31
天　津	7.97	25.58	11.78	4.36	3.71
河　北	192.27	564.83	249.26	74.05	45.63
山　西	213.82	603.54	267.20	63.11	63.30
内蒙古	37.06	116.22	50.84	8.68	11.26
辽　宁	110.33	351.72	165.90	29.62	44.65
吉　林	97.07	273.68	130.14	23.32	36.89
黑龙江	55.01	174.05	87.53	19.94	25.91
上　海					
江　苏					
浙　江	169.97	511.88	335.48	106.26	110.41
安　徽	81.85	269.82	139.66	33.99	31.99
福　建	174.49	619.60	288.05	68.41	75.99
江　西	93.29	331.05	160.06	40.83	36.34
山　东	184.94	576.75	335.95	102.81	82.45
河　南	107.87	382.86	223.68	61.22	49.64
湖　北	299.73	976.71	495.65	129.58	135.47
湖　南	231.94	818.87	431.28	84.47	98.25
广　东	455.88	1795.57	832.42	172.83	190.96
广　西	215.08	794.40	409.36	72.43	69.81
海　南	18.27	73.65	31.60	1.55	4.79
重　庆	187.43	592.90	325.65	77.06	88.76
四　川	306.85	964.59	509.66	89.50	159.44
贵　州	626.16	2257.49	1223.53	178.24	337.17
云　南	435.16	1559.21	809.46	82.45	126.11
西　藏	13.68	58.78	28.93	3.73	6.38
陕　西	343.14	1106.23	504.02	102.16	119.18
甘　肃	183.60	728.54	367.27	45.81	89.98
青　海	74.54	269.61	121.17	30.17	26.82
宁　夏	29.75	103.94	44.69	8.33	7.17
新　疆	14.78	48.51	22.60	4.59	5.90
东部地区	1226.39	4218.09	2112.22	536.48	524.23
中部地区	1028.50	3382.85	1717.53	413.20	415.00
西部地区	2467.24	8600.42	4417.18	703.15	1047.99
东北地区	262.41	799.45	383.57	72.88	107.45

山区镇农业生产情况

单位:平方公里

地　　区	年末有效灌溉面积	农作物播种面积	粮食播种面积
北　京	64.00	316.00	260.00
天　津	76.94	162.83	146.28
河　北	1732.15	4265.99	3300.12
山　西	862.83	6782.54	6123.01
内蒙古	548.55	3751.87	3134.88
辽　宁	630.76	4075.79	3483.58
吉　林	608.10	6000.29	5367.92
黑龙江	1138.60	6081.85	5462.59
上　海			
江　苏			
浙　江	1289.56	3964.98	2193.33
安　徽	1005.92	2266.38	1290.88
福　建	2505.87	6753.80	3659.06
江　西	1380.11	3582.92	2447.02
山　东	1798.03	5526.92	3620.41
河　南	985.76	4975.73	3188.47
湖　北	2035.02	14997.33	9228.98
湖　南	3138.55	9436.18	5417.51
广　东	4560.35	15410.49	9288.75
广　西	2095.39	9851.97	4808.21
海　南	192.30	865.56	465.93
重　庆	1187.67	8424.42	5744.11
四　川	1818.67	10142.09	7143.39
贵　州	3619.71	28787.63	17637.62
云　南	3835.58	26449.86	16905.92
西　藏	414.15	565.78	418.16
陕　西	1761.70	15736.30	11453.01
甘　肃	2190.74	9987.65	7063.61
青　海	1027.64	2782.33	1349.47
宁　夏	573.62	2733.53	1553.52
新　疆	716.90	981.21	705.07
东部地区	12219.35	37267.02	22934.38
中部地区	9408.20	42041.08	27695.87
西部地区	19790.31	120194.64	77916.98
东北地区	2377.46	16157.93	14314.09

山区镇企业情况

单位:万个、万人

地　　区	企业个数	工业企业	企业从业人员	工业企业
北　　京	0.12	0.06	5.57	2.50
天　　津	0.10	0.09	2.70	2.26
河　　北	9.13	2.37	99.52	55.62
山　　西	2.91	0.83	48.25	29.84
内 蒙 古	0.22	0.06	7.45	3.88
辽　　宁	1.27	0.61	34.95	21.15
吉　　林	1.00	0.36	19.72	10.66
黑 龙 江	1.97	0.52	16.80	11.43
上　　海				
江　　苏				
浙　　江	9.67	5.37	95.41	74.98
安　　徽	2.57	1.05	29.44	17.81
福　　建	7.44	2.03	78.07	49.78
江　　西	2.79	0.86	26.15	15.71
山　　东	3.32	1.71	88.24	58.98
河　　南	3.25	1.32	58.17	34.04
湖　　北	7.40	2.69	90.15	49.27
湖　　南	5.75	1.70	67.88	32.78
广　　东	10.00	3.25	107.41	66.56
广　　西	3.81	0.86	31.02	16.74
海　　南	0.05	0.01	0.73	0.29
重　　庆	0.79	0.35	26.58	14.55
四　　川	3.68	1.10	55.82	29.48
贵　　州	9.27	2.32	114.71	64.15
云　　南	8.27	1.48	76.51	44.60
西　　藏	0.01	0.01	0.42	0.20
陕　　西	10.77	1.84	83.03	37.50
甘　　肃	4.14	1.13	47.70	19.79
青　　海	1.92	0.78	12.93	7.78
宁　　夏	0.15	0.06	4.60	2.53
新　　疆	0.13	0.04	3.54	2.69
东部地区	39.84	14.90	477.65	310.98
中部地区	24.66	8.45	320.03	179.45
西部地区	43.16	10.04	464.31	243.88
东北地区	4.24	1.49	71.47	43.24

山区镇固定资产投资与社区建设情况

单位:亿元、个、公里

地区	固定资产投资完成额	农业投资完成额	储蓄所	公路里程	市场个数	公园个数
北京	150.82	1.64	64	2883	36	51
天津	79.54	3.59	17	666	20	1
河北	1421.12	46.89	636	15406	555	256
山西	450.47	45.79	783	19833	408	273
内蒙古	145.23	4.22	161	5447	85	20
辽宁	822.87	3.66	416	10644	411	28
吉林	435.62	30.79	366	11638	264	20
黑龙江	259.59	10.62	212	6417	130	44
上海						
江苏						
浙江	407.92	36.37	671	19009	417	545
安徽	357.16	37.37	310	9868	179	58
福建	852.91	49.39	552	25298	310	215
江西	204.48	22.21	351	13367	214	46
山东	1063.85	69.70	423	16602	779	153
河南	768.16	114.38	400	15142	356	154
湖北	1033.48	112.93	707	76376	594	93
湖南	365.16	38.03	734	27319	461	58
广东	600.62	53.45	1080	42031	763	189
广西	571.77	33.04	564	17751	408	37
海南	50.44	2.10	73	1644	38	3
重庆	385.75	47.01	548	26068	385	32
四川	515.74	38.30	1173	65831	828	126
贵州	2354.41	123.29	1639	78572	1320	89
云南	495.39	56.57	1032	79281	1135	114
西藏	41.99	5.89	84	9154	51	8
陕西	1600.84	43.84	1244	81385	786	140
甘肃	294.33	11.80	681	17587	497	66
青海	216.63	12.14	270	9855	182	17
宁夏	87.96	6.09	73	3271	43	9
新疆	31.11	1.51	61	3168	52	9
东部地区	4627.25	263.17	3516	123542	2918	1413
中部地区	3178.95	370.74	3285	161908	2212	682
西部地区	6741.19	383.75	7530	397375	5772	667
东北地区	1518.10	45.09	994	28700	805	92

山区镇农业技术情况

单位:个、人、户

地　区	农技推广服务机构	农技推广服务从业人员	农业专业合作经济组织个数	农业专业合作经济组织成员
北　京	65	492	1319	82000
天　津	13	45	45	3228
河　北	613	2016	1070	57986
山　西	464	1717	5933	84879
内蒙古	67	445	263	7810
辽　宁	407	1985	1805	87381
吉　林	598	2577	2172	60550
黑龙江	145	1118	1128	19000
上　海				
江　苏				
浙　江	460	2589	4968	137763
安　徽	154	926	1392	63216
福　建	422	2464	2081	68074
江　西	217	1192	772	39500
山　东	360	2044	4108	278144
河　南	458	3204	1039	68471
湖　北	390	3286	3998	273178
湖　南	443	2500	1325	114648
广　东	688	2788	3044	144782
广　西	304	1788	727	27153
海　南	35	141	434	4132
重　庆	258	2174	2119	180823
四　川	861	3306	2387	223620
贵　州	880	7549	3173	155102
云　南	751	7960	3444	224795
西　藏	39	158	129	8844
陕　西	939	6454	3869	131796
甘　肃	930	8196	1254	59658
青　海	143	765	1308	40779
宁　夏	43	283	398	19174
新　疆	59	428	199	4800
东部地区	2656	12579	17069	776109
中部地区	2126	12825	14459	643892
西部地区	5274	39506	19270	1084354
东北地区	1150	5680	5105	166931

山区镇教育情况

单位：个、万人

地　区	小学校数	小学在校学生数	小学教师数	中学校数	中学在校学生数	中学教师数	幼儿园、托儿所
北　京	60	1.26	0.19	28	0.98	0.15	82
天　津	49	1.10	0.10	18	0.88	0.11	94
河　北	1102	40.70	2.58	270	28.70	2.26	1635
山　西	2404	41.88	3.49	418	31.30	2.75	1726
内蒙古	166	4.65	0.68	58	3.78	0.47	168
辽　宁	703	16.87	1.55	167	11.49	1.08	760
吉　林	551	11.12	1.45	198	6.50	0.91	613
黑龙江	305	8.84	0.84	109	7.18	0.75	424
上　海							
江　苏							
浙　江	599	24.65	1.70	280	19.54	1.64	1337
安　徽	1149	12.93	0.96	183	14.07	1.00	461
福　建	1228	31.62	2.69	297	23.26	2.35	1332
江　西	1385	27.07	1.46	193	15.27	1.13	883
山　东	865	28.36	2.30	198	22.34	2.04	1336
河　南	1855	32.86	2.06	192	17.00	1.25	1172
湖　北	1902	48.36	3.25	391	33.35	2.88	949
湖　南	1923	52.03	3.18	452	34.05	2.96	1290
广　东	4689	115.01	7.74	744	89.94	6.31	1732
广　西	2625	61.85	3.74	314	34.38	2.38	1450
海　南	273	5.91	0.53	45	4.08	0.38	68
重　庆	1215	40.92	2.44	230	34.49	2.01	877
四　川	2247	78.11	4.38	608	71.98	4.46	1842
贵　州	7550	201.18	10.91	1164	135.61	7.77	1842
云　南	5759	143.73	8.41	667	87.65	5.67	2147
西　藏	267	7.61	0.50	47	5.34	0.35	88
陕　西	2934	64.88	5.04	685	54.83	4.42	1428
甘　肃	3913	66.50	4.28	448	44.26	3.16	620
青　海	816	25.01	1.40	192	18.39	1.28	545
宁　夏	470	10.85	0.60	46	7.00	0.46	69
新　疆	81	3.85	0.35	37	2.45	0.24	80
东部地区	8865	248.66	17.88	1880	189.76	15.28	7616
中部地区	10618	215.16	14.44	1829	145.08	12.01	6481
西部地区	28043	709.21	42.78	4496	500.24	32.73	11156
东北地区	1559	36.85	3.85	474	25.18	2.76	1797

山区镇文化、体育情况

单位:个

地　　区	图书馆、文化站	影剧院	体育场馆
北　　京	28	1	2
天　　津	5		
河　　北	757	27	35
山　　西	987	80	343
内 蒙 古	66	3	9
辽　　宁	198	14	19
吉　　林	161	14	16
黑 龙 江	92	8	14
上　　海			
江　　苏			
浙　　江	712	80	48
安　　徽	330	21	88
福　　建	276	51	29
江　　西	220	39	97
山　　东	216	14	34
河　　南	288	29	99
湖　　北	409	58	45
湖　　南	477	54	80
广　　东	587	87	121
广　　西	224	19	29
海　　南	35	2	4
重　　庆	226	8	12
四　　川	667	57	97
贵　　州	1004	37	86
云　　南	532	54	130
西　　藏	232		10
陕　　西	861	41	68
甘　　肃	318	57	39
青　　海	126	6	15
宁　　夏	35	9	4
新　　疆	45	7	14
东部地区	2616	262	273
中部地区	2711	281	752
西部地区	4336	298	513
东北地区	451	36	49

山区镇卫生及社会保障情况

单位:个、人、床

地　区	医院、卫生院	医生数	病床数	敬老院、福利院	现收养人数
北　京	37	790	930	36	1139
天　津	11	165	346	9	98
河　北	305	7303	17426	123	12488
山　西	481	9765	17527	170	4262
内蒙古	95	2353	2975	43	1503
辽　宁	190	3737	9106	113	6185
吉　林	213	5200	7652	155	5679
黑龙江	142	3332	5062	42	1524
上　海					
江　苏					
浙　江	448	6679	8880	240	7968
安　徽	262	5264	7855	147	7104
福　建	284	4797	12891	209	2393
江　西	214	4840	6292	159	8509
山　东	192	7195	17241	142	10076
河　南	155	4644	8156	177	8716
湖　北	362	18260	25143	433	25466
湖　南	535	13864	23959	316	10403
广　东	635	13509	23301	558	11445
广　西	321	8217	15921	540	5745
海　南	66	1037	1998	27	236
重　庆	250	6880	11509	284	6321
四　川	893	22648	37439	306	14007
贵　州	1146	22618	44447	519	8470
云　南	721	17163	41020	216	6612
西　藏	142	1651	1624	54	1065
陕　西	1025	14871	30905	406	17766
甘　肃	424	11842	16513	150	2555
青　海	261	4123	8279	61	2207
宁　夏	53	1313	2391	14	1352
新　疆	51	984	2058	18	569
东部地区	1978	41475	83013	1344	45843
中部地区	2009	56637	88932	1402	64460
西部地区	5382	114664	215081	2611	68172
东北地区	545	12269	21820	310	13388

山区镇镇区情况

单位:万户、万人、平方公里

地　区	镇区总户数	镇区总人口	镇区占地面积	镇区绿化面积
北　京	5.00	11.60	107.35	6.37
天　津	0.77	2.72	33.80	0.13
河　北	70.22	209.18	1781.76	41.28
山　西	61.63	190.12	464.10	45.03
内蒙古	17.55	50.92	359.88	12.01
辽　宁	34.03	98.32	869.97	17.08
吉　林	38.98	109.87	463.65	12.00
黑龙江	26.50	80.44	694.81	27.25
上　海				
江　苏				
浙　江	50.78	149.94	1128.20	25.42
安　徽	23.18	73.24	408.28	67.02
福　建	53.11	179.69	655.15	20.96
江　西	23.38	77.30	409.94	46.92
山　东	47.57	156.67	649.44	42.27
河　南	27.93	100.05	374.41	27.33
湖　北	79.04	249.58	1155.82	105.40
湖　南	66.63	222.66	1204.03	87.54
广　东	87.41	288.96	1377.68	53.78
广　西	49.38	159.48	629.71	18.81
海　南	5.11	17.90	36.92	3.27
重　庆	44.80	149.34	377.96	18.35
四　川	94.55	284.04	985.75	33.09
贵　州	169.80	573.94	3237.93	192.13
云　南	96.05	310.97	1582.27	45.10
西　藏	13.67	58.78	286.38	21.53
陕　西	67.74	239.52	1659.57	183.63
甘　肃	49.86	190.46	871.84	14.85
青　海	23.72	82.30	2722.43	4.75
宁　夏	6.02	21.47	155.03	9.69
新　疆	6.06	19.10	875.53	23.81
东部地区	320.01	1016.69	5770.32	193.51
中部地区	281.81	912.98	4016.60	379.27
西部地区	639.26	2140.38	13744.30	577.79
东北地区	99.53	288.65	2028.43	56.33

（五）城关镇

城关镇基本情况

单位：个

地区	居民委员会个数	村民委员会个数	通宽带的村	通有线电视的村	通自来水的村	垃圾集中处理的村
北京	29	186	179	182	186	181
天津	102	196	194	192	192	196
河北	694	4994	4686	3957	4591	2797
山西	366	2649	2278	2125	2332	1663
内蒙古	492	1366	656	884	857	113
辽宁	144	194	183	194	165	123
吉林	250	427	359	373	312	157
黑龙江	455	583	569	577	516	327
上海	136	43	43	43	43	43
江苏	1236	903	903	903	901	824
浙江	214	682	682	672	660	681
安徽	648	779	771	701	613	475
福建	308	322	259	315	313	263
江西	550	979	839	914	709	590
山东	45	124	124	124	101	31
河南	510	731	731	724	702	579
湖北	423	1053	923	904	733	521
湖南	566	1744	1430	1494	1068	745
广东	285	770	758	685	603	457
广西	404	1223	953	960	906	320
海南	141	389	267	288	316	259
重庆	78	63	63	55	55	8
四川	912	2106	992	1811	1446	892
贵州	332	1189	926	826	1012	435
云南	473	1218	899	909	1186	366
西藏	34	260		194	195	36
陕西	366	2404	1290	1624	2028	1112
甘肃	246	809	641	533	639	195
青海	107	453	171	250	369	65
宁夏	49	155	145	118	99	51
新疆	359	296	244	214	291	156
东部地区	3190	8609	8095	7361	7906	5732
中部地区	3063	7935	6972	6862	6157	4573
西部地区	3852	11542	6980	8378	9083	3749
东北地区	849	1204	1111	1144	993	607

城关镇土地和用电情况

单位:平方公里、亿千瓦时

地　区	行政区域面积	耕地面积	用电总量
北　京	335.35	86.80	2.96
天　津	345.85	88.10	4.84
河　北	13030.51	4691.57	131.00
山　西	12667.54	2826.00	15.28
内蒙古	91793.03	7460.71	14.74
辽　宁	2681.48	395.50	18.57
吉　林	5901.35	2002.87	6.26
黑龙江	10356.04	4445.11	13.27
上　海	194.80	59.00	14.99
江　苏	6761.62	2313.92	311.33
浙　江	2544.50	320.35	51.26
安　徽	7401.46	1821.36	56.97
福　建	2723.56	264.93	31.79
江　西	8259.78	1012.87	17.06
山　东	241.60	112.85	5.07
河　南	2236.92	732.14	60.13
湖　北	8374.45	1063.97	33.49
湖　南	8644.79	1439.38	24.71
广　东	7368.68	838.29	62.85
广　西	18172.09	2833.30	13.68
海　南	3717.21	466.73	6.02
重　庆	916.58	101.77	3.30
四　川	19100.89	1521.20	25.22
贵　州	9985.39	1041.32	18.77
云　南	33834.72	2877.35	24.04
西　藏	29951.53	146.05	0.76
陕　西	16053.69	2103.02	10.92
甘　肃	33665.07	1407.87	3.92
青　海	30221.36	460.19	0.82
宁　夏	2276.86	566.30	1.89
新　疆	10168.41	588.79	14.41
东部地区	37263.71	9242.57	622.15
中部地区	47584.96	8895.74	207.67
西部地区	296139.66	21107.92	132.52
东北地区	18938.87	6843.48	38.12

城关镇人口与就业情况

单位:万户、万人

地区	总户数	总人口	从业人员数	第二产业	第三产业
北京	14.88	42.93	23.93	6.97	15.25
天津	22.91	65.43	17.25	7.86	7.63
河北	323.26	960.35	321.22	109.54	95.85
山西	187.55	512.82	202.17	50.92	73.69
内蒙古	135.58	401.68	182.34	33.95	62.00
辽宁	52.76	136.35	49.19	9.76	25.14
吉林	70.89	189.93	77.36	11.22	29.38
黑龙江	120.87	339.39	148.75	33.15	71.38
上海	34.83	83.57	34.19	14.49	18.40
江苏	353.26	1028.41	589.47	269.49	264.70
浙江	54.11	163.15	102.71	38.37	49.55
安徽	217.76	666.50	292.65	88.14	98.89
福建	71.01	237.00	57.51	17.20	20.47
江西	203.04	605.33	302.88	101.31	127.41
山东	12.73	41.34	12.67	3.93	2.82
河南	125.52	423.10	223.85	67.68	102.82
湖北	175.47	509.00	226.54	63.37	99.89
湖南	214.68	628.11	312.67	88.89	121.35
广东	130.44	468.20	194.00	63.54	66.66
广西	205.86	700.18	302.24	69.96	89.20
海南	49.08	195.84	71.72	10.31	25.59
重庆	23.15	66.32	33.10	11.13	15.75
四川	334.80	894.27	446.36	114.01	202.54
贵州	140.89	442.70	175.11	39.80	60.57
云南	212.95	680.36	308.54	43.39	79.70
西藏	4.51	17.40	7.76	1.45	1.80
陕西	184.72	520.34	195.89	44.27	56.91
甘肃	72.72	238.14	100.68	17.62	35.97
青海	24.69	80.84	30.38	7.38	7.12
宁夏	21.91	66.24	30.37	8.65	12.70
新疆	63.07	192.55	72.09	11.98	34.20
东部地区	1066.52	3286.23	1424.68	541.71	566.92
中部地区	1124.02	3344.85	1560.75	460.32	624.06
西部地区	1424.85	4301.02	1884.86	403.59	658.45
东北地区	244.52	665.67	275.31	54.13	125.90

城关镇农业生产情况

单位:平方公里

地区	年末有效灌溉面积	农作物播种面积	粮食播种面积
北京	49.00	56.00	35.00
天津	67.98	71.33	32.48
河北	3745.93	7466.84	5204.49
山西	951.73	3221.71	2815.70
内蒙古	3255.84	6828.32	5445.64
辽宁	113.96	445.39	364.46
吉林	381.27	2038.90	1781.15
黑龙江	1346.06	4548.55	4104.88
上海	59.01	82.66	43.80
江苏	2000.52	4586.81	3131.35
浙江	265.58	581.87	355.47
安徽	1516.53	4656.85	3208.63
福建	188.87	503.52	224.20
江西	835.80	2667.89	1616.45
山东	81.54	228.47	181.81
河南	584.99	1498.37	1019.54
湖北	608.11	2836.00	1636.95
湖南	1152.86	3471.16	2063.42
广东	457.58	1648.35	919.32
广西	1308.07	5376.15	2734.65
海南	265.41	1168.25	608.33
重庆	46.73	251.50	175.59
四川	876.93	3778.79	2508.66
贵州	412.20	2845.86	1630.39
云南	1416.05	7009.36	4351.02
西藏	118.21	165.96	118.37
陕西	948.04	3048.76	2238.63
甘肃	522.69	1735.12	1111.15
青海	198.36	478.02	232.73
宁夏	228.17	601.19	393.96
新疆	511.97	645.10	352.39
东部地区	7181.48	16395.08	10736.63
中部地区	5650.02	18351.97	12360.70
西部地区	9843.28	32764.14	21293.18
东北地区	1841.29	7032.84	6250.49

城关镇企业情况

单位:万个、万人

地区	企业个数	工业企业	企业从业人员	工业企业
北京	0.65	0.12	8.90	4.38
天津	1.11	0.20	12.07	6.89
河北	25.02	7.30	245.06	134.65
山西	2.65	0.87	42.45	24.54
内蒙古	1.49	0.41	29.61	16.16
辽宁	0.74	0.20	18.19	6.21
吉林	0.45	0.17	11.65	3.30
黑龙江	2.61	0.66	23.63	11.39
上海	1.46	0.24	27.26	10.50
江苏	15.19	6.91	374.94	219.81
浙江	2.29	1.05	45.71	30.83
安徽	5.54	1.74	107.59	42.91
福建	4.64	1.04	45.67	24.97
江西	9.90	2.79	75.71	40.79
山东	0.25	0.06	7.60	5.48
河南	3.99	1.99	79.22	44.36
湖北	7.76	2.56	110.19	58.37
湖南	8.94	2.05	123.60	43.61
广东	3.87	1.19	68.77	45.59
广西	11.37	2.28	91.43	44.14
海南	0.84	0.11	10.18	2.61
重庆	0.37	0.09	17.16	4.89
四川	7.25	1.42	109.51	53.07
贵州	4.12	0.82	42.21	17.07
云南	7.14	1.15	49.81	20.38
西藏	0.01	0.00	0.20	0.06
陕西	8.70	1.53	66.66	23.13
甘肃	2.14	0.51	22.48	7.33
青海	0.76	0.22	4.09	2.04
宁夏	0.26	0.09	6.16	3.65
新疆	0.82	0.15	9.01	4.13
东部地区	55.34	18.21	846.17	485.72
中部地区	38.77	12.00	538.76	254.57
西部地区	44.44	8.67	448.32	196.05
东北地区	3.79	1.03	53.47	20.90

城关镇固定资产投资与社区建设情况

单位：亿元、个、公里

地　区	固定资产投资完成额	农业投资完成额	储蓄所	公路里程	市场个数	公园个数
北　京	132.04		66	520	31	17
天　津	183.85	2.68	48	414	26	11
河　北	2010.62	64.54	1256	16616	710	407
山　西	247.40	12.29	801	10262	342	211
内蒙古	617.40	28.64	806	12552	240	102
辽　宁	251.04	1.97	240	1640	89	33
吉　林	134.64	3.49	265	2518	108	21
黑龙江	243.04	7.65	332	3699	205	80
上　海	63.33		107	358	57	13
江　苏	3137.62	76.06	1499	21304	810	263
浙　江	262.14	12.55	330	2938	136	74
安　徽	714.15	25.81	994	8723	469	184
福　建	495.25	4.53	398	2179	148	111
江　西	522.56	12.36	895	6657	304	134
山　东	54.86	0.08	88	557	19	8
河　南	1061.88	25.07	985	6623	551	242
湖　北	1182.94	44.89	794	13279	500	92
湖　南	671.43	35.62	859	8722	413	97
广　东	336.84	7.50	501	4709	243	113
广　西	896.61	23.55	836	6809	369	106
海　南	82.66	2.36	208	2625	102	21
重　庆	164.98	8.05	138	1084	52	14
四　川	760.60	19.67	1426	20577	639	184
贵　州	824.49	25.70	591	7605	252	47
云　南	182.99	13.99	926	18640	472	132
西　藏	21.12	4.14	27	2669	23	5
陕　西	1072.38	25.16	835	14578	372	119
甘　肃	101.36	6.69	366	3640	189	78
青　海	102.96	4.10	125	2087	68	13
宁　夏	111.35	4.34	99	1141	27	16
新　疆	142.90	5.81	286	2096	179	56
东部地区	6759.26	170.32	4501	52221	2282	1038
中部地区	4400.39	156.08	5328	54268	2579	960
西部地区	4999.19	169.92	6461	93482	2882	872
东北地区	628.74	13.14	837	7857	402	134

城关镇农业技术情况

单位：个、人、户

地　区	农技推广服务机构	农技推广服务从业人员	农业专业合作经济组织个数	农业专业合作经济组织成员
北　京	15	133	123	10494
天　津	10	43	50	948
河　北	1114	4777	1344	81692
山　西	381	1467	3448	34800
内蒙古	172	1829	984	33902
辽　宁	51	487	539	27544
吉　林	117	750	488	17717
黑龙江	148	1347	1365	31994
上　海	12	270	136	6517
江　苏	282	4800	2785	466937
浙　江	101	777	728	18320
安　徽	214	2059	1343	67828
福　建	77	408	298	9059
江　西	175	1129	644	32557
山　东	17	117	18	470
河　南	502	4833	861	38125
湖　北	138	1376	1200	103361
湖　南	196	1215	637	83204
广　东	93	492	665	45955
广　西	179	1401	647	30327
海　南	34	325	370	8974
重　庆	11	158	93	10206
四　川	397	2261	1100	133530
贵　州	172	1400	565	15856
云　南	272	4218	1545	124213
西　藏	14	60	33	4949
陕　西	325	3819	985	44770
甘　肃	272	3082	408	17553
青　海	45	365	333	10935
宁　夏	20	117	205	11612
新　疆	104	1072	215	5891
东部地区	1755	12142	6517	649366
中部地区	1606	12079	8133	359875
西部地区	1983	19782	7113	443744
东北地区	316	2584	2392	77255

城关镇教育情况

单位:个、万人

地　　区	小学校数	小学在校学生数	小学教师数	中学校数	中学在校学生数	中学教师数	幼儿园、托儿所
北　京	54	3.35	0.29	33	3.45	0.41	78
天　津	35	2.82	0.21	16	1.80	0.18	137
河　北	1558	90.25	5.38	492	94.46	6.66	2052
山　西	1262	49.53	3.27	432	56.60	4.18	1404
内蒙古	452	30.86	2.42	224	31.72	2.74	759
辽　宁	81	8.75	0.70	65	11.15	0.95	374
吉　林	212	11.31	1.04	97	12.16	1.03	473
黑龙江	340	16.16	1.19	164	21.59	1.67	816
上　海	27	3.45	0.24	35	3.92	0.36	83
江　苏	632	78.33	4.52	430	83.44	6.32	1292
浙　江	130	11.45	0.68	115	14.44	1.04	334
安　徽	976	54.84	2.66	341	66.04	3.29	1119
福　建	296	24.12	1.31	145	26.88	2.09	748
江　西	889	67.91	3.12	344	72.01	4.71	1706
山　东	47	4.28	0.22	19	5.89	0.30	82
河　南	756	74.17	3.99	439	90.39	5.25	1414
湖　北	543	32.22	1.96	219	35.64	2.56	778
湖　南	880	52.83	3.03	326	57.21	4.28	1188
广　东	661	41.11	2.30	202	49.22	3.09	715
广　西	1448	68.67	3.67	373	63.82	3.93	1647
海　南	365	21.71	1.37	91	18.71	1.32	384
重　庆	67	8.22	0.41	30	10.49	0.53	173
四　川	862	78.21	4.21	520	114.37	6.60	1524
贵　州	1062	50.11	2.53	310	49.15	2.81	685
云　南	1745	62.88	3.77	376	68.50	4.40	1024
西　藏	73	2.71	0.19	34	3.76	0.26	38
陕　西	873	50.12	3.00	368	66.50	4.44	855
甘　肃	666	22.41	1.46	127	21.62	1.37	260
青　海	184	10.62	0.56	74	10.93	0.70	170
宁　夏	155	8.39	0.44	42	8.10	0.54	62
新　疆	198	20.04	1.36	153	24.54	2.01	280
东部地区	3805	280.91	16.59	1578	302.26	21.80	5905
中部地区	5306	331.52	18.06	2101	377.91	24.31	7609
西部地区	7785	413.30	24.09	2631	473.55	30.40	7477
东北地区	633	36.23	2.94	326	44.91	3.67	1663

城关镇文化、体育情况

单位:个

地区	图书馆、文化站	影剧院	体育场馆
北京	9	6	3
天津	6	4	4
河北	841	101	83
山西	482	67	162
内蒙古	205	41	59
辽宁	64	14	18
吉林	45	18	19
黑龙江	133	23	51
上海	14	10	8
江苏	377	143	231
浙江	105	25	21
安徽	318	71	124
福建	70	39	47
江西	195	68	95
山东	36	4	4
河南	411	82	147
湖北	269	67	79
湖南	256	90	115
广东	109	35	55
广西	173	67	85
海南	51	16	27
重庆	11	9	9
四川	407	92	126
贵州	169	32	53
云南	209	63	109
西藏	57		6
陕西	237	75	74
甘肃	97	40	48
青海	28	3	12
宁夏	19	11	7
新疆	123	35	46
东部地区	1618	383	483
中部地区	1931	445	722
西部地区	1735	468	634
东北地区	242	55	88

城关镇卫生及社会保障情况

单位:个、人、床

地　　区	医院、卫生院	医生数	病床数	敬老院、福利院	现收养人数
北　　京	23	1699	2678	7	904
天　　津	24	1503	3545	4	86
河　　北	532	26869	58789	235	17124
山　　西	390	14245	23853	124	3735
内 蒙 古	291	10203	15876	116	4970
辽　　宁	87	5562	11176	31	2017
吉　　林	111	8147	11827	43	2450
黑 龙 江	201	9684	13475	117	5807
上　　海	25	3017	5196	17	2444
江　　苏	660	39267	68278	171	11840
浙　　江	90	4878	8646	37	2680
安　　徽	540	23062	36097	124	5745
福　　建	150	6666	20604	38	932
江　　西	333	19717	30124	115	9397
山　　东	19	1281	3108	4	228
河　　南	417	31680	64855	170	14907
湖　　北	278	25737	43121	151	12367
湖　　南	409	28439	53064	114	4663
广　　东	160	8342	15743	64	1766
广　　西	318	17182	33994	314	4508
海　　南	123	4850	9194	29	440
重　　庆	46	2864	6238	11	439
四　　川	795	37312	67318	180	11077
贵　　州	441	12208	25410	62	1444
云　　南	572	21031	54228	100	5081
西　　藏	49	1058	1009	23	485
陕　　西	485	19900	44094	108	5678
甘　　肃	137	7185	12814	51	1922
青　　海	102	2340	4346	28	1394
宁　　夏	41	1668	3944	13	1124
新　　疆	190	6726	18888	66	3031
东部地区	1806	98372	195781	606	38444
中部地区	2367	142880	251114	798	50814
西部地区	3467	139677	288159	1072	41153
东北地区	399	23393	36478	191	10274

城关镇镇区情况

单位:万户、万人、平方公里

地　　区	镇区总户数	镇区总人口	镇区占地面积	镇区绿化面积
北　　京	4.08	10.85	41.03	7.72
天　　津	11.94	32.31	50.70	3.01
河　　北	192.26	605.81	2091.38	156.30
山　　西	100.34	298.97	553.55	51.48
内 蒙 古	80.22	230.74	982.11	78.51
辽　　宁	39.56	98.12	297.11	21.51
吉　　林	48.20	129.98	224.79	26.85
黑 龙 江	88.80	249.00	712.49	41.89
上　　海	23.45	61.75	55.89	11.18
江　　苏	242.13	705.13	1654.22	384.08
浙　　江	30.79	94.60	226.70	42.27
安　　徽	134.12	411.74	1039.76	105.76
福　　建	44.71	146.51	348.41	16.87
江　　西	120.92	359.58	674.11	60.68
山　　东	7.50	24.79	55.44	3.95
河　　南	93.15	305.23	796.30	91.77
湖　　北	102.59	314.98	749.94	66.77
湖　　南	146.43	418.31	1254.66	135.52
广　　东	79.51	270.37	718.62	45.06
广　　西	102.57	336.34	638.35	59.41
海　　南	31.26	115.63	196.31	24.97
重　　庆	19.20	56.40	74.81	7.29
四　　川	208.20	590.29	1010.05	62.90
贵　　州	85.78	268.93	788.57	105.11
云　　南	89.98	267.25	767.86	79.54
西　　藏	4.51	17.39	239.06	17.93
陕　　西	64.26	211.83	490.92	54.14
甘　　肃	43.87	145.41	434.95	12.27
青　　海	13.61	45.56	241.27	1.12
宁　　夏	12.16	38.00	132.80	13.10
新　　疆	36.75	112.24	643.77	41.31
东部地区	667.69	2067.79	5438.71	695.43
中部地区	697.57	2108.85	5068.33	512.00
西部地区	761.16	2320.43	6444.55	532.67
东北地区	176.57	477.11	1234.39	90.25

附录：主要指标解释

主要指标解释

一、县(市)主要指标解释

行政区域土地面积:是指辖区内的全部陆地面积和水域面积。包括耕地、荒山、荒地、山林、草原、滩涂、道路和建筑物占地等陆地面积,以及河流、湖泊、水库等水域面积。

乡镇个数:指农村中经省、自治区、直辖市人民政府批准成立的乡一级行政区划的数量。包括城关镇,但不包括城市街道办事处、工矿区。

村委会个数:指农村中经上级政府批准,按居住地区设立的基层群众性自治组织的个数。含城关镇中的村。

年末总户数:指户口在当地的常住户数,包括地区内的国有经济的机关、团体、学校、企业、事业单位的集体户。在统计户数时按公安部门常住户进行统计,集体户口无论其人数多少,都以一户进行统计。

乡村户数:指长期(一年以上)居住在乡镇(不包括城关镇)行政管理区域内的住户,还包括居住在城关镇所辖行政村范围内的农村住户。户口不在本地而在本地居住一年及以上的住户也包括在本地农村住户内;有本地户口,但举家外出谋生一年以上的住户,无论是否保留承包耕地都不包括在本地农村住户范围内。不包括乡村地区内的国有经济的机关、团体、学校、企业、事业单位的集体户。

年末总人口:在县(市)范围内,按年末时点统计的所有人口数量的总和。不包括虽居住在当地,但未取得我国国籍的外国公民。

乡村人口数:指乡村地区常住居民户数中的常住人口数,即经常在家或在家居住6个月以上,而且经济和生活与本户连成一体的人口。外出从业人员在外居住时间虽然在6个月以上,但收入主要带回家中,经济与本户连为一体,仍视为家庭常住人口;在家居住,生活和本户连成一体的国家职工、退休人员也为家庭常住人口。但是现役军人、中专及以上(走读生除外)的在校学生、以及常年在外(不包括探亲、看病等)且已有稳定的职业与居住场所的外出从业人员,不应当作家庭常住人口。

年末单位从业人员:指在各级国家机关、政党机关、社会团体及企业、事业单位中工作,并取得劳动报酬的全部人员。包括在岗职工、再就业的离退休人员、民办教师以及在各单位中工作的外方工作人员和港、澳、台人员、兼职人员、借用的外单位人员和第二职业者。不包括离开本单位仍保留劳动关系的职工。

乡村从业人员:指乡村人口中16岁以上实际参加生产经营活动并取得实物或货币收入的人员,既包括劳动年龄内经常参加劳动的人员,也包括超过劳动年龄但经常参加劳动的人员。但不包括户口在家的在外学生、现役军人和丧失劳动能力的人,也不包括待业人员和家务劳动者。从业人员年龄为16岁以上。从业人员按从事主业时间最长(时间相同按收入)分为农业从业人员、工业从业人员、建筑业从业人员、交运仓储及邮电通讯业从业人员、批零贸易及餐饮业从业人员、其它从业人员。

农业机械总动力:指主要用于农、林、牧、渔业的各种动力机械的动力总和,包括耕作机械、农用排灌机械、收获机械、植保机械、林业机械、畜牧机械、渔业机械、农产品加工机械、农用运输机械、其他农业机械。按能源又分为柴油、汽油、电力和其他动力。总动力按法定计算单位千瓦计算。(注:1马力=735.5瓦特=0.735千瓦)

固定电话用户:指在电信运营企业营业网点办理开户登记手续并已接入固定电话网上的全部电话用户。包括普通电话用户、公用电话用户、窄带综合业务数字网(N－ISDN)用户、智能网专用接入终端用户等。按行政区划分为城市电话用户和农村电话用户。

地区生产总值:是按市场价格计算的地区生产总值的简称。是指县、市范围内所有常住单位在一定时期内生产活动的最终成果。

第一产业:农业、林业、牧业和渔业。

第二产业:工业(包括采掘工业、制造业、自来水、电力、蒸气、热水、煤气)和建筑业。

地方财政一般预算收入:地方财政一般预算收入包括:增值税25%、营业税、企业所得税与个人所得税地方分享部分、资源税、城市维护建设税、房产税、印花税、城镇土地使用税、土地增值税、车船使用和牌照税、耕地占用税、契税、其他各项税收、国有资产经营收益、国有企业计划亏损补贴、行政性收费收入、罚没收入、专项收入、其他各项收入。不含基金收入。

地方财政一般预算支出:包括地方行政管理和各项事业费、地方统筹的基本建设、企业挖潜改造资金、农业支出、科技、文化、教育、卫生等方面的支出、社会保障补助支出、城市维护费、政策性补贴支出等财政预算支出。

居民储蓄存款余额:年末城乡居民存入银行或其他信用机构保管并取得一定利息的货币总量。

年末各项贷款余额:年终时银行或其他信用机构根据必须归还的原则,按一定利率,为企业、个人等提供资金贷款的总额。

粮食产量:指全社会的产量。包括国有经济经营的、集体统一经营的和农民家庭经营的粮食产量,还包括工矿企业家属办的农场和其他生产单位的产量。包括稻谷、小麦、玉米、高粱、谷子、其他杂粮、薯类、大豆。其计算方法,豆类按去豆荚后的干豆计算;薯类按 5 公斤鲜薯折 1 公斤粮食计算。城市郊区作为蔬菜的薯类不做为粮食统计,其他粮食一律按脱粒后的原粮计算。

油料产量:指全部油料作物的生产量。包括花生、油菜籽、芝麻、向日葵籽、胡麻籽(亚麻籽)和其他油料。不包括大豆、木本油料和野生油料。花生以带壳干花生计算。

棉花产量:按皮棉计算。3 公斤籽棉折 1 公斤皮棉。不包括木棉。

肉类总产量:指当年出栏并已屠宰的畜禽肉产量。即屠宰后除去头蹄下水后带骨肉的重量,也叫胴体重。

规模以上工业企业:指年主营业务收入 2000 万元以上的工业法人企业。

规模以上工业企业个数:指区域内按国民经济行业划分归属于工业的企业个数和生产单位个数(分项以企业登记注册类型划分)。

规模以上工业总产值:指以货币形式表现的工业企业在报告期内生产的工业产品总量。包括成品、工业性作业和自制半成品、在产品期初期末差额。

普通中学在校学生数:指学年开学后,在普通中学学习具有学籍的学生总数,包括留级生,不包括复读生和补习生。

普通小学在校学生数:指学年开学后,在普通小学学习具有学籍的学生总数,包括留级生,不包括复读生和补习生。

医院、卫生院床位数:指报告期末医院、卫生院的固定床位数。不包括产科的新生儿床、病人家属的陪侍床、病人的观察床、接产室的待产床。

各种社会福利收养性单位数:是指收养社会孤老、残、幼的机构,包括由民政部门管理的社会福利院、儿童福利院、精神病人福利院和城镇集体举办的福利院及农村集体举办的敬老院。

各种社会福利收养性单位床位数:指报告期末全部社会福利院床位数。

二、镇主要指标解释

居民委员会:指根据宪法和其他相关法律法规规定,按城镇居住地区设立的基层群众性自治组织。

村民委员会:指农村中经上级政府批准,按居住地区设立的基层群众性自治组织。含城关镇中的村。

通宽带的村:指一个或一个以上自然村内可通过宽带或光纤宽带上网查看各种信息的村。宽带对家庭用户而言是指传输速率超过 1M,可以满足语音、图像等大量信息传递的需求。

通有线电视的村:指有线电视网络已经架设到村,并能通过有线网络接收到电视节目的村。

通自来水的村:自来水是指符合卫生标准,并经公用设施处理的管道输送水。通自来水的村指乡镇行政区域内通自来水的村数。

垃圾集中处理的村:指本乡镇地域内有垃圾处理设施进行垃圾集中处理,或者虽然没有垃圾处理设施,但是对垃圾实行统一集中清运管理的行政村。

乡镇行政区域面积:指辖区内的全部陆地面积和水域面积。包括耕地、荒山、荒地、山林、草原、滩涂、道路和建筑物占地等陆地面积,以及河流、湖泊、水库等水域面积。

乡镇用电总量:指本年度内乡镇生产和生活的累计用电量。既包括国家电网供电,也包括农村自办电站供电量。但不包括在本乡镇区域范围内国有经济工业交通、建筑等单位的用电量。

乡镇总户数:乡镇范围内的乡村户数和城镇户数之和。乡村户数指长期(一年以上)居住在乡镇行政管理区域内的住户,还包括居住在城关镇所辖行政村范围内的农村住户。户口不在本地而在本地居住一年及以上的住户也包括在本地农村住户内;有本地户口,但举家外出谋生一年以上的住户,无论是否保留承包耕地都不包括在本地农村住户范围内。

乡镇总人口：乡镇范围内的乡村人口和城镇人口之和。乡村人口指乡村地区常住居民户数中的常住人口数，即经常在家或在家居住6个月以上，而且经济和生活与本户连成一体的人口。外出从业人员在外居住时间虽然在6个月以上，但收入主要带回家中，经济与本户连为一体，仍视为家庭常住人口；在家居住，生活和本户连成一体的国家职工、退休人员也为家庭常住人口。但是现役军人、中专及以上(走读生除外)的在校学生、以及常年在外(不包括探亲、看病等)且已有稳定的职业与居住场所的外出从业人员，不应当作家庭常住人口。

企业个数：指经工商部门登记注册，年末在本乡镇地域内的所有企业个数。不包括税金直接上交上一级财政的企业，如国有大中企业等。

工业企业个数：指年末企业个数中，从事工业生产的企业个数。具体包括从事采矿业、制造业以及电力、燃气和水的生产和供应业的企业。

企业从业人员：指在本乡镇地域内的企业工作并取得劳动报酬或收入的年末实有人员数。

工业企业从业人员：指本乡镇地域内的企业从业人员中，在工业企业从业的年末实有人员数。

全社会固定资产投资：是以货币形式表现的在一定时期内全社会建造和购置固定资产的工作量以及与此有关的费用的总称。该指标是反映固定资产投资规模、结构和发展速度的综合性指标，又是观察工程进度和考核投资效果的重要依据。全社会固定资产投资按登记注册类型可分为国有、集体、联营、股份制、私营和个体、港澳台商、外商、其他等。

储蓄所：指银行和其他准许经营金融业务的非银行机构设立在本乡镇的储蓄所。包括各银行的储蓄所、信用社的代办点以及邮政储蓄所等。

市场个数：指乡镇所辖地域范围内，由乡镇管理，经工商部门批准，具有固定场所，专门从事各类商品交换市场的个数。

公园个数：是指经过有关管理部门批准，设立于本乡镇地域内，供居民休闲游玩的地方。

农技推广服务机构：指在本乡镇内负责农业技术推广的机构的个数。包括设立在本乡镇政府的农业技术推广机构，以及独立从事农业技术推广的机构的个数。

农技推广服务从业人员：指年末在本乡镇内负责农业技术推广的人员数。

农民专业合作经济组织个数：指年末由政府或者由农民自发组成、自愿联合、民主管理的互助经济组织的个数。该组织主要从事传授农业生产技术、组织农业生产经营、对农业生产进行服务等活动。一般应有5个以上成员，有组织章程，有生产、技术、信息、加工、仓储、销售等某方面的服务内容。农民专业合作经济组织包括在有关行政管理部门正式登记注册的组织，也包括未经注册的组织。只要是在本乡镇开展活动，都包括在内。

农民专业合作经济组织成员：指本乡镇行政区域内开展活动的各种类型的农业专业合作经济组织所包括的在册成员总数。

小学数：指经过县及县以上教育部门批准，以招收适龄儿童为主实施小学教学计划的学校数。

小学在校学生数：指学年开学后，在普通小学学习具有学籍的学生总数，包括留级生，不包括复读生和补习生。

小学专任教师数：指在普通小学中专门从事教学工作的固定教师、民办教师人数，不包括兼职教师和临时代课教师。

普通中学数：指经过县及县以上教育部门批准，以招收小学毕业生为主实施中学教学计划的学校数，包括初级中学和完全中学。

普通中学在校学生数：指学年开学后，在普通中学学习具有学籍的学生总数，包括留级生，不包括复读生和补习生。

普通中学专任教师数：指在普通中学中专门从事教学工作的固定教师、民办教师人数。不包括兼职教师和临时代课教师。

幼儿园、托儿所：指本乡镇行政区域内实有的幼儿园、托儿所个数。包括学前班，以及虽未经有关部门批准，但却有一定规模(儿童数超过10人)的个人办幼儿园、托儿所。